权威・前沿・原创

皮书系列为
"十二五""十三五"国家重点图书出版规划项目

智库成果出版与传播平台

中国社会科学院创新工程学术出版资助项目

法治蓝皮书
BLUE BOOK OF RULE OF LAW

中国法治发展报告 No.19（2021）

ANNUAL REPORT ON RULE OF LAW IN CHINA No.19 (2021)

中国社会科学院法学研究所
主　　编 / 陈甦　田禾
执行主编 / 吕艳滨
副 主 编 / 王小梅

社会科学文献出版社
SOCIAL SCIENCES ACADEMIC PRESS (CHINA)

图书在版编目(CIP)数据

中国法治发展报告. No.19, 2021 / 陈甦，田禾主编. -- 北京：社会科学文献出版社，2021.4
（法治蓝皮书）
ISBN 978-7-5201-8086-3

Ⅰ.①中… Ⅱ.①陈… ②田… Ⅲ.①社会主义法制-研究报告-中国-2021 Ⅳ.①D920.0

中国版本图书馆CIP数据核字（2021）第053318号

法治蓝皮书
中国法治发展报告No.19（2021）

主　　编 / 陈　甦　田　禾
执行主编 / 吕艳滨
副 主 编 / 王小梅

出 版 人 / 王利民
责任编辑 / 曹长香

出　　版 / 社会科学文献出版社（010）59367162
　　　　　 地址：北京市北三环中路甲29号院华龙大厦　邮编：100029
　　　　　 网址：www.ssap.com.cn
发　　行 / 市场营销中心（010）59367081　59367083
印　　装 / 天津千鹤文化传播有限公司

规　　格 / 开　本：787mm×1092mm　1/16
　　　　　 印　张：25.5　字　数：383千字
版　　次 / 2021年4月第1版　2021年4月第1次印刷
书　　号 / ISBN 978-7-5201-8086-3
定　　价 / 128.00元

本书如有印装质量问题，请与读者服务中心（010-59367028）联系

▲ 版权所有　翻印必究

法治蓝皮书编委会

主　　编　陈甦　田禾
执行主编　吕艳滨
副 主 编　王小梅
策　　划　法治蓝皮书工作室
工作室主任　吕艳滨
工作室成员　（按姓氏笔画排序）
　　　　　　王小梅　王帅一　王祎茗　支振锋　冉　昊
　　　　　　毕小青　刘小妹　刘雁鹏　李　霞　张文广
　　　　　　陈欣新　胡昌明　柳华文　姚　佳　栗燕杰
　　　　　　徐　卉　席月民　黄　芳　黄　晋　谢增毅
　　　　　　廖　凡　翟国强
学术助理　（按姓氏笔画排序）
　　　　　　车文博　牛婉云　史青平　冯迎迎　刘梁伟
　　　　　　米晓敏　李士钰　肖丽萍　余楚乔　陆麒元
　　　　　　苑鹏飞　胡景涛　哈云天　洪　梅　洪甜甜
　　　　　　袁紫涵　唐　菱　陶奋鹏　梁　洁　梁钰斐
　　　　　　彭执一

撰 稿 人（按姓氏笔画排序）

马可	王赫	王才英	王小梅	王天玉
王亚慧	王祎茗	王海洋	王雅凤	车文博
牛婉云	叶振平	田禾	史青平	冯迎迎
吕艳滨	任天华	刘小妹	刘禹言	刘雁鹏
刘智群	齐仪	米晓敏	祁建建	孙佳佳
李士局	来雅娜	肖宇彤	肖丽萍	吴峻
宋君杰	张月	张鹏	张蕾	张云丹
张文广	张亚军	张喆姝	陆麒元	陈文
陈占炜	陈军生	武万发	苑鹏飞	范登殿
林潇潇	岳小花	郑紫琴	孟涛	郝俊淇
郝鲁怡	胡昌明	禹小琴	洪梅	姚佳
袁紫涵	栗燕杰	夏小雄	顾晨瀚	候素枝
徐卉	高长见	郭楚滢	唐菱	陶奋鹏
黄晋	梁洁	梁琪	梁钰斐	彭执一
彭镜聿	景竹溪	鲁晓明	雷继华	窦海阳
戴瑞君				

官方微博 @法治蓝皮书（新浪）

官方微信 法治蓝皮书（lawbluebook）法治指数（lawindex）

官方小程序 法治指数（lawindex）

主要编撰者简介

主 编 陈 甦
中国社会科学院学部委员,法学研究所所长、研究员。
主要研究领域:民商法、经济法。

主 编 田 禾
中国社会科学院国家法治指数研究中心主任,法学研究所研究员。
主要研究领域:刑法学、司法制度、实证法学。

执行主编 吕艳滨
中国社会科学院法学研究所法治国情调研室主任,研究员。
主要研究领域:行政法、信息法、实证法学。

副主编 王小梅
中国社会科学院法学研究所法治国情调研室副主任,副研究员。
主要研究领域:行政法与行政诉讼法、传媒信息法、司法制度。

摘　要

2020年，中国确立习近平法治思想为全面依法治国的指导思想，出台《民法典》，在政府法治、民商经济市场法治、生态环境法治、劳动社会法治、司法改革与人权保障等方面取得巨大成就，并在法治轨道上有效推动疫情防控和经济社会发展。犯罪形势在总体平稳的基础上持续向好，全年的刑事案件发案数稳步下降。公共卫生应急法律制度为疫情防控提供了法治保障。网络直播营销模式迎来了自律及监管层面的相关规制。中国特色应对人口老龄化道路持续推进，老年人权益保障法治取得重大进展。党的十九大以来，中国自然资源监管在治理理念、体制机制、执法方式以及法治化等方面均取得进展。中国的法治发展成就为2020年全面建成小康社会和决战脱贫攻坚提供了强大的法治保障，也为2021年全面开启"十四五"规划和第二个百年奋斗目标奠定坚实的法治基础。

本年度法治蓝皮书继续推出系列法治指数评估报告，对全国249家政府的政府透明度、218家法院的司法透明度、82家检察院的检务透明度、73家公安机关的警务透明度和11家海事法院的海事司法透明度进行了指数评估。评估结果显示，中国的政务公开、司法公开发展到了新的历史阶段，公开工作机制趋于成熟，公开水平大幅度提升，信息公开成为法治建设最耀眼的成就。

关键词： 习近平法治思想　全面依法治国　法治指数　人权保障

目录

Ⅰ 总报告

B.1 2020年中国法治发展与2021年形势预测
　　…… 中国社会科学院法学研究所法治指数创新工程项目组 / 001

　一　习近平法治思想确立，党规国法协调推进
　　　全面依法治国 …………………………………………… / 003

　二　步入法典化时代，中国特色社会主义法律
　　　体系更为健全 …………………………………………… / 006

　三　建设法治政府，规范执法与政务服务水平
　　　明显提升 ………………………………………………… / 010

　四　优化营商环境，产权保护和市场经济法治
　　　更加完善 ………………………………………………… / 016

　五　深化政法改革，以严格公正司法捍卫社会
　　　公平正义 ………………………………………………… / 023

六 加强应急法治，统筹推进疫情防控和经济
  社会发展 …………………………………………… / 030
七 创新社会治理，民生保障和生态文明
  建设卓有成效 ……………………………………… / 033
八 挑战与展望：开启新时代全面依法治国
  新征程 ……………………………………………… / 041

Ⅱ 专题报告

B.2 2020年的中国立法 ………………………… 刘小妹 / 045

B.3 2020年中国人权法治发展：疫情防控下的
  人权法治保障 ………………………………… 戴瑞君 / 063

B.4 2020年犯罪形势分析及2021年犯罪形势预测 …… 高长见 / 078

B.5 中国公平竞争审查制度实施报告 ……………… 黄　晋 / 093

B.6 公共卫生应急法律制度的实施与变迁
  ——基于新冠肺炎疫情背景 ………………… 孟　涛 / 104

B.7 新兴行业的竞业限制与劳动法的发展 ………… 姚　佳 / 117

B.8 网络直播营销模式背后的制度逻辑及其规制 …… 吴　峻 / 127

B.9 2020年中国老年人权益保障法治发展报告
  ………………………………………… 王海洋　鲁晓明 / 143

B.10 生态文明背景下的中国自然资源监管 ………… 岳小花 / 155

B.11 国际应对灾害多边公共产品的区域性
  机制研究 ……………………………………… 郝鲁怡 / 167

Ⅲ 法治指数

B.12 中国政府透明度指数报告（2020）

——以政府网站信息公开为视角

…… 中国社会科学院法学研究所法治指数创新工程项目组 / 189

B.13 中国司法透明度指数报告（2020）

——以法院网站信息公开为视角

…… 中国社会科学院法学研究所法治指数创新工程项目组 / 226

B.14 中国检务透明度指数报告（2020）

——以检察院网站信息公开为视角

…… 中国社会科学院法学研究所法治指数创新工程项目组 / 280

B.15 中国警务透明度指数报告（2020）

——以公安机关网站信息公开为视角

………… 中国社会科学院法学研究所法治指数创新工程项目组 / 298

B.16 中国海事司法透明度指数报告（2020）

——以海事法院网站信息公开为视角

…… 中国社会科学院法学研究所法治指数创新工程项目组 / 322

Ⅳ 法治国情调研

B.17 境外仲裁裁决、判决在中国境内的承认／认可和执行（2020）

……………………………… 孙佳佳　张云丹　肖宇彤 / 335

 法治蓝皮书·中国法治

B.18 行政执法监督的余杭实践与探索
…… 中国社会科学院法学研究所法治指数创新工程项目组 / 360

Abstract …………………………………………………………… / 371
Contents …………………………………………………………… / 373

皮书数据库阅读使用

总报告
General Report

B.1
2020年中国法治发展与2021年形势预测

中国社会科学院法学研究所法治指数创新工程项目组 *

摘　要： 2020年，中国的法治建设紧扣全面建成小康社会目标任务，不断完善党内法规体系，确立了习近平法治思想为全面依法治国的指导思想；步入法典化时代，中国特色社会主义法律体系更加健全；建设法治政府，规范执法和政务服务水平明显提升；优化营商环境，产权保护和市场经济法治更加完善；深化政法改革，以严格公正司法捍卫社会公平正义；加强应急法治，统筹推进疫情防控和经济社会

---

* 项目组负责人：田禾，中国社会科学院国家法治指数研究中心主任，法学研究所研究员；吕艳滨，中国社会科学院法学研究所研究员、法治国情调研室主任。项目组成员：马可、王小梅、王天玉、王祎茗、刘小妹、刘雁鹏、祁建建、张鹏、林潇潇、胡昌明、栗燕杰、夏小雄、高长见、郝俊淇、窦海阳（按姓氏笔画排序）。统稿人：王小梅，中国社会科学院法学研究所副研究员；田禾。

发展；创新社会治理，民生保障和生态文明建设卓有成效。中国的法治发展为2020年全面建成小康社会和决战脱贫攻坚提供了强大的法治保障。2021年，为全面开启新时代法治中国建设新征程，中国应继续做好《民法典》实施的配套制度建设，维护数字经济持续健康发展环境，营造公平公正的法治化营商环境，推进刑罚执行制约监督体系建设，建立扫黑除恶常态化长效工作机制。从严治党，持续反腐败、破除形式主义官僚主义作风。

关键词：全面依法治国　科学立法　法治政府　司法改革　营商环境

2020年是全面建成小康社会、脱贫攻坚的决胜之年，是"十三五"规划的收官之年，也是实现"两个一百年"奋斗目标的历史交汇之年。这一年，习近平法治思想的确立、国法党规的不断健全和完善，为全面依法治国奠定了重要的理论和制度基础；法治建设紧扣全面建成小康社会和扶贫攻坚的目标任务，为国家的大政方针保驾护航；步入法典化时代，中国特色社会主义法律体系更加健全；建设法治政府，规范执法和政务服务水平明显提升；优化营商环境，产权保护和市场经济法治更加完善；全面深化政法领域改革，社会公平正义得到有力维护；加强应急法治，疫情防控和经济社会得以统筹推进；加强社会保障和生态文明建设，社会治理水平实现全方位提升。"十三五"期间，中国全面依法治国取得重大进展。国家法治规划向精细化转型，地方法治建设齐头并进、日益标准化，法治建设从重点领域向所有领域延伸，法治人才队伍日趋职业化专业化，中国特色法律体系更加完善，民主科学立法、严格执法、公正司法、全民守法系统推进，国家治理体系和治理能力现代化在法治轨道上均有所提高。中国的法治发展为2020年全面建成小康社会和打赢脱贫攻坚战提供了强大的法治保障，也为2021年全面开启"十四五"规划和第二个百年奋斗目标奠定坚实的法治基础。

一　习近平法治思想确立，党规国法协调推进全面依法治国

党的十八大以来，习近平同志高度重视法治在国家治理中的决定性作用，提出了一系列关于全面依法治国的理念和思想。2020年11月16日、17日，中央全面依法治国工作会议召开，将习近平法治思想确立为全面依法治国的指导思想。习近平法治思想内涵丰富、论述深刻、逻辑严密、系统完善，其核心内涵是"11个坚持"，集中回答了全面依法治国的原理、方向和路径问题。

坚持和加强党的全面领导，首先是加强党组织自身能力建设，完善党内法规体系，落实领导主体责任，提升领导能力和水平。2020年，中国共产党从维护党中央领导权威、健全新时代党内选举法律制度、落实全面从严治党责任制度等方面，加强党组织自身制度建设。在完善党内法规体系的同时，中国继续强化党对全面依法治国的领导，为立法把握正确的政治方向，实地督查法治政府建设，全力推动政法工作，结合疫情防控常态化的形势需求，在法治轨道上推动疫情防控和经济发展，努力实现应急治理体系和治理能力的现代化。

（一）党领导立法，确保立法秉持正确政治方向

立法是通过法定程序将党的主张和人民的意志予以法律化、制度化的活动，具有很强的政治属性，须坚持正确的政治方向。为此，立法活动应坚持和贯彻党的领导，确保党的基本理论、基本路线、基本方略等重大决策部署在立法工作中得到有效贯彻落实，从而实现党的领导与人民当家作主、依法治国三者有机统一。根据《全国人大常委会2020年度立法工作计划》和《国务院2020年立法工作计划》，无论是人大立法还是行政立法，均要严格执行和落实向党中央请示报告制度，即凡属重大立法事项，或者立法涉及重大体制、重大政策调整，以及立法中需要由党中央研究的重大问题，均应向党中央请示报告。另外，全国人大和国务院的立法工作计划、重要立法项目，应

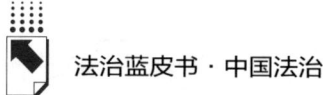

按照要求提交中央全面依法治国委员会审议或批准。

坚持党对立法工作的领导,须建立健全相应的保障机制。为此,中央全面依法治国委员会设立立法协调小组,研究科学立法、民主立法、依法立法方面的重大问题,加强重点领域立法,推动完善中国特色社会主义法律体系。2020年,地方各级立法协调小组召开会议,听取2020年政府立法工作情况汇报,研究部署重要的立法安排,认真落实工作责任,加强成员单位的联系协调,完成好2020年度立法工作任务,统筹编制好2021年立法工作计划。

(二)党领导执法,实地督查地方法治政府建设

法治重在治权,严格依法行政、建设法治政府是全面依法治国的重点和核心环节。中央全面依法治国委员会于2020年2月召开第三次会议,通过了《关于加强法治乡村建设的意见》《行政复议体制改革方案》和关于上海市推进法治化营商环境建设情况的报告、关于推进综合行政执法体制改革情况的报告。督查是促进政策落地之"利器"。4月,中央全面依法治国委员会办公室对2019年底实地督查的八个省份印发书面反馈意见,督促其就督查中发现的各项问题进行全面整改,并不断强化各级党政领导干部加快推进法治政府建设的责任。11月,中央全面依法治国委员会办公室启动新一轮法治政府建设督查,对内蒙古、黑龙江、上海、江苏、山东、广西、海南、青海等地实地督查法治政府建设,聚焦党政主要负责人履行法治建设第一责任人职责,律师、记者作为社会监督力量应邀参加了督查。

(三)党领导司法,深化司法体制综合配套改革

政法工作是全面依法治国的重要方面,也是维护和实现公平正义的切实保障。2020年1月,中央政法工作会议召开,首次明确提出坚持和完善中国特色社会主义政法工作体系。5月,中央司法体制改革领导小组研究部署政法领域全面深化改革工作。为落实党中央关于继续推进政法领域改革的战略部署,8月,中央政法委召开政法领域全面深化改革推进会,系统部署

如何加快推进执法司法制约监督体系改革和建设，确保执法司法工作全程贯彻党的绝对领导、全面领导。为落实中央部署，各地着力构建与新的执法司法权运行模式相适应的制约监督体系。基层政法系统加大跨部门大数据办案平台建设力度，切实推动政法系统各部门协同办案、数据共享，用数据支撑分析预判与科学决策。为推动《中国共产党政法工作条例》的全面落实，10月开始，中央政法委部署开展贯彻落实情况督查工作，组成六个督查组分赴山西、辽宁、江苏、湖南、贵州、甘肃6省开展督查。

司法责任制综合配套改革是司法体制改革的重要内容，2020年2月，中央全面依法治国委员会第三次会议审议通过了《关于深化司法责任制综合配套改革的意见》。7月，为确保中央全面依法治国委员会的全面部署落到实处，最高人民法院印发《关于深化司法责任制综合配套改革的实施意见》，提出加强法院政治建设、健全审判监督管理、强化廉政风险防控、推进人事制度改革、完善资源优化配置等五大方面28项配套举措。实施意见特别强调坚持把党的政治建设摆在首位，落实全面从严治党主体责任。地方法院积极推进司法责任制综合配套改革，如北京市高级人民法院印发《北京市高级人民法院关于审判权力和责任的清单（试行）》，浙江省高级人民法院颁布《浙江省法官惩戒暂行办法》等。

（四）党领导防疫，统筹推进疫情防控的法治化

为应对新冠肺炎疫情，中央全面依法治国委员会第三次会议审议通过《中央全面依法治国委员会关于依法防控新型冠状病毒感染肺炎疫情、切实保障人民群众生命健康安全的意见》，强调在法治轨道上统筹推进各项防控工作。最高人民法院、最高人民检察院、公安部、司法部联合制定了《关于依法惩治妨害新型冠状病毒感染肺炎疫情防控违法犯罪的意见》，要求"提高政治站位，充分认识疫情防控时期维护社会大局稳定的重大意义""准确适用法律，依法严惩妨害疫情防控的各类违法犯罪""健全完善工作机制，保障办案效果和安全"。各地落实中央工作部署，推动依法防控新冠肺炎疫情工作，统筹好疫情防控和经济社会发展。在疫情最紧要关头，全国有460多万个基

层党组织在一线抗疫冲锋陷阵，400多万名社区工作者在全国65万个城乡社区日夜值守，为取得抗疫成功作出了卓越贡献。

二 步入法典化时代，中国特色社会主义法律体系更为健全

2020年，全国人大继续完善中国特色社会主义法律体系，制定出台《民法典》，补齐税收法治化短板，贯彻总体国家安全观，健全区域国家安全、贸易安全和生物安全制度体系；顺应时代发展的要求，推动重要法律的修改与完善；加强立法参与，最大范围、最大限度集合和反映民意，在全社会形成立法共识；重视执法检查监督，全链条跟踪法律实施状况。2020年，全国人大及其常委会制定法律9部，修订或修改法律12部，通过有关法律问题和重大问题的决定13件；31个省、自治区、直辖市人大及其常委会制定地方性法规200余件，修改500余件，批准设区的市、自治州、自治县的地方性法规和自治条例、单行条例近千件。

（一）出台《民法典》、确立国家安全法体系

2020年5月，中国立法史上迎来了高光时刻，《民法典》的通过成为中国全面依法治国进程中的重要里程碑，开启了中国特色社会主义法律体系的法典化时代。作为新中国成立以来首部以法典命名的法律，《民法典》与公民、法人的生命健康、财产安全、交易便利、生活幸福、人格尊严等息息相关。《民法典》的制定，不仅引领和带动民商事法律制度走向体系化、科学化，也将对依法行政、公正司法、社会治理、环境保护产生深刻持久的影响，有助于实现国家治理体系和治理能力现代化。

对于主权国家而言，维护国家安全是重中之重。国家安全属于中央事权，涉港国家安全是整体国家安全的重要组成部分。十九届四中全会明确提出，亟须"建立健全特别行政区维护国家安全的法律制度和执行机制，支持特别行政区强化执法力量""绝不容忍任何挑战'一国两制'底线的行为，绝不容

忍任何分裂国家的行为"。2020年5月，十三届全国人大通过了《全国人民代表大会关于建立健全香港特别行政区维护国家安全的法律制度和执行机制的决定》，明确授权全国人民代表大会常务委员会"就建立健全香港特别行政区维护国家安全的法律制度和执行机制制定相关法律"。6月，全国人大常委会审议通过《香港特别行政区维护国家安全法》，并将其作为香港基本法附件三。《香港特别行政区维护国家安全法》结束了香港回归23年来国家安全立法空白及执行机制缺位的局面，作为"一国两制"制度体系的重要组成部分，不论是对于香港特别行政区法治还是国家整体法治建设均具有重要意义。该法对维护香港安全具有立竿见影的功效，香港社会开始逐步恢复稳定。

为落实总体国家安全观，2020年10月，十三届全国人大常委会通过了《出口管制法》《生物安全法》。出口管制是各国维护国家安全和利益的重要手段，中国借鉴国际通行做法，制定《出口管制法》，展示了中国政府在逆全球化背景下坚持依法维护贸易公平和安全的决心和担当。《生物安全法》将生物安全纳入国家安全体系，为国家实现对危险生物因素的综合性有效规制，安全发展生物技术，保障人民群众和生态系统处于健康不受威胁的状态提供了法治保障。针对汹涌的新冠肺炎疫情，中国制定《生物安全法》，为促进生物技术健康发展、推动构建人类命运共同体、实现人与自然和谐共生作出了重要贡献。

税收是国家财政的主要来源，也是国家进行财富分配的基本形式，关系人民群众最基本的财产利益与经济自由，关乎公平正义和社会福祉。所谓"无法律，不纳税"，现代法治国家必须贯彻和落实税收法定原则。《中共中央关于全面深化改革若干重大问题的决定》明确将"落实税收法定"作为财税改革的目标之一。根据2015年党中央审议通过的《贯彻落实税收法定原则的实施意见》，2020年是实现税收法定的收官之年。2020年8月，全国人大常委会通过了《城市维护建设税法》和《契税法》，进一步完善了中国的税法体系和税收结构，标志着税收法定原则得到全面落实。

（二）顺应时代发展，加快重要制度更新与完善

法律的生命力在于实施，并在实施过程中适应形势发展而进行更新与完善。2020年，《固体废物污染环境防治法》《档案法》《人民武装警察法》《全国人民代表大会和地方各级人民代表大会选举法》《专利法》《未成年人保护法》《国旗法》《国徽法》《著作权法》《预防未成年人犯罪法》《国防法》等一系列重要法律得到修改，其中未成年人保护相关法律的修订最为人瞩目并引发热议。

近年来，未成年人保护领域出现一系列问题，如监护不力甚至监护侵害、校园欺凌、未成年人沉迷网络游戏、刑事案件中未成年被害人缺乏应有保护等，因此，修改《未成年人保护法》的呼声很高。为回应社会需求，着力解决现实中存在的突出问题，及时把成熟的实践转化为法律并做好相关制度的衔接配合，新修订的《未成年人保护法》增设"网络保护""政府保护"专章，防止未成年人沉迷网络，细化国家监护制度，充分体现了"最大限度地保护未成年人权益"的立法目的。为从根本上预防和减少对未成年人的伤害，新修订的《未成年人保护法》规定，国家建立性侵害、虐待、拐卖、暴力伤害等违法犯罪人员信息查询系统，并明确规定密切接触未成年人的单位有查询义务。与《未成年人保护法》修订相适应，2020年12月26日全国人大常委会会议表决通过了《刑法修正案（十一）》和新修订的《预防未成年人犯罪法》，对社会强烈关注的未成年人违法犯罪问题作出积极回应，调整刑事责任年龄、完善专门教育体系等，织密未成年人保护的法网。

（三）完善立法机制，最大范围内凝聚社会智识

立法过程必须公开透明，并且要有广泛的社会参与，以最大限度凝聚社会共识。公开是参与的基础和前提，公众只有对立法过程充分知悉、对草案文本有所理解，才会积极参与立法，提出高质量的立法意见建议。2020年，无论是中央立法还是地方立法，其公开机制和社会参与机制愈加完善。

推动立法全程立体式公开，立法透明度显著提升。全国人大常委会

在其网站上对《行政处罚法》修订、《出口管制法》立法、《未成年人保护法》修订、《专利法修正案》、《人民武装警察法》修订等进行了专题公开。打开任一立法专题，公众不仅可以看到从提案、立法调研、征求意见到一审、二审、三审等立法的全过程，还可以了解立法背景、草案说明、草案修改情况、审议结果、专家解读、相关报道等有关立法的来龙去脉。全国人大常委会不仅对立法个案进行逐项公开，还公开了年度立法整体情况，如公开了2020年度立法计划，并在10月份就立法计划的完成情况以及全国人大常委会的日常立法工作向社会作出说明。

广泛开展立法调研，健全法律草案在线征集意见机制。2020年，尽管受到疫情影响，中央立法机关仍在各地开展了《行政处罚法》修订、《著作权法》修改和《草原法》《监察官法》等十余次立法专题调研。全国及地方人大在其网站上设置法律法规草案征求意见栏目，全国人大及湖南个别地方的人大还公开了参与人数或意见条数，江苏人大网在"E政大厅"对以往的意见征集情况进行了公开。另外，从2020年开始，地方性法规实行统一报备机制，只需登录"全国人大备案审查信息平台"报备，平台会自动向司法部推送，实现地方性法规向全国人大常委会、国务院的"一键"电子报备。

（四）开展执法检查，全链条跟踪法律实施状况

开展执法检查既是人大履行监督职能的重要内容，也是立法后评估的一部分，有助于监督法律实施，及时发现法律执行过程中存在的问题，更好地服务于法律的修改与完善。2020年，全国人大常委会执法检查组对《野生动物保护法》《土壤污染防治法》《慈善法》《反不正当竞争法》《公共文化服务保障法》《农业机械化促进法》等6部法律的实施情况进行执法检查，并向全国人大常委会作执法检查报告。在地方，北京市人大常委会开展《北京市生活垃圾管理条例》《北京市物业管理条例》《北京市街道办事处条例》的执法检查，福建省人大常委会开展《福建省促进闽台职业教育合作条例》执法检查，陕西省人大常委会开展《陕西省秦岭生态环境保护条例》执法检查，上海市人大常委会执法检查组开展《上海市急救医疗服务条例》执法检查等。

三 建设法治政府，规范执法与政务服务水平明显提升

2020年是法治政府建设五年实施纲要的收官之年，距离十九大提出的2035年基本建成法治国家、法治社会和法治政府的奋斗目标还有15年时间，中国政府继续加快建设高质量法治政府的步伐，提高行政立法质量和水平，让行政权力在阳光下运行，全面提高政务服务水平，确保发文和决策法治化，加强重点领域监管执法，全方位落实行政责任制。

（一）创新机制，加强重点领域行政立法

2020年，中国加快食药环卫等重要领域行政立法工作，国务院共制定了《农作物病虫害防治条例》《化妆品监督管理条例》《保障中小企业款项支付条例》《政府督查工作条例》等4部行政法规，对《预算法实施条例》《国家科学技术奖励条例》《行政执法机关移送涉嫌犯罪案件的规定》等3部行政法规进行了修改，通过2次《国务院关于修改和废止部分行政法规的决定》，打包部分修改行政法规29件、废止行政法规11件。为提高行政立法质量和效率，地方不断创新和完善行政立法机制。2020年，安徽省人民政府出台《安徽省人民政府关于加强行政立法工作的意见》；宁波市政府修订并发布《宁波市人民政府行政立法专家库管理办法》《宁波市人民政府行政立法专家工作规则》；江苏省司法厅成立行政立法审查委员会，健全立法协调机制，提高行政立法工作水平；山西行政立法工作引入"市场竞争机制"，对行政立法基地、行政立法基层联系点、行政立法专家实行淘汰退出机制。

（二）深化公开，行政权力运行在阳光下

近年来，公开工作机制趋于成熟，公开水平大幅度提升，政府信息公开制度也成为实施最佳的制度之一，政务公开成为法治政府建设最耀眼的领域。2020年1月发布的《国务院办公厅关于全面推进基层政务公开标准化规范化工作的指导意见》明确，到2023年基本建成全国统一的基层政务公开标准体

系。各地政府积极梳理主动公开事项清单、标准，强化公开平台建设，完善公开制度、流程，加强解读、回应。6月，国务院办公厅印发《2020年政务公开工作要点》，从加强用权公开、加强政策发布解读、围绕优化营商环境加强政务信息公开、围绕突发事件应对加强公共卫生信息公开、围绕落实新修订的《政府信息公开条例》加强制度执行等方面提出要求。12月，国务院办公厅还印发了《公共企事业单位信息公开规定制定办法》，深入推进公共企事业单位信息公开，信息公开制度也得到进一步健全和完善。

法治政府建设情况报告公开良好。编制并公开法治政府建设年度报告是监督和评价法治政府建设情况的重要手段。2020年，全国31个省（自治区、直辖市）政府全部公开了上一年度的法治政府建设年度报告，其中25家省级政府做到了及时公开，即2020年4月1日前发布了本机关上一年度的法治政府建设年度报告。34家应对外发布年度报告的国务院部门中，有33家公开了上一年度的法治政府建设年度报告。各地方各部门法治政府建设年度报告内容日趋翔实，披露了政府规章立改废数据、参与普法宣传的情况、深化行政审批制度改革情况、加强执法体制改革情况、化解矛盾纠纷情况、完善执法程序情况、完善重大行政决策机制情况等。

规范性文件实现集中统一动态公开。2020年，有30家省级政府对其规范性文件进行了集中公开，其中有19家省级政府对其公开的规范性文件进行有效性标识，28家省级政府发布了近3年的规范性文件清理信息。2020年，政府基本解决了规范性文件底数不清、体系不完善的问题。

推动执法文书上网公开。2020年1月，国家市场监督管理总局开通中国市场监管行政处罚文书网，按照行政区划、处罚领域、处罚类型等对市场监管行政处罚文书进行集中公开，并提供智能化检索服务。这标志着行政执法文书公开步入新阶段，具有示范意义，将有力推动行政执法的全面公开，也将进一步推动完善社会信用体系建设，助力优化营商环境。

（三）简政放权，全面提高政务服务水平

深化"放管服"改革，不断提升政务服务水平。2020年9月，国务院作

出决定,取消29项行政许可事项,下放4项行政许可事项的审批层级。为增强基层审批服务执法力量,2020年1月,江苏省委办公厅、省政府办公厅出台《关于推进基层整合审批服务执法力量的实施方案》。6月,《南通市相对集中行政许可权实施办法》施行,推进相对集中行政许可权改革,规范相对集中行政许可权实施,优化行政许可事项监管。9月,上海市人民政府根据2019年《国务院关于加强和规范事中事后监管的指导意见》和2020年《上海市优化营商环境条例》,发布了关于加强和规范事中事后监管的实施意见。

积极开展企业开办全程网上办理,推动更多服务事项一网通办,并加快推进政务服务"跨省通办"。2020年9月,国务院办公厅下发《关于加快推进政务服务"跨省通办"的指导意见》,为进一步畅通国民经济循环、促进要素自由流动提供重要支撑。伴随着互联网的发展,政务服务从网上办理到"一网通办"再到"跨省通办",服务水平不断攀升,服务便捷度和群众获得感显著提升。"跨省通办"以"省域通办"为基础,2020年,浙江率先实现"省域通办",3731项政务服务事项实现省市县三级统一办事指南、统一办理流程、统一表单材料,线上线下多端体验一致、同标准办理;2600余项政务服务事项实现"一网通办"。为全面深化"放管服"改革,公安部在2020年伊始即推出《公安交管改革便民利企6项新措施》,又于11月20日启动摩托车驾驶证全国"一证通考"、扩大机动车免检范围、放宽小型汽车驾驶证申请年龄等12项深化公安交管"放管服"改革优化营商环境新措施。国务院办公厅广开言路,开通"国家政务服务投诉与建议"小程序,对公众就优化政务服务提出的建议进行专门研究,督促有关地方和部门查清问题,查明原因,整改解决。

开展证明事项清理,全面推行证明事项告知承诺制。根据2018年6月国务院办公厅印发的《国务院办公厅关于做好证明事项清理工作的通知》,司法部负责组织实施证明事项清理工作,"凡是没有法律法规依据的一律取消"。为进一步推动证明事项清理工作,司法部设置"群众批评——证明事项清理投诉监督平台",广泛听取意见,接受群众监督,确保清理工作取得实效。在进行证明事项清理的同时,国务院还全面推广证明事项告知承诺制。2020年

11月，国务院办公厅发布《关于全面推行证明事项和涉企经营许可事项告知承诺制的指导意见》，要求各地区、各部门全面推行证明事项和涉企经营许可事项告知承诺制。实行承诺制对减少证明事项、简化行政审批、方便企业和群众办事创业发挥了重要作用。

（四）源头控制，确保发文和决策法治化

行政规范性文件是行政权力行使的主要形式之一，也是行政管理活动的重要依据。提升规范性文件的法治化水平是法治政府建设的重要任务和衡量法治政府建设的重要指标。为把发文权力装进制度笼子，从源头上规范行政权力，避免乱发文及发文质量不高，维护政府形象和公信力，2018年国务院出台了《关于加强行政规范性文件制定和监督管理工作的通知》和《关于全面推行行政规范性文件合法性审核机制的指导意见》。2020年，更多部委和地方政府制定规章，对规范性文件的制定与管理进行规范，如《生态环境部行政规范性文件制定和管理办法》《江西省行政规范性文件管理办法》《广东省行政规范性文件管理规定》《成都市行政规范性文件合法性审核实施细则》《吉林市行政规范性文件制定和监督管理规定》《海口市行政规范性文件制定与备案管理办法》《东营市行政规范性文件制定和监督管理规定》等。2020年，规范性文件发文数量得到有效控制，不少地方部门出现规范性文件零报告，如南通市司法局、安徽省审计厅等。另外，规章和规范性文件实现一站式集中公开，如"吉林市规范性文件监督管理网"于2019年底迭代升级为"吉林市人民政府规章和行政规范性文件管理网"，增设了"规章动态管理目录"和"规范性文件动态管理目录"模块，公开了规范性文件的清理结果。2020年，《民法典》的出台对政府法治也产生了深刻影响，国家市场监督管理总局以及各地方政府对与《民法典》规定和原则不一致的规章和行政规范性文件进行专项清理，以确保《民法典》有效实施。

为从源头规范权力运行，各地继续加强重大行政决策法治化审查。2020年，一些地方出台政府规章，如《江苏省重大行政决策程序实施办法》《天津市重大行政决策程序规定》《上海市重大行政决策程序规定》《黄山市人民政

府重大行政决策终身责任追究和责任倒查暂行办法》《蚌埠市重大行政决策全过程记录和档案管理办法》等，对重大行政决策涉及的主要方面和重要环节进行补充细化，确定了法定程序的适用条件。2020年，重大行政决策公开和参与不断扩大，有些地方积极落实重大行政事项的听证制度，如广东省珠海市政府设置了"重大行政决策事项听证专栏"，公开了听证公告、听证会参会名单、听证报告。

（五）规范执法，加强重点领域监管执法

行政执法是政府实施法律法规、履行法定职能、管理经济社会事务的主要方式。为进一步规范执法，国家全面推行行政执法"三项制度"，即行政执法公示制度、执法全过程记录制度和重大执法决定法制审核制度。"三项制度"覆盖行政执法的源头、过程和结果，确保行政执法权力公开运行、全程留痕，并守住法律底线。2020年行政执法"三项制度"得到进一步落实，各地普遍建立了统一的行政执法信息公示平台，对执法依据、执法权限、执法人员以及执法结果进行公示。为倒逼执法机关规范执法，不少地方加大执法案卷评查力度。

化妆品行业迎来严监管时代。2020年1月审议通过的《化妆品监督管理条例》开启了化妆品行业监管的新时代。9月，国家药品监督管理局三次发布问题化妆品的通告。从10月开始，国家药品监督管理局在全国范围内组织开展化妆品"线上净网线下清源"专项行动，组织电子商务经营者全面自查化妆品经营行为，及时处置风险隐患，并多次发布化妆品监管通告。

食品药品安全监管成效显著。为推动各地区各部门进一步提高食品药品监管执法司法水平，2020年1月，中央全面依法治国委员会办公室联合最高人民法院、最高人民检察院、公安部、国家市场监督管理总局、国家药品监督管理局发布15件食品药品监管执法司法典型案例。10月，最高人民检察院与中央网信办、国务院食品安全办等共同印发《关于在检察公益诉讼中加强协作配合　依法保障食品药品安全的意见》，要求各部门在检察公益诉讼中加强配合，共同保障食品药品安全。

（六）多元监督，全方位落实行政责任制

实地督查与网上督查相结合，促使政策落地。为进一步推动党中央、国务院重大决策部署落地见效，国务院开展第七次大督查，从10月13日起，派出14个督查组赴各地实地督查。根据《2020年中央和国家机关督查检查考核计划》，国务院扶贫开发领导小组开展2020年脱贫攻坚督查工作。除了实地督查，国务院还开通互联网督查平台，收集线索，并结合实地督查，促使党中央、国务院重大决策部署和政策措施落地生根。国务院"互联网+督查"平台自2019年4月22日开通以来，共收到留言700多万条，并对有警示意义的典型案例加大曝光力度，这表明"互联网+督查"动真格、不流于形式。对平台收到的涉及党中央、国务院重大决策部署和政策措施不落实或落实不到位的典型问题线索，国务院办公厅督查室组织通过暗访方式开展实地核查。7月15日，国务院办公厅督查室开辟"督查回声"专栏，截至11月14日，共发布了81件事项督查办理结果。12月26日，国务院发布《政府督查工作条例》，进一步加强和规范政府督查工作，推进法治政府和廉政建设。

落实行政执法责任制，增强司法监督效果。2020年9月，司法部开通"行政执法监督批评建议平台"，畅通人民群众反映问题的渠道，以解决行政执法实践中存在的选择性执法、不文明执法甚至暴力执法以及执法不作为、乱作为等问题。为加强行政检察与行政机关内部行政执法监督的贯通、协调，广东省人民检察院与省司法厅联合出台《关于加强行政检察与行政执法监督衔接工作的意见（试行）》。为实质性解决行政争议，提高依法行政水平，最高人民法院通过了《最高人民法院关于行政机关负责人出庭应诉若干问题的规定》，对《行政诉讼法》确立的"被诉行政机关负责人应当出庭应诉"原则进行细化。《政务处分法》的出台进一步加强了对所有行使公权力的公职人员的监督，全面从严治党治吏。

全面启动行政复议体制改革，加强行政监督。2020年2月，中央全面依法治国委员会第三次会议审议通过了《行政复议体制改革方案》，要求各级政府落实行政复议体制改革方案，发挥行政复议公正高效、便民为民的制度优势和化解行政争议的主渠道作用。7月,全国首个跨区域行政复议委员会——长三角生态绿色一体化发展示范区行政复议委员会在上海成立,推动区域行政复议机构案件审理标准的统一,推动区域法治协作不断向纵深发展。2020年,司法部加强了行政复议的信息化、规范化、专业化建设。按照司法部"数字法治、智慧司法"信息化体系建设部署,全国31个省(自治区、直辖市)、新疆生产建设兵团和48个国务院部门均已开始使用行政复议工作平台,促进了全国行政复议工作互联互通。为提升行政复议专业化水平,《行政复议体制改革方案》和正在修订的《行政复议法》均明确,初次从事行政复议的人员应当通过国家统一法律职业资格考试,取得法律职业资格。

四 优化营商环境,产权保护和市场经济法治更加完善

(一)进入民法典时代,民事权利得到系统保护

2020年5月,中共中央、国务院发布关于新时代加快完善社会主义市场经济体制的意见,提出以保护产权、维护契约、统一市场、平等交换、公平竞争、有效监管为基本导向,不断完善社会主义市场经济法治体系,确保有法可依、有法必依、违法必究。《民法典》将"保护民事主体的合法权益"作为首要目的,使中国的民事权利保障进入一个新阶段。《民法典》全面系统地确认民事主体所享有的各项民事权利,构建了完整的民事权利体系。值得注意的是,《民法典》第207条强调私人物权与国家、集体物权的平等保护,这不仅是对改革开放40多年成果的法律确认,还将实质性地促进中国的产权保护水平提升。为严格贯彻《民法典》关于"禁止高利放贷"的原则精神,进一步规范民间借贷行为,最高人民法院于2020年8月通过了《最高人民法院关于修改〈关于审理民间借贷案件适用法律若干问题的规定〉的决定》,充分尊重当事人的意思自治,也调整了民间借贷利率的司法保护上限。为贯彻实施《民法典》,最高人民法院对新中国成立以来现行有效的591件司法解释及相关规范性文件进行了全面清理,对名称和部分条款进行修改的有111件,

决定废止的司法解释及相关规范性文件有116件。最高人民法院还对2011年以来发布的139件指导性案例进行了全面清理，决定2件案例不再参照适用。最高人民法院制定并公布了与民法典配套的第一批新的司法解释，修改《民事案件案由规定》，增加了声音保护、个人信息保护、申请人格权侵害禁令、居住权、保理合同等案由。

（二）全面修订商事法，优化完善商事法律体系

《民法典》推动商法规则的体系化。《民法典》采取了民商合一的体例，对民事法律关系和商事法律关系进行一体化调整。《民法典》安排了较多关于商事主体、商事行为的法律规范，如将决议行为纳入民事法律行为范畴。另外，合同编增加了保理合同、合伙合同、保证合同、物业服务合同四种类型，物权编和侵权编也充分考虑商事交易实践的需求和特征并增设了相关规定。《民法典》全面纳入商法规则有助于商事法律体系的优化完善，也有益于对商事法律关系的全面调整。

全面深化资本市场改革。2020年3月1日实施的新《证券法》采取了全面推行证券发行注册制、大幅提高证券违法成本、完善投资者保护制度、强化信息披露要求、完善证券交易制度、建立健全多层次资本市场体系、压实中介机构责任、强化监管执法等改革措施，对于推动证券市场全面深化改革、提高上市公司质量、切实维护投资者合法权益意义重大。为全面实施新《证券法》，最高人民法院密集出台了一系列司法解释、司法政策，如《全国法院审理债券纠纷案件座谈会纪要》《关于证券纠纷代表人诉讼若干问题的规定》《关于为创业板改革并试点注册制提供司法保障的若干意见》等，为资本市场健康发展提供有力的司法保障。此外，中国证监会也制定和修改了部分证券期货规章、规范性文件。11月，中央全面深化改革委员会通过了《健全上市公司退市机制实施方案》《关于依法从严打击证券违法活动的若干意见》，提出以市场化、法治化为导向，建立常态化退市机制，加速完善退市机制，同时，健全证券执法司法体制机制，维护资本市场赖以健康发展的法治和诚信环境。

深入推进破产法治建设。完善的破产法治体系对于保障创新、促进经济结构性改革、提升经济治理水平具有重要意义。2020年，继2019年设立深圳、北京、上海、天津、广州、温州、杭州七个破产法庭之后，济南、青岛、南京、厦门破产法庭相继成立。为提高破产审判效率，降低破产程序成本，2020年4月，最高人民法院印发《最高人民法院关于推进破产案件依法高效审理的意见》。8月，《深圳经济特区个人破产条例》发布，标志着个人破产立法在地方取得实质性突破。

（三）适应新发展格局，加强完善市场经济法治

促进建立完善的社会主义市场经济体制。作为社会主义基本经济制度的重要组成部分，完善的社会主义市场经济体制一直是中国经济体制改革的目标。《中共中央 国务院关于新时代加快完善社会主义市场经济体制的意见》提出保障市场公平竞争、完善要素市场化配置体制机制、完善宏观经济治理体制等诸多方面的要求。随着《外商投资法》的实施，6月，国家发展改革委、商务部公布了《外商投资准入特别管理措施（负面清单）（2020年版）》，外商投资准入负面清单由40条减到33条。7月，最高人民法院、国家发展改革委联合发文，为新时代加快完善社会主义市场经济体制提供司法服务和保障。

财税法治得到进一步细化。2020年出台的《城市维护建设税法》和《契税法》进一步调整和完善了税收体系和税收结构。《城市维护建设税法》取消了城市维护建设税的专项用途规定，细化了计税依据，授权地方确定"纳税人所在地"，进一步规范税收征管。《契税法》调整了具体征税范围，明确授权地方确定契税差别税率，拓展免征优惠范围，将纳税申报和缴纳期限合二为一，明确了契税的退税规定，并增加涉税信息共享和个人信息保密等规定。国务院修订《预算法实施条例》，细化了《预算法》有关规定，明确预算收支范围和预算草案编制时间，加强预算公开和地方政府债务管理，完善转移支付制度。此次修订将近年来积累的财税体制改革成果和预算管理经验上升为法律规范，确保公共财政资金发挥最优效能。

互联网金融和非法集资风险得到全面治理。国家加强了金融风险治理，

中国银保监会明确金融科技的金融属性,将金融活动统一纳入监管范围,对同类业务、同类主体一视同仁。2020年,国家金融管理部门持续整治网络借贷等互联网金融风险,推动互联网金融风险市场出清,截至11月中旬,全国实际运营的P2P网贷机构由高峰时期的约5000家完全归零。在全面治理互联网金融风险的同时,国家稳步推进金融科技创新监管试点。截至2020年8月末,全国已推出60个试点项目,涉及大数据、5G、普惠金融、供应链金融等不同场景,纾解了小微企业融资难融资贵等痛点难点,充分展现了金融科技多元融合、多向赋能的优势[①]。

加强互联网平台监管,维护公平竞争环境。公平的市场竞争秩序是社会主义市场经济赖以良好运行的体制基础。随着互联网经济的发展与繁荣,平台经济领域出现一些具有市场支配地位的经营者,其实施的排除、限制市场竞争行为引起监管部门的警惕和重视,国家市场监督管理总局发布《关于平台经济领域的反垄断指南(征求意见稿)》,向社会公开征求意见。2020年12月14日,国家市场监督管理总局依据《反垄断法》第48条、第49条对平台经济领域的个别公司予以行政处罚。

(四)以创新驱动发展,全面强化知识产权保护

进一步完善知识产权法律体系。2020年知识产权法治迎来了急剧变动的时期,《专利法》《著作权法》先后修订,《刑法修正案(十一)》也包含了针对《刑法》第219条中侵犯商业秘密罪的修改内容。《专利法》的修改主要体现在五个方面:一是引入侵权惩罚性赔偿制度,推动延长专利有效期,并提高法定赔偿额度;二是设立药品专利链接制度,创新药专利权人在药品审批环节即可阻止侵权仿制药的审批;三是延长外观设计专利保护期、扩大保护范围;四是设立发明专利保护期调整制度和新药发明专利的保护期限延长制度;五是新设专利开放许可制度。《著作权法》的修改主要体现在:一是修改"作品"定义,将原来兜底的"法律、行政法规规定的其他作品"改为"符合

[①] 中国人民银行:《中国金融稳定报告(2020)》。

作品特征的其他智力成果",使受《著作权法》保护的作品客体更具有开放性;二是将网络环境下单向作品传播行为纳入了"广播权的规制范围";三是在著作权限制和例外部分引入了一般条款,即并不限于《著作权法》中所列举的个别限制性条款,如果新的作品利用形式满足"不得影响该作品的正常使用,也不得不合理地损害著作权人的合法权益"的情况,可以作为"法律、行政法规规定的其他情形"予以规定和适用;四是赋予广播电台、电视台对其播放的载有节目的信号享有通过信息网络向公众传播的权利。《刑法修正案(十一)》中有关侵犯商业秘密罪的修改,主要是将这一罪名由结果犯变更为行为犯,与2020年1月中美签订的《第一阶段经贸协议》相对应,对侵犯商业秘密罪的刑事门槛问题作了特别强调。

提升知识产权服务水平和执法力度。为贯彻落实《关于强化知识产权保护的意见》,加强知识产权保护体系建设,国家知识产权局印发《关于深化知识产权领域"放管服"改革 营造良好营商环境的实施意见》《关于规范地方专利商标业务窗口名称 稳步推进知识产权业务"一窗通办"的通知》,进一步释放知识产权机构改革的综合管理效能,更大程度方便企业和群众办事。国家知识产权局印发《关于进一步加强知识产权维权援助工作的指导意见》,并改版上线了"中国知识产权维权援助线上服务平台",实现了全国范围内维权援助服务资源的整合。此外,国家知识产权局正式批复同意建设中国(杭州)、中国(宁德)知识产权保护中心。2020年上半年,各地市场监管部门组织开展了知识产权执法等专项行动,共查处案件10.68万件,其中查处侵权假冒案件2.4万件,针对侵权假冒高发多发的重点实体市场,持续开展执法行动5万次。

知识产权司法保护体系更加完善。2020年,最高人民法院颁布了系列司法解释和文件,如《关于全面加强知识产权司法保护的意见》《关于审理侵犯商业秘密民事案件适用法律若干问题的规定》《关于审理专利授权确权行政案件适用法律若干问题的规定(一)》《关于审理涉电子商务平台知识产权民事案件的指导意见》《关于涉网络知识产权侵权纠纷几个法律适用问题的批复》《关于依法加大知识产权侵权行为惩治力度的意见》《关于知识产权民事诉讼证据的若干规定》《关于加强著作权和与著作权有关的权利保护的意见》等。9月13日,《最高人民法院、最高人民检察院关于办理侵犯知识产权刑事案件具体应用法律若干问题的解释(三)》发布,自2020年9月14日起施行。此外,各司法机关抗疫复产规范性文件也要求保护企业财产权和知识产权。为强化行政执法与刑事司法的衔接,2020年8月,国务院决定修改《行政执法机关移送涉嫌犯罪案件的规定》,增加行政执法机关将知识产权领域涉嫌犯罪案件向刑事司法机关移送的程序。11月,最高人民检察院组建知识产权检察办公室,主要负责知识产权检察工作的顶层设计和战略规划,负责法律规定由检察机关办理的侵犯知识产权刑事、民事、行政案件的办案、监督和业务指导等。12月,全国人大常委会作出关于设立海南自由贸易港知识产权法院的决定。

(五)为中小企业纾困,优化民营经济发展环境

进一步优化营商环境。2020年1月1日,《外商投资法》《优化营商环境条例》同步落地实施,致力于以法治方式营造一流营商环境。为更好服务市场主体,国务院办公厅印发《关于进一步优化营商环境 更好服务市场主体的实施意见》《关于深化商事制度改革 进一步为企业松绑减负 激发企业活力的通知》《国务院办公厅关于进一步规范行业协会商会收费的通知》。国家市场监督管理总局在全国范围部署开展涉企收费专项治理,公布了8起涉企违规收费典型案例,以增强威慑效果。北京、上海、江苏、河南、广西、江西、陕西等地制定了优化营商环境的地方性法规,深圳也出台了《深圳经济特区优化营商环境条例》。

健全拖欠中小企业款项治理机制。近年来,拖欠中小企业款项严重危害中小企业健康发展和经济稳定的问题较为突出,引起党中央的高度重视。2020年5月,中共中央、国务院在《关于新时代加快完善社会主义市场经济体制的意见》中明确提出,"健全清理和防止拖欠民营企业中小企业账款长效机制"。6月,国务院国有资产管理委员会下发《关于进一步巩固清欠工作成果 加快健全防止拖欠长效机制的通知》,要求加强业务源头管理,从根本上

防范拖欠风险。7月，国务院出台《保障中小企业款项支付条例》，这是国家层面首次针对拖欠中小企业款项问题制定专门法规，彰显治理拖欠中小企业款项问题的决心，为维护中小企业合法权益、优化营商环境提供又一重要法治保障。2020年，全国开展清理拖欠民营企业中小企业账款行动，根据工信部公布的数据，前10个月，全国共清偿1700亿元，清偿进度超过九成。

帮扶中小企业渡过疫情难关。2020年，为帮助小微企业、个体工商户渡过疫情难关，各项减税降费、减缓缴纳的优惠政策得到延长，如2019年出台的下调增值税税率和企业养老保险费率政策继续执行；2020年6月前到期的减税降费政策延长到2020年底；小微企业、个体工商户所得税缴纳一律延缓到2021年。为降低企业生产经营成本，工商业电价降低5%，并延长到2020年底；宽带和专线平均资费降低15%；减免国有房产租金，鼓励各类业主减免或缓收房租，并予政策支持。中小微企业得到强有力的金融支持，其贷款延期还本付息政策延长至2021年3月底；普惠型小微企业贷款应延尽延；其他困难企业贷款协商延期。

（六）加强自贸区建设，推动更高水平改革开放

自贸区建设步伐加快。2020年，在世界面临经济逆全球化、新冠肺炎疫情全球蔓延的严峻局势下，中国的改革开放决心非但未动摇，还以改革促开放，不断扩大自由贸易试验区发展开放型经济，形成全面开放新格局。2020年，中国自贸区建设步伐加快，自由贸易试验区由18个增至21个，新增的分别是北京、湖南、安徽三个自由贸易试验区，并扩展了浙江自由贸易试验区的范围。作为全国首个自由贸易试验区，2020年，上海自贸区继续深化改革，实施《上海市推进科技创新中心建设条例》，为深入实施创新驱动发展战略提供强有力的法治保障。2020年，"一业一证"改革已在浦东新区区级试点行业全面实施，总体实现审批时限压减近90%，申请材料压减近70%，填表要素压减超60%[①]。2020年，《海南自由贸易港建设总体方案》颁布，提出建

---

① 数据源自2020年9月上海浦东新区政府发布的《浦东新区法治化营商环境白皮书（2013~2020年）》。

立以海南自由贸易港法为基础,以地方性法规和商事纠纷解决机制为重要组成的自由贸易港法治体系。为推动自由贸易试验区试点政策落地,国务院决定从2020年6月18日至2024年12月31日,在中国(海南)自由贸易试验区暂时调整实施《海关事务担保条例》《进出口关税条例》《国际海运条例》《船舶和海上设施检验条例》《国内水路运输管理条例》5部行政法规的有关规定。

粤港澳大湾区建设迎来重要历史机遇。作为大湾区建设的重要引擎,深圳获准建设中国特色社会主义先行示范区,前海深港现代服务业合作区的发展也为粤港澳大湾区建设注入活力。粤港澳大湾区实现了法律服务的区域融合,中央允许符合条件的香港法律执业者和澳门执业律师,通过粤港澳大湾区律师执业考试并取得内地执业资质的,从事一定范围内的内地法律事务。

形成全面开放新格局。为推进"一带一路"建设,加快沿边开发开放步伐,构建全面开放新格局,2020年,中国还设立了江西内陆开放型经济试验区以及广西百色、新疆塔城重点开发开放试验区等,在雄安新区等46个城市和地区设立跨境电子商务综合试验区,扩大昆山深化两岸产业合作试验区范围至昆山全市。2020年11月,随着区域全面经济伙伴关系协定(RCEP)的签署,世界上人口数量最多、成员结构最多元、发展潜力最大的自贸区诞生了,中国对外开放的格局进一步放大。

五 深化政法改革,以严格公正司法捍卫社会公平正义

2020年5月,中央司法体制改革领导小组研究部署政法领域全面深化改革工作,包括完善政法机构职能体系、完善权力运行制约监督制度、深化司法责任制综合配套改革等方面。8月,为落实中央司法体制改革领导小组精神,政法领域全面深化改革推进会召开,聚焦执法司法制约监督体系改革和建设。2020年,司法体制综合配套改革继续推进,民事审判执行能力不断提升,刑事诉讼改革不断深化,重点加强政法队伍建设,进一步加强司法业务与科技的深度融合,实现阳光司法、智慧司法。

（一）全面落实司法责任制综合配套改革

2020年2月，中央全面依法治国委员会《关于深化司法责任制综合配套改革的意见》对司法责任制综合配套改革提出进一步的系统要求。政法机关对照中央部署要求，出台实施意见和方案，不断建立和完善司法责任制综合配套制度。

人民法院全面实施司法责任制综合配套改革。2020年7月，最高人民法院发布《关于深化司法责任制综合配套改革的实施意见》，提出加强法院政治建设、健全审判监督管理、强化廉政风险防控、推进人事制度改革、优化司法资源配置等五大方面28项配套举措。地方法院积极推进司法责任制综合配套改革，北京市高级人民法院印发《北京法院落实司法责任 加强履职监督工作办法（试行）》《北京市高级人民法院关于审判权力和责任的清单（试行）》，浙江省高级人民法院颁布《浙江省法官惩戒暂行办法》，青海省高级人民法院出台《青海省高级人民法院院庭长审判管理与监督权力清单》《青海省高级人民法院办案人员权力清单》《青海省高级人民法院关于加强全省法院院庭长办案工作的规定》。

法官员额制管理机制不断健全。一是建立法官员额配置动态调整机制。2020年1月，最高人民法院印发《省级以下人民法院法官员额动态调整指导意见（试行）》《人民法院法官员额退出办法（试行）》，完善员额的编制、动态管理、遴选、退出等相关制度。二是明确法院干警任职回避规则。4月，最高人民法院《关于对配偶父母子女从事律师职业的法院领导干部和审判执行人员实行任职回避的规定》施行，各地法院出台执行回避规定的实施细则，如广东省高级人民法院印发《关于执行审判回避规定的实施细则》。三是落实干预司法行为如实记录制度。习近平总书记强调，"司法不能受权力干扰，不能受金钱、人情、关系干扰，防范这些干扰要有制度保障"。为落实2015年出台的《领导干部干预司法活动、插手具体案件处理的记录、通报和责任追究规定》《司法机关内部人员过问案件的记录和责任追究规定》《关于进一步规范司法人员与当事人、律师、特殊关系人、中介组织接触交往行为的若干规定》，2020年底，宁波市中级人民法院上线人民法院"三个规定"记录平台，用信息化手段落实干预司法如实记录制度，从司法机关外部、内部及办案人员自身三个层面，阻断影响司法独立公正的因素。根据最高人民法院部署，全国四级法院于2021年1月统一启用"三个规定"记录报告平台。

检察机关健全绩效考核和责任追究制度。2020年，为全面落实司法责任制配套改革，最高人民检察院健全检察官绩效考核和惩戒追责制度，先后出台了《关于开展检察官业绩考评工作的若干规定》《人民检察院司法责任追究条例》，以规范检察官业绩考评，提升检察业务管理水平，严格区分办案质量瑕疵责任与违法办案责任，健全了检察官绩效考核和惩戒追责制度。最高人民检察院进一步明确检委会工作机制，实施《人民检察院检察委员会工作规则》，对检委会的组成、工作机制、讨论决定案件的范围、决定的效力与执行等作出细化规定。2020年，检察机关院领导办案结构优化，检察长列席审委会数量持续上升。

强化司法人员的履职保障。为保障民警人身安全，切实维护国家法律尊严，2020年1月，最高人民法院、最高人民检察院、公安部联合制定《关于依法惩治袭警违法犯罪行为的指导意见》，依法惩治袭警违法犯罪行为，以维护人民警察的执法权威。

（二）完善审判体系，提升审判执行能力

2020年4月，最高人民法院印发《最高人民法院关于人民法院贯彻落实党的十九届四中全会精神 推进审判体系和审判能力现代化的意见》。2020年，人民法院致力于提升审判执行能力建设，主要体现在统一法律适用机制、探索民事诉讼繁简分流改革试点、推进多元纠纷化解机制、强化善意文明执行理念等方面。

完善统一法律适用标准工作机制。加强审判权力运行监督，统一法律适用标准，对于维护国家法制统一尊严权威具有重要意义。2020年9月，最高人民法院发布《关于完善统一法律适用标准工作机制的意见》，提出了统一法律适用标准的21条具体措施，包括加强司法解释和案例指导工作、建立全

国法院法律适用问题专门平台、健全法律适用分歧解决机制、发挥审判委员会统一法律适用标准职责、完善类案和新类型案件强制检索报告工作机制等。2020年7月31日，最高人民法院《关于统一法律适用 加强类案检索的指导意见（试行）》实施。为保护债券投资人的合法权益，统一法律适用，最高人民法院发布《全国法院审理债券纠纷案件座谈会纪要》。为统一正当防卫制度适用标准，最高人民法院联合最高人民检察院、公安部发布了《关于依法适用正当防卫制度的指导意见》。

探索民事诉讼繁简分流改革试点。2020年1月，根据全国人民代表大会常务委员会的授权，最高人民法院印发《民事诉讼程序繁简分流改革试点方案》《民事诉讼程序繁简分流改革试点实施办法》，启动为期2年的民事诉讼繁简分流试点工作，如优化司法确认程序、完善小额诉讼程序和简易程序规则、扩大独任制适用、健全电子诉讼规则等。民事诉讼繁简分流一定程度上缓解了人民法院案多人少的压力。12月，最高人民法院司法改革领导小组2020年第三次会议召开，审议了《民事诉讼程序繁简分流改革试点工作情况报告》。

推进多元纠纷化解机制。2020年以来，最高人民法院先后印发《关于进一步完善委派调解机制的指导意见》《关于深入开展价格争议纠纷调解工作的意见》《关于在部分地区开展劳动争议多元化解试点工作的意见》《关于在全国推广道路交通事故损害赔偿纠纷"网上数据一体化处理"改革工作的通知》《关于依法妥善处理涉疫情旅游合同纠纷有关问题的通知》，完善诉调对接，发挥法院引领、推动、保障多元解纷作用。多元纠纷化解机制可以有效地从源头上维护社会稳定。

强化善意文明执行理念。为从源头破解执行难、建立切实解决执行难长效机制，最高人民法院提出了善意文明执行理念。1月，最高人民法院发布《最高人民法院关于在执行工作中进一步强化善意文明执行理念的意见》，严格禁止超标的查封、乱查封。为推广司法网络询价，提升财产处置效率，5月，最高人民法院印发《关于建立和管理司法网络询价平台名单库的办法》，对司法网络询价平台实行名单库管理。另外，针对刑事诉讼涉案财物处置难题，浙江创新推行刑事诉讼涉案财物网络司法拍卖,明确处置程序、处置期限和执行衔接措施。

改革执行管理体制。2020年,苏州市中级人民法院启动执行管理体制改革,印发了《苏州法院执行管理体制改革试点方案》,推动上下级法院执行部门由业务指导关系向双重领导模式转变,打造"纵向贯通、横向协同、市域联动"的执行管理"苏州方案"。经过最高人民法院批准,惠州市两级人民法院也实行"双重领导"执行管理体制改革。

(三)健全刑事司法权力监督制约机制

2020年政法领域全面深化改革推进会明确提出,加快推进执法司法制约监督体系改革,构建与新的执法司法权运行模式相适应的制约监督体系,不断提升执法司法公信力。建立健全刑事司法权力监督制约机制,必须贯彻以审判为中心的刑事诉讼改革,促进侦查权、检察权、审判权、执行权相互配合、相互制约,加强检察机关法律监督,深化公安机关执法规范化建设等。

检察机关完善认罪认罚从宽机制。自2016年启动试点、2018年写入《刑事诉讼法》以来,认罪认罚从宽制度从试点上升为立法再到全面铺开,在实践中稳步推行。2020年1~8月,尽管受到疫情期间看守所封闭、值班律师难以到位等因素影响,认罪认罚从宽制度整体适用率仍达到83.5%[1]。在审查逮捕环节,检察机关一方面做好犯罪嫌疑人的释法教育工作,另一方面引导侦查机关全面收集、固定证据。在适用认罪认罚制度办理的案件中,检察机关在侦查环节建议适用比例从2019年1月的23.6%上升到2020年8月的35.5%。检察机关还主动做好诉审衔接,在法院适用认罪认罚制度审理的案件中,检察机关建议适用的占97.3%[2]。为进一步规范量刑程序,确保量刑公开公正,2020年11月,最高人民法院、最高人民检察院、公安部、国家安全部、

---

[1] 张军:《最高人民检察院关于人民检察院适用认罪认罚从宽制度情况的报告》,第十三届全国人民代表大会常务委员会第二十二次会议,2020年10月15日。

[2] 张军:《最高人民检察院关于人民检察院适用认罪认罚从宽制度情况的报告》,第十三届全国人民代表大会常务委员会第二十二次会议,2020年10月15日。

司法部印发《关于规范量刑程序若干问题的意见》的通知,在第一条就明确人民法院量刑程序的相对独立性,要求"人民检察院在审查起诉中应当规范量刑建议",贯彻以审判为中心的刑事诉讼制度改革,确保认罪认罚从宽制度良性发展。2020年,最高人民检察院印发《人民检察院刑事案件办理流程监控要点》,进一步加强对刑事案件办理的监督管理,深化流程监控工作,促进严格、公正、规范司法。为健全办理认罪认罚案件检察权运行监督机制,最高人民检察院制定出台《人民检察院办理认罪认罚案件监督管理办法》,对检察官办理认罪认罚案件的权力运行机制、监督管理措施等作出明确规定,加强检察官办案廉政风险防控。

公安刑事执法进一步规范化。自2019年12月公安部印发《关于进一步推进严格规范公正文明执法的意见》始,全国开启公安执法规范化建设新时代。2020年,公安机关进一步规范办理刑事案件程序,强化对侦查活动的内部监督制约,推动律师权落实,规范涉案财物管理,健全执法全流程记录,推进执法大数据深度应用。公安部修订了《公安机关办理刑事案件程序规定》,积极落实认罪认罚从宽制度,严格刑事强制措施的适用,改革公安机关受案立案制度,健全涉案财物管理与处置机制,完善非法证据排除制度,保障律师会见权等。为解决实践中公安机关办理刑事案件多头对接检察机关导致办案标准不统一、案件质量参差不齐的问题,公安部推进刑事案件"两统一"改革,由公安机关法制部门对刑事案件重点环节进行统一审核、统一对接检察机关,形成侦查部门侦办案件、法制部门审核把关的新工作机制,强化了对侦查活动的内部监督制约①。为提高取证效率,促进检警一体化,最高人民检察院、公安部印发了《关于加强和规范补充侦查工作的指导意见》,明确在证据收集和指控证据体系中检察院对公安机关的取证引导。公安部不断完善律师会见程序,推行网络、电话预约,会同司法部积极推动落实看守所值班律师制度。截至2020年8月,全国已有97.7%的看守所建立了值班律师

---

① 赵克志:《国务院关于公安机关执法规范化建设工作情况的报告》,第十三届全国人民代表大会常务委员会第二十一次会议,2020年8月10日。

工作站①。2020年,公安部部署开展全国命案积案攻坚行动,截至12月8日,共破获命案积案5281起。

纯洁政法队伍,维护司法公正。为纯洁政法队伍,2020年在政法系统掀起清除"害群之马"风暴。2020年7月至11月,中央政法委开展了政法队伍教育整顿试点工作,35家试点单位②、1.6万名干警参加教育整顿。截至11月30日,试点单位处分处理2247人,其中厅局级干部2人、处级干部227人;立案审查448人;移送司法机关39人③。政法系统的这场"风暴",对于净化政法干部队伍、提高司法公信力具有重要意义。

(四)应用互联网新兴技术建设智慧司法

智慧法院建设世界领先。近年来,随着大数据、区块链、5G通信、人工智能等互联网新兴技术的兴起和广泛应用,中国政法领域信息化发展迅猛,不少方面不仅领先于智慧政务发展,还在世界上居于领先地位。智慧司法成果不仅给公众带来诉讼上的便利,还规范了司法权力运行,提高了司法效率,为实现司法体系和司法能力现代化提供坚强的科技支撑。

智慧检务工作有序推进。党的十九大以来,检察机关加强"智慧检务"建设,试点统一业务应用系统2.0版,推行检察机关网上办公办案新模式,加强检察工作与信息技术的融合发展。2020年,检察系统深入推进智能辅助办案系统建设,推进跨部门数据共享和业务协同,升级优化统一业务应用系统,构建便民智慧服务平台和高效智慧管理平台。

信息化给公安办案带来革命性变化。2020年,公安机关加强了执法办案信息化建设,全国市、县两级公安机关建成执法办案管理中心1274个,

---

① 赵克志:《国务院关于公安机关执法规范化建设工作情况的报告》,第十三届全国人民代表大会常务委员会第二十一次会议,2020年8月10日。
② 黑龙江省哈尔滨市及呼兰区、江苏省徐州市及云龙区、河南省三门峡市及灵宝市、四川省宜宾市及珙县的法院、检察院、公安、司法行政机关,以及陕西省宝鸡市国家安全局,黑龙江省呼兰、松滨2所监狱。
③ 陈一新:《政法队伍教育整顿试点工作圆满收官!为全国铺开做好了充分准备》,中央政法委长安剑,http://www.chinapeace.gov.cn/chinapeace/c100007/2020-12/02/content_12421522.shtml,最后访问日期:2021年1月5日。

25个省（自治区、直辖市）建立了统一的公安执法公开平台，22个省（自治区、直辖市）实现了公安处罚决定文书网上公开①。为加强涉案财物管理，各地公安机关普遍建成使用涉案财物专门管理场所，实现对涉案财物的管办分离；建立并运行涉案财物管理信息系统，实现对涉案财物流转的过程监督和动态管理②。以宁夏回族自治区为例，全区公安机关加强智慧警务建设，共建成智能化办案区277个，实现执法全流程智能化管理；规范涉案财物管理，在全区统一涉案财物管理系统，实现涉案财物物案关联和网上监管；依托执法智能平台落实执法全流程记录制度，对执法风险点实行实时智能预警监督。

六 加强应急法治，统筹推进疫情防控和经济社会发展

2020年，中国经受住了应对新型冠状病毒肺炎疫情这场大考，国家的疫情防控制度体系得以健全，应急治理能力显著提升，在疫情防控和恢复生产两条战线上成效卓著。

（一）在法治轨道上统筹推动疫情防控

2020年2月，在疫情最为严峻的时期，中央全面依法治国委员会及时审议通过了《中央全面依法治国委员会关于依法防控新型冠状病毒感染肺炎疫情、切实保障人民群众生命健康安全的意见》。在中央全面依法治国委员会第三次会议上习近平总书记特别强调，"在法治轨道上统筹推进各项防控工作，保障疫情防控工作顺利开展"。疫情暴发的初期，有20多家省级人大常委会出台决定，为疫情防控提供法治支撑。

完善野生动物保护立法。为革除滥食野生动物陋习，福建、青海、山西、

---

① 赵克志：《国务院关于公安机关执法规范化建设工作情况的报告》，第十三届全国人民代表大会常务委员会第二十一次会议，2020年8月10日。
② 赵克志：《国务院关于公安机关执法规范化建设工作情况的报告》，第十三届全国人民代表大会常务委员会第二十一次会议，2020年8月10日。

甘肃省人大常委会通过了禁止食用野生动物的决定；广东、湖南、北京等地的人大常委会修订或制定了野生动物保护管理条例。全国人大常委会积极推动《野生动物保护法》的修改，2020年10月，中国人大网公布了《野生动物保护法（修订草案）》，面向社会公众征求意见。

健全公共卫生应急管理体系。2020年4月底，全国人大常委会通过了《十三届全国人大常委会强化公共卫生法治保障立法修法工作计划》，作为应对疫情的专项立法计划。全国人大常委会认真评估《传染病防治法》，启动《突发事件应对法》《动物防疫法》的修订工作，修订了《固体废物污染环境防治法》，制定了《生物安全法》，抓紧修改《国境卫生检疫法》《进出境动植物检疫法》。

（二）有效建立公共卫生应急防治体制

为精准防控疫情，国务院"互联网+督查"平台向社会广泛征集有关问题线索，采取约谈、曝光等方式，推动疫情防控工作全面加强。在总结经验教训的基础上，中国逐步探索出一条由议事协调机构、联防联控机制、群防群控机制、专业防治力量共同构成的公共卫生应急防治体制，使得中国成为世界上最早成功控制疫情的国家。经过疫情防控总体战和阻击战之后，中国进入疫情防控常态化阶段，主要任务是防止境外疫情输入和境内疫情反弹，核心措施是对确诊病例进行应急响应和开展预防性检测。

疫情对社会治安和市场监管产生很大压力，因此，除了直接防控疫情之外，治安管理、市场监管的执法力度有所加大。最高人民法院、国家卫生健康委员会、最高人民检察院、公安部联合印发《关于做好新型冠状病毒肺炎疫情防控期间保障医务人员安全　维护良好医疗秩序的通知》，经过严厉打击，有效遏制了暴力伤害医务人员、哄抬防疫用品和民生商品价格等违法行为，捐赠、受赠行为得到进一步规范，有力维护了疫情防控的良好秩序。

（三）加大政策扶持力度，推进复工复产

出台政策，帮助中小企业渡过难关。为了最大限度减少新冠肺炎疫情对

商事交易的不利影响，各级政府出台了一系列中小企业纾困政策，为帮助中小企业顺利渡过疫情期提供了制度保障。2020年4月，中央应对新型冠状病毒感染肺炎疫情工作领导小组发布《中央应对新型冠状病毒感染肺炎疫情工作领导小组关于在有效防控疫情的同时积极有序推进复工复产的指导意见》。为做好常态化防控工作，支持企业复工复产，财税部门、人民银行、科技部等出台一系列财税支持、金融促进和创新支持政策。疫情暴发早期，苏州市即印发《关于应对新型冠状病毒感染肺炎疫情 支持中小企业共渡难关的十条政策意见》，对受疫情影响生产经营遇到困难的中小企业，提出了降低企业融资成本、减免房租、减免税费等多项措施，旨在全力支持中小企业应对疫情。

（四）为疫情防控提供全方位司法保障

为疫情防控和复工复产提供司法保障。2020年2月，中央政法委会同最高人民法院、最高人民检察院、公安部、司法部制定了《关于政法机关依法保障疫情防控期间复工复产的意见》，涉及疫情有关的民事纠纷化解、惩戒妨碍疫情防控的违法犯罪活动、提供在线诉讼在线执行。

化解民事纠纷，努力为企业纾困解难。为化解民事纠纷，司法机关出台涉疫情重点民事纠纷的指导意见，发布典型案例，加大困境企业司法救治力度。最高人民法院连续印发三个关于依法妥善审理涉新冠肺炎疫情民事案件若干问题的指导意见，指导各级法院在审理涉新冠肺炎疫情的合同、金融、破产、涉外商事海事等案件时，准确适用不可抗力规则，落实国家纾困惠企政策，加大困境企业救治力度，引导当事人通过重组、重整、和解等方式化解债务危机。5月，最高人民法院印发《关于依法妥善办理涉新冠肺炎疫情执行案件若干问题的指导意见》，要求严格依法采取查封、扣押、冻结等措施，杜绝超标的查封，避免妨碍企业正常生产经营，尽可能帮助企业渡过难关①。

---

① 周强：《最高人民法院关于人民法院加强民事审判工作 依法服务保障经济社会持续健康发展情况的报告》，第十三届全国人民代表大会常务委员会第二十二次会议，2020年10月15日。

惩治妨碍疫情防控的违法犯罪活动。2020年初，面对严峻的疫情形势，最高人民法院、最高人民检察院、公安部、司法部联合制定了《关于依法惩治妨害新型冠状病毒感染肺炎疫情防控违法犯罪的意见》。3月，最高人民法院、最高人民检察院、公安部、司法部、海关总署发布《关于进一步加强国境卫生检疫工作 依法惩治妨害国境卫生检疫违法犯罪的意见》。对于抗拒疫情防控措施、暴力伤医、制售假劣防护物资等严重违法犯罪活动，公安机关进行重点整治和依法打击，为人民群众营造了安定有序的社会环境。2020年上半年，全国检察机关共起诉妨害公务罪832人、寻衅滋事罪220人、妨害传染病防治犯罪80人，有力维护了社会稳定，保障疫情防控工作顺利开展。其中，涉疫情案件认罪认罚从宽制度适用率为86.6%①。

智慧法院提供在线诉讼，司法正义不停摆。2月，最高人民法院发布《最高人民法院关于新冠肺炎疫情防控期间加强和规范在线诉讼工作的通知》，推进在线诉讼活动。各地法院积极响应，全面推广网上立案和在线诉讼，确保疫情期间诉讼业务不停摆，当事人诉权有保障。2020年2月3日至10月30日，全国法院共立案2253.9万件，其中网上立案587万件，占比26.05%，较2019年同期增长59.06%。全国法院共开庭709.6万场，其中网上开庭72.7万场，占比10.25%，较2019年同期增长758.63%。全国法院共调解663.6万次，其中网上调解281.5万次，占比42.42%，较2019年同期增长190.40%。此期间，全国法院网上缴费525.9万次，占总缴费次数的41.64%；全国法院网上证据交换129.7万次，占总证据交换次数的17.54%②。

七 创新社会治理，民生保障和生态文明建设卓有成效

2020年，面对新冠肺炎疫情带来的诸多现实挑战，中国社会法治通过一

---

① 张军:《最高人民检察院关于人民检察院适用认罪认罚从宽制度情况的报告》，第十三届全国人民代表大会常务委员会第二十二次会议，2020年10月15日。
② 数据来自最高人民法院信息中心。

系列举措，保障了劳动者合法权益，稳定劳动就业，支持企业有序复工和生产，加大了民生保障力度。为满足人民日益增长的美好生活需要，中国更加重视环境治理和生态修复，建立矛盾纠纷多元实质性化解机制，不断提升社会治理水平，建设平安中国。为加快法治社会建设，2020年底，中共中央印发了《法治社会建设实施纲要（2020~2025年）》，明确了努力的方向。

（一）改善民生和加强劳动社会保障法治

进一步加强劳动就业保障力度。为指导疫情期间出现的劳动用工问题，人社部办公厅发布了《关于妥善处理新型冠状病毒感染的肺炎疫情防控期间劳动关系问题的通知》，保障因疫情隔离无法正常提供劳动的劳动者获得劳动报酬的权利，不因无法正常提供劳动被用人单位依照《劳动合同法》第40条、第41条解除劳动合同。对于疫情带来的复工问题和用人单位的生产经营困难，人社部、教育部、财政部、交通运输部、国家卫生健康委印发通知，明确了多方面举措，包括对重点企业用工的保障、返岗复工企业和劳动者的疫情防控、对重点地区劳动者的关爱、对中小微企业稳定就业的支持帮扶、完善高校毕业生就业举措和优化线上招聘服务等，为有序复工和生产提供了重要的政策支持。2020年多渠道灵活就业取得了长足发展。国务院办公厅印发的《关于支持多渠道灵活就业的意见》对多渠道灵活就业提出了三方面的政策措施，包括拓宽灵活就业发展渠道、优化自主创业环境和加大对灵活就业的保障支持，保证灵活就业发挥稳就业和保居民就业的重要作用。12月23日，最高人民检察院发布6起检察机关依法惩治拒不支付劳动报酬犯罪典型案例。

完善社会救助机制。2020年初，为切实做好疫情防控期间的社会救助工作，从中央到地方出台一系列政策文件，如《关于做好新型冠状病毒感染肺炎疫情防控期间有关社会救助工作的通知》《关于进一步做好民政服务机构疫情防控工作的通知》《关于进一步做好疫情防控期间困难群众兜底保障工作的通知》等，对社会救助的体制、机制、流程、内容等进行改革、优化和充实。8月，中共中央办公厅、国务院办公厅印发了《关于改革完善社会救助制度的意见》。

社会保险覆盖范围进一步扩大。2020年，人社部、财政部下发《关于扩大失业保险保障范围的通知》，要求延长大龄失业人员领取失业保险金期限。在"互联网+政务服务"快速推进的当下，人社部建立失业保险金、失业补助金等的全国线上申领入口，并向地方提供全国参保信息联网核验服务，全面实现线上申领、异地申领。针对工伤保险流程烦琐、报销时间长的顽疾，多地推行工伤保险"一件事"改革，从流程优化、材料精简、数据赋能等方面着手，工伤认定与住院医疗费用报销"院内同步办理"，协议医院与社保中心联网结算，无须用人单位和工伤职工反复跑窗口报销，也减轻了当事人的垫付压力。截至2020年底，已有浙江杭州、山东东营、江苏南通等多地完成该项改革。长期护理保险制度探索有序开展。在人口老龄化不断加剧的背景下，国家医保局、财政部出台《关于扩大长期护理保险制度试点的指导意见》，探索建立以互助共济方式筹集资金、为长期失能人员的基本生活照料和相关的医疗护理提供服务或资金保障的社会保险制度。

老年人保障制度不断完善。中国逐步进入老龄化社会，养老问题愈加凸显。2020年7月，民政部、中央政法委、最高人民法院、最高人民检察院、公安部、司法部下发《关于规范养老机构服务行为 做好服务纠纷处理工作的意见》，要求养老机构坚持预防为主原则，建立健全安全管理制度，从源头上最大限度消除服务安全隐患；坚持多元化解原则，优先友好平等协商解决，协商不成的多元调解，调解不成的也可诉讼；坚持平等保护、依法维权原则等。9月，民政部公布了新的《养老机构管理办法》，明确政府投资兴办养老机构的兜底保障责任，在满足特困人员集中供养需求的前提下，优先保障经济困难的孤寡、失能、高龄、计划生育特殊家庭等老年人的服务需求。为建立健全养老服务综合监管制度，坚持公正监管、规范执法，国务院办公厅于12月发布了《国务院办公厅关于建立健全养老服务综合监管制度 促进养老服务高质量发展的意见》，明确监管重点，落实监管责任，创新监管方式，并公布了养老服务综合监管相关部门职责分工。

医疗保障法治稳步推进。2020年2月，中共中央、国务院印发《关于深化医疗保障制度改革的意见》，着力提升医保治理的社会化、法治化、标准化、智能化水平,促进医疗保障制度法定化、决策科学化、管理规范化。7月,国务院办公厅印发《关于推进医疗保障基金监管制度体系改革的指导意见》,提出要建立健全监督检查制度、智能监控制度、举报奖励制度、信用管理制度、综合监管制度和社会监督制度。12月,作为中国医疗保障领域的第一部行政法规,国务院常务会议通过《医疗保障金使用监督管理条例》,规范监管权限、程序、处罚规则等。由此,医保基金监管重点将从医疗费用控制转向医疗费用和医疗服务绩效双控制,医保基金监管制度体系和执法体系正逐步形成。

脱贫攻坚全面收官。2020年2月,民政部、国务院扶贫办印发《社会救助兜底脱贫行动方案》,要求健全完善监测预警机制,强化农村低保兜底保障,全面落实农村特困人员救助供养政策,充分发挥临时救助制度作用,做好与新冠肺炎疫情相关的社会救助工作。12月,新时代脱贫攻坚任务如期完成,现行标准下农村贫困人口全部脱贫,贫困县全部摘帽,消除了绝对贫困和区域性整体贫困,近1亿贫困人口实现脱贫,这是中国作出的令世界瞩目的促进人类进步和发展的又一巨大贡献。

(二)污染防治与生态修复同步改善环境

良好的生态环境是最普惠的民生福祉。2020年,中国生态环境与自然资源法治在生物安全、防治固废污染、生态环境与自然资源管理治理体系完善、自然资源及生态保护、生态环境损害赔偿制度等基础上进一步发展完善。为加强对固体废物污染的防范与治理,2020年4月修订通过了《固体废物污染环境防治法》。为增强法律修订的实效,7月,生态环境部同国家发展改革委等部门发布了《关于扎实推进塑料污染治理工作的通知》,对固体废物进行了从一般到具体的全面管理。为打击非法排放、倾倒、处置危险废物行为,保障人民群众身体健康和生命安全,2020年7月至11月,生态环境部、公安部、最高人民检察院联合组织开展严厉打击危险废物环境违法犯罪行为专项活动,处理了一批大案要案,生态环境部公开通报了14起典型案件。为加强危险废物跨境管理,全国人大常委会于10月批准了《〈巴塞尔公约〉缔约方会议第十四次会议第14/12号决定对〈巴塞尔公约〉附件二、附件八和附件九的修正》。

中共中央办公厅、国务院办公厅先后联合或单独印发了《关于构建现代环境治理体系的指导意见》《省（自治区、直辖市）污染防治攻坚战成效考核措施》《生态环境领域中央与地方财政事权和支出责任划分改革方案》以及《自然资源领域中央与地方财政事权和支出责任划分改革方案》等文件，通过宏观整合、完善考核机制、理顺相关央地财权事权等方式完善中国生态环境与自然资源管理治理体系。

在自然资源及生态保护方面，国务院修订了《人工影响天气管理条例》《渔业法实施细则》，并通过落实长江流域禁捕工作、开展水环境承载力评价工作以及实行最严格水资源管理制度考核等形式予以重点落实。

此外，为进一步完善生态环境损害赔偿制度，生态环境部会同十部门共同发布《关于推进生态环境损害赔偿制度改革若干具体问题的意见》，就案件线索、启动索赔、损害调查、鉴定评估、司法确认、公益诉讼衔接、环境修复、资金管理、公众参与、效果评估等工作流程进行了细化明确，并对人员经费保障、信息共享、业务指导等辅助工作进行了安排。财政部会同八部门印发《生态环境损害赔偿资金管理办法（试行）》，专项针对困扰生态环境损害赔偿"权利人"的赔偿资金管理与使用问题进行规定，力图解决赔偿资金管理难、使用难的问题，使责任人支付的赔偿金真正用于生态损害的修复与改善。

法治护航长江、黄河流域生态安全。长江、黄河被称作中国的母亲河，推动长江、黄河流域生态文明建设对于保障生态安全、实现人与自然和谐共生、中华民族永续发展至关重要。2020年8月，中共中央通过了《黄河流域生态保护和高质量发展规划纲要》，将黄河流域生态保护和高质量发展作为事关中华民族伟大复兴的千秋大计。12月，全国人大常委会审议通过了《长江保护法》，将"共抓大保护、不搞大开发"写入法律。司法机关也积极为长江、黄河流域生态文明建设提供司法保护。2020年，最高人民法院发布了《最高人民法院关于为黄河流域生态保护和高质量发展提供司法服务与保障的意见》《关于为长江三角洲区域一体化发展提供司法服务和保障的意见》，提出加强环境资源司法保护，保障生态绿色一体化发展。6月，最高人民法院发布了被告人甲某盗伐林木刑事附带民事公益诉讼案等十个黄河流域生态环境司法保护典型案例。12月30日，公安部发布了与最高人民法院、最高人民检察院、农业农村部联合制定的《依法惩治长江流域非法捕捞等违法犯罪的意见》。2016年1月至2020年6月，长江流域各级人民法院共依法审理各类环境资源刑事案件80356件，民事案件287119件，行政案件122215件，公益诉讼案件4944件，生态环境损害赔偿案件91件[1]。2020年，检察机关积极参与打击长江流域非法捕捞专项整治行动，依法严厉打击破坏生态环境资源刑事犯罪，加大生态环境资源领域公益诉讼办案力度。2020年1月至11月，长江经济带11省市检察机关对破坏生态环境资源犯罪案件批准逮捕2140件3335人，提起公诉13358件22543人；共立案办理生态环境和资源保护领域公益诉讼案件30930件，向行政机关发出诉前检察建议督促依法履职21526件[2]。

（三）建立和完善社会矛盾综合治理机制

为贯彻落实党的十九届五中全会精神，各地积极进行社会矛盾综合治理机制相关的探索。

整合资源建立矛盾纠纷调解机制平台。为努力实现群众信访和矛盾纠纷化解"最多跑一地"，2020年，浙江在全省推广县级社会矛盾纠纷调处化解中心建设，全省90个县（市、区）整合资源建成社会矛盾纠纷调处化解中心实体化平台。2020年上半年，浙江省县级社会矛盾纠纷调处化解中心共受理矛盾纠纷57.3万件，化解54.2万件，化解成功率达94.6%。7月，浙江省委办公厅、省政府办公厅印发《浙江省县级社会矛盾纠纷调处化解中心规范化建设指引（试行）》。北京继续深化"接诉即办"工作机制，通过将各类热线整合归集到12345市民服务热线，形成全市统一的群众诉求受理平台，实现各类咨询、建

---

[1] 最高人民法院：《长江流域生态环境司法保护状况》，2020年9月。
[2] 最高人民检察院：《服务保障长江经济带发展检察白皮书（2020）》，2020年12月11日。

议、举报、投诉事项"一号通",推动城市治理重心下移,有效回应和解决群众需求。

推广道路交通事故损害赔偿纠纷一体化处理机制。2020年5月,最高人民法院、公安部、司法部、中国银行保险监督管理委员会联合发布《关于在全国推广道路交通事故损害赔偿纠纷"网上数据一体化处理"改革工作的通知》,在改革试点基础上,在全国推广联合开展道路交通事故损害赔偿纠纷一体化处理改革工作。截至10月18日,道路交通事故损害赔偿纠纷一体化平台在全国28个省份开展工作,申请调解441914件,调解完成375237件,调解成功295967件,调解成功率78.87%。道路交通事故损害赔偿纠纷一体化处理是互联网时代矛盾纠纷多元化解新模式,实现了纠纷公正高效处理,维护了人民群众的人身财产合法权益,有效提升社会治理能力。

推动劳动争议多元化解。2020年,最高人民法院、中华全国总工会在内蒙古、吉林、上海、江西、山东、湖北、广东、四川等8个省(自治区、直辖市)以及西安、宁波、北海3个市开展劳动争议多元化解试点工作,深入推进劳动争议多元化解机制建设,构建和谐劳动关系,促进广大劳动者实现体面劳动、全面发展。

促进行政争议实质性化解。2020年,为适应综合执法改革下沉的要求,中山市开展行政复议与调解有机衔接联动试点工作,建立纠纷排查预警、纠纷引导分流、行政复议咨询受理、行政复议案件调查协助配合、行政复议案件联合调解、人员培训等"六项机制",加强行政复议与调解有机衔接联动,将行政争议化解在基层。宁波市司法局联合市中院、市检察院联合制定出台《关于在行政案件中共同推进行政争议实质性化解的工作意见》,创新和发展新时代"枫桥经验",有效衔接行政复议、行政审判与行政检察,探索构建行政争议三方化解新格局。

(四)市域治理现代化助力平安中国建设

党的十九届四中、五中全会均强调推进市域社会治理现代化,构建富有活力和效率的新型基层社会治理体系。2020年，中央政法委印发《关于推进市域社会治理现代化的意见》《全国市域社会治理现代化试点工作实施方案》《全国市域社会治理现代化试点工作指引》，全国市域社会治理试点工作正式启动，打造社会治理的"前线指挥部"，以"市域之治"助推"中国之治"，全国各地积极参与探索，努力创新。

在市域社会治理方面，东部地区走在最前列。苏州在全国率先编制《苏州市"十四五"市域社会治理现代化专项规划》《市域社会治理现代化三年行动计划》，以"智治支撑"为市域社会治理现代化赋能，让法治成为苏州核心竞争力的重要标志。江苏南通建成全国首个市域治理现代化指挥中心，该中心汇聚了南通市政府各部门和县市区的数据，方便应急指挥处理。2020年，浙江省杭州市出台《杭州城市大脑赋能城市治理促进条例》，为依托城市大脑进行数字化治理提供法治保障。杭州城市大脑已涵盖公共交通、城市管理、卫生健康、基层治理等11大系统的核心架构，建成162个数字驾驶舱（中枢驾驶舱提供）、48个应用场景。上海依托城市运行"一网统管"，推动智慧化治理手段进一步向村居延伸，从防汛、消防、乱停车到养老，"一网统管"让基层治理更加高效精准。

检察机关积极参与市域社会治理。12月，最高人民检察院以"检察机关依法履职促进社会治理"为主题发布第23批指导性案例，指导全国各级检察机关依法履行检察职能，促进社会治理创新。

平安中国建设成效显著，人民群众的安全感不断增强。2020年1~9月，全国刑事立案下降4.5%，八类主要刑事犯罪案件下降11.6%[1]。2020年是三年"扫黑除恶"专项斗争收官之年。截至2020年10月底，全国共立案查处涉黑涉恶腐败及"保护伞"案件76627起，处理90171人，其中厅级干部315人、处级干部4913人[2]。在扫黑除恶专项斗争带动下，农村黑恶势力基本肃清，打掉了1.53万个农村涉黑恶团伙，依法严惩"村霸"3727名[3]。

---

[1] 2020年11月10日，平安中国建设工作会议公开数据。
[2] 数据来自全国扫黑办。
[3] 陈一新在第12次全国扫黑办主任会议上的讲话：发挥"六大作用" 深入推进扫黑除恶。

八 挑战与展望：开启新时代全面依法治国新征程

2020年，在严峻复杂的国内外局势下，中国的法治发展稳步推进，经受了疫情防控的重大考验。2020年是为期三年的扫黑除恶专项行动收官之年，是全面建设小康社会的验收之年，也是脱贫攻坚的制胜之年，各种总结和验收叠加疫情防控任务，中国各地区各部门各行业，尤其是基层工作顶住了巨大压力，取得不俗的成就。然而必须承认，中国法治发展在稳步推进的同时，也存在一些短板和不足，主要表现在：法治理念扎实深入人心的力度还需加强，运用法治思维和法治方式的能力还需提高；公众参与渠道虽然畅通，但公众参与的积极性仍需调动，参与度仍需提高；规范性文件和重大行政决策实质性的合法性审查仍待加强；以权谋私、钱权交易在某些行业还时有发生；社会治理精细化程度需继续提高；个人信息保护问题日益迫切，特别是疫情期间过度曝光个人信息的问题较为突出。

"十四五"期间，中国仍需继续坚持加强中国共产党对全面依法治国的领导，走中国特色社会主义法治道路，以人民为中心，依法保障人民权益；法治建设和法治保障仍需重点解决个别领域法治软弱无力问题，补齐立法、执法、司法、守法等领域的短板；进一步加强法治社会建设，提升法治在社会治理中的作用和力度，并统筹国内法治和涉外法治，依法维护主权、尊严和核心利益。

2021年，是中国共产党成立100周年，也是"十四五"规划开局之年，中国将开启全面建设社会主义现代化国家新征程，向第二个百年奋斗目标阔步前进。新时代全面依法治国建设须在习近平法治思想指导下，树立高质量发展理念，聚焦国家重大发展战略实施过程中出现的法治难点，为实现经济社会高质量发展提供法治保障。

（一）做好民法典实施的配套制度建设

2021年是《民法典》实施元年，全面贯彻实施《民法典》，不仅有力地推进全面依法治国，也为"十四五"提出的经济社会发展目标提供坚强的法制保障。2021年，《民法典》颁布后相关法律法规"立废改"工作以及司法解释清理工作还将继续，《民法典》的某些制度还需通过单独立法予以落实，与《民法典》规定相冲突的法律法规、司法解释需要及时废止和修改，以保证《民法典》与其他法律法规的协调共生。例如，对商事法律关系的精细化调整仍然有待商事特别立法的不断完善；对于《民法典》确立的有关个人信息保护规则，也需要制定相应的个人信息保护法来全面落实配套。

（二）维护数字经济持续健康发展环境

近年来，平台经济发展迅猛，在国民经济发展中占比越来越大，但也出现平台企业滥用市场垄断地位和从事不正当竞争的现象。2021年，中国须完善平台企业垄断认定、数据收集使用管理、消费者权益保护等方面的法律规范，提升监管能力，维护公平有序竞争，推动互联网、大数据、人工智能等同各产业深度融合，促进平台经济、共享经济健康可持续发展，使技术进步真正带来社会福祉。应适时修改《反不正当竞争法》等法律法规，明确商业数据的流通规则，维护正常的数据流通市场秩序。

（三）营造公平公正的法治化营商环境

经济高质量发展，离不开以法治为基础的良好的营商环境。近年来，随着全面依法治国事业的推进，中国的营商环境得到了明显改善，但与"十四五"期间经济社会发展对营商环境的要求还存在差距。"十四五"期间，中国的法治发展应致力于减少制度性交易成本，构建亲清政商关系，营造公平公正的法治化营商环境，为构建新发展格局、推动高质量发展提供法治保障。

（四）为建立强大的公共卫生体系提供法治保障

习近平总书记提出，构建起强大的公共卫生体系，为维护人民健康提供有力保障。总结分析应对新型冠状病毒肺炎病毒等突发公共卫生事件中的经验教训，国家将进一步改革完善疾病预防控制体系、提升监测预警和应急反应能力、健全重大疫情救治体系、深入开展爱国卫生运动。未来，国家将针对公共卫生法律规定内容不统一、不衔接等问题，有针对性地推进传染病防治、突发公共卫生事件应对等领域的法治建设，完善疫情防控执法机制，明确各方责任，完善重大新发突发传染病防控措施。

（五）推进刑罚执行制约监督体系建设

刑罚执行是守护公平正义的最后一道防线，违规违法办理减刑、假释、暂予监外执行案件，会对司法公信力和法律信仰造成严重伤害。2021年，全国政法机关必将加大对违规违法办理减刑、假释、暂予监外执行案件的专项治理力度，同时，完善刑罚执行制度的顶层设计，推进刑罚执行制约监督体系建设，尤其是加大刑罚变更执行的公开力度，接受社会监督。

（六）建立扫黑除恶常态长效工作机制

扫黑除恶是党中央为建设更高水平的平安中国而作出的重要部署和正确决策，全国政法机关为加强城乡安宁、维护群众安乐付出了艰苦卓绝的努力。为巩固深化扫黑除恶专项斗争成果，防止黑恶势力反复和回潮，未来，还需要始终保持依法严打高压态势，建立健全常态化扫黑除恶工作机制，绝不让黑恶势力及其"保护伞"死而复生、由小转大。为此，还须加强扫黑除恶信息化建设，升级完善智能化举报平台；坚持源头治理，持续深化重点行业领域整治；恪守法治原则，织密法治"针脚"，为规范化、专业化、精准化扫黑除恶提供坚强的法治保障。

（七）持续推进查处惩治腐败行为

2021年，党和国家查处惩治腐败行为力度将持续加大。根据中纪委网站公布的数据，2020年全年，被执纪审查的中管干部有32人，政法系统有6人，占18.8%；被执纪审查的省管干部有397人，政法系统有44人，占11.1%。这表明，党和国家惩治腐败的决心毫无动摇、力度毫不减弱，对于政法系统等重点领域贪腐案件的查处毫不手软。2021年，党和国家必将以雷霆之势持续查办公职人员尤其是政法队伍腐败案件。在司法领域，将配合司法责任制改革的深入，进一步强化监督和预防，对于领导干部插手干预司法、内部人员过问案件，以及与当事人、律师等不当接触交往行为，将借助信息化落实如实记录和报告制度，防止干预和插手司法活动。

此外，反对特权、破除形式主义、官僚主义作风也是反腐败斗争的重点。2020年12月24日至25日召开的中央政治局民主生活会审议了《关于2020年中央政治局贯彻执行中央八项规定情况的报告》和《关于持续解决形式主义问题 深化拓展基层减负工作情况的报告》。习近平总书记指出，"四风"问题病根未除、土壤还在，要继续整治"四风"、落实为基层减负的各项规定，建立健全长效机制。2021年，有关部门必将继续加大反对特权、破除形式主义、官僚主义作风的力度。

专题报告
Special Reports

B.2 2020年的中国立法

刘小妹*

摘　要： 在新冠肺炎疫情背景下，2020年全国人大及其常委会、国务院及有立法权的地方人大，及时回应重大突发公共卫生事件、回应社会重大关切、回应人民群众对美好生活的期待，立法工作呈现快节奏、高质量的特点。坚持问题导向，补短板、强弱项，统筹做好疫情防控立法修法工作；编纂《民法典》，全方位保护民事权利；推进国家安全领域立法，建立健全与国家安全体系相适应的国家安全法律体系；加强生态环境保护立法，基本形成生态环境

---

* 刘小妹，中国社会科学院国际法研究所研究员。

法律制度体系；进一步提高立法与改革衔接的精准度，确保重大改革于法有据；围绕法治国家、法治政府、法治社会一体建设，着力重点领域立法。坚持人民至上，立法民主向纵深发展；坚持急用先行，立法质效明显提高；坚持问题导向，立法更有针对性；坚持系统思维，立法更重体系性；坚持因地制宜，立法形式更加丰富。

关键词：中国立法　立法概况　立法评析　立法展望

2020年，是全面建成小康社会的收官之年。在加强疫情防控的同时，立法工作紧扣新时代提出的新课题新任务新要求，坚持党中央的集中统一领导，坚持立法为民，立足体系建设，着力重点领域，加强合宪性审查，不断增强法律制度的系统性、及时性和实效性。2020年，全国人大制定法典1部，通过有关法律问题的决定1件；全国人大常委会共召开了九次常委会会议，制定法律8件，制定《刑法修正案》1件，修订法律6件，修改法律5件，通过有关法律问题和重大问题的决定12件（见表1）；国务院制定行政法规4件，修订行政法规2件，修改行政法规1件，打包部分修改行政法规29件、废止行政法规11件（见表2）；31个省、自治区、直辖市人大及其常委会，制定地方性法规200余件，修改500余件，批准设区的市、自治州、自治县的地方性法规和自治条例、单行条例近千件。

表1　2020年全国人大及其常委会立法情况

序号	颁布时间	法律/决定名称
1	2020年5月28日	《民法典》（制定）
2	2020年6月20日	《公职人员政务处分法》（制定）
3	2020年6月30日	《香港特别行政区维护国家安全法》（制定）
4	2020年8月11日	《城市维护建设税法》（制定）

续表

序号	颁布时间	法律/决定名称
5	2020年8月11日	《契税法》(制定)
6	2020年10月17日	《生物安全法》(制定)
7	2020年10月17日	《出口管制法》(制定)
8	2020年11月11日	《退役军人保障法》(制定)
9	2020年12月26日	《长江保护法》(制定)
10	2020年12月26日	《刑法修正案(十一)》(制定)
11	2020年4月29日	《固体废物污染环境防治法》(修订)
12	2020年6月20日	《档案法》(修订)
13	2020年6月20日	《人民武装警察法》(修订)
14	2020年10月17日	《未成年人保护法》(修订)
15	2020年12月26日	《预防未成年人犯罪法》(修订)
16	2020年12月26日	《国防法》(修订)
17	2020年10月17日	《专利法》(修改)
18	2020年10月17日	《国旗法》(修改)
19	2020年10月17日	《国徽法》(修改)
20	2020年10月17日	《全国人民代表大会和地方各级人民代表大会选举法》(修改)
21	2020年11月11日	《著作权法》(修改)
22	2020年5月28日	《全国人民代表大会关于建立健全香港特别行政区维护国家安全的法律制度和执行机制的决定》
23	2020年2月24日	《全国人民代表大会常务委员会关于推迟召开第十三届全国人民代表大会第三次会议的决定》
24	2020年2月24日	《全国人民代表大会常务委员会关于全面禁止非法野生动物交易、革除滥食野生动物陋习、切实保障人民群众生命健康安全的决定》
25	2020年4月29日	《全国人民代表大会常务委员会关于第十三届全国人民代表大会第三次会议召开时间的决定》
26	2020年4月29日	《全国人民代表大会常务委员会关于授权国务院在中国(海南)自由贸易试验区暂时调整适用有关法律规定的决定》

续表

序号	颁布时间	法律/决定名称
27	2020年6月30日	《全国人民代表大会常务委员会关于增加〈中华人民共和国香港特别行政区基本法〉附件三所列全国性法律的决定》
28	2020年8月11日	《全国人民代表大会常务委员会关于香港特别行政区第六届立法会继续履行职责的决定》
29	2020年8月11日	《全国人民代表大会常务委员会关于授予在抗击新冠肺炎疫情斗争中作出杰出贡献的人士国家勋章和国家荣誉称号的决定》
30	2020年8月11日	《全国人民代表大会常务委员会关于授权国务院在粤港澳大湾区内地九市开展香港法律执业者和澳门执业律师取得内地执业资质和从事律师职业试点工作的决定》
31	2020年11月11日	《全国人民代表大会常务委员会关于香港特别行政区立法会议员资格问题的决定》
32	2020年12月26日	《全国人民代表大会常务委员会关于设立海南自由贸易港知识产权法院的决定》
33	2020年12月26日	《全国人民代表大会常务委员会关于加强国有资产管理情况监督的决定》
34	2020年12月26日	《全国人民代表大会常务委员会关于召开第十三届全国人民代表大会第四次会议的决定》

数据来源：中国人大网，http://www.npc.gov.cn/。

表2　2017年国务院行政法规立法情况

序号	颁布时间	行政法规名称
1	2020年3月26日	《农作物病虫害防治条例》（制定）
2	2020年6月16日	《化妆品监督管理条例》（制定）
3	2020年7月5日	《保障中小企业款项支付条例》（制定）
4	2020年12月26日	《政府督查工作条例》（制定）
5	2020年8月3日	《预算法实施条例》（修订）
6	2020年10月7日	《国家科学技术奖励条例》（修订）
7	2020年8月7日	《行政执法机关移送涉嫌犯罪案件的规定》（修改）

续表

序号	颁布时间	行政法规名称
8	2020年3月27日	《国务院关于修改和废止部分行政法规的决定》（对7部行政法规的部分条款予以修改，对10部行政法规予以废止）
9	2020年11月29日	《国务院关于修改和废止部分行政法规的决定》（对22部行政法规的部分条款予以修改，对1部行政法规予以废止）

数据来源：中国政府网，http://www.gov.cn/。

一 2020年立法概况

在新冠肺炎疫情背景下，2020年全国人大及其常委会、国务院及有立法权的地方人大，及时回应重大突发公共卫生事件、回应社会重大关切、满足人民群众对美好生活的期待，立法工作呈现快节奏、高质量的特点。

（一）健全疫情防控法律制度体系

2020年初暴发新冠肺炎疫情后，社会各界广泛关注非法交易、食用野生动物对公共卫生安全构成的重大隐患。2月24日，全国人大常委会在修订野生动物保护法等相关法律之前，审议通过《全国人民代表大会常务委员会关于全面禁止非法野生动物交易、革除滥食野生动物陋习、切实保障人民群众生命健康安全的决定》，聚焦滥食野生动物的突出问题，全面禁止和惩治非法野生动物交易行为。

习近平总书记强调疫情防控中法治的重要性，提出要构建和完善疫情防控、国家公共卫生应急管理、国家生物安全三方面法律体系[1]，这其中包含了许多立法修法任务。4月29日，为统筹做好疫情防控立法修法工作，全国人大常委会首次听取专门领域立法工作情况报告——《全国人民代表大会常务委员会法制工作委员会关于强化公共卫生法治保障立法修法工作有关情况和工

---

[1] 习近平：《全面提高依法防控依法治理能力 健全国家公共卫生应急管理体系》，《求是》2020年第5期。

作计划的报告》。计划立足体系建设,拟在2020~2021年制定修改的法律有17件,拟适时修改的有13件。其中,2020年全国人大常委会已经制定了《生物安全法》、修改了《固体废物污染环境防治法》等相关法律,及时启动了《动物防疫法》《野生动物保护法》的修改,立法工作成效显著。

地方各级人大及其常委会为快速、及时回应重大突发公共卫生事件立法需求,积极履责,多次加开常委会会议,全年共召开省级人大常委会会议254次,其中临时召集常委会会议68次,第一时间出台了疫情防控和禁止滥食野生动物的有关决定以及《天津市突发公共卫生事件应急管理办法》《山西省禁止公共场所随地吐痰的规定》等法规,为统筹推进新冠肺炎疫情防控和经济社会发展提供法治保障①。此外,在党中央集中统一领导下,各地各部门以相关法律法规为依据,因应疫情防控需要出台了大量的规范性文件,积极运用法治思维和法治方式开展防控工作。

(二)编纂《民法典》,全方位保护民事权利

《民法典》是新中国成立以来第一部以法典命名的法律。编纂《民法典》,就是全面总结中国民事立法和司法的实践经验,对现行民事单行法律进行系统编纂修订,将相关民事法律规范编纂成一部综合性法典②。《民法典》是市场经济的基本法,是民事权利保护的宣言书,与公民、法人的生命健康、人格尊严、财产安全、交易便利、生活幸福等各方面权利息息相关。《民法典》编纂坚持以人民为中心,拓展人民有序参与立法途径,10次通过中国人大网公开征求意见,累计收到42.5万人提出的102万条意见建议③。针对这些意见建议所涉及的问题,全国人大常委会认真研究,并在草案修改中加以体现。《民法典》的颁布,标志着中国的民事权利保障迎来了一个全新时代。

---

① 闫然:《地方立法统计分析报告:2019~2020年》,《地方立法研究》2020年第6期。
② 王晨:《关于〈中华人民共和国民法典(草案)〉的说明——2020年5月22日在第十三届全国人民代表大会第三次会议上》,新华网,http://www.xinhuanet.com/politics/2020-05/22/c_1126021017.htm,最后访问日期:2020年12月26日。
③ 《人民美好生活的法治保障——写在〈中华人民共和国民法典〉诞生之际》,《人民日报》2020年5月31日,第1版。

（三）发展完善国家安全法律体系

坚持总体国家安全观，建立与国家安全体系相适应的国家安全法律体系，依法维护国家安全，是国家安全工作适应新时代新要求的重要体现。

新冠肺炎疫情的暴发，凸显了"生物安全"对于国家安全的重要影响。2020年2月14日，习近平在中央全面深化改革委员会第十二次会议上的讲话中强调，要从保护人民健康、保障国家安全、维护国家长治久安的高度，把生物安全纳入国家安全体系，系统规划国家生物安全风险防控和治理体系建设，全面提高国家生物安全治理能力[1]。与此相对应，国家生物安全立法亦应纳入国家安全法律制度体系。10月17日，全国人大常委会审议通过的《生物安全法》是生物安全领域的基础性法律，填补了生物安全领域基础性法律的空白。

为维护国家主权、安全、发展利益，坚持和完善"一国两制"制度体系，维护香港长期繁荣稳定，保障香港居民合法权益，5月28日，全国人民代表大会表决通过《全国人民代表大会关于建立健全香港特别行政区维护国家安全的法律制度和执行机制的决定》，授权全国人民代表大会常务委员会就建立健全香港特别行政区维护国家安全的法律制度和执行机制制定相关法律。6月30日，全国人大常委会根据授权制定《香港特别行政区维护国家安全法》，并通过决定将其列入《香港基本法》附件三，对香港特别行政区维护国家安全的法律制度和执行机制作出明确规定，更好地保障香港高度自治及香港居民的基本权利和自由。

当今世界正处于"百年未有之大变局"，出口管制已成为维护国家安全和利益的重要手段，包括美国、欧盟等在内的世界主要国家和地区均制定出台了出口管制法[2]。2020年10月17日，全国人大常委会表决通过了《出口管

---

[1] 《习近平在中央全面深化改革委员会第十二次会议上的讲话》（2020年2月14日），新华网，http://www.xinhuanet.com/politics/leaders/2020-02/14/c_1125575922.htm，最后访问日期：2020年12月26日。

[2] 《聚焦出口管制法：贯彻总体国家安全观》，新华网，http://www.npc.gov.cn/npc/c30834/202010/9ba0a978e68f403da7ae5a2cfc1ff3b5.shtml，最后访问日期：2020年12月26日。

制法》，既维护中国国家安全和利益，又履行国际义务、鼓励国际合作，为做好新形势下出口管制工作提供更加有力的法治保障。

国防法是国家在国防和军队建设领域的基本法律。为适应全面推进国防和军队现代化建设的需要，回应中国安全发展面临的内外形势对国防和军队建设提出的新任务新要求，2020年12月26日，全国人大常委会修订《国防法》，对国防活动的指导思想、目标任务、机构设置、职权职责、职业保障等予以系统规定，体现了中国国防的时代性、正义性、全民性[1]，是指导规范国防和军队建设的基本依据，对中国特色军事法规制度体系的完善发展具有重要意义。

未雨绸缪，积极推进维护国家粮食安全，保障国家数据安全等方面的立法。2020年全国人大常委会加快推进反食品浪费立法，同时将粮食安全保障法列入2021年度立法工作计划，拟通过专项立法和粮食安全保障法等相关立法相结合的方式，统筹推进制止餐饮浪费的制度建设，并对粮食生产加工、储备流通等环节的节粮减损作出全面、具体的规定。为保障国家数据安全，加强个人信息保护，审议数据安全法草案、个人信息保护法草案等。此外，3月26日，国务院出台《农作物病虫害防治条例》，为防治农作物病虫害，保障国家粮食安全和农产品质量安全提供立法依据；12月19日，经国务院批准，国家发展改革委、商务部发布《外商投资安全审查办法》，建立外商投资安全审查工作机制，对外商投资安全审查的类型、范围、程序等作了较为全面系统的规定，在积极促进和保护外商投资的同时，有效预防和化解国家安全风险。

（四）基本形成生态环境法律制度体系

2020年，全国人大常委会按照党中央的决策部署和立法工作计划，立足生态环境保护法律体系建设，加快立法步伐，制定《生物安全法》《长江保护法》，修订《固体废物污染环境防治法》，出台《全国人民代表大会常务委员

---

[1] 《中国修订国防法 体现国防时代性、正义性、全民性》，中国新闻网，https://www.chinanews.com/gn/2020/12-26/9371973.shtml，最后访问日期：2020年12月26日。

会关于全面禁止非法野生动物交易、革除滥食野生动物陋习、切实保障人民群众生命健康安全的决定》，审议《野生动物保护法》等草案，推动生态环境保护法律制度集成创新，不断增强法律制度的系统性、整体性、协同性。6月至9月，全国人大常委会组织开展《关于全面加强生态环境保护 依法推动打好污染防治攻坚战的决议》贯彻落实情况专题调研，10月12日，全国人大常委会法工委发言人表示，生态环境法律制度体系已经基本形成[①]。

4月29日，全国人大常委会审议通过了新修订的《固体废物污染环境防治法》，及时回应禁止"洋垃圾"入境、建立生活垃圾分类制度、规范医疗废物处置等社会广泛关注的问题，同时加大了对违法行为的惩处力度。长江是中华民族的母亲河，是中国重要的战略水源地、生态宝库和重要的黄金水道。12月26日，全国人大常委会审议通过《长江保护法》，从长江流域系统性和特殊性出发，把保护和修复长江流域生态环境放在压倒性位置，对长江流域各类生产生活、开发建设活动作出相应规定；建立长江流域区域协同立法执法机制，以更高的保护标准、更严格的保护措施，加强山水林田湖草整体保护、系统修复，促进资源高效合理利用。

（五）坚持立法与改革决策相衔接，保证重大改革于法有据

坚持立法与改革决策相统一、相衔接是新时代立法工作的鲜明特色。2020年，关于改革的立法项目依然是全国人大常委会和国务院立法工作的重点和亮点。

一是统筹协调做好重大改革立法项目。4月29日，为贯彻党中央关于支持海南全面深化改革开放的战略部署，全国人大常委会作出《关于授权国务院在中国（海南）自由贸易试验区暂时调整适用有关法律规定的决定》，授权国务院在海南自由贸易试验区暂时调整适用《土地管理法》《种子法》《海商法》的有关规定，为推进这项重大改革提供了法律依据。6月18日，为支持海南全面深化改革开放，推动中国（海南）自由贸易试验区试点政策

[①] 《全国人大常委会法工委发言人记者会》（2020年10月12日），中国网，http://www.china.com.cn/zhibo/content_76796664.htm，最后访问日期：2020年12月26日。

落地，国务院发布《关于在中国（海南）自由贸易试验区暂时调整实施有关行政法规规定的通知》，决定在中国（海南）自由贸易试验区暂时调整实施《海关事务担保条例》《进出口关税条例》《国际海运条例》《船舶和海上设施检验条例》《国内水路运输管理条例》5部行政法规的有关规定。12月22日，全国人大常委会首次审议了《海南自由贸易港法》，用法治方式支持海南建设自由贸易试验区和中国特色自由贸易港。12月26日，全国人大常委会通过《全国人民代表大会常务委员会关于设立海南自由贸易港知识产权法院的决定》，授权最高人民法院设立海南自由贸易港知识产权法院，加大知识产权司法保护力度，营造良好的营商环境，推进中国特色自由贸易港建设。

二是坚持急用先行，加强对国家重大战略的法治保障。为落实《粤港澳大湾区发展规划纲要》，促进粤港澳大湾区建设，发挥香港法律执业者和澳门执业律师的专业作用，全国人大常委会及时作出《全国人民代表大会常务委员会关于授权国务院在粤港澳大湾区内地九市开展香港法律执业者和澳门执业律师取得内地执业资质和从事律师职业试点工作的决定》；适应监察体制改革需要，制定《公职人员政务处分法》，审议《监察官法（草案）》，织密预防和惩戒职务违法犯罪的法网；深化知识产权体制机制改革，修改《专利法》《著作权法》，完善科技成果转化机制，加强商业秘密保护；为保障军事政策制度改革，制定《退役军人保障法》，修改《人民武装警察法》《国防法》，审议《海警法（草案）》等，坚持党对武装力量的绝对领导。

三是持续做好推进简政放权、放管结合、优化服务改革立法保障。3月27日，国务院对取消和下放行政许可项目涉及的行政法规，以及实践中不再适用的行政法规进行了清理，对《渔业法实施细则》等7部行政法规的部分条款予以修改，对《防治布氏杆菌病暂行办法》等10部行政法规予以废止。《外商投资法》已于2020年1月1日起施行，为了贯彻实施《外商投资法》，11月29日，国务院进行了专项清理，对《国家金库条例》等22部行政法规的部分条款予以修改，同时废止《外国企业或者个人在中国境内设立合伙企业管理办法》。12月19日,经国务院批准,国家发展改革委、商务部还发布了《外商投资安全审查办法》,进一步提高了审查工作的规范性、精准性和透明度。

（六）持续推进重点领域立法,及时回应人民关切

加强重点领域立法,是推进立法精细化、增强立法针对性和可操作性,发展完善中国特色社会主义法律体系的重要路径。2020年,全国人大常委会和国务院在民主政治、税收法治、刑事法治、未成年人保护、民生保障等领域均出台了重要的法律法规。

第一,为发展社会主义民主政治,弘扬社会主义核心价值观,修改《全国人民代表大会和地方各级人民代表大会选举法》《国旗法》《国徽法》,制定《政府督查工作条例》,审议《全国人民代表大会组织法（修正草案）》《全国人民代表大会议事规则（修正草案）》,审议《海警法》《监察官法》。修改后的选举法加强了党对选举工作的全面领导,适当增加了基层人大代表数量;同时规定,分配增加的县级人大代表名额时重点向由乡镇改设的街道倾斜,进一步优化县级人大代表结构。修改后的《国旗法》和《国徽法》进一步规范了国旗、国徽的使用,增加规定专门人民法院和专门人民检察院,中央人民政府驻香港、澳门特别行政区有关机构应当在工作日升挂国旗并悬挂国徽,强化国旗宣传教育,完善国家标志制度。国务院制定的《政府督查工作条例》加强和规范了政府督查工作,健全了行政监督制度。

第二,8月11日,全国人大常委会表决通过了《城市维护建设税法》和《契税法》,至此中国18个税种中已有11个完成立法,税收法定进程按部就班推进。制定《城市维护建设税法》《契税法》,均是按照税制平移的思路,保持现行税制框架和税负水平总体不变,将暂行条例上升为法律,同时根据实际情况对部分内容作了必要调整。

第三,12月26日,全国人大常委会表决通过《刑法修正案（十一）》,个别下调法定最低刑事责任年龄,规定12~14周岁未成年人实施严重暴力犯罪也将承担刑事责任;增加特殊职责人员性侵犯罪类型,修改奸淫幼女罪和

猥亵儿童罪,加大对未成年人的保护力度;以问题为导向,加强疫情防控刑事法律保障,增加"冒名顶替"犯罪,增加非法基因编辑等犯罪,增加侮辱、诽谤英烈行为犯罪,增加高空抛物、抢夺公交车方向盘犯罪,加大力度打击制售劣药犯罪,加大对非法集资、非法讨债和证券犯罪等金融犯罪的惩处力度,修改完善知识产权犯罪规定,及时回应人民关切和社会关注。

第四,为加强对未成年人的立法保护,全国人大常委会分别于10月17日和12月26日先后修订了《未成年人保护法》《预防未成年人犯罪法》。这两部法律是姊妹篇,《未成年人保护法》着重保护,增加、完善多项规定,着力解决社会关注的涉未成年人侵害问题,最大限度地为未成年人的健康成长创造良好的环境;《预防未成年人犯罪法》着重预防,施行分级预防,并与《刑法修正案(十一)》相互衔接,将原来收容教养的对象进行分流,完善收容教养制度。两部法律相互支撑、共同发力,以期实现对未成年人的有效保护。

第五,疫情防护、生态保护是2020年的重大民生问题。全国人大常委会在这些领域制定和修改了许多重要法律,此外全国人大常委会还审议了《乡村振兴促进法(草案)》,充分发挥立法在乡村振兴中的保障和推动作用。2020年国务院在民生领域亦取得了相当的立法成效。7月5日,国务院出台《保障中小企业款项支付条例》,为进一步保护中小企业合法权益、优化营商环境提供立法保障;12月9日,国务院常务会议通过的《医疗保障基金使用监督管理条例(草案)》改变了中国医保基金监管工作缺乏专门法律法规的局面,以立法维护群众医疗保障合法权益,护航人民健康。

二 2020年立法评析

2020年的立法紧紧围绕党和国家工作大局,坚持党中央对立法工作的集中统一领导,坚持科学立法、民主立法、依法立法,不断提高立法修法质效,为应对重大风险挑战、推动经济社会发展作出了积极贡献。

（一）坚持人民至上，立法民主向纵深发展

坚持以人民为中心开展立法工作，切实做到立法工作依靠人民、造福人民、植根人民[①]。一方面，坚持开门立法，践行立法为民。2020年，中央和地方立法创新方式方法，采取会议座谈、实地调研、蹲点调研、问卷调查、在线调研、专家委托等多种方式，不断拓宽公众参与立法的途径。全国人大常委会法工委以记者会的形式，及时向社会公众反馈法律草案公开征集社会意见的情况和意见采纳情况，极大增强了社会公众参与立法的效能感。另一方面，坚持人民至上，回应人民群众对立法工作的新要求新期待，立法结果体现人民利益、反映人民愿望、维护人民权益、增进人民福祉。例如，始终把维护人民群众生命安全和身体健康放在第一位，统筹做好疫情防控立法修法工作；加快生态环境保护立法步伐，回应人民群众对加快提高生态环境质量的期盼；持续推进国家安全立法，为人民群众的幸福生活提供基础和保障。

（二）坚持急用先行，立法质效明显提高

在新冠肺炎疫情背景下，立法要在确保质量的前提下，适当加快工作进度。其一，不断总结经验，探索完善立法工作机制，重要法律案成立立法工作专班，在发挥人大在立法工作中的主导作用的前提下，加强部门沟通和组织协调，充分调动各部门各方面的积极性、主动性、创造性，形成工作合力，找准问题，凝聚共识，提高立法质效。其二，如前所述，统筹协调做好民主政治改革、监察体制改革、知识产权体制机制改革、军事政策制度改革、自由贸易试验区建设、简政放权改革等重大改革立法项目，充分发挥立法对改革的引领作用，在法治轨道上全面深化改革。其三，2020年的立法工作任务重、节奏快、要求高，要把握好立法质量和效率的关系，实现以良法促进发展、保障善治。一方面，2020年全国人大及其常委会审议法律案的次数、通

[①] 《栗战书主持十三届全国人大常委会第十九次会议闭幕会并作讲话》，新华网，http://www.xinhuanet.com/2020-06/20/c_1126139889.htm，最后访问日期：2020年12月26日。

过的法律和决定的数量都是近几年最多的,包括9件法律和13件决定;另一方面,2020年全国人大及其常委会制定、修改、审议的法律涉及多个重要领域,其分量之重,在近些年的立法工作中也是不多见的。其四,各地人大亦加快了立法步伐,及时回应重大突发公共卫生事件。以上海市为例,2019年10月至2020年9月,共召开人大常委会11次,其中10次涉及法律案审议工作。同时,在法律案审议时间上,近一半地方性法规从一审到表决通过在地方人大的用时不到两个月,节奏较快①。

(三)坚持系统思维,立法更重体系性

2020年立法的一个突出特点是,立足体系建设,着眼于发挥制度整体功效,不断增强法律制度的系统性、整体性、协同性。一是统筹做好疫情防控立法修法工作,完善疫情防控相关立法,加强配套制度建设,构建系统完备、科学规范、运行有效的疫情防控法律体系,保障疫情防控和相关工作在法治轨道上有序进行;二是编纂《民法典》,对民事法律关系进行系统编订纂修;三是坚持总体国家安全观,着力国防安全、生物安全、环境安全、香港安全、海上安全、粮食安全、数据安全等传统和新兴安全领域立法,健全与国家安全体系相适应的国家安全法律体系;四是立足生态环境保护法律体系建设,制定《长江保护法》,修订《固体废物污染环境防治法》,推进《野生动物保护法》立法,基本形成生态环境法律制度体系;五是统筹推进社会、文化、生态等方面法律制度建设,统筹推进法治国家、法治政府、法治社会一体建设立法保障,实现立、改、废、释、授权并举,中国特色社会主义法律体系不断完善。

(四)坚持因地制宜,立法形式更加丰富

2020年的立法坚持以问题为导向,立足实际,立法形式不断丰富发展。既制定了以法典命名的"大部头"《民法典》,又有像《反食品浪费法》这

---

① 闫然:《地方立法统计分析报告:2019~2020年》,《地方立法研究》2020年第6期。

样，着眼解决消费环节食品浪费问题的"小快灵"立法；既采取"决定＋立法"方式出台《香港特别行政区维护国家安全法》，又首次制定关于强化公共卫生法治保障的专项立法修法工作计划，统筹做好疫情防控立法修法工作；既制定《刑法修正案（十一）》，采取修正案方式修改刑法，又采取一般的修改、修订方式修改完善法律；既有单行修法，又有打包修改和废止行政法规。

三 2021年立法展望

按照立法工作部署和计划，2021年度的立法工作应立足新发展阶段，贯彻新发展理念，构建新发展格局，加强重点领域、新兴领域、涉外领域立法，进一步增强立法的系统性，不断发展完善中国特色社会主义法律体系。

（一）进一步发展完善公共卫生法律制度体系

根据目前国际国内疫情形势，2021年中国仍将处于"常态化"的疫情防控应急状态，因此落实党中央决策部署和全国人大常委会有关决定的精神，构建、完善、健全包含疫情防控、公共卫生应急处置、生物安全等方面的法律制度体系，仍是2021年立法的中心工作。一是要加强框架性、基础性立法修法工作，修改《突发事件应对法》《传染病防治法》《动物防疫法》《野生动物保护法》《国境卫生检疫法》《进出境动植物检疫法》；二是要推动重大公共卫生事件涉及的社会救助、动植物和动物源性食品安全、社会稳定、科技支撑等方面的立法项目，包括制定社会救助法，修改《畜牧法》《农产品质量安全法》等；三是要理顺《传染病防治法》与《突发事件应对法》的衔接适用关系，配套制定《传染病防治法》和《突发事件应对法》的实施细则，切实增强法律的可操作性；四是全国人大常委会法工委高度关注各地各部门疫情防控相关规范性文件，及时跟踪、梳理，对规范性文件的合宪合法性进行研究。

（二）统筹推进法治国家、法治政府、法治社会一体建设立法

法治国家、法治政府、法治社会一体建设，是推进全面依法治国的战略布局。2020年是《法治政府建设实施纲要（2015~2020年）》的收官之年，亦是《法治中国建设规划（2020~2025）》《法治社会建设实施纲要（2020~2025年）》的开局之年，2021年的立法应承上启下、统筹规划，为一体推进法治国家、法治政府、法治社会建设提供立法保障。在法治国家层面，2021年全国人大拟修改《全国人民代表大会组织法》，全国人大常委会拟制定海警法、监察官法，修改《地方各级人民代表大会和地方各级人民政府组织法》《全国人民代表大会常务委员会议事规则》。在法治政府层面，全国人大常委会拟推进《治安管理处罚法》《行政复议法》《突发事件应对法》《审计法》的修改。在社会法治层面，根据《法治社会建设实施纲要（2020~2025年）》的部署，未来需要着力完善教育、劳动就业、收入分配、社会保障、医疗卫生、食品药品、安全生产、道路交通、扶贫、慈善、社会救助等领域和退役军人、妇女、未成年人、老年人、残疾人正当权益保护等方面的法律法规，不断保障和改善民生；健全社会组织、城乡社区、社会工作等方面的法律制度，进一步加强和创新社会治理；完善弘扬社会主义核心价值观的法律政策体系，加强见义勇为、尊崇英烈、志愿服务、孝老爱亲等方面立法[①]。

（三）坚持立法为民，加强重点领域立法

2021年的立法应继续坚持以人民为中心开展立法工作，不断提高立法工作质量和效率，及时回应人民关切。一是按照立法工作计划，制定海警法、海南自由贸易港法、乡村振兴促进法、反食品浪费法、监察官法、数据安全法、个人信息保护法、反有组织犯罪法、军人地位和权益保障法，修改《动物防疫法》《野生动物保护法》《海上交通安全法》《兵役法》《军事设施保护法》；二是围绕创新驱动发展，保障全面深化改革

---

① 《法治社会建设实施纲要（2020~2025年）》，新华网，http://www.xinhuanet.com/2020-12/07/c_1126832481.htm，最后访问日期：2020年12月26日。

和对外开放，修改《科学技术进步法》《反垄断法》《公司法》《企业破产法》，制定期货法、印花税法等税收法律；三是着力民生保障，修改《教育法》《职业教育法》《执业医师法》《传染病防治法》《国境卫生检疫法》《体育法》《农产品质量安全法》《畜牧法》《环境噪声污染防治法》《安全生产法》《妇女权益保障法》，制定家庭教育法、文化产业促进法、突发公共卫生事件应对法、湿地保护法、法律援助法、社会救助法等，增强人民群众获得感、幸福感、安全感；四是要积极推进加强新技术新领域涉及的法律问题、国际法和涉外法律、区域协调发展相关立法、相关领域法典化编纂等研究工作，健全国家治理急需的法律制度、满足人民日益增长的美好生活需要必备的法律制度，以良法善治保障新业态新模式健康发展[1]。

（四）完善立法机制，加快推进区域协同立法

2014年以来，随着《京津冀协同发展规划纲要》《长江三角洲区域一体化发展规划纲要》和《粤港澳大湾区发展规划纲要》的相继出台，紧密的区域经济合作，产生了大量的区域协同立法需求，协同立法的体制机制建设也有了较大发展。例如，京津冀三地人大先后出台了《关于加强京津冀人大协同立法的若干意见》《京津冀人大立法项目协同办法》《京津冀人大法制工作机构联系办法》和《京津冀人大立法项目协同实施细则》等协同立法规范性文件，建立了包括联席会议机制、协商沟通机制、立法规划协同机制、法规清理常态化机制、学习借鉴交流机制等内容的立法协同机制[2]，但也存在一些短板和问题。一方面，随着区域经济发展部署，京津冀、长三角、粤港澳大湾区、东三省、渝川双城的协同立法需求不断增长；另一方面，生态环境立法的推进也将产生大量的跨区域协同立法需求。如2020年《长江保护法》出台建立的长江流域区域

---

[1] 《全国人大常委会法工委发言人记者会》（2020年12月21日），中国网，http://www.china.com.cn/zhibo/content_77033450.htm，最后访问日期：2020年12月26日。

[2] 贺海仁：《我国区域协同立法的实践样态及其法理思考》，《法律适用》2020年第21期。

协同立法执法机制。由此，加强健全协同立法机制、丰富立法形式、提升协同立法实效等方面的研究，加强全国人大常委会对区域协同立法的统一指导，务实推进区域协同立法，是整合区域立法资源优势、增强地方立法总体实效、推动区域协同发展的重要保障。

B.3
2020年中国人权法治发展：疫情防控下的人权法治保障

戴瑞君 *

摘　要： 席卷全球的新冠肺炎疫情对各国的人权保障提出了严峻挑战。中国政府采取坚决果断的抗疫措施，最大限度保障了全国人民的生命权和健康权；统筹推进疫情防控和经济社会发展，使全体人民平稳享受社会保障，稳定获得就业，社会生产生活有序恢复活力。中国政府秉持科学防疫、依法防疫的理念，积极反思总结，及时调整，把防疫措施对公民权利的限制降到最低。未来，中国应吸收此次疫情防控中的人权保障经验，建立更加完备的应急人权保障法律制度。

关键词： 生命权　健康权　新冠肺炎疫情　公共卫生安全　应急法治

新型冠状病毒感染肺炎是近百年来人类遭遇的影响范围最广的全球大流行病。如此突发、重大的公共卫生危机对各国政府疫情防控下的人权保障都提出了严峻挑战。中国是疫情暴发较早的国家之一，也是最早采取措施与疫情作斗争的国家，并且是目前抗击疫情最成功的国家。中国的抗疫举措为全球控制疫情蔓延争取了重要的时间窗口，也为全世界抗击疫情积累了宝贵经验。在这场全民抗疫的斗争中，中国政府从最初将遏制疫情蔓延作为头等大

---

* 戴瑞君，中国社会科学院国际法研究所研究员。

事，到统筹疫情防控与经济社会发展、逐步复工复产，再到疫情防控常态化，整个过程以科学防疫、依法防疫为指导思想，根据防控疫情的形势发展需要不断优化对人权的法治保障。在中国依法应对疫情过程中，人民的生命权、健康权得到充分保障，不同群体的就业权稳步推进，受疫情影响严重群体的权利得到重点保障，抗击疫情的不当措施及时得到纠正，常态化防疫形势下人权法治保障愈加成熟。

一 抗疫凸显生命权、健康权的首要地位

新冠肺炎疫情对各国人民的生命权和健康权构成直接威胁。《公民及政治权利国际公约》将生命权置于实体权利的首位。生命权是所有人权的基础，是不可克减的最高权利。保障生命权不仅要求国家不得任意剥夺人的生命，还要求国家采取积极措施保护人的生命，特别是采取适当措施消除流行病和其他威胁生命的疾病①。健康权与生命权密切关联，是有尊严地享有生命的前提，是行使其他人权不可或缺的基本权利，也是《经济社会文化权利国际公约》确认的核心权利。《经济社会文化权利国际公约》第12条明确要求，为保障健康权，国家要预防、治疗和控制传染病。世界卫生组织作为联合国专门处理健康问题的机构，在其章程中指出，"各国政府对人民的健康负有责任"。因此，保障生命权和健康权，均要求各国政府积极作为，采取有力措施预防、治疗和控制威胁人民生命健康的传染病。

在此次疫情面前，中国政府自始至终强调把人的生命和健康作为首要考量，不惜一切代价挽救人的生命。2020年1月20日，习近平总书记作出重要指示，要求各级党委、政府和有关部门把"人民群众生命安全和身体健康放在第一位"，全力救治患者②。1月25日，中共中央成立应对疫情

---

① 参见UN Doc CCPR/C/GC/36，《联合国人权事务委员会第36号一般性意见：第六条生命权》，2019年9月3日，第2段、第26段。
② 新华社北京1月20日电，《习近平对新型冠状病毒感染的肺炎疫情作出重要指示》。

2020年中国人权法治发展：疫情防控下的人权法治保障

工作领导小组，在中央政治局常务委员会领导下开展工作，再次强调"把人民群众生命安全和身体健康放在第一位"，把疫情防控工作作为当前最重要的工作来抓①。

在人民生命和经济利益之间，中国政府果断选择以暂时的经济"停摆"换取广大人民的生命健康。2020年1月23日，武汉市疫情防控指挥部发布1号通告，决定自1月23日10时起，武汉"全市城市公交、地铁、轮渡、长途客运暂停运营"；"机场、火车站离汉通道暂时关闭"②，整个社会按下暂停键。1月26日，国务院办公厅作出延长春节假期的决定，各地学校推迟开学，以进一步减少人员密集流动、阻断疫情传播③。与此同时，中央政府要求各级政府迅速组织本地区生产疫情防控重点物资的企业复工复产，为疫情防控提供充足的物资保障④。

中国对新冠肺炎患者的救治过程充分体现平等理念，不遗漏一个感染者，不放弃一位患者，实现"应收尽收、应治尽治"，从出生仅30个小时的婴儿到100多岁的老人，都得到了充分救治。疫情发生后至5月底，湖北省成功治愈3000多位80岁以上的新冠肺炎患者⑤。

国家预拨充足的疫情防控资金，确保患者不因费用问题影响就医。政府及时调整医保政策，对确诊和疑似患者实行"先救治，后结算"；新冠肺炎患者发生的医疗费用，在基本医保、大病保险、医疗救助等按规定支付后，个人负担部分由财政给予补助。截至2020年5月31日，全国各级财政共安排疫情防控资金1624亿元，确诊患者人均医疗费用约2.3万元，重症、危重症患者治疗费用全部由国家承担⑥。

---

① 新华社北京1月25日电，《中共中央政治局常务委员会召开会议研究新型冠状病毒感染的肺炎疫情防控工作 中共中央总书记习近平主持会议》。
② 新华社武汉1月23日电，《武汉市新型冠状病毒感染的肺炎疫情防控指挥部通告（第1号）》。
③ 《国务院办公厅关于延长2020年春节假期的通知》（国办发明电〔2020〕1号），2020年1月26日。
④ 《国务院办公厅关于组织做好疫情防控重点物资生产企业复工复产和调度安排工作的紧急通知》（国办发明电〔2020〕2号），2020年1月29日。
⑤ 见国务院新闻办公室《抗击新冠肺炎疫情的中国行动》，2020年6月7日。
⑥ 见国务院新闻办公室《抗击新冠肺炎疫情的中国行动》，2020年6月7日。

二 统筹疫情防控与经济社会发展，保障就业权

疫情冲击导致企业停工、经济停摆，人民群众的正常生产生活不可避免地受到一定影响。为把疫情对社会生活的影响降到最低，国家以统筹疫情防控和经济社会发展为指导，根据疫情防控进展，适度、灵活、分区、分步复工复产，广泛提供政策支持，保障公民就业权。

（一）为企业复工复产提供充分的政策支持

稳就业首先是稳企业。在做好疫情防控的同时，为确保各类企业有序复工复产，有关部门先后出台多项支持性措施。国务院联防联控机制[①]提出的指导原则是，"按照科学、合理、适度、管用的原则"制订针对性措施，及时协调解决复工复产中的困难和问题，尽早恢复正常生产[②]。2020年2月18日，国务院常务会议决定"阶段性减免企业社保费"、"实施企业缓缴住房公积金"、落实财税和金融政策等措施，多措并举，减少疫情对企业特别是中小微企业的影响[③]。中央政法委等部门联合出台意见，要求政法系统为依法保障有序复工复产提供优质高效的政法公共服务和有力的执法司法保障，并提出健全促进复工复产政策法规、纠正简单粗暴过度执法、准确把握法律政策界限、营造良好的司法环境等十余项具体措施[④]。国务院办公厅印发《关于进一步精简审批优化服务　精准稳妥推进企业复工复产的通知》，要求各部门提高复工复产服务便利度、大力推进行政服务网上办、完善复工复产企业服务机制、及时纠正不合理的人流物流管控措

[①] 国务院应对新型冠状病毒感染肺炎疫情联防联控机制，以下简称"国务院联防联控机制"。
[②] 新华社北京2020年2月9日电，《国务院联防联控机制印发通知　要求切实加强疫情科学防控　有序做好企业复工复产工作》。
[③] 《李克强主持召开国务院常务会议　部署不误农时　切实抓好春季农业生产等》，中国政府网，2020年2月18日。
[④] 《中共中央政法委员会、最高人民法院、最高人民检察院、公安部、司法部关于印发〈关于政法机关依法保障疫情防控期间复工复产的意见〉的通知》（中政委〔2020〕13号），2020年2月25日。

施。4月，中央应对疫情领导小组①和国务院联防联控机制②分别对有序推进复工复产进一步提出指导意见。

（二）采取全方位就业促进措施，保障不同群体就业权

为应对新冠肺炎疫情，国务院办公厅于2020年3月18日发布意见，提出了强化稳定就业的22项举措，并明确具体责任单位，为加快恢复和稳定就业提供了总体方案。其中包括实施好就业优先政策、引导农民工安全有序转移就业、拓宽高校毕业生就业渠道、加强困难人员兜底保障、完善职业培训和就业服务等内容③。7月28日，国务院办公厅发布《关于支持多渠道灵活就业的意见》，从"拓宽灵活就业发展渠道""优化自主创业环境""加大灵活就业保障支持"等方面进一步提出14项措施。

针对农村劳动力的就业问题，2020年3月2日，农业农村部提出分类推进农村劳动力就业，积极引导创新就业、挖掘农业农村内部就业潜力、强化农民技能培训、发挥农业农村投资对就业的拉动作用等多项促进农村劳动力就业增收的举措④。8月7日，人力资源和社会保障部等部门作出《关于做好当前农民工就业创业工作的意见》，推出拓宽外出就业渠道、促进就地就近就业、强化平等就业服务和权益保障、优先保障贫困劳动力稳岗就业等四个方面的政策措施。

针对高校毕业生就业问题，6月3日，全国普通高校毕业生就业创业工作电视电话会议召开，会议强调通过积极组织各类招聘活动、引导企业扩大招用规模、国有企事业单位增加招聘岗位、提供针对性职业技能培训、扩大

---

① 《国务院应对新型冠状病毒感染肺炎疫情联防联控机制关于印发全国不同风险地区企事业单位复工复产疫情防控措施指南的通知》（国发明电〔2020〕12号），2020年4月7日。
② 《中央应对新型冠状病毒感染肺炎疫情工作领导小组关于在有效防控疫情的同时积极有序推进复工复产的指导意见》（国发明电〔2020〕13号），2020年4月7日。
③ 《国务院办公厅关于应对新冠肺炎疫情影响强化稳就业举措的实施意见》（国办发〔2020〕6号），2020年3月18日。
④ 《农业农村部办公厅关于应对新冠肺炎疫情影响 扩大农村劳动力就业促进农民增收的通知》（农办规〔2020〕9号），农业农村部网站，2020年3月2日。

就业见习规模等措施促进高校毕业生就业创业[①]。7月16日，教育部等三部门联合下发通知，针对贫困家庭高校毕业生推出5项促就业重点任务，让有就业意愿的贫困家庭毕业生尽早就业。

三 突出保障受疫情影响严重群体的权利

即便在疫情形势最为严峻的时期，全国各地仍然保证水、电、气、通信不停，生活物资供应不断，关系国计民生的重点行业有序运转，全国14亿人口基本民生得到有效保障。与此同时，国家及时出台政策，突出保障受疫情影响严重群体的基本权利。

（一）做好受疫情影响儿童的监护照料

在疫情防控过程中，曾出现一些儿童的父母或监护人因为被确诊、被隔离观察或从事防控抗疫工作而不能履行监护职责，导致儿童监护缺失的情况。对此，民政部下发通知，要求做好因新冠肺炎疫情影响造成监护缺失儿童的救助保护工作。通知要求各地儿童督导员、儿童主任履行职责，及时发现因疫情影响造成监护缺失的儿童，第一时间报告相关信息并协调解决问题；分类做好监护缺失儿童的临时照料服务；及时将监护缺失儿童纳入救助保障范围，确保生活兜底到位；向社会公布儿童救助热线，及时响应有关线索，做好救助保护工作[②]。2月28日，国务院联防联控机制发出通知，要求儿童福利机构、未成年人救助保护机构按照防控要求，妥善安排收住人员生活，切实履行监护职责。随后，国务院联防联控机制印发《因新冠肺炎疫情影响造成监护缺失儿童救助保护工作方案》，对进一步做好监护缺失儿童的救助保护工作作出部署，要求各地通过各种途径对本地儿童监护缺失状况进行全面摸底、及时发现，落实监护照料责任，加强救助帮扶。对因工作不到位发生的极端

---

① 《李克强对全国普通高等学校毕业生就业创业工作电视电话会议作出重要批示》，新华网，2020年6月3日。
② 《民政部：疫情致儿童监护缺失第一时间上报》，《中国经济周刊》2020年2月11日。

问题依法追究责任。

据民政部的统计数据，2020年1月以来，全国儿童福利机构和未成年人救助保护机构临时救助照料困境儿童5675人。这些机构内的所有儿童及社会散居孤儿，无一人感染新冠肺炎。

（二）切实保护医务人员身心健康

医务人员是战胜疫情的中坚力量。在疫情防控中，中国政府高度重视医务人员的身心健康。2020年2月10日，国家卫生健康委等部门联合制定《关于改善一线医务人员工作条件、切实关心医务人员身心健康的若干措施》，要求改善医务人员工作和休息条件、维护医务人员身心健康、尽一切可能配齐防护物资和防护设备、加强对医务人员的心理干预和心理疏导，落实医务人员待遇、提高卫生防疫津贴标准、对家有老人和儿童需要照顾的医务人员尽可能创造条件使其兼顾家庭，为医务人员创造更加安全的工作环境。2月22日，中央应对疫情领导小组发出进一步保护关心爱护医务人员若干措施的通知，要求"提高疫情防治人员薪酬待遇"，做好涉疫工作的工伤认定并落实待遇保障，职称评聘向疫情防治一线医务人员倾斜，全力保障一线医务人员个人防护，确保一线医务人员及时得到轮换休整，"及时做好心理调适疏导"，为广大医务人员创造安全的执业环境，加强一线医务人员的生活保障，对有困难的家庭提供照顾帮扶，褒扬烈士、表彰先进[①]。

针对一些地方在执行和落实关心爱护医务人员政策过程中存在对象不精准、执行不严格、工作不规范、落实不到位的问题，2020年3月11日，国务院联防联控机制再次发出《关于聚焦一线 贯彻落实保护关心爱护医务人员措施的通知》，要求各地要坚持问题导向和结果导向，及时回应群众关切，"坚决杜绝形式主义、官僚主义"；发放临时性工作补助、卫生防疫津贴，严格实施"登记、审核、报批、公示、公开、监督"制度；严查"扩大泛化一

---

① 《中央应对新型冠状病毒感染肺炎疫情工作领导小组关于全面落实进一步保护关心爱护医务人员若干措施的通知》（国发明电〔2020〕5号），2020年2月22日。

线医务人员范围"的做法,"对有章不循、巧立名目、截留侵占、虚报冒领、违规发放、挤占挪用的,依纪依法严肃追究相关人员责任"。

(三)特殊困难群体兜底保障

为解决因疫情造成的突发、紧迫、临时性生活困难,保障特殊困难人员的基本照料服务,中央应对疫情领导小组下发《关于进一步做好疫情防控期间困难群众兜底保障工作的通知》。通知要求各地各有关部门及时足额发放低保金、特困供养金、孤儿基本生活费,及时足额发放价格临时补贴;对滞留人员、外来人员等陷入临时困境的人员,做好救助帮扶;对老年人、残疾人、未成年人等因为疫情导致监护缺失的特殊困难人员,及时通知所在社区上门探视、联系相关机构或人员提供监护或照料;对居家隔离的孤寡老人、社会散居孤儿、留守儿童、留守老年人以及重病重残等特殊困难人员,要保持经常联系,加强走访探视,及时提供帮助。

(四)关心关爱海外中国公民安全和健康

在中国疫情防控形势日趋向好的情况下,海外疫情持续蔓延,身处海外的中国公民其身心健康和安全受到严重威胁。中国以派出医疗队、工作组,开设远程医疗服务平台等形式,千方百计为海外中国公民提供科学专业的防疫指导。同时,驻外使领馆充分履行领事保护职能,向海外中国公民宣介防疫知识、向留学生发放防疫健康包,领事保护与服务热线24小时不间断服务,协助海外受困中国公民返回祖国。截至2020年11月10日,中国通过开通临时航班等方式,从92个国家接回7万多中国公民,向海外留学生发放120余万份健康包,向100多个国家的500多万华人华侨发送各类防疫物资[①]。

---

① 数据来源:《外交部:截至11月10日,共从92个国家接回7万多名中国公民》,《中国青年报》2020年11月12日。

2020年中国人权法治发展：疫情防控下的人权法治保障

四 结合疫情防控进展优化权利保障措施

为保障生命权和健康权而采取的防疫措施会对民众的正常生活造成影响，对多项人权构成限制，如迁徙自由、人身自由、隐私权、集会和结社自由、工作权、家庭权利、儿童权利、受教育权、文化权利等等①。根据国际人权法，除个别不可克减的权利外，出于公共卫生的理由，国家可以对多项权利作出限制。但是对权利的限制并非无度，这种限制必须是合法的、相称的、必要的、非歧视的，有重点和有具体时限的②，不能以不合比例地牺牲其他人权作为保障生命权和健康权的代价③。

在此次采取疫情防控措施的过程中，随着人们对病毒认识程度的不断深化，对防疫措施的持续反思总结，各级政府及时纠正、调整某些不合时宜、超出必要限度的应对措施，使疫情防控形势下对各项权利的保障不断优化。

（一）以法治思维开展疫情防控

疫情防控工作需合法有据、依法进行。2020年2月5日，习近平总书记在中央全面依法治国委员会第三次会议上强调，要"从立法、执法、司法、守法各个环节发力，全面提升依法防控、依法治理能力，为疫情防控工作提供有力法治保障"④。为保障防疫工作依法有序开展，2月6日最高人民法院、最高人民检察院等四部门联合发布《关于依法惩治妨害新型冠状病毒感染肺炎疫情防控违法犯罪的意见》。该意见要求用足、用好法律，准确适用法律，依法及时处置暴力伤医、制假售假、哄抬物价、聚众哄抢、造谣传谣、失职

---

① 见孙世彦《疫情防控措施对人权的限制——基于国际人权标准的认识》，《国际法研究》2020年第4期，第28~33页。
② 见联合国秘书长安东尼奥·古特雷斯《我们同舟共济：人权与2019年冠状病毒响应和恢复》，https://www.un.org/zh/node/68262，最后访问日期：2020年12月5日。
③ 见孙世彦《疫情防控措施对人权的限制——基于国际人权标准的认识》，《国际法研究》2020年第4期，第36页。
④ 见新华社"新华视点"微博，《习近平主持召开中央全面依法治国委员会第三次会议并发表重要讲话》，2020年2月5日。

渎职、贪污挪用等十余类妨害疫情防控的违法犯罪活动。2月7日，国务院联防联控机制印发通知，要求"地方各级政府要坚持运用法治思维和法治方式开展疫情防控工作"；各有关部门"要明确责任分工，积极主动履职，提高疫情防控的法治化、科学化水平"[1]。

（二）推行差异化精细化防疫策略，降低疫情防控对经济社会生活的影响

随着疫情防控工作不断取得进展，国家及时调整防疫策略，采取分级、分区、精准防控，提高防控的科学性、精准性和针对性，将防疫措施对生产生活的影响降低到合法、必要的限度内。2020年2月18日，国务院联防联控机制出台指导意见，要求各地突出重点、分类指导、分区施策，缩小管控单元，区分低、中、高风险地区。低风险地区，外防输入，全面恢复正常生产生活秩序；中风险地区，外防输入、内防扩散，尽快有序恢复正常生产生活秩序；高风险地区，内防扩散、外防输入、严格管控。各地应根据疫情形势及时调整、降低应急响应级别或终止应急响应[2]。2月28日，国务院联防联控机制印发《关于进一步落实分区分级差异化防控策略的通知》，再次强调各地应准确分析把握疫情和经济社会发展形势，进一步提高防疫的科学性、精确性和针对性。4月6日，针对境外疫情持续扩散、疫情输入压力加大的情况，国务院联防联控机制提出针对重点场所、重点单位、重点人群的防控举措[3]。5月7日，国务院联防联控机制发布意见，作出疫情防控从应急状态转为常态化防控的工作部署[4]。

---

[1] 新华社北京2020年2月7日电，《国务院联防联控机制印发〈关于进一步强化责任落实 做好防治工作的通知〉》。
[2] 新华社北京2020年2月18日电，《国务院联防联控机制印发〈关于科学防治精准施策分区分级做好新冠肺炎疫情防控工作的指导意见〉》。
[3] 《国务院应对新型冠状病毒感染肺炎疫情联防联控机制关于进一步做好重点场所重点单位重点人群新冠肺炎疫情防控相关工作的通知》（国办发明电〔2020〕16号），2020年4月6日。
[4] 《国务院应对新型冠状病毒感染肺炎疫情联防联控机制关于做好新冠肺炎疫情常态化防控工作的指导意见》（国发明电〔2020〕14号），2020年5月7日。

（三）及时纠正干扰正常秩序的过度防疫措施

针对一些地方擅自阻断公路交通的行为，2020年2月8日，国务院办公厅发出通知，要求按照"科学有序、依法依规"的原则，调整优化公路交通管控措施，"严禁擅自封闭高速公路出入口"、"阻断国省干线公路"，"严禁硬隔离或挖断农村公路"、阻碍应急运输车辆通行，严禁擅自在高速公路服务区和收费站、省界和国省干线公路设置疫情防控检疫点或检测站，已违法违规设置的要坚决撤销。通知强调，要做好公路交通保通保畅工作、确保人员车辆正常通行①。针对一些地方和单位在疫情防控期间出现损害贫困户权益的问题，2月25日，国务院扶贫办发布公告，要求对贫困户外出务工提供必要的支持和服务，帮助他们尽快返岗务工增收；不得简单以防疫为借口，"一推了之、一堵了之"，让贫困户外出务工受阻②。

（四）及时准确发布疫情信息，满足公众知情权

2020年1月20日，在中共中央政治局常务委员会召开的会议上，习近平总书记强调"要及时发布疫情信息"③。1月21日，国家卫生健康委作出强化应对处置措施的工作部署，要求从1月20日起，全国范围内实行新冠肺炎病例日报告和零报告制度，从1月21日起国家卫生健康委每日汇总发布全国各省份确诊病例数据④。疫情期间，从中央到地方逐步建立起国家和地方相结合、现场和网络相结合的分级分层新闻发布制度。截至2020年5月31日，国务院共举行相关新闻发布会161场，湖北省举行103场，其他省份共举行疫情相关新闻发布会1050场⑤。针对疫情早期收治能力不足导致患者在家

---

① 新华社北京2020年2月8日电，《国务院办公厅印发通知要求做好公路交通保通保畅工作确保人员车辆正常通行》。
② 《国务院扶贫办关于新冠肺炎疫情防控期间维护贫困户合法权益的公告》，国务院扶贫开发领导小组办公室网站，最后访问日期：2020年12月2日。
③ 新华社北京1月20日电，《习近平对新型冠状病毒感染的肺炎疫情作出重要指示》。
④ 新华社北京1月21日电，《国家卫生健康委员会同相关部门联防联控　全力应对新型冠状病毒感染的肺炎疫情》。
⑤ 国务院新闻办公室：《抗击新冠肺炎疫情的中国行动》，2020年6月7日。

中病亡、医院超负荷运转、死亡病例信息登记不全等情况导致的迟报、漏报、误报现象，依法适时订正确诊和死亡病例数，并向社会公开公布。

（五）完善个人信息保护制度，保护公民个人信息权益

疫情初期，网络上曾出现多起以寻找密切接触者的名义公布他人姓名、电话、家庭住址、身份证号码等个人信息的事件，给当事人及其家庭成员的生活造成困扰，严重者可能损害其身心健康，甚至引发歧视和污名化。针对这些问题，2020年2月4日，中央网信办发布《关于做好个人信息保护 利用大数据支撑联防联控工作的通知》。通知明确规定，除国务院卫生健康部门依法授权的机构外，任何单位和个人"不得以疫情防控、疾病救治为由，未经被收集者同意收集使用个人信息"；因疫情防控需要收集的个人信息，不得用于其他用途；未经被收集者同意，任何单位和个人"不得公开姓名、年龄、身份证号码、电话号码、家庭住址"等信息；因联防联控工作需要公开的，必须经过脱敏处理。

使用个人信息，首先应关注其合法性。即便是国家机关为应对突发公共卫生事件处理个人信息，也应遵守法定的权限和程序，并承担保护个人信息的义务。为进一步规范个人信息处理活动，保护个人信息权益，2020年10月21日，第13届全国人大常委会第22次会议审议了《个人信息保护法（草案）》并公开征求意见。该草案吸收了应对新冠肺炎疫情期间大数据应用对支持疫情防控的有益经验，设专节规定国家机关合法处理个人信息的情形，但强调必须严格遵守法律规定的处理规则[①]。

（六）出台措施，消弭防疫手段导致的"数字鸿沟"

互联网、大数据、人工智能等信息技术为此次疫情防控提供了极其重要的技术支持。在防控措施助力下，无纸化、数字化、"刷脸"、"扫码"等依托智能技术的交易模式迅速转化为大多数人的日常生活方式。但是智能技术在

---

① 见《个人信息保护法（草案）》第33~37条。

带来便利的同时也使一部分人,特别是老年人陷入了困境。智能技术的广泛运用给不上网、不使用智能手机的人的出行、就医、消费等日常生活带来诸多不便,甚至妨碍这些群体平等享有和行使权利,构成"数字"歧视。受影响的群体中首当其冲的是老年人群体。

为消弭疫情防控手段造成的数字鸿沟,使老年人群体的日常生活更加便捷,平等享受社会发展成果,国务院办公厅于2020年11月15日印发《关于切实解决老年人运用智能技术困难实施方案的通知》,从突发事件应急响应、日常交通出行、日常就医、日常消费、文体活动、办事服务、使用智能化产品和服务应用等方面提出20项便利老年人生活的重点任务,明确每一项任务的具体责任单位,以期有效解决老年人面临的数字障碍问题。

(七)适时完善涉疫情案件裁判规则,保障公民司法诉权

最高人民法院先后发布三份《关于依法妥善审理涉新冠肺炎疫情民事案件若干问题的指导意见》,对各级法院审理涉疫情民事纠纷案件准确适用法律、平衡各方利益、保护当事人诉讼权利和合法权益提供指引。其中,特别禁止疫情歧视,规定"用人单位仅以劳动者是新冠肺炎确诊患者、疑似新冠肺炎患者、无症状感染者、被依法隔离人员或者劳动者来自疫情相对严重的地区为由主张解除劳动关系的,人民法院不予支持"[①]。该指导意见要求,各级法院在审理受疫情影响的民事、商事、海事案件时,充分考虑疫情的特殊情况,对诉讼当事人、诉讼证据、时效期间、适用法律、执行等程序事项和实体事项,在法律规定允许的范围内,作出稳妥判决,以营造更加稳定、公正、透明、可预期的法治环境[②]。指导意见还要求,各级法院充分运用智慧法院建设成果,坚持线上、线下服务有机结合,规范在线诉讼服务,确保在线诉讼环节合法合规、指引清晰、简单易

---

① 《最高人民法院印发〈关于依法妥善审理涉新冠肺炎疫情民事案件若干问题的指导意见(一)〉的通知》(法发〔2020〕12号),2020年4月16日。
② 《最高人民法院印发〈关于依法妥善审理涉新冠肺炎疫情民事案件若干问题的指导意见(三)〉的通知》(法发〔2020〕20号),2020年6月8日。

行，以充分保障当事人诉讼权利的正常行使。

为确保在线诉讼规范有序进行，尊重和保障当事人的各项诉讼权利，最高人民法院专门对疫情期间人民法院做好在线诉讼工作发出通知，要求各级法院"积极依托中国移动微法院、诉讼服务网、12368诉讼服务热线等在线诉讼平台，全面开展网上立案、调解、证据交换、庭审、宣判、送达等在线诉讼活动"，满足疫情防控期间人民群众的司法需求。同时不搞一刀切，各级法院应根据案件的具体情况，尊重当事人对案件办理模式的选择权，不强制适用在线诉讼。在线办理的，要大力完善在线办理流程和在线诉讼规程，不得突破现行法律和司法解释规定，使当事人的各项权利得到充分保障[1]。

五 公共卫生应急状态下人权法治保障的未来发展

中国政府采取坚决果断措施，迅速遏制疫情蔓延，最大限度地保障了全国人民的生命权和健康权，为经济社会快速复苏，为人民群众正常享有和行使各项权利奠定了坚实基础。中国的抗疫行动和举措在成功阻断疫情的同时，充分保障公民的各项基本权利，为全球疫情防控背景下的人权保障树立了典范。

尽管如此，此次疫情防控过程也暴露了国家公共卫生应急响应管理体系存在的一些短板和不足。出于公共卫生安全目的限制某些权利时，也出现了个别防疫措施超出必要限度的情况。

2020年2月14日，习近平在主持召开中央全面深化改革委员会第十二次会议时提出，针对这次疫情暴露的短板和不足，"抓紧补短板、堵漏洞、强弱项"，既要"科学精准打赢疫情防控阻击战，更要放眼长远，总结经验、吸取教训"，"完善重大疫情防控体制机制，健全国家公共卫生应急管理体系"[2]。5月6日，中共中央政治局常务委员会会议再次强调，下一步疫情防控的重点

---

[1] 《最高人民法院关于新冠肺炎疫情防控期间加强和规范在线诉讼工作的通知》（法〔2020〕49号），2020年2月14日。
[2] 见新华社北京2月14日电，《习近平主持召开中央全面深化改革委员会第十二次会议强调：完善重大疫情防控体制机制 健全国家公共卫生应急管理体系》。

是围绕暴露的问题,"完善公共卫生应急法律法规,健全重大疫情、公共卫生应急管理和救治体系"[①]。

应急状态下保障人权是公共卫生应急管理法律体系的重要方面。进一步完善公共卫生应急状态下对人权的保障,需要认真总结和反思此次疫情防控中保障人权的经验和教训。当下和未来一段时间,立法和执法部门应全面总结此次疫情防控中积累的经验,将行之有效的政策措施及时转化为更为精细化、更有预测性和前瞻性的法律制度,健全应急状态下人权保障的法律体系,促进中国人权事业的进一步发展。

---

① 见《中共中央政治局常务委员会召开会议 中共中央总书记习近平主持会议 听取疫情防控工作中央指导组工作汇报 研究完善常态化疫情防控体制机制》,《人民日报》2020年5月7日,第1版。

B.4
2020年犯罪形势分析及2021年犯罪形势预测

高长见*

摘　要： 2020年是较为特殊的年份，新冠肺炎疫情对经济和社会发展带来了诸多影响，犯罪形势在总体平稳的基础上持续向好，全年的刑事案件发案数稳步下降。受2020年上半年疫情防控的影响，妨碍疫情防控犯罪成为犯罪治理的重要任务，与此同时，其他领域的犯罪形势也有相应的变化。不同类型的犯罪变化趋势有较大差别，严重暴力犯罪及命案发生率继续下降，破案率则维持在相当高的水平；危害公共安全及破坏经济秩序类犯罪仍较为严重；网络电信诈骗犯罪仍不断增加，治理难度也在加大；职务犯罪移送起诉数量保持了平稳态势。

关键词： 犯罪　扫黑除恶　发案量　暴力犯罪　职务犯罪

对于世界和中国而言，2020年都是一个特殊的年份，新冠肺炎疫情席卷全球，对各个领域产生了深刻影响。中国2020年犯罪问题的表现及发展形势也受到了疫情防控的直接影响，各犯罪类型的变化趋势及表现等都有相应的变化。

总体上分析，根据截至2020年第三季度各方面发布的公开数据判断，

---

* 高长见，中共中央党校（国家行政学院）政治和法律教研部副教授。

2020 年犯罪形势分析及 2021 年犯罪形势预测

2020 年的刑事案件发案总数同比实现了一定下降,犯罪问题得到有效治理与控制,表现在公安机关的刑事案件总立案数下降,说明社会治安形势在近年来总体平稳的基础上继续向好的方向转变。其中,严重暴力的犯罪形势变化更为明显,发案率、破案率仍维持在较为理想的水平。不过,严重侵害人民群众财产权利的网络电信诈骗犯罪发案量仍在继续增长,在疫情防控的特殊形势下,该类犯罪对公众的财产权利危害很大,需要综合施策,进一步加大治理力度,在治本、治标两方面取得新的进展。在 2020 年,扫黑除恶专项斗争进入收官之年,对黑恶犯罪的打击成效显著,有效提升了公众的安全感,今后则面临如何进入常态化、制度化阶段的新问题。

一 犯罪的总体形势及严重暴力犯罪形势的积极变化

2020 年,受疫情防控的间接影响,加上长期以来社会治安防控体系建设的不断推进,严重暴力犯罪数量继续下降,中国是世界公认的最有安全感的国家。2020 年前 8 个月,全国公安机关刑事案件立案数同比下降 6.2%,治安案件受理数同比下降 12.4%;全国道路交通事故起数、死亡人数同比分别下降 21.6%、34.6%[①]。公安机关发布的这些数据表明,2020 年犯罪总体形势持续发生积极变化,刑事立案数和治安案件数出现双下降,这也表明犯罪治理的现代化取得显著进展,当前的犯罪控制政策、策略比较得当。

根据检察机关发布的办案数据,2020 年上半年刑事案件数量和各类犯罪嫌疑人人数下降较为明显。当然,2020 年上半年刑事案件数量降低的原因,主要是在疫情防控的特殊社会状态下社会控制程度提升,它并不能用来分析常态下的犯罪趋势变化,因为疫情防控的各项措施难以成为经常性的控制手段。根据检察机关发布的统计数据,2020 年 1~6 月,全国检察机关共批准和决定逮捕各类犯罪嫌疑人 280333 人,同比下降了 47.1%;而不批准逮捕 74196 人,同比下降 49.7%,不捕率 20.9%,同比减少 0.9 个百分点。值得注

---

① 《公安部:我国是世界公认最有安全感国家之一》,https://new.qq.com/rain/a/20200923A0E8HR00,最后访问日期:2020 年 12 月 23 日。

意的是，逮捕人数下降主要集中在第一季度，即疫情防控最为吃紧的时候，第二季度则逮捕147329人，环比（和第一季度相比）上升10.8%。全国检察机关的起诉数据也反映了第一季度疫情防控的直接影响，2020年上半年，检察机关共决定起诉673310人，同比下降15.9%，不起诉98981人，同比上升38.5%，不起诉率为12.8%，同比增加了4.6个百分点。其中，在上半年起诉人数下降的情况下，第二季度决定起诉397506人，环比上升了44.1%。另一个值得注意的是，认罪认罚从宽制度适用率快速提高。据统计，在已办理的审查起诉案件中，适用认罪认罚从宽制度审结618999人，占同期审查起诉案件审结人数的82.2%。上半年除2月份受疫情影响适用率为72.3%外，其余月份适用率均在80%左右。

根据检察机关发布的数据，到2020年第三季度，检察机关各项办案数据的下降趋势得到一定程度的扭转。据统计，前三个季度，全国检察机关共批准和决定逮捕各类犯罪嫌疑人551002人，同比下降35.4%，降幅较上半年缩小11.7个百分点；不捕156877人，同比下降35%，不捕率22.2%，同比增加0.1个百分点。全国检察机关在前三个季度共决定起诉1106202人，同比下降了15.1%，前三个季度总体降幅较上半年缩小0.8个百分点；决定不起诉173068人，同比上升40.1%，不起诉率为13.5%，同比增加4.9个百分点[1]。

值得注意的是，在2020年刑事犯罪案件数量同比下降的同时，电信网络诈骗犯罪的数量则仍然延续了不断增加的态势，危害较大。根据公安机关发布的统计数据，2020年前8个月，公安机关共破电信网络诈骗案件15.5万起、抓获犯罪嫌疑人14.5万名，同比分别上升65.6%和74.1%，为群众直接避免经济损失约800亿元[2]。公安机关在2020年前八个月破获案件数量和抓获犯罪嫌疑人数量的增长幅度很大，这一方面表明公安机关加大了电信网络诈骗犯

---

[1] 《最高检发布2020年1月至9月全国检察机关主要办案数据》，https://www.spp.gov.cn/xwfbh/wsfbt/202010/t20201019_482434.shtml#1，最后访问日期：2020年12月23日。

[2] 《公安部：我国是世界公认最有安全感国家之一》，https://new.qq.com/rain/a/20200923A0E8HR00，最后访问日期：2020年12月23日。

罪的打击力度，收到了实效；另一方面也反映了网络电信诈骗犯罪的增长态势。特别是在年初疫情防控的关键时期，在社会正常生活受到很大影响的情况下此类犯罪仍高速增长，充分说明现阶段网络电信诈骗犯罪的高发态势十分明显。电信网络诈骗犯罪的增长态势也可以通过检察机关的办案数据进行印证，根据检察机关发布的统计数据，2020年上半年全国检察机关共起诉利用电信网络实施的犯罪52473人，占起诉数的7.8%，同比增加了3.7个百分点①。

2020年的暴力犯罪形势继续稳定并不断趋好。从各方面的数据分析，2020年严重暴力犯罪特别是命案发生率仍在继续下降，破案率维持在极为理想的水平，在世界上居于破案率最高之列。根据公安部12月9日新闻发布会通报的数据，2019年，全国现存命案破案率达99.8%，创历史新高，有25个省份现存命案全部侦破。2020年，全国公安机关开展"云剑—2020"命案积案攻坚行动，全年共破获命案积案5281起。其中，20年以上积案2476起，占46.9%；10~20年积案2269起，占43.0%；案发时间最长的达42年。共抓获命案在逃人员4601名，其中，潜逃20年以上1779名，潜逃10~20年的2203名，潜逃时间最长的达38年②。

命案发生态势不断趋好也可从一些重点城市的相关统计数据得到印证。例如，2020年以来广州市新发命案同比下降27.1%，破案率100%，平均每宗命案破案时间8.7小时。破命案积案46宗，超过上年破命案积案总数（23宗）整整1倍。广州市影响群众安全感的暴力型犯罪逐年大幅递减。2018~2019年，全市命案破案率连续两年实现100%，每宗命案平均破案时间分别为12.6小时和13.4小时，实现"命案不过天"③。

2020年公布的关于2019年的命案数据也印证了近年来命案发案率不

---

① 《2020年1至6月全国检察机关主要办案数据》，https://www.spp.gov.cn/spp/xwfbh/wsfbh/202007/t20200720_473301.shtml#1，最后访问日期：2020年12月23日。
② 《公安部：2019年全国现行命案破案率达99.8% 创历史新高》，https://new.qq.com/omn/20201209/20201209A0CKF300.html，最后访问日期：2020年12月23日。
③ 《广州市公安局召开"飓风2020"专项行动战果发布会》，https://new.qq.com/omn/20200716/20200716A0XO1H00.html，最后访问日期：2020年12月23日。

断下降的判断。根据浙江省2020年公布的数据，浙江全省2019年刑事案件总量、命案同比下降了10.17%、17.35%，新发命案连续三年全破案，浙江全省新收诉讼案件量同比下降4.6%①。在湖北省，2019年共发命案271起，为有命案统计以来的最低值，全省43个县级立案单位未发命案，并在2018年现存命案全破的基础上再次实现现存命案全破，90%以上的命案在24小时内破获②。命案发生率持续降低及极高的破案率，充分表明中国是世界上最安全的国家之一，对严重暴力犯罪的有效控制大大增强了公众的安全感。

二 扫黑除恶专项斗争

2020年是三年"扫黑除恶"专项斗争的收官之年，也是建立常态化打击机制的新起点。总体上，2020年，扫黑除恶专项斗争有序推进，服务经济和社会发展的成效显著，对于在法治轨道上加强犯罪控制和社会治理都有重要促进作用。根据检察机关的统计，2020年上半年，全国检察机关共批准和决定逮捕涉黑涉恶案件犯罪嫌疑人7499人，同比下降了79.6%，决定起诉38672人，同比下降了10.6%。其中，第二季度批准逮捕3768人、决定起诉24411人，环比分别上升1%、71.2%。此外，上半年针对黑恶势力"保护伞"，逮捕196人，起诉605人③。从上述数据可以看出，上半年疫情防控形势下逮捕和起诉犯罪嫌疑人明显下降，这种下降并不是涉黑涉恶犯罪案件数量下降，而是疫情防控影响到相关案件的诉讼活动，这种数据的下降与上一年的数据不具有可比性。在第二季度，逮捕和起诉的涉黑涉恶案件犯罪嫌疑人人数增加，特别是起诉人数大幅增加，表明更多的案件进入审判环节，也说明司法

---

① 《浙江新发命案连续三年全破 去年命案数同比下降17.35%》，http://zj.news.163.com/20/0415/18/FA98SH1V04098FEB.html，最后访问日期：2020年12月23日。
② 《湖北去年命案发案创历史新低 新发命案全部告破》，http://www.cnr.cn/hubei/yaowen/20200104/t20200104_524925092.shtml，最后访问日期：2020年12月23日。
③ 《2020年1至6月全国检察机关主要办案数据》，https://www.spp.gov.cn/spp/xwfbh/wsfbh/202007/t20200720_473301.shtml#1，最后访问日期：2020年12月23日。

机关对涉黑涉恶犯罪的打击力度不减。

根据有关部门的统计，从开展扫黑除恶专项斗争到 2020 年 8 月底，全国累计打掉涉黑组织 3347 个、涉恶犯罪集团 10564 个，专项斗争 5824 名目标逃犯到案 5512 人，到案率达 94.6%，4.09 万名犯罪嫌疑人投案自首。全国共起诉涉黑涉恶犯罪案件 31840 件 199478 人，一审判决 24308 件 151996 人，二审判决 10463 件 83583 人。目前，全国还有 204 起涉黑案件在起诉环节，1327 起涉黑案件在审判环节[1]。与此同时，涉黑涉恶案件背后的职务犯罪问题也受到严厉打击。据统计，截至 2020 年 10 月底，全国共立案查处涉黑涉恶腐败及"保护伞"案件 76627 起，处理 90171 人，其中厅级干部 315 人、处级干部 4913 人[2]。三年扫黑除恶专项斗争对严厉打击直接侵害人民群众切身利益的涉黑涉恶犯罪发挥了不可替代的作用，对于促进社会秩序的持续稳定、增强人民群众的安全感有重要意义

在扫黑除恶专项斗争的收官之年，有必要对三年专项斗争的成效及经验进行总结和分析，以促进对涉黑涉恶犯罪问题乃至整个犯罪问题的有效治理，进一步增强社会公众的安全感。应当说，经过三年的扫黑除恶专项斗争，黑恶势力受到比较沉重的打击，涉黑涉恶犯罪也得到有效控制，一些行业长期存在的各种混乱失序现象得到有力整治，"村霸"问题也基本肃清。此外，在扫黑除恶专项斗争中，一些新的司法解释和规范性文件对有关罪名的构成要件进行了更严格的解释，适当降低了一些严重侵犯公民人身权利、财产权利罪名的入罪门槛，这对在立法上严密刑事法网、在法治轨道上加强违法行为制裁具有积极意义。在扫黑除恶专项斗争顺利收尾之后，为实现对涉黑涉恶犯罪的有效治理，需要进一步把专项斗争的经验制度化，加强对侵害公民个人人身权利、财产权利的打击力度。

---

[1] 《将人民战争进行到底！——奋力夺取扫黑除恶专项斗争全面胜利》，http://news.jcrb.com/jsxw/2020/202009/t20200927_2208241.html，最后访问日期：2020 年 12 月 23 日。
[2] 《全国 90171 名"保护伞"被处理！扫黑除恶"打伞破网"战果显著》，http://www.chinapeace.gov.cn/chinapeace/c100007/2020-11/20/content_12416511.shtml，最后访问日期：2020 年 12 月 23 日。

三 妨害新冠肺炎疫情防控犯罪情况

2020年，新冠肺炎疫情突如其来，疫情防控成为上半年的主旋律，而打击妨碍疫情防控犯罪也成为犯罪治理的重要任务之一。公安、司法机关加强了对妨害新冠肺炎疫情防控犯罪的打击，2020年1~6月，全国检察机关受理审查逮捕妨害新冠肺炎疫情防控犯罪6624人，审查批准和决定逮捕5370人，逮捕人数占审结的84.7%，较总体刑事犯罪高5.6个百分点。此外，全国检察机关受理审查起诉8991人，经审查决定起诉5565人，起诉人数占审结的94.1%，较总体刑事犯罪比例也高6.6个百分点[①]。妨碍疫情防控犯罪案件中逮捕和起诉比例较总体刑事犯罪高，体现了对妨碍疫情防控犯罪的严打政策，也是特殊时期治理犯罪问题的合理选择，它为疫情防控工作提供了重要保障，有效维护了良好的社会治安秩序。妨碍疫情防控犯罪的发生具有极强的阶段性特点，随着疫情形势好转，这类犯罪案件呈现明显下降趋势，检察机关在第二季度只逮捕妨碍疫情防控犯罪嫌疑人2250人、起诉3321人，环比分别下降了27.9%、上升48%[②]。

总体上，从起诉妨害新冠肺炎疫情防控犯罪所涉罪名看，以诈骗罪和妨害公务罪为主，诈骗罪起诉2417人，占43.4%；妨害公务罪832人，占15%；非法狩猎罪480人，占8.6%；非法收购、运输、出售珍贵/濒危野生动物、珍贵/濒危野生动物制品罪336人，占6%；生产、销售伪劣产品罪251人，占4.5%；寻衅滋事罪220人，占4%。六个罪名总计占81.5%。同时，除了直接妨碍疫情防控的各类犯罪以外，实践中还存在与疫情防控相关的一类犯罪，即妨害传染病防治罪。根据检察机关的统计数据，2020年1~6月，共受理审查逮捕妨害传染病防治罪23人，批捕13人，不捕7人；受理审查起诉138人，

---

① 《2020年1至6月全国检察机关主要办案数据》，https://www.spp.gov.cn/spp/xwfbh/wsfbh/202007/t20200720_473301.shtml#1，最后访问日期：2020年12月23日。
② 《2020年1至6月全国检察机关主要办案数据》，https://www.spp.gov.cn/spp/xwfbh/wsfbh/202007/t20200720_473301.shtml#1，最后访问日期：2020年12月23日。

起诉80人，不起诉8人[①]。应当说，通过严厉打击妨碍疫情防控犯罪，有力保障了疫情防控期间的社会大局稳定，促进了疫情防控取得决定性胜利。

在特殊情况下加强对妨害疫情防控犯罪的打击具有重要意义，是有效防控疫情的重要保障。此外，对妨碍疫情防控犯罪的有效打击也直接体现了执法司法机关的依法治理能力和犯罪控制能力。在推进国家治理体系和治理能力现代化的进程中，对非常状态下特殊类型犯罪问题的快速、灵活反映，实际上是对犯罪治理与控制能力的直接检验。从2020年涉及疫情防控犯罪的打击与治理情况判断，中国对非常状态下的犯罪控制能力很强，是国家治理能力和治理体系现代化的直接体现。

四 职务犯罪形势总体平稳

2018年《刑事诉讼法》修改，检察机关继续对部分国家机关工作人员的职务犯罪行使侦查权，因此，该部分犯罪也可以界定为广义的职务犯罪。本文把职务犯罪分为两大类：一类为由检察机关立案侦查的职务犯罪，另一类为由监察机关立案调查的传统意义上的职务犯罪。由于立法上对检察机关侦查权的限制，第一类职务犯罪的主体为司法工作人员，犯罪类型较少，主要为《刑事诉讼法》第19条第2款规定的司法工作人员利用职权实施的非法拘禁、刑讯逼供、非法搜查等侵犯公民权利、损害司法公正的犯罪，以及国家机关工作人员利用职权实施的其他重大犯罪案件。从实践情况分析，第一类职务犯罪的案件数量较少。

根据检察机关的统计，2020年1~6月，全国检察机关共立案侦查司法工作人员相关职务犯罪案件487人，同比上升了70.3%，县处级以上干部要案40人，同比上升21.2%。其中，第二季度立案400人，环比上升359.8%[②]。检

---

① 《2020年1至6月全国检察机关主要办案数据》，https://www.spp.gov.cn/spp/xwfbh/wsfbh/202007/t20200720_473301.shtml#1，最后访问日期：2020年12月23日。
② 《2020年1至6月全国检察机关主要办案数据》，https://www.spp.gov.cn/spp/xwfbh/wsfbh/202007/t20200720_473301.shtml#1，最后访问日期：2020年12月23日。

察机关在第三季度对司法工作人员的职务犯罪立案数量有了较大幅度提升。而在 2020 年前三季度，全国检察机关共立案侦查司法工作人员相关职务犯罪案件 1024 人，同比上升 63.3%。其中县处级以上干部要案 81 人，同比上升 76.1%。同期侦查终结移送审查起诉 601 人，同比上升 74.2%①。根据这两个数据推算，2020 年第三季度，检察机关共立案侦查司法工作人员相关职务犯罪案件 537 人，比第一季度和第二季度的总和还多。2019 年，检察机关共立案侦查司法人员侵犯公民权利、损害司法公正犯罪 872 人。从检察机关立案侦查的职务犯罪形势变化分析，该数据与 2019 年度全年数据相比，检察机关立案侦查的职务犯罪案件保持了很快的增长态势。当然，2020 年第三季度大幅增加的立案人数很难解释为相关职务犯罪在快速增长。检察机关立案侦查职务犯罪数量的增长，更多的是检察工作从疫情防控的特殊状态下恢复正常的结果，也是检察机关侦查权逐渐落实的产物，并不是相关犯罪大幅度增加的产物。

在国家监察体制改革后，第二类职务犯罪是职务犯罪的主体，相关数据可以从中央纪委、国家监委公布的相关数据来推算。根据统计，2020 年 1~9 月，全国纪检监察机关运用"四种形态"②批评教育帮助和处理共 133 万人次。其中，运用第一种形态批评教育帮助 92.8 万人次，占总人次的 69.8%；运用第二种形态处理 31.1 万人次，占 23.4%；运用第三种形态处理 4.5 万人次，占 3.4%；运用第四种形态处理 4.6 万人次，占 3.5%③。根据 2016 年中央纪委办公厅印发的《纪检监察机关监督执纪"四种形态"统计指标体系（试行）》的规定，第四种形态共包括 2 种情况，即纪检监察机关立案审查后移送司法机关，

---

① 《最高检发布 2020 年 1 月至 9 月全国检察机关主要办案数据》，https://www.spp.gov.cn/xwfbh/wsfbt/202010/t20201019_482434.shtml#1，最后访问日期：2020 年 12 月 23 日。

② 党内监督必须把纪律挺在前面，运用监督执纪"四种形态"，经常开展批评和自我批评、约谈函询，让"红红脸、出出汗"成为常态；党纪轻处分、组织调整成为违纪处理的大多数；党纪重处分、重大职务调整的成为少数；严重违纪涉嫌违法立案审查的成为极少数。

③ 《中央纪委国家监委通报 2020 年 1 至 9 月全国纪检监察机关监督检查、审查调查情况》，http://www.ccdi.gov.cn/toutiao/202010/t20201023_227736.html，最后访问日期：2020 年 12 月 23 日。

司法机关判处刑罚后移送纪检监察机关作出开除党籍、开除公职处分的两种情形。由于第二种情形即司法机关判处刑罚后移送纪检监察机关作出开除党籍、开除公职处分的情况相对较少,大致上,第四种形态处理的人数可以视为职务犯罪立案侦查的人数。根据国家监委公布的数据,在2020年前三季度中,全国纪检监察机关运用第四种形态处理的数量为4.6万人次,而2019年全年,纪检监察机关运用第四种形态处理的数量为6.8万人次,由此统计数据可以推论,2020年前三个季度的职务犯罪保持了平稳态势,没有发生较大幅度的变化。

五　危害公共安全、破坏经济秩序类犯罪

在危害公共安全犯罪中,危险驾驶罪、交通肇事罪是发案量最大的犯罪类型。根据检察机关发布的数据,2019年,检方起诉人数排在前十位的罪名分别是:危险驾驶罪322041人,占17.7%;盗窃罪249301人,占13.7%;诈骗罪119383人,占6.6%;寻衅滋事罪113850人,占6.3%;故意伤害罪111509人,占6.1%;走私、贩卖、运输、制造毒品罪79937人,占4.4%;交通肇事罪71133人,占3.9%;开设赌场罪70093人,占3.9%;聚众斗殴罪34789人,占1.9%;强奸罪27070人,占1.5%[①]。因此,2019年,危险驾驶罪已经超过盗窃罪,成为第一大犯罪类型。2020年,危险驾驶罪仍是发案量最大的犯罪。

近年来,交通肇事罪发案量呈现下降趋势,发案数在下降。根据最高人民法院2020年8月6日发布的《交通肇事罪特点和趋势司法大数据专题报告(2016年1月至2019年12月)》,交通肇事罪案件量2017年呈小幅上升后,2018年、2019年呈连续下降趋势。全国各级人民法院一审新收交通肇事罪案件数量,2017年较2016年增长3.67%,但是2018年则较2017年下降7.72%,

---

① 《最高检:2019年全国平均每万人刑事犯罪发案量13人》,https://www.sohu.com/a/399204738_119038,最后访问日期:2020年12月23日。

2019年较2018年进一步下降了2.77%①。根据公安部发布的2020年前八个月数据，全国道路交通事故起数、死亡人数同比分别下降21.6%、34.6%②。由该数据推测，近年的交通肇事罪发案量应当继续保持下降态势。根据最高人民法院发布的报告提供的相关数据，在全国交通肇事罪案件中，94.389%的案件存在被害人死亡情节，是绝大部分交通肇事案件的犯罪结构，只有5.610%的案件出现被害人重伤情节，仅有0.001%的案件出现被害人轻伤情节，总体上，超九成被告人被判处有期徒刑③。

在破坏社会主义市场经济秩序类案件中，非法吸收公众存款犯罪与非法集资犯罪高发易发，涉案金额巨大。近年来，检察机关办理的涉嫌非法吸收公众存款犯罪案件数量持续增加。根据检察机关发布的数据，2016年起诉14745人，2017年起诉15282人，2018年起诉15302人；检察机关办理的涉嫌集资诈骗犯罪案件，在2016年起诉1661人，2017年起诉1862人，2018年起诉1962人④。而2019年全国共立案打击涉嫌非法集资刑事案件5888起，涉案金额5434.2亿元，同比分别上升3.4%、53.4%⑤。

在侵权假冒犯罪方面，2020年以来，全国公安机关通过开展"昆仑2020"专项行动，严厉打击侵权假冒犯罪活动。截至12月中旬，全国公安机关共破获刑事案件1.6万余起，捣毁制假售假窝点9100余个，抓获犯罪嫌疑人2.7万余名，涉案总价值180余亿元⑥。

在文物犯罪方面，2020年，全国公安机关持续严厉打击文物犯罪活动，自开展专项行动以来，共打掉文物犯罪团伙150余个，抓捕犯罪嫌疑人1500

---

① 《公安部部署全国公安机关开展"云剑-2020"行动》。
② 《公安部：我国是世界公认最有安全感国家之一》，https://new.qq.com/rain/a/20200923A0E8HR00。
③ 《最高法发布司法大数据报告：交通肇事罪案件被告人超九成被判有期徒刑》，http://legal.people.com.cn/n1/2020/0806/c42510-31813228.html，最后访问日期：2020年12月23日。
④ 《检察机关办理非法集资犯罪案件数量逐年上升》，https://www.spp.gov.cn/spp/zdgz/201902/t20190210_407556.shtml，最后访问日期：2020年12月23日。
⑤ 《2020年处置非法集资部际联席会议在京召开》，https://www.sohu.com/a/390093350_660924。
⑥ 《2020年全国公安机关破获侵权假冒犯罪刑案1.6万余起》，https://www.sohu.com/a/440264250_180220，最后访问日期：2021年1月3日。

余名，破获文物犯罪案件 750 余起，追缴文物 14000 余件，其中一级文物 15 件①。

六　网络电信犯罪

近年来，在总体犯罪案件数量受到有效控制、人民群众安全感不断增强的大背景下，网络电信诈骗犯罪却在不断增长，已经成为当前犯罪治理问题的重点与难点。根据公安机关提供的数据，2019 年全国公安机关侦破电信网络诈骗案件 20 万起、抓获嫌疑人 16.3 万名，同比分别上升 52.7%、123.3%②，这既说明公安机关加大了对网络电信诈骗犯罪的打击力度，对该类犯罪治理取得了一定效果，但是，2019 年网络电信犯罪仍保持了高发态势。

2020 年，总体上电信网络诈骗犯罪形势依然比较严峻，随着复工复产加快，案件呈现高发多发态势，部分诈骗集团头目在境外或边境地区搭建诈骗窝点，并招募大量人员实施电信诈骗犯罪活动。此类犯罪的受骗人数多、金额大，危害严重。一般情况下，破获案件数量增加能够部分证明实际发案量的增长，二者存在一定的相关性。根据统计，2020 年前 8 个月，公安机关共破电信网络诈骗案件 15.5 万起、抓获犯罪嫌疑人 14.5 万名，同比分别上升 65.6% 和 74.1%，为群众直接避免经济损失约 800 亿元，其中 96110 反诈预警累计防止 870 万群众被骗③。这些数据说明，网络电信诈骗犯罪的危害性与严重性，应当成为当下犯罪控制与治理的重点。

根据检察机关的办案数据，全国检察机关在 2020 年上半年共起诉诈骗犯罪 58101 人，同比上升 35%，仍延续了高速增长的态势。其中，起诉利用电信网络手段实施的诈骗犯罪 32463 人，同比上升了 77.1%，特别是起诉人数的

---

① 《2020 年公安机关破获文物犯罪案件 750 余起》，http://www.gov.cn/xinwen/2020-12/25/content_5573400.htm，最后访问日期：2021 年 1 月 3 日。
② 《2019 年全国共破获电信网络诈骗案件 20 万起　抓获犯罪嫌疑人 16.3 万人》，http://www.xinhuanet.com/legal/2020-01/21/c_1125491558.htm，最后访问日期：2021 年 1 月 3 日。
③ 《公安部：2020 年前 8 月公安机关抓获电信网络诈骗 14.5 万人》，https://new.qq.com/rain/a/20200923A07KBU00，最后访问日期：2021 年 1 月 3 日。

增长比例与公安机关抓获的犯罪嫌疑人数量的增长比例基本吻合。在2020年上半年,妨害疫情防控犯罪中诈骗犯罪多发,检察机关起诉诈骗犯罪人数占全部妨害疫情防控犯罪人数的43.4%①。

近年来,网络电信诈骗犯罪逐渐成为犯罪治理问题的难点,在总体犯罪形势不断好转的背景下,它已经成为高发易发的犯罪类型。网络电信诈骗犯罪高发易发有多方面的原因。首先,犯罪成本相对较低,相比其他侵财类犯罪,网络电信诈骗犯罪成本很低,更容易集团化实施大规模诈骗。其次,犯罪更容易得逞,由于受骗人群总量大,部分群众的反诈骗意识薄弱,网络电信诈骗犯罪更容易得逞。最后,侦破难度较大,这是由当前网络电信诈骗犯罪的特点所决定的。

根据检察机关提供的数据,当前的网络电信诈骗犯罪具有以下特点。首先,网络电信诈骗犯罪种类多、涉及领域广。目前,网络电信诈骗主要涉及教育、医疗、就业、养老、社保、征地拆迁、精准扶贫、金融信贷等多个领域。涉及领域广,受害人不特定、人数多的特征,也对公众的财产安全构成较大威胁。

其次,网络电信诈骗犯罪越来越具有复杂化的特点,具有更强的公司化、专业化、职业化特征。根据统计,在检察机关办理的诈骗犯罪案件中,犯罪组织形式由"简单结伙"明显向"公司化"转变。在公司化、专业化趋势下,网络电信诈骗团伙组织日益严密,分工也更加明确,通过层级式管理加强了诈骗犯罪活动的专业化趋势。应当说,公司化、专业化、职业化的诈骗方式也催生了网络电信诈骗犯罪的灰色产业链。

再次,网络电信诈骗犯罪手段日益智能化。近年来,随着互联网技术的应用更加广泛,诈骗犯罪开始更多向互联网转移,一些互联网新技术也被犯罪分子应用于犯罪活动中。例如,人工智能、机器学习、大数据分析等新技术被用于诈骗犯罪活动的各个环节。犯罪手段明显从传统的现金交付逐渐转变为利用网上银行、支付平台转账。

---

① 《上半年电信网络诈骗犯罪上升七成 最高检总结四个特点》,https://xw.qq.com/cmsid/20200726A092A000,最后访问日期:2021年1月3日。

最后，网络电信诈骗催生了其他牵连犯罪。由于网络电信诈骗活动需要借助一定条件，当前，围绕网络电信诈骗犯罪活动，灰色产业链和利益联合体逐渐形成。从非法获取和提供公民个人信息，到制造和销售"伪基站"设备、短信群发器，到设立和维护虚假网络平台，再到批量购买他人身份证、银行卡以及手机"黑卡"，相继诱发侵犯公民个人信息、妨害信用卡管理、帮助信息网络犯罪活动、破坏计算机信息系统、掩饰、隐瞒犯罪所得等相关犯罪。

其于网络电信犯罪的上述特征，今后的网络电信诈骗犯罪问题治理应当有针对性地完善相关体制机制，提高犯罪成本，降低犯罪收益，同时加强对公众反诈骗犯罪的宣传教育。

七　2021年犯罪形势预测

展望2021年，中国社会治安总体上仍将保持良好形势，犯罪案件总体上也将保持稳定，其中严重暴力犯罪有望持续下降，中国仍将是世界上最安全的国家之一。在刑事案件发生率、命案发生率、严重暴力犯罪发生率不断下降的同时，侵财类犯罪、危害公共安全的交通类型犯罪仍将高发易发。近年来，中国刑事发案数持续下降。2019年，全国刑事发案数下降4.1%，其中上海、四川、辽宁、浙江4省市降幅超过10%①。2020年前8个月，全国公安机关立刑事案件数同比下降6.2%。可以预测，2021年刑事案件发案数总量仍将继续下降，有望实现个位数的降幅，社会治安形势继续趋好。

分类型看，暴恐犯罪将继续实现零发案的目标，基本解决过去的暴恐犯罪多发问题；严重暴力犯罪也将持续下降，命案发生率和破案率则将进一步趋好，有助于进一步增强人民群众的幸福感与安全感；与此同时，网络电信诈骗犯罪形势则不容乐观，仍将持续高发，对人民群众的财产安全和社会经济秩序危害较大，网络电信诈骗犯罪的多发易发态势并不是偶然现象，而是

---

① 《命案昭雪、彰显正义，扫黑除恶专项斗争带动攻克积案命案8万余件》，《法治日报》2020年12月17日，最后访问日期：2021年1月3日。

犯罪形态总体上向网络、财产类犯罪迁移大背景下的必然产物；职务犯罪则仍将保持平稳态势，并不断趋好，在全面从严治党的大背景下，"不敢腐、不能腐、不想腐"三位一体的机制建设不断取得实效，"将权力关进制度的笼子"正在不同层面实现，这有助于控制腐败犯罪增量，避免出现大幅增长的局面。

B.5
中国公平竞争审查制度实施报告

黄 晋*

摘　要： 公平竞争审查制度是推进优化营商环境的重要内容。本文从中国落实公平竞争审查制度的现状出发，探讨了落实公平竞争审查制度的难点，提出完善公平竞争审查的建议，涉及强调地方财政支持本地注册企业的上位法依据、明确地方政府补贴本地企业引进外地人才的法律依据、强化代为履行地方政策措施的法律实体的公平竞争要求以及以顶层设计协调总部经济发展措施等。

关键词： 公平竞争审查　优化营商环境　市场经济

公平竞争审查制度是推进优化营商环境的重要组成部分。自2016年6月国务院发布《关于在市场体系建设中建立公平竞争审查制度的意见》以来，公平竞争审查制度在全国迅速推广。伴随着国务院《优化营商环境条例》的颁布实施，公平竞争审查制度正式写入行政法规。为进一步落实《优化营商环境条例》，地方立法纷纷跟进，明确规定公平竞争审查要求，以维护市场主体合法权益和推动高质量发展。

公平竞争审查制度对于保护市场公平竞争有重要意义。自1992年党的十四大提出中国经济体制改革的目标是建立社会主义市场经济体制以来，正

---

* 黄晋，中国社会科学院国际法研究所副研究员，中国社会科学院国际法研究所竞争法中心副主任兼秘书长。

确处理政府和市场的关系,一直是经济体制改革的核心问题。党的十九届五中全会明确指出,"'十四五'时期经济社会发展主要目标就是……公平竞争制度更加健全,更高水平开放型经济新体制基本形成……"为此,要"坚持和完善社会主义基本经济制度,充分发挥市场在资源配置中的决定性作用,更好发挥政府作用,推动有效市场和有为政府更好结合……"可以看出,作为公平竞争制度的重要组成部分,公平竞争审查制度已经成为推动完善中国社会主义市场经济体制、建成高标准市场体系的重要抓手。

有鉴于公平竞争审查制度的重要性,本文将从中国落实公平竞争审查制度的现状出发,探讨落实公平竞争审查制度的难点,并在此基础上提出现阶段完善公平竞争审查制度的建议。

一 中国落实公平竞争审查制度的现状

(一)公平竞争审查体系顺利推进

自2016年6月国务院发布《关于在市场体系建设中建立公平竞争审查制度的意见》以来,国务院各部委积极推进公平竞争审查工作。一方面,国务院办公厅发布《关于同意建立公平竞争审查工作部际联席会议制度的函》(国办函〔2016〕109号),设立由28个部门和单位组成的联席会议。另一方面,国家发展改革委、财政部、商务部、原工商总局和原国务院法制办等五部门印发了《公平竞争审查制度实施细则(暂行)》,推进公平竞争审查工作。根据2018年《深化党和国家机构改革方案》,指导实施公平竞争审查制度的职能调整至市场监督管理总局。随后,国家市场监督管理总局发布《关于发布公平竞争审查第三方评估实施指南的公告》(2019年第6号)(以下简称《指南》),鼓励支持政策制定机关在公平竞争审查工作中引入第三方评估,提高审查质量,确保审查效果。《指南》经公平竞争审查工作部际联席会议第二次全体会议审议通过,供政策制定机关在开展公平竞争审查第三方评估时参考。2019年12月,国家市场监督管理总局、国家发展改革委、财政部和商务部四部门联合发布《关于开展妨碍统一市场和公平竞争的政策措施清理工作的通知》(国市监反垄断〔2019〕245号),清理废除妨碍统一市场和公平竞争的各种规定和做法,范围涉及县级以上地方各级人民政府及其所属部门和国务院部门在2019年12月31日前制定的规章、规范性文件和其他政策措施。

当前,构建公平竞争审查体系已经成为推进公平竞争审查制度的重要组成部分。2020年5月9日,国家市场监督管理总局、国家发展改革委、财政部、商务部四部门联合发布《关于进一步推进公平竞争审查工作的通知》。通知明确提出,用3年左右时间,基本建成全面覆盖、规则完备、权责明确、运行高效、监督有力的公平竞争审查制度体系,制度权威和效能显著提升,政策措施排除、限制竞争问题得到有效防范和制止。6月,国家市场监督管理总局、国家发展改革委、财政部、商务部四部门联合发布了《关于印发公平竞争审查工作部际联席会议2020年工作要点的通知》,强调要进一步完善制度规则,加快全面清理存量政策措施,不断强化制度刚性约束,并着力加强审查基础支撑。目前,清理存量和严格规范对增量政策措施的公平竞争审查体系正在卓有成效地推进,这有助于从源头上打破行政垄断,强化竞争政策基础地位,进而为加快打造市场化、法治化、国际化营商环境提供有力保障。

(二)公平竞争审查地方法治建设如火如荼

自《优化营商环境条例》实施以来,各地加快了公平竞争审查制度地方立法的进程。2020年,北京、上海、陕西、广州、深圳等多地的地方人大常委会纷纷出台了各自的优化营商环境条例。这些条例明确保障市场主体依法平等适用国家和地方各类支持发展的政策,保障市场主体在政府采购和招标投标等公共资源交易活动中获得公平待遇。值得注意的是,北京、上海、广西、广州等地鼓励当事人主动对影响公平竞争的政策措施进行举报;江苏、北京等细化规定了招标人在招标投标和政府采购中不得实施的限制或者排斥竞争的行为;上海、深圳等地还明确提出,要求制定政策措施适用公平竞争审查例外规定应向同级公平竞争审查联席会议报送备案;陕西、上海等地要求，建立健全公平竞争工作协调机制；深圳则规定，在开展公平竞争审查过程中对存在较大争议或者部门意见难以协调一致的问题，可以提请同级公平竞争审查联席会议进行协调。此外，重庆、四川等地正在加快审议本地的优化营商环境条例。

安徽、吉林、湖北等省份通过制定地方政府规章加强公平竞争审查制度。例如，安徽出台《安徽省实施〈优化营商环境条例〉办法》，要求"县级以上人民政府及其有关部门制定与市场主体生产经营活动密切相关的政府规章、行政规范性文件，应当充分听取市场主体、行业协会商会的意见，并按照国务院和省政府有关规定进行公平竞争审查"；吉林省通过了《吉林省优化营商环境条例实施细则》，以贯彻实施《吉林省优化营商环境条例》，并明确"要严格落实公平竞争审查制度，建立健全自我审查机制，坚持存量清理和增量审查并重，清理和废除妨碍统一市场和公平竞争的规定和做法……起草地方性法规草案、制定政府规章和政策措施不得排斥或限制域外和非公有制市场主体，不得设定地方保护、指定交易、隐性壁垒等不合理条件。对具备相应行业资质的民营企业参与政府主导的重大建设项目，不得设置初始业绩门槛"；湖北省政府通过了《湖北省优化营商环境办法》，要求"起草或者制定涉及市场主体经济活动的地方性法规、政府规章、行政规范性文件，应当按照国家有关规定进行合法性审核和公平竞争审查，经审核或者审查不合法的，不得提交集体审议；起草或者制定涉及市场主体经济活动的地方性法规、政府规章、行政规范性文件，应当充分听取市场主体和行业协会、商会的意见；除依法需要保密外，应当通过便于公众知晓的方式向社会公开征求意见，向社会公开征求意见的期限一般不少于30日"。

（三）现行政策措施的清理和公平竞争审查第三方评估加快落实

为优化营商环境和维护市场公平竞争，各地积极开展对妨碍市场统一和公平竞争的政策措施清理。比如，四川省市场监管部门在省政府的指导下全面清理妨碍统一市场和公平竞争的政策措施文件，经过全方位排查，全省共梳理排查现行有效文件38.1547万件，涉及市场主体经济活动的政策措施1.811万件，违反相关审查标准需修改112件、废止255件或适用例外规定的85件①。其中，省直部门梳理排查现行文件14328件，涉及市场主体经济活动的政策措施2068件，违反相关审查标准需修改、废止或适用例外规定的40件；市（州）排查梳理现行文件367219件，涉及市场主体经济活动的政策措施16042件，违反相关审查标准需修改、废止或适用例外规定的412件②。再如，2020年以来，山东省对2019年12月31日前制定的现行有效的规章、规范性文件和其他政策措施进行清理，重点清理包括"妨碍各类市场主体依法平等进入和退出市场""限制商品和要素在地区之间自由流动""违法违规实行区别性、歧视性优惠政策""不当干预市场主体生产经营行为"四个方面的规定和做法，共梳理各类政策措施62292件，其中涉及市场主体经济活动的政策措施8574件，发现存在妨碍统一市场和公平竞争问题的政策措施109件，涉及修改19件，废止74件以及适用例外规定16件③。表1为部分省份对妨碍统一市场和公平竞争的政策措施进行清理的情况。

表1 部分省份政策措施的清理情况

相关省份	对2019年12月31日前出台的现行政策措施的清理情况
河北	2020年上半年，河北省市场监督管理局共排查政策措施11320件，废止146件，修订48件，适用例外规定保留29件。其中省直部门梳理政策措施955件，废止8件，修订10件，适用例外规定保留18件；各设区市及定州、辛集、雄安新区梳理政策措施10365件，废止138件，修订38件，适用例外规定保留11件

---

① 《排查38.15万件 废改452件 四川全面清理妨碍公平竞争政策措施》，中国质量新闻网，http://www.cqn.com.cn/zj/content/2020-07/14/content_8616834.htm，最后访问日期：2020年12月30日。

② 《排查38.15万件 废改452件 四川全面清理妨碍公平竞争政策措施》，中国质量新闻网，http://www.cqn.com.cn/zj/content/2020-07/14/content_8616834.htm，最后访问日期：2020年12月30日。

③ 《山东省开展妨碍统一市场和公平竞争的政策措施清理工作》，央广网，https://baijiahao.baidu.com/s?id=1672335408427963932&wfr=spider&for=pc，最后访问日期：2020年12月30日。

续表

相关省份	对2019年12月31日前出台的现行政策措施的清理情况
山东	2020年上半年，山东省开展了妨碍统一市场和公平竞争的政策措施清理工作，各级政府及所属部门对2019年12月31日前制定的规章、规范性文件和其他政策措施进行了全面梳理，全省共梳理各类政策措施62292件，涉及市场主体经济活动的政策措施8574件，其中修改废止93件、适用例外规定16件。省级政府及所属部门共清理各类政策措施4299件，涉及市场主体经济活动的政策措施1154件，其中修改废止10件
河南	截至2020年5月底，河南省共梳理现存政策措施49321件，发现不符合公平竞争需要修订的政策措施9件，废止妨碍统一市场和公平竞争的政策措施47件
江苏	截至2020年7月7日，通过对江苏全省2019年12月31日前出台的现行政策措施进行全面排查梳理，共清理存量文件61591件。其中，江苏省各有关部门清理4051件（包括修改13件，废止9件）；各设区市清理文件57540件（包括修改49件，废止162件，适用例外规定27件）
湖南	对2019年12月31日前出台的现行政策措施进行全面排查梳理，共清理文件30200件，废止349件，修订81件，适用例外情形56件。其中，省直部门梳理文件4955件，废止2件，修订2件，适用例外情形2件；市州及下属县市区梳理25245件，废止347件，修订79件，适用例外情形54件
海南	梳理2019年12月31日前制定的现行有效的规章、规范性文件和其他政策措施共25747件，按程序清理22件，其中废止15件，修改7件
宁夏	截至2020年7月13日，共梳理排查政策措施16268件，修改30件，废止223件，适用例外规定6件
甘肃	省、市、县三级政府及其所属部门分层次分步骤，对2019年12月31日前制定的现行有效的全部规章、规范性文件和其他政策措施中涉及妨碍统一市场和公平竞争的各种规定和做法进行了全面清理。在规定时限内，全省共清理政策措施99016件，其中废止620件，修订93件，适用例外规定继续保留32件

自国家市场监督管理总局发布《指南》以来，各地区和各部门加快建立健全公平竞争审查第三方评估机制，落实公平竞争审查要求。公平竞争审查第三方评估有助于防止政策措施制定和落实部门自说自话、文过饰非，有助于及时发现和纠正相关政策措施中违反公平竞争审查的情况，有助于防止行政垄断，有助于推进市场公平竞争。2019年3月26日国务院常务会议明确指出，"要按照竞争中性原则，加快清理修改相关法规制度，对妨碍公平竞争、束缚民营企业发展、有违内外资一视同仁的政策措施应改尽改、应废尽废，年底前实现公平竞争审查制度在国家、省、市、县四级政府全覆盖，今后涉企规章、规范性文件和其他政策措施都要进行公平竞争审查，建立投诉举报、第三方评估等机制，坚决防

止和纠正排除或限制竞争行为,不保护落后"。为此,湖北、上海、广东、福建等省份积极完善评估机制,鼓励通过政府购买服务的方式,委托第三方开展公平竞争审查评估。此外,湖南省衡阳市、北京市财政局等多个地区和部门也在积极推进对本地区和本部门的政策措施进行公平竞争审查第三方评估工作。

二 落实公平竞争审查制度的难点

(一)地方财政针对性支持本地注册企业的问题

当前,一些地方政府及其相关部门出台的行政规范性文件多含有将专项财政支持与申请企业在当地注册登记挂钩的硬性要求。地方财政支持本地经济或者财政支持给予本地企业便于统计与管理等成为这种硬性要求的直接依据。一般而言,若行政规范性文件的上位法有明确授权依据如《中小企业促进法》等,那么类似的规定无须专门讨论。然而,当这些行政规范性文件缺乏上位法授权依据时,地方专项财政支出仅支持本地注册企业是否适当,就成为值得深入讨论的问题了。若没有上位法依据,一些地方政府及其相关部门出台的行政规范性文件将专项财政支持与申请企业在当地注册登记挂钩的硬性要求并不可取,原因在于:一是申请财政支持的企业经营活动并不仅限于当地市场,同样存在跨区域经营活动,厚此薄彼影响了区域间市场的公平竞争;二是与受支持的本地注册企业一样,外地企业进入当地市场同样促进了当地经济的繁荣,给当地带来了税收和就业机会;三是地方财政仅支持本地注册企业的做法影响了当地市场的公平竞争,对外地企业造成了实质性不公平。另外地方政府没有上位法依据仅给予本地注册企业财政支持的做法与依法行政、建设法治政府的要求并不相符,也会陷入地方保护主义的窠臼,对建设更高水平开放型经济新体制是不利的。

(二)地方政策措施侧重鼓励本地企业引进人才的问题

为吸引企业人才服务当地经济和鼓励创新,多地政府加快人才争夺的竞争步伐,纷纷出台政策措施,强化对本地企业引进人才的激励力度,这些政策措施有的涉及提供住房补贴,有的涉及个人所得税补贴,有的涉及落户政策优惠等。政策措施的出台对于促进地方经济发展和推动地区创新激励有重要意义。然而,随着全国经济转型升级加速、国内市场建设以及新产业、新业态和新商业模式不断发展,当前的劳动力成本特别是企业中高层管理和技术人员的薪酬已经成为企业最为重要的成本支出时,地方政府出台的本地企业人才激励措施是否会通过影响本地企业成本进而对市场主体间的公平竞争产生影响值得进一步讨论,毕竟地方企业竞争的市场不限于本地市场而是全国市场。以财政扶持和所得税优惠引进外地人才的政策导向不仅对本地人才的发展是不友好的,而且还涉嫌以行政干预方式抬高外地企业参与本地、区域乃至全国市场竞争的成本。其原因有三:一是本地人才净流出是多数中小城市和经济欠发达地区面临的相同问题,盘活、用好和培养本地人才应当是这些城市和地区发展的关键,而不是仅仅一味强调对外地人才的财政扶持和所得税减免,这反而会加剧本地人才的流出;二是以中高层管理和技术人员为主力的人才队伍是企业在当前新产业、新业态和新商业模式领域开展竞争的关键,同时高端人才成本也占据了企业劳动力成本支出的绝大部分比例,因此补贴实质上影响了本地与外地企业间的劳动力成本,造成了企业间竞争的不平等;三是本地企业参与竞争的地域市场不限于本地,也包括区域和全国性市场,补贴政策影响企业劳动力成本的同时,也成为变相鼓励本地企业以不公平竞争方式抢夺其他地区和全国市场,最终造成市场上出现劣币驱逐良币的效应,大多数地区进而出台同质化政策,政策扶持转为政策竞争,企业套利行为大行其道。

(三)对代为履行地方政策措施的法律实体限定遴选条件、投资对象和范围以及监督的问题

当前,以政府出资产业投资基金、政府投资基金等形式引导社会资本支持产业发展已经成为各地政府促进产业创新的重要手段。这些基金的投资方向涉及政府大力推动发展的领域,包括新一代信息技术、高端装备、新材料、生物医药、节能环保以及生物医药等高新技术产业和战略性新兴产业,旨在为经济高质量发展提供助力和支持。实践中,一些地方政府原则上已经不再安排引导基金和

股权投资项目，并将支持产业发展的资金和事项划转相关基金统一管理①。问题由此而来，选聘承担履行地方产业政策措施的基金管理机构和托管机构是否能够存在本地经营等限制性条件，基金管理机构和托管机构的投资行为是否应限定地域和地域内经营者，其代替政府及其部门制定的经营行为规范是否以及应如何接受公平竞争的约束等。

（四）促进总部经济发展的政策措施对区域发展和公平竞争的影响问题

近些年来，全国多个省（直辖市）、市（区）和县三级政府都发布了促进总部经济发展的政策措施，为总部企业落户当地提供落户、贡献和发展提升等财政奖励，同时在用地保障、人才服务以及政务服务等多方面给予支持。当前，除了上海、北京、天津、重庆、广东、江苏、湖南、湖北、海南和福建等多个直辖市和省份外，深圳、广州、福州、厦门、成都、长沙、郑州等省会城市和沿海开放城市也都制定了促进总部经济发展的政策措施；另外，一些经济发展速度相对较快的市、市辖区和县也都纷纷出台了促进总部经济发展的意见。这些政策措施促进了政策实施地区的外来投资和经济发展，扩大了地方税源，增加了产业发展和就业的机会，也产生了一定的社会效应。然而，多地同质化的激励措施也产生了一些负面影响，如导致政府在招商引资中的过度竞争，刺激了总部企业的漫天要价；抬高了各地中小企业发展的门槛，并使其在市场竞争中处于不利地位；破坏了区域内企业的公平竞争，损害了良好的经济秩序，同时也造成了总部企业的"圈地运动"、地区间商业基础设施的过度投资和重复性建设等。此外，由于市场经济条件下经济发达的地区本就存在吸引资金、技术、人才和信息等资源聚集的天然优势，遍地开花的总部经济激励政策反而加剧了地区间经济发展的不平衡，损害了中国关于区域协调发展的战略，也使得一些地区的人才、资金、优质企业、财源和税收等加速流失，马太效应进一步放大。

---

① 参见《市级各部门投资项目设立引导基金》，《北京日报》2016年9月27日，第2版；另见《北京市级各部门投资项目设立引导基金》，中国政府网，http://www.gov.cn/xinwen/2016-09/27/content_5112461.htm，最后访问日期：2020年12月30日。

三 完善公平竞争审查制度的建议

(一)强调地方财政支持本地注册企业的上位法依据

地方财政支持本地注册企业应当严格要求存在上位法依据。在这里,上位法包括法律、行政法规、地方性法规、自治条例、单行条例和国务院规定等。因此,在公平竞争审查过程中,强调对地方财政支持本地注册企业应当由上位法依据是必要的。

(二)明确地方政府补贴本地企业引进外地人才的法律依据

地方政府为本地企业引进外地人才提供财政扶持和所得税优惠应当有法律依据。政府以行政规范性文件为本地企业引进人才提供财政扶持不符合行政法治化要求,极易导致不良示范效应,对于推进法治政府建设存在消极和负面影响。

从主要经济体的发展经验和实践来看,政府鼓励人才引进服务本地经济法治应从非财政税措施入手。一是法治水平和治理能力,涉及城市交通、生态环境健康、社会安全、生活便利和社会文明等多项内容。二是营商环境,涉及行政效率、政务服务质量与水平、政企关系、贸易投资法治化程度、政府监管的标准与要求、政策性金融环境、知识产权保护、劳动力保护、消费者保护等。三是公共服务能力,涉及教育、医疗卫生、社会保障等。四是基础设施的供给和便利化程度,包括市政、交通与通信基础设施以及城市空间合理布局等。总之,市场经济条件下,人才作为最活跃的生产要素,其流动是必然和明显的;吸引人才应当考虑人才的真正需求和正向激励;单纯以财税激励导向的人才引进机制不一定会带来想要的结果,既会放大人才和企业套利行为的可能性,也会损害企业间公平竞争的市场环境。

(三)强化代为履行地方政策措施的法律实体的公平竞争要求

以出资产业投资基金、政府投资基金等形式促进产业创新发展应当以国内市场的公平竞争为前提。选聘承担履行地方产业政策措施的基金管理机构和托管机构不应在没有法律、法规或者国务院规定的情形下设定本地注册、本地经营等本地成分条件。基金管理机构和托管机构的投资活动应当以促进产业创新发展、推动科技创新和扩大就业为原则，不应以地域化原则限制其行为，这既构成了单纯的地方保护主义，也不利于推动科技创新，做大做强企业创新能力，培育企业的国际竞争力，同时还破坏了投资市场公平竞争的原则。此外，政府及其相关部门在对代为履行产业创新政策措施的法律实体的经营活动进行绩效评价时，应当明确公平竞争要求，并适当增加相关权重。

（四）以顶层设计协调总部经济发展措施

总部经济发展措施应当以顶层设计方式进行协调。自 1999 年北京最早提出发展总部经济政策以来，促进总部经济发展的相关措施在中国多数地区和城市全面开花。实际上，总部经济的概念是一个舶来品，域外定位发展总部经济的城市主要涉及纽约、伦敦和东京等超大型城市。近来，国外超大型城市的这种发展思路已经有所改变，倾向于因城施策、差异化竞争，如有的城市侧重科技创新，强调对制造业赋能，并带动中小企业发展以推动就业和科技创新；有的城市侧重金融服务，通过证券、保险、金融和信托等金融资源的集聚发挥影响力和辐射力；有的城市强调综合发展，利用沿海等区位优势整合制造、金融、零售、电信、出版、广告和物流等。另外，域外这些全球超大型城市的定位也并不以企业注册为指标。比如，美国纽约证券交易市场大部分上市公司和近一半以上的《财富》美国五百强企业是在特拉华州注册而不是在纽约市。因此，当前有必要结合全国总部经济发展情况，以及地区和城市发展的特点，出台相关法律、法规或者国务院规定规范协调总部经济发展措施，同时建议以直辖市、省会城市和沿海开放城市为核心，优化国土空间布局，强调区域协调发展和新型城镇化战略，推进以人为本的新发展理念。

B.6
公共卫生应急法律制度的实施与变迁

——基于新冠肺炎疫情背景

孟 涛*

摘　要： 新型冠状病毒肺炎疫情是近百年来最大的突发公共卫生事件，对公共卫生应急法律制度是史无前例的考验。公共卫生应急法律制度一方面为疫情防控提供了法律依据；另一方面，在实施过程中也发生了诸多重大变革。疫情防治体制出现了巨大的变化，形成了由议事协调机构、联防联控机制、群防群控机制、专业防治力量共同构成的崭新体制，整个国家和社会实现了全面动员。疫情预防实践出现了两个崭新变化，一是针对"无症状感染者"的预防，二是大规模的预防性检测。随着《传染病防治法》的修改，公共卫生应急法律制度将发生较大变革。

关键词： 公共卫生法治　突发事件　新型冠状病毒肺炎疫情

2020年度最重大的事件当数新型冠状病毒肺炎疫情这一百年不遇的特大突发公共卫生事件在全球暴发。法治是应对疫情的重要方式之一，公共卫生应急法律制度是突发公共卫生事件防控的基本法律制度。中国的公共卫生应急法律制度由《传染病防治法》《突发事件应对法》《突发公共卫生事件应急条例》等法律法规组成。这一制度形成于2003年SARS疫情之后，凝聚

---

*　孟涛，中国人民大学法学院副教授。

了SARS疫情防控的宝贵经验，之后经历了2009年甲型H1N1流感疫情的考验。新型冠状病毒肺炎疫情的到来，对公共卫生应急法律制度无疑是史无前例的新一轮考验。公共卫生应急法律制度一方面为疫情防控提供了充分的法律依据，改变了SARS疫情期间法律规范稀缺的局面；另一方面，为适应疫情防控的新形势新要求，该制度在实施过程中也发生了诸多重大变革。

2020年4月底，全国人大常委会通过了《十三届全国人大常委会强化公共卫生法治保障立法修法工作计划》，计划在2020~2021年制定修改17件法律，拟综合统筹、适时制定修改13件相关法律。公共卫生法治的变化成为近两年中国法治发展的重大事件，主要体现在公共卫生应急法律制度领域。在涉及公共卫生法治的30部法律法规中，公共卫生应急法律的规范和制度主要体现在《传染病防治法》和《突发公共卫生事件应急条例》中，包括防治体制、预防与应急准备、报告与信息公布、控制与应急处理、监管与法律责任等五个部分。本报告从这五个部分出发，揭示公共卫生应急法律制度的实施和变迁状况，以展现2020年度中国公共卫生法治发生的最大变化。

一 防治体制的实施与变迁

公共卫生应急法律制度的调整对象是突发公共卫生事件。中国的突发公共卫生事件，是指突然发生，造成或者可能造成社会公众健康严重损害的重大传染病疫情、群体性不明原因疾病、重大食物和职业中毒以及其他严重影响公众健康的事件。其中，重大传染病疫情构成了突发公共卫生事件的主要类型。对于疫情，根据《传染病防治法》，中国的防治体制是各级政府领导、卫生行政部门主管，其他部门和军队在各自的职责范围内负责防治，疾病预防控制机构和医疗机构分别承担防控和防治工作，社区居委会和农村村委会的作用不突出。突发公共卫生事件发生后，国务院设立全国突发事件应急处理指挥部，由国务院有关部门和军队有关部门组成，国务院主管领导人担任总指挥，负责对全国突发事件应急处理的统一领导、统一指挥。

本次疫情期间，防治体制在横向和纵向两个维度上出现了很大变化。在横向维度上，联防联控机制和议事协调机构成为标准的防治体制。2020年1月20日，国家卫生健康委员会牵头成立了应对新型冠状病毒感染肺炎疫情联防联控工作机制，成员单位共32个部门，下设疫情防控、医疗救治、科研攻关、宣传、外事、后勤保障、前方工作等工作组，分别由相关部委负责同志任组长。不过，联防联控机制有一个明显的缺陷：牵头方国家卫健委无法领导与它平级的其他中央国家部委，决策效率和指挥力度会受影响。1月25日，党中央成立了议事协调机构——"应对新型冠状病毒感染肺炎疫情工作领导小组"，作为本次疫情的最高领导机构。各个地方纷纷成立了"防控指挥部""领导小组"之类的议事协调机构，并建立了相应的联防联控机制。中央军委也成立了应对新型冠状病毒感染肺炎疫情工作领导小组，建立了军队应对突发公共卫生事件联防联控工作机制，同时积极参加国务院联防联控机制工作，承担了医疗救治、科研攻关、综合保障等重要任务[①]。防治体制的两个专业力量——疾病预防控制机构和医疗救治机构——在这些议事协调机构和联防联控机制的指挥下运行。

在纵向维度，常态下多层级的防治体制，出现了"扁平化"的现象，以社区和村委会为核心的群防群控机制成为联防联控机制的直接管理对象。在常规的传染病防治工作中，基层群众自治组织的作用微不足道。然而，在本次疫情中，居委会、村委会成为最重要的防控主体之一，决定着抗疫斗争全局的成败。"上面千条线、下面一根针"，上级的所有决策部署，最终都要通过基层群众自治组织来落实。在本次疫情中，居委会和村委会承担了人员排查、信息统计、监测隔离、宣传教育、社会稳定、清洁消毒、环境整治、生活保障等所有任务的落实工作；疫情严重地区的社区还承担了全员排查发热病人、转运收治、安排隔离、封闭管理、送菜送药等极其艰巨繁重的任务。为解决这些关键问题，全国各地特别是疫情严重地区采取了"下沉"政策，

---

① 钧卫民：《牢记党和人民重托 奋战在防控疫情斗争第一线——人民军队坚决落实习主席重要指示 全力投入疫情防控纪实》，《求是》2020年第5期。

政府的权力和责任尽可能"下沉"到基层群众自治组织，广大干部也下沉到居委会和村委会。例如，湖北省机关企事业单位58万名党员干部下沉到了社区和乡村，武汉市有3万多名干部职工下沉到社区。北京市的群防群控机制有近百万人参与，其中下沉干部7.4万名、在职党员社区报到18.9万名。在下沉政策的影响下，中国多层级的政府体制事实上转变成了"扁平化"体制，基层形成了以居（村）委会为主导，由社区工作者、下沉干部、群团组织、社会组织、志愿者等共同参与的群防群控机制。

总之，在本次疫情中，中国的防治体制出现了巨大变化，形成了由议事协调机构、联防联控机制、群防群控机制、专业防治力量共同构成的崭新体制。议事协调机构负责领导决策，联防联控机制负责调度指挥，群防群控机制负责社会防控，专业防治力量负责疫病防治，整个国家和社会实现了全面动员，使得中国成为世界上最早成功控制疫情的国家。这样一种防治体制，是公共卫生应急制度的重大创新。

二　预防与应急准备

中国的传染病预防法律制度一共有7项：群众性卫生活动、公共卫生设施、预防接种制度、监测制度、预警制度、预案制度、分类预防。对于新型冠状病毒感染肺炎之类的新发传染病，预防措施主要是监测、预警和防控预案。中国在SARS疫情之后建设了法定传染病与突发公共卫生事件网络直报系统，以发挥传染病监测功能。这一网络直报系统在新冠肺炎被纳入法定传染病范畴之后发挥了重大作用。

传染病防控预案是预防制度中的薄弱环节。预案是现代应急管理不可或缺的一部分，在突发事件来临之际能够替代法律规范发挥调整功能。中国目前的传染病防控预案基本上是针对法定传染病的单病种预案，如《国家鼠疫控制应急预案》《人感染H7N9禽流感疫情防控方案》等，缺乏针对新发传染病的防控预案。这一问题早在2009年的甲型H1N1流感疫情中就已显现。在实践中，传染病突发事件主要依赖各种突发公共卫生事件应急预案。这类应急预案的代表是《国家突发公共卫生事件应急预案》，该预案自2006年2月发布以来就再未更新过。各级政府都以《国家突发公共卫生事件应急预案》为蓝本制订本地的应急预案，然而往往是相互抄袭、不能因地制宜，缺乏实用性和可操作性。应急预案制订出来之后，必须要演练，否则只是停留在纸面上，中国绝大多数地方基本上没有疫情方面的演练。本次疫情的暴发，暴露了传染病防控预案机制的不足。

本次疫情的防控实践出现了两个新变化。第一个变化是针对"无症状感染者"的预防，第二个变化是预防性检测，两者紧密相连。无症状感染者有两类：一是隐性感染者，体内有新冠病毒，但自始至终不发病；二是潜伏期患者，一段时间后出现临床症状。无症状感染者具有一定的传染性和高度的隐蔽性，是新冠肺炎疫情防控的必要对象。2020年1月17日，广东省疾控中心最早发现了无症状感染这一现象；到了3月份，无症状感染者的传染性引发了全社会的关注[1]。4月6日，国务院联防联控机制颁发了《新冠病毒无症状感染者管理规范》，加强了对无症状感染者的预防管理，并规定：无症状感染者及其密切接触者都应当集中医学观察14天。对无症状感染者进行早发现、早报告、早隔离、早治疗，已经成为中国传染病预防最重要的方式之一。为早发现无症状感染者，武汉市在5月份推出了预防性检测：针对易感人群开展全员检测，这类检测抢在临床症状发生之前进行，可以及时隔离传染源、主动控制传播风险、有效压制疫情反弹。北京市6月份出现疫情反弹之后，也针对高中风险地区、重点行业、重点人群进行了全员检测，超过一半的确诊病例是由核酸检测筛查出的。大连市、青岛市、乌鲁木齐市、喀什市等地也在散发疫情反弹之后开展了预防性检测。

应急准备和保障措施是传染病防治工作中的基础性措施，《传染病防治法》在SARS疫情教训的基础上，规定了7项措施。保障措施的实施主体是国家、各级政府和卫生行政部门，实施关键在于经费投入。中国政府在SARS疫情之后投入了不少经费，确立了常规的保障措施。本次疫情表明，重大

---

[1] 吴尊友：《新型冠状病毒肺炎无症状感染者在疫情传播中的作用与防控策略》，《中华流行病学杂志》2020年第6期。

突发公共卫生事件的应急保障远远不足。自 2020 年 1 月 20 日以后，除了医药以外，医疗用品和医用防护物资的短缺成为本次疫情最让人印象深刻的事情之一。疫情暴发初期，口罩、防护服、护目镜、消毒液、体温枪、医疗器械、检测试剂盒等严重不足，一段时间内防疫物资供应十分紧张①。湖北各大医院乃至全国的很多医院纷纷向社会公开求助，希望各界能支援各类医用物资用品。个别地方政府甚至拦截医用物资。基层保障、医疗物质保障、专业人员的防护保障成为最突出的难点和痛点。这种保障短缺的紧张局面，一直持续到 2 月中下旬才缓解，口罩短缺的问题直到 3 月份才缓解。此次疫情还暴露出应急救助的不足。疫情初期，中国政府果断地决定对所有新冠肺炎患者免费治疗；国家医保局会同财政部提出"确保患者不因费用问题影响就医、确保收治医疗机构不因支付政策影响救治"的要求，并及时调整了经费保障政策，打消了患者和医院的后顾之忧，这些举措是传染病突发事件防治的重大制度创新。湖北的"封城"措施导致一些外地人员滞留湖北，面临生活困难，2 月下旬经媒体曝光之后才引起政府重视，2 月 25 日湖北省新型冠状病毒感染肺炎疫情防控指挥部出台关于滞留在鄂外地人员的救助公告。这一事例也反映了中国突发公共卫生事件制度应急保障的不足。

三 报告与信息公布

报告制度是吸取 SARS 疫情的教训而建立的，适用属地管理原则。在本次疫情中，全国各地的疾控机构、医疗机构和其他相关机构及其执行职务人员，都充分遵循了属地管理原则。疫情通报机制发生在政府、卫生行政部门、疾控机构、医疗机构、动物防疫机构、军队等相关单位。2019 年 12 月 30 日，武汉市卫健委向辖区医疗机构发布了《关于做好不明原因肺炎救治工作的紧急通知》，开启了疫情通报工作。该通知随后传到网上，引发了关注。12 月

---

① 中共工业和信息化部党组：《疫情防控期间全力以赴确保医疗物资保障有序有力》，《求是》2020 年第 5 期。

31日，武汉市卫健委在官方网站发布了《关于当前我市肺炎疫情的情况通报》，以公开方式发布疫情通报。之后，在2020年1月21日以前，武汉市卫健委一共发布了14次公开通报，发挥了疫情公开的功能，引发了很多关注，直至1月22日湖北省卫健委统一发布该省的疫情信息。

四 控制与应急处理

《传染病防治法》和《突发公共卫生事件应急条例》规定了三种疫情控制方式：第一是适用于所有传染病的常规控制方式，第二是专门针对甲类传染病的特殊控制方式，第三是针对传染病"暴发、流行"时期的应急处理方式。第一种方式可以转化为第二种或第三种方式，后两者是并列关系。1月20日，国家卫健委发布公告，疫情控制升级为第二种方式。1月22日，湖北省依据《湖北省突发公共卫生事件应急预案》，宣布启动重大突发公共卫生事件（Ⅱ级）响应，宣告了新冠肺炎疫情进入"暴发、流行"时期。从1月23日至1月29日，各省、自治区、直辖市陆续进入Ⅰ级响应状态。此后，《传染病防治法》规定的各种控制措施都得以应用，各种"法外"应急处理措施也得以适用。

中国的疫情控制实践分为两个阶段。第一个阶段是疫情防控总体战和阻击战，时间从2020年1月22日持续到4月底湖北确诊病例、疑似病例双清零。1月22日，习近平总书记指示，立即对湖北省、武汉市人员流动和对外通道实行严格封闭的交通管控。这意味着中央决定采取围堵策略。围堵策略最初于2005年由世界卫生组织提出，作为防控大流感的指导性策略，是指在限定的地理范围内采用不同等级的医学和非医学干预措施，迅速阻断疫情传播①。围堵战略的核心措施是主动发现和防治病例，追踪隔离密切接触者和其他可能具有传染性的人群，在可行和适当的情况下严格限制或控制人口流动。1月23日凌晨2时，武汉市新冠肺炎防控指挥部发布第1号通告，

---

① 张文宏主编《2019冠状病毒病——从基础到临床》，复旦大学出版社，2020，第164页。

宣布自当天 10 时起,全市交通暂停运营,离汉通道暂时关闭。这一史无前例的"封城"措施历时 76 天,对于武汉人民乃至全国、全世界的疫情防控产生了巨大影响,是本次疫情控制的"最大手笔"。除了武汉和湖北各地陆续"封城"之外,全国各地也纷纷"封路封城",把疫情围堵在本行政区域内。

除了把疫情围堵在行政区域之内,武汉市又创造性地推出了另一个至关重要的围堵措施:把疫情围堵在各个社区之内。人员流动是疫情传播的主要渠道,为控制人员流动引发的传染风险,武汉市采取了各种可能的应急措施,包括要求市民戴口罩、机动车禁行等等。然而,这些措施未能充分遏制疫情在社区内部传播。2 月 6 日,中央指导组向武汉派出社区防控专家组,专家组经过充分调研,提出了社区防控的诸多建议。在中央指导组的推动下,2 月 10 日,武汉市新冠肺炎防控指挥部发布第 12 号通告,决定自即日起在全市范围内所有住宅小区实行封闭管理,对新冠肺炎确诊患者或疑似患者所在楼栋单元严格进行封控管理。封控是居家封闭且人员非特殊情况不允许外出,小区内所有活动场地、店铺等全部关闭;封闭是指如果社区内部做好个人防护和环境卫生工作,只要不聚集,居民在本小区内可自由活动[①]。为实施封闭和封控管理,武汉市建立了空前强大的基层动员组织和群防群控体制,全市 1.8 万名社区工作者、4.86 万名下沉干部战斗在 3349 个社区(村)防控一线,最终实现了"不落一户、不漏一人"。

医疗救治是疫情应急处理工作的必要组成部分,其突出变化是新建方舱医院。新冠肺炎疫情袭来之际,湖北省和武汉市面临极大的医疗救治压力。1月底,武汉市累计报告的确诊和疑似患者已经超过 1 万例,治愈率只有 14%。全市所有的定点医院,加上临时建立的火神山医院和雷神山医院,床位远远满足不了需求,专业医生和医护人员严重缺乏。针对湖北和武汉前所未有的医疗救治难题,中央实施了两个重大措施。第一个是举全国之力调集医务人员和设备支援湖北。各省份、解放军、中央国家部委派出了 340 多支医疗队

---

① 金振娅:《让现代化社区防控"护航"武汉重振发展——访中央指导组防控组社区防控专家组组长吴浩》,《光明日报》2020 年 4 月 30 日,第 1 版。

和42000多名医务人员,19个省、自治区和直辖市对口帮扶除武汉以外的16个湖北市州。第二个是建立方舱医院,在很短时间内,以最小的成本大量收治轻症患者,实现了控制传染源和救治患者两大目标。武汉市一共建成了16座方舱医院,2月5日开始收治病人,2月中旬实现了"人等床"到"床等人"的关键性转变,3月10日全部休舱,开放床位1.4万张,一共收治了约1.36万名确诊病人,成为扭转战"疫"局势的关键之举。方舱医院模式是一个应对突发公共卫生事件的空前创举。

围堵策略是疫情控制的重大创新。4月底中国完全控制住了本土疫情,开始进入第二个阶段:疫情防控常态化阶段。这一阶段的任务是防止境外疫情输入和境内疫情反弹,截至2020年底,中国依然处于这一阶段。在这一阶段,疫情不再大规模暴发和扩散,转为区域性、小规模传播,代价高昂的围堵策略已经没有采行的必要,压制策略取而代之。压制策略的核心措施有两个:一是对确诊病例进行应急响应;二是开展预防性检测,提前排查出无症状感染者,进行医学隔离观察,消除传播风险。确诊病例的应急响应标准是:医疗卫生机构发现病例之后,2小时内完成网络直报、12小时内反馈检测结果、24小时内完成现场流行病学调查和密切接触者排查隔离,及时精准追踪和切断病毒传播途径。国家卫健委指出:"如果全国各地都能达到这个标准,我们就可以在不影响正常生产生活状态下,对新冠肺炎发现一起,扑灭一起。"①预防性检测紧跟着确诊病例的应急响应而推行,北京市6月份的疫情防控实践,证明了预防性检测的必要性和有效性,如今该检测已成为压制策略不可或缺的一部分。

五 监管与法律责任

疫情防控的监督管理是一项专业性强、技术含量高的工作,涉及预防接

---

① 赵安平、张赫:《国家卫健委主任马晓伟:做好复工复产后的疫情防控》,健康时报网,http://www.jksb.com.cn/html/2020/jjxxgzbd_0329/161155.html,最后访问日期:2020年10月12日。

种、疫情报告、产品消毒、医疗废物处置、病原微生物实验室等众多领域，往往需要比较细致的检查，有时还需要借助技术手段，主要依赖于卫生行政部门的监管，外部的监督非常少见[①]。《传染病防治法》规定的监督管理有两部分：卫生行政部门开展的监督、检查和执法工作；对于卫生行政部门的监督，包括内部监督、层级监督和外部监督。整个监管体系围绕卫生行政部门而设计。然而，《传染病防治法》建立的监督管理制度都是常态化制度。《突发公共卫生事件应急条例》建立了应急时期的监管制度，政府及其卫生行政部门、公安机关、市场管理部门等分别承担一定的监管职责。

在本次疫情中，监督管理出现了明显的大幅度扩张，监管主体、监管对象、监管内容、监管方式都呈现另一番图景。监管主体不再限于卫生行政部门，"领导小组"或"指挥部"等议事协调机构成为最高监管主体，专门设置了"督查组"或"督导检查组"，卫生行政部门本身也成了监管对象，有的负责人因为被督查组核查时"一问三不知"而被免职；所有参与联防联控机制的党政部门都成了监管主体，各级纪委、监察委员会也积极参与监管，并且发挥了有力作用。监管对象不再局限于疾控机构、医疗机构、采供血机构、实验室等等，而是指向了所有人和所有机构。监管内容也不局限于疾病预防控制工作、医疗救治工作、采供血工作、消毒工作等专业性的防治工作，恰恰相反，监管的重心是各种疫情控制措施有没有得到落实，如戴口罩、不聚集、隔离、检疫、停业停市等社会性的防治工作。监管方式不拘泥于法律所规定的检查、调查取证、临时控制措施、责令纠正等等，"互联网＋督查"、大数据追踪、健康码管理等新的技术方式派上了用场。另外，社会舆论监督在本次疫情中产生了很大的影响力。中央指导组把媒体记者反映的 2 万多条问题线索及时批转给了湖北省和武汉市政府，要求迅速核实解决，充分发挥了媒体监督的作用[②]。

[①] 季亮、樊春：《安徽省 2015~2017 年传染病防治卫生监督行政处罚情况分析》，《中国公共卫生管理》2019 年第 3 期。

[②] 孙春兰：《深入贯彻习近平总书记重要指示精神　全面加强疫情防控第一线工作指导督导》，《求是》2020 年第 7 期。

《传染病防治法》和《突发公共卫生事件应急条例》关于法律责任的规定包括刑事责任和行政责任,以行政责任为主,责任涉及的主体是政府、卫生行政部门、疾控机构、医疗机构、采供血机构、国境卫生检疫机构、动物防疫机构、交通检疫机构等专业防治主体。在本次疫情中,中国进行了全面动员,几乎所有机构和个人都参与其中,《传染病防治法》和《突发公共卫生事件应急条例》规定的法律责任已经"不够用"了,以《刑法》《监察法》为主体的法律和各种应急规范性文件迅速弥补了这个缺陷。刑事责任的实施除了依据《刑法》以外,还有另外两部重要的刑事政策文件:一是2020年2月10日最高人民法院、最高人民检察院、公安部、司法部联合发布的《关于依法惩治妨害新型冠状病毒感染肺炎疫情防控违法犯罪的意见》,二是3月16日最高人民法院、最高人民检察院、公安部、司法部、海关总署联合发布的《关于进一步加强国境卫生检疫工作 依法惩治妨害国境卫生检疫违法犯罪的意见》,这两部意见为打击相关违法犯罪行为提供了权威的政策指引。行政责任的实施,除了《传染病防治法》和《突发公共卫生事件应急条例》以外,还包括各地人大常委会为贯彻2月5日中央全面依法治国委员会通过的《关于依法防控新型冠状病毒感染肺炎疫情 切实保障人民群众生命健康安全的意见》而制定的地方性法规。整个疫情期间,责任追究的总体特点是"从快从严",抗拒疫情防控、暴力伤医、制假售假、造谣传谣等妨害疫情防控的违法犯罪行为,以及扰乱医疗秩序、防疫秩序、市场秩序、社会秩序等违法犯罪行为都受到严惩[1]。

本次疫情期间出现了两种新类型责任。第一种是失信惩戒引发的失信责任,针对个人。上海、浙江等地人大常委会出台的疫情防控地方性法规规定:个人有隐瞒病史、重点地区旅行史、与患者或疑似患者接触史、逃避隔离医学观察等行为,除依法严格追究相应法律责任外,有关部门还应当按照国家和本省(市)规定,将其失信信息向本省(市)公共信用信息平台归集,并依法采取惩戒措施。失信惩戒涉及领域较广,失信责任对当事人影响很大,

---

[1] 中央全面依法治国委员会办公室:《为赢得疫情防控胜利提供法治保障和服务》,《求是》2020年第5期。

公共卫生应急法律制度的实施与变迁

"一处失信、处处受限",这种责任不能被直接归类为行政责任或民事责任。第二种是政务处分引发的法律责任,针对公职人员。2020年1月30日,中央纪委国家监委印发了《关于贯彻党中央部署要求、做好新型冠状病毒感染肺炎疫情防控监督工作的通知》,纪委监委成为实施问责的主体,《监察法》成为重要问责依据。《公职人员政务处分法》自2020年7月1日起施行之后,也很快在疫情防控实践中得到了适用。

六 公共卫生应急法律制度的新发展

目前,中国公共卫生应急法律制度已经出现了一些新发展。2020年10月2日,国家卫生健康委发布了《传染病防治法(修订草案征求意见稿)》,对原法律进行了较大幅度的增删,在较大程度上改变了原有的应急法律制度。

第一,在防治体制方面,吸纳本次疫情防控经验,明确规定了联防联控和群防群控机制,构建了新的重大突发传染病疫情防控体制。另外,在甲乙丙三类法定传染病的基础上增加"具备传染病流行特征的不明原因聚集性疾病",并进一步完善报告、管控方面的针对性措施。

第二,在预防与应急准备方面,通过多渠道开展疫情监测,建立临床医疗、疾病控制信息的互通共享制度,建立跨部门、跨地域的监测信息共享机制;完善传染病疫情预警制度,各级疾控机构根据多渠道传染病监测信息和风险评估结果发布健康风险提示,向同级卫生健康主管部门提出预警建议,卫生健康主管部门组织评估后向同级人民政府提出建议,由县级以上人民政府决定发布预警并启动应急响应;加强传染病防控的保障措施,明确传染病救治相关费用支付承担规则,建立应急物资、能力储备制度。

第三,在报告与信息公布方面,明确各级各类机构的报告责任及时限要求,建立报告奖励和责任豁免制度;重构传染病疫情信息公布制度,中国疾控中心定期公布全国法定传染病疫情信息,县级以上疾控机构定期公布本行政区域法定传染病疫情信息;传染病暴发、流行时,由县级以上地方人民政府卫生健康主管部门公布本行政区域内疫情信息;传染病出现跨省、自治区、直辖市暴发、流行时，由国务院卫生健康主管部门负责公布。

第四，在控制与应急处理方面，完善防控措施，细化分级分层分流的救治相关规定，增加公安、工信、交通等部门配合疾控部门开展流调职责，强化大数据等技术手段作用，增加分区分级精准防控相关规定；健全传染病救治网络建设。构建平战结合的综合救治体系，将建设方舱医院等成功做法上升为法律规定，发挥中医药在传染病治疗中的作用。

第五，在监管与法律责任方面，加大相关违法行为的处罚力度，吸纳了政务处分的责任形式，增加了对个人和单位不配合实施传染病防控措施等情形的处罚规定。

上述修改比较充分地吸纳了新冠肺炎疫情防控的宝贵经验，是对公共卫生法治和应急法律制度的重大创新。新的《传染病防治法》通过之后，中国的公共卫生应急法律制度将更加完善。

B.7
新兴行业的竞业限制与劳动法的发展

姚 佳*

摘 要: 劳动法上的竞业限制制度是为平衡劳动者与用人单位关系并维护竞争秩序而创设的一项制度。在数字经济时代,新兴行业快速发展,而竞业限制纠纷不断涌现并产生较多新问题。法律一方面要保护劳动者的权利,同时也应平衡保护用人单位的权利。劳动者基于自身流动而可能获得更高薪酬回报,因此实践中出现较多的隐蔽型竞业行为,如何判断此种竞业行为是否违反竞业限制义务,以及如何搜集证据和举证,成为实践中的重点与难点问题。在个案中,应考虑在"有利者举证"这一基本举证原则下由劳动者承担事案解明等义务。唯此,才能更好地维系用人单位与劳动者之间的契约精神,并体现实质正义与程序正义。

关键词: 劳动法 竞业限制 新兴行业 数字经济 有利者举证

劳动者权利保护是劳动法的核心价值,自由流动与自主选择职业是劳动者的重要权利。现代以来,科技行业与新兴行业不断产生和发展,这就在客观上产生了企业维持自身竞争力、劳动者就业选择权以及维护竞争秩序的矛盾。为解决这种矛盾,在劳动者这一端规定其负有竞业限制义务,这一制度也是世界范围内普遍运用的一项劳动法制度。竞业限制(禁止)的理念与实

---

* 姚佳,中国社会科学院法学研究所编审。

践产生于中世纪的英格兰，之后在欧美国家公司法与劳动法等多个领域日臻成熟，被现代公司普遍适用。进入信息经济时代，在企业蓬勃发展、个体加速流动的背景下，如何协调企业经营权与劳动者权利之间的冲突，以充分维护市场的公平竞争秩序更具挑战性。这种冲突性在司法实践中体现得尤为明显。近年来竞业限制纠纷案件数量呈上升趋势，而且多集中于高新技术产业和服务业等领域。在此背景下，关注竞业限制问题并探讨劳动法如何发展等问题，是对当下重要议题的回应。

一 竞业限制的实践问题

竞业限制，是指知悉用人单位商业秘密或者对用人单位生产经营有重大影响的劳动者与用人单位在终止或解除劳动合同后的一定期限内，不得在生产同类产品、经营同类业务或者有其他竞争关系的用人单位任职，也不得自己生产与原单位有竞争关系的同类产品或者经营同类业务，同时负有保守用人单位的商业秘密和与知识产权相关的保密事项等义务。这一制度集中体现在《劳动合同法》第23条、第24条，主要规定了劳动者的竞业限制义务以及用人单位的经济补偿义务。现代市场经济以产权与竞争为核心特征，而竞争尤以知识产权、商业秘密以及其他自身独特性为优势，竞业限制制度恰是为现代企业基于法定或契约安排而维护此种自身优势而设，通过兼顾劳动者被限制自主择业权的权益，防止无序竞争，从而维护社会公共利益。这一制度亦伴随市场经济而历经数百年的发展演进，一般而言，用人单位与劳动者在进入劳动关系或其之后，都对自身可能会受此制度约束而具有一定心理预期，该制度也是双方在解除或终止劳动关系之后通常运用的一项制度。

传统实践中的劳动争议纠纷，多集中于劳动关系的建立、是否签订书面劳动合同、试用期解除合同、劳动合同的履行、劳动关系的解除与终止、竞业限制与服务期、社会保险与福利待遇等问题。除竞业限制纠纷以外，其他纠纷在相当程度上仍体现传统劳动争议的特点，而竞业限制纠纷在社会经济与新兴行业发展的背景下，却出现新的问题与新的特征。上海市第一中级人民法院曾统计劳动争议案件相关情况,自2015年1月至2018年3月,上海市第一中级人民法院共受理劳动争议二审案件8390件,审结劳动争议二审案件8416件。其中,受理竞业限制纠纷案件48件,审结竞业限制纠纷案件47件[1]。尽管从绝对比例上来看,竞业限制纠纷占劳动争议案件比例并不高,但是其所体现的新问题足以引起重视,上海市第一中级人民法院还于2018年7月发布首份《竞业限制纠纷案件审判白皮书》,就审判实践进行了总结与提炼,并对相关审判实践中的疑难问题进行了阐释。

就涉及新兴科技行业的竞业限制纠纷而言,据统计,2020年各级法院已审结的案件中,有关竞业限制的案件共316件,其中有93件与新兴科技行业企业相关,比例高达29.4%[2]。可见,竞业限制作为传统劳动争议案件,在新兴行业发展的背景下呈现新特征与新趋势。一方面,新兴行业企业的薪酬普遍较高,同时此类企业多具有较好成长性,因此在股票、期权等结构化薪酬方面具有一定优势,但这一优势又往往成为解除或终止劳动关系之后的主要争议焦点;另一方面,此类行业企业人员的流动性较强,由于相应专业人才数量较为有限,也存在较多潜在违反竞业限制义务的情形,因此也成为竞业限制纠纷案件的"高发地"。恰是在这个背景下,在系列竞业限制案件中,隐蔽型竞业行为等案件尤为引人关注,由于其具有隐蔽性特征,同时也给取证和举证带来新的难题。在司法实践中,无论是对于事实的判定还是法律责任的判定,都遇到了诸多新问题,殊值重视。

二 隐蔽型竞业行为

竞业限制发展至今,形式上也有多种变化。从近年来的发展趋势看,违反竞业限制义务的行为更具隐蔽性、模糊性和复杂性,可概括为隐蔽型竞业

---

[1] 参见《上海一中院发布首份竞业限制纠纷案件审判白皮书》(2018年7月5日),上海市高级人民法院网,http://www.hshfy.sh.cn/shfy/gweb2017/xxnr.jsp?pa=aaWQ9MjAwODMxMjQmeGg9MSZsbWRtPWxtMTcxz,最后访问日期:2020年10月15日。

[2] 于2020年12月15日统计,在北大法宝案例库中,以"竞业限制"为搜索关键词。

行为。之所以出现隐蔽型竞业行为，主要是新兴行业发展迅速，市场可以为劳动者提供多种就业选择，而劳动者面对可能"昙花一现"的"跳槽"机会或发展机会，就会考虑如何规避竞业限制的约束，而寻找更好的发展机会。这就使竞业关系呈现隐蔽性和复杂性等特征。实践中，竞业限制纠纷案件也呈现竞业行为查明难、竞争关系认定难等一系列特点①。故此，作为劳动关系惯例的竞业限制，当下更应关注与聚焦对隐蔽型竞业行为的认定与约束，以充分平衡当事人之间的利益关系，维护市场竞争秩序。关于隐蔽型竞业行为，大致涉及以下问题。

其一，如何认定劳动者进入具有竞争关系的"业"，需要辨别。从目前实践来看，竞业中的"业"，即如何认定劳动者进入具有竞争关系的同类业务的用人单位或自己开展同类业务，首先就是一个需要专业判断的问题。由于当下社会分工高度精细化，在需要确定"同类产品、同类业务、相同（类似）行业"时，产品、业务和行业是否系同类，确需仔细甄别。竞业限制旨在防范离职员工利用原用人单位的商业秘密或其他独特优势为竞争者提供服务，劳动者若是进入"同业"（主要基于专业判断与公众社会评价），则可推定其违反了竞业限制义务，若并非进入"同业"，则不能直接就违反竞业限制义务作出定论。比如，有的新兴行业与企业的区分度并不明显，二者可能完全是同行或同类企业；再比如，有的新兴行业与企业可能形式上区分比较明显，但实质上是同行或同类企业，有的企业在注册时就是咨询公司之类，但从事的业务可能与新兴科技等领域紧密相关。故此，首先界定与判断"竞业"中的"同业"，就十分重要与关键。

其二，竞业行为类型复杂，违反竞业限制的事实认定较难。劳动者离职后的竞业行为存在多种情形，包括直接入职、投资同业组织、劳务派遣、关系挂靠、人事代理或股份代持等②。其中，除直接入职相对比较容易辨识之外，

---

① 参见《上海一中院发布首份竞业限制纠纷案件审判白皮书》（2018年7月5日），上海市高级人民法院网，http://www.hshfy.sh.cn/shfy/gweb2017/xxnr.jsp?pa=aaWQ9MjAwODMxMjQmeGg9MSZsbWRtPWxtMTcxz，最后访问日期：2020年10月15日。

② 参见《上海一中院发布首份竞业限制纠纷案件审判白皮书》（2018年7月5日），上海市高级人民法院网，http://www.hshfy.sh.cn/shfy/gweb2017/xxnr.jsp?pa=aaWQ9MjAwODMxMjQmeGg9MSZsbWRtPWxtMTcxz，最后访问日期：2020年10月15日。

其他几种竞业行为在认定上均存在较大难度，颇具隐蔽性与复杂性。对于离职劳动者而言，都是已知自身受竞业限制义务的约束，如若采取直接入职的方式，无异于"授人以柄"，因此实践中更多是采取较为隐蔽的方式从事竞业行为，这就为认定竞业行为带来诸多困难。比如，有的劳动者通过隐蔽的劳务派遣或者关系挂靠等方式，形式上在某一完全不相关的企业就业，而实际上却到原用人单位的对手企业就业。此种形式，目前已成为新兴行业劳动者"隐蔽跳槽"的主要形式。对于相关劳动关系的判定，必要时，可辅以其他事实证明劳动者存在竞业行为，应综合考虑劳动者的工作地点、工作成果、出席活动以及相关声誉机制等多种事实来判断。比如，劳动者频繁出入某一竞争对手企业的工作地点、劳动者频繁出现在对手企业可能出现的相关工作场合、劳动者参加相关学术或行业研讨会、产品展示活动等均与对手企业相关，以及业内对该劳动者形成的声誉机制即该劳动者是否代表相关公司从事相应工作或相关活动等内容。这些内容都在相当程度上可作为直接或间接认定劳动者违反竞业的客观事实，当然也需就其中的因果关系等进行个案认定。

其三，当事人的主观因素不容忽视。法律是调整人们行为的社会规范，主要关注人们的行为"外观"，但同时也通过行为人的主观判断而确定相应的责任规则。之所以会出现隐蔽型竞业行为，在相当程度上是因为劳动者离职后的主观恶意规避，而不恪守诚实信用原则和契约精神。无论是正常履约遇到障碍，还是在发生纠纷时拒不承认涉案的真实证据等，都是因劳动者的主观状态而起。对于用人单位而言，也存在在竞业限制期内故意不支付劳动者经济补偿等情形。而当事人的恶意规避，在传统的劳动争议案件中也体现得非常明显，如有的当事人拒不承认入职之时或在工作期间曾经阅读和了解公司的相关规章制度等。在竞业限制案件中，则体现为只要用人单位无法拿出有力证据，劳动者就拒不承认自己在竞业行业企业（直接或间接）就业的事实。总之，在隐蔽型竞业行为当中，对当事人的契约精神要求更高，也对制度价值实现提出一定挑战。

三 举证责任与示证义务

用人单位与劳动者所建立的劳动关系并非公共领域,外界可获取的信息十分有限,甚至完全无从得知,除所涉从业当事人外,非采用非法手段或非经公权力机关介入,他人一般很难了解及掌握劳动者的真实从业信息。在隐蔽型竞业行为中,用人单位基本上只能依靠离职劳动者在竞业限制期内定期告知其任职情况,而真实情况究竟如何,用人单位也很难知晓。一旦双方发生纠纷,劳动者也往往会规避义务并可能制造取证障碍。2020年由于疫情等远程办公的普遍运用,劳动者几乎不出现在现实中的工作地点等就能完成工作,此种竞业行为的隐蔽性与复杂性不仅给用人单位举证带来巨大困难,同时也给仲裁或诉讼程序认定事实带来一定难度与挑战。故此,鉴于隐蔽型竞业行为所具有的竞争关系难认定、竞业行为复杂隐蔽、当事人主观规避等特点,在相关纠纷中,仲裁机构或司法机关应充分利用证据规则要求当事人举证、质证,以维护实质正义与程序正义。

在"有利者举证"这一基本举证责任原则之下,在隐蔽型竞业行为中,应适当考虑劳动者应就其履行竞业限制协议情况承担合理举证及事案解明义务。所谓"不负证明责任当事人的事案解明义务",即在负证明责任当事人无法具体陈述其主张或证据主题、证据方法时,对方当事人负有的陈述相关事实、提出证据资料以及忍受勘验的义务[①]。更准确地说,这更是一种书证提出义务,其适用前提即对方当事人负有书证提出义务[②]。2015年《最高人民法院关于适用〈中华人民共和国民事诉讼法〉的解释》第112条规定了书证提出命令,2020年《民事诉讼证据规则》第45条至第48条分别就书证提出命令的申请程序、审查程序、客体范围和制裁措施等四个方面进行了完善。有

[①] 参见姜世明著《证明责任与真实义务》,台湾新学林出版公司,2006,第110页。转引自吴泽勇《不负证明责任当事人的事案解明义务》,《中外法学》2018年第5期。

[②] 参见袁中华《文书提出义务的实践与反思——以劳动争议为视角》,《当代法学》2015年第2期。

法官认为，前述事案解明义务与书证提出义务，在实务中更是一种示证义务，意在解决民事诉讼中负证明责任当事人因远离事实、证据而无法进行具体陈述时的证明困境，以此克服仅由一方当事人对其有利之事实予以主张、说明及举证所带来的弊端，在诸如环境污染、医疗损害、劳动争议、消费者侵权等证据偏在的案件类型中表现更为突出[①]。在前述领域中，最高人民法院也已制定相应证据规则，运用证明妨碍制度，回应"负证明责任当事人缺乏证明手段"的难题[②]。

隐蔽型竞业案件中，示证义务的运用应充分考虑如下几方面问题。

第一，适用前提。示证义务的运用，应充分考量案件的复杂性与难度。在隐蔽型竞业案件中，如若用人单位有一定证据能够证明劳动者存在竞业行为时，如劳动者频繁出入竞争单位、代表竞争单位参与相关项目或活动、业内对劳动者在竞争单位从业有一定评价等，在有证据证明上述情形之时，劳动者应承担相应的示证义务，就相关事实及行为作出合理解释说明，并提交相应实质证据而非表面或形式证据，如与自己新入职的单位而非竞争单位签订的劳动合同、工作邮件、差旅记录、报销记录、工作成果等过程或结果证据加以反驳。如若无法提供合理证据或解释，则仲裁机构或司法机关可根据高度盖然性证明标准的运用，对用人单位主张的劳动者存在竞业行为之事实予以认定。

第二，当事人的主观状态与客观行为。在劳动纠纷中，劳动者往往会从一开始就否认或者拒不承认涉案的各方面客观事实，甚至对与原就职单位的劳动合同、规章制度阅读知晓后的签名、竞业限制通知书等事实都一律否认，或者有的劳动者与多家公司都存在竞业限制纠纷仲裁或诉讼等。尽管法律对此类行为并未予以规范性评价，但是在个案中，应当充分考察劳动者的主观状态与客观行为，从而判断或推定其是否存在恶意，并要求其承担相应的示证义务。如若是用人单位恶意在竞业限制期内不支付劳动者经济补偿，更应要求用人单位承担相应示证义务。

---

① 参见沈烨《示证义务的内涵、作用及适用路径》，《人民法院报》2019年7月4日，第7版。
② 参见吴泽勇《不负证明责任当事人的事案解明义务》，《中外法学》2018年第5期。

第三,适用中的严格约束。尽管在证据偏在的情形下可考虑适用相应的示证义务,但此种示证义务的运用须受到严格约束,并非随意运用。应在充分综合考量案件的复杂性、难度、当事人的主观状态等多重因素前提下,才得以适用。比如,在个案中,如若劳动者此前已存在一系列违反竞业限制义务的案件判决等,可考虑由该劳动者承担此项示证义务。仲裁机构或司法机关在不违背法定的证据规则以及并非仲裁员或法官主观臆断的前提下,通过相应证明标准的运用,作出正确的事实判断。

综上,示证义务的运用必须具有一定前提,并非突破举证责任原则而直接加诸劳动者一方,在个案的劳动仲裁或诉讼程序中,尽可能发现隐蔽的事实或真实情况,要求当事人履行合理的解释说明义务,以揭示案件真相,不仅体现程序正义,更充分体现实质正义。

四 法律责任

劳动法本身的法价值不同于合同法、公司法等市场交易之法,在劳动关系领域,不仅涉及当事人意思自治的约定范畴,更涉及法律本身的价值判断问题。在竞业限制法律关系中,相对而言,劳动者对整个关系更具控制力,因为负有相应竞业限制义务的劳动者基本上属于涉密劳动者,在一定程度上了解甚至掌握原用人单位的商业秘密和知识产权,用人单位基本处于一种防御地位。相应地,用人单位主动给付劳动者合理的竞业限制经济补偿,也是竞业限制法律制度的关键点。因此,在竞业限制的法律责任安排上,更意在衡平当事人之间的利益关系,维护竞争秩序,充分实现制度公平。

第一,原用人单位的法律责任。根据《劳动合同法》和《最高人民法院关于审理劳动争议案件适用法律若干问题的解释(四)》的相关规定,用人单位与劳动者约定竞业限制条款,但未约定解除或者终止劳动合同后给予劳动者经济补偿,劳动者履行了竞业限制义务,有权要求用人单位按照劳动者在劳动合同解除或者终止前12个月平均工资的30%按月支付经济补偿(月平均工资的30%低于劳动合同履行地最低工资标准的,按照劳动合同履行地最低工资标准支付);双方约定了竞业限制和经济补偿,当事人解除劳动合同时,用人单位有权要求劳动者履行竞业限制义务,劳动者履行了竞业限制义务后,也有权要求用人单位支付经济补偿;双方约定了竞业限制和经济补偿,劳动合同解除或者终止后,因用人单位导致三个月未支付经济补偿,劳动者有权请求解除竞业限制约定。另外,在竞业限制期限内,用人单位可请求解除竞业限制协议,在解除协议时,劳动者有权请求用人单位额外支付三个月的竞业限制经济补偿。在用人单位违反相关约定之时,劳动者有权要求解除竞业限制协议。

第二,劳动者的法律责任。在劳动者违反竞业限制义务时,法律设定了多层面的法律责任。根据《劳动合同法》和《最高人民法院关于审理劳动争议案件适用法律若干问题的解释(四)》的相关规定,以及实践中的竞业限制约定,在劳动者违反相关义务时,通常应返还已支付的经济补偿金,同时应当依约支付违约金;给用人单位造成损失的,应承担相应赔偿责任。尤其是,在劳动者违反竞业限制约定,向用人单位支付违约金后,用人单位仍然有权要求劳动者按照约定继续履行竞业限制义务。比如,对于双方在先约定了违反竞业限制协议需返还限制性股票及其所产生的收益,如何计算相应收益等问题,在实践中是一个难点问题。在有的案件中,一审法院按照股票解禁日的市场价计算股票价值,而二审法院则认为股票价格一直在变动,股票所生之收益,理应包括股票价格变动的部分,因此二审改判按照企业采取法律行动当日计算股票市值[①]。类似案件也体现了当下竞业限制案件产生的新问题,即违反竞业限制义务并非仅承担支付违约金等责任,还涉及限制性股票收益返还等问题,这都对司法实践提出了一定难题。

在"权利—义务—法律责任"的逻辑结构下,法律责任是给予当事人救济的最后一道"关卡",只有法律责任规定得公平合理,当事人才能真正实现自己的权利。从现有法律规定来看,当事人违反竞业限制义务或约定的法律责任的规定比较合理,但实践中的情况远比法律规定要复杂,仍需要在个案

---

① 参见上海市第一中级人民法院(2018)沪01民终1422号判决书。

中不断总结提炼，探索如何平衡双方利益，确定公允的裁判标准，以实现公平公正。

五 未来展望

时至数字经济时代，"科技智慧密集型"企业不断兴起发展，对劳动者的能力、水平与素质要求越来越高，劳动者作为"人"之本体愈加体现其稀缺价值。竞业限制制度也恰是在既保护劳动者又保护企业，更要维护市场竞争与公共利益等多方价值诉求中寻找最佳平衡点，这也对劳动法的发展提出新的时代要求。从当前实践来看，劳动者的隐蔽型竞业行为较为复杂，对用人单位的权利、市场竞争以及公共利益均造成一定损害与影响。同时，较多用人单位也存在大量不履行竞业限制经济补偿义务的情况。毋庸置疑，这在相当程度上破坏了理应更加和谐的劳动关系以及契约精神，以及劳动法上的法定义务的遵守。如何识别相应违反竞业限制义务的行为，并在司法程序中判定相应主体的法律责任，是法律制度之功能所在，更是维护契约精神与坚守公允价值之所在。这一系列制度安排不仅是市场所需，更是科技发展与维护公共利益所需。尤其在新兴行业不断发展的背景下，竞业限制也呈现更多新特征与新问题，并需要对这些问题进行持续观察，以及从劳动法的角度进行价值判断与规则适用，同时这些新问题也在相当程度上丰富了劳动法的内容，对劳动法的价值实现和制度构建提出了新要求，殊值重视与认真对待。

B.8
网络直播营销模式背后的制度逻辑及其规制

吴 峻*

摘 要: 网络直播营销模式的兴起充分显示了中国互联网经济的韧性和活力,其在2020年迎来了自律及监管层面的相关规制。网络直播营销模式兴起有其自身的法律逻辑。中国互联网内容监管制度必定会对网络直播营销模式的监管产生一定影响。实质而言,网络直播营销模式与传统的电视购物并无差异。但互联网的高度互动性使得中国在演艺人员管理、广告代言人制度、广告识别标准、消费者知情权及选择权保护、个人信息保护等方面的一系列议题在网络直播营销发展中一一呈现。虽然相关自律及监管规范并不会一蹴而就地解决这些问题,却会促使中国基于法治原则继续推进相关制度改革,以便为互联网条件下的经济发展进一步注入活力。

关键词: 网络直播营销 个人信息保护 商业广告 消费者知情权 消费者自由选择权

"直播带货"的网络直播营销模式始自2016年,经过若干年发展,在

---

* 吴峻,中国社会科学院法学研究所副研究员。

2020年取得了令人瞩目的成绩[①]。直播营销模式的兴起也使一些直播主播声名鹊起，体现了网络直播营销模式强大的造星功能。因为直播营销极强的促销功能，传统电子商务平台经营者也对其青睐有加，并利用网络明星直播带动网络商品零售，李某某和薇某在直播带货领域的地位充分说明其对传统电子商务运营模式的推动和改变。在阿里巴巴发布的2020年财政年度报告中，直播被作为其"中国零售业务"板块中的"互动"方式之一加以描述，目的是为让"商家可以更有效地与消费者互动"。作为短视频及直播内容服务商的快手科技从2018年开展直播电商服务后，该项业务成为其2020年11月5日在香港交易所预披露《招股说明书申请版本》中业务描述的重要组成部分。在新冠肺炎疫情阴影下，以"直播带货"为代表的互联网销售成为满足"社交距离"的理想销售方式，这固然可以解释其崛起的速度和势头，而厘清其背后的制度逻辑，应该是对其规制的出发点。

一 网络直播营销行为的法律界定

网络直播营销行为虽然也是一种互联网直播行为，但与互联网直播内容提供有区别，是一种独立的商品或服务营销行为。因此，就法律而言，网络直播营销与传统的互联网直播服务截然不同，后者是一种内容提供行为，而前者是营销行为。

（一）从内容服务监管到营销行为监管

互联网直播一般是对互联网用户提供内容服务。由于中国对内容提供服务实行严格的监管制度，这种监管思路自然而然也延伸到网络直播领域。针对网络直播行为，国家互联网信息办公室、原国家新闻出版广电总局及原文

[①] 例如，淘宝直播已然成为用户与商家进行互动的重要营销和分销方式。截至2020年9月30日的12个月，淘宝直播产生的销售总额超过人民币3500亿元，参见阿里巴巴集团控股有限公司《2020年九月底止季度业绩公告》（2020年11月5日），第3页。而中国2019年直播电商的商品交易总额达到人民币4168亿元，参见快手科技《招股说明书申请版本》（https://www1.hkexnews.hk/app/appindex.html?lang=zh），第166页。

网络直播营销模式背后的制度逻辑及其规制

化部出台了四个规范文件，从不同方面进行监管。国家互联网信息办公室2016年11月4日发布的《互联网直播服务管理规定》属于互联网直播服务方面的总体性规定，从互联网直播服务的界定、责任、类型等各个方面确立了互联网直播服务的监管体制，并通过"黑名单管理制度"对互联网直播发布者进行严格规制[1]。原国家新闻出版广电总局于2016年9月2日发布《关于加强网络视听节目直播服务管理有关问题的通知》，将相关直播服务纳入互联网视听节目服务的范围，并基于此确立了相应内容服务的监管架构。原文化部于2016年12月2日发布《网络表演经营活动管理办法》，对通过互联网直播形式进行现场文艺表演的行为进行了特别规定，从而确立了本部门对相关内容服务的监管架构。其实，2000年通过并于2011年修订的《互联网信息服务管理办法》所确立的经营性互联网信息服务许可制度已经确立了对互联网内容服务的严格监管模式。在这种背景下，针对互联网直播这种并未突破以往监管架构的新兴模式，国务院各部门依其职权再次重申或明确相关监管措施，是很自然的事情[2]。

作为一种内容提供方式，互联网直播服务对于第三方营销或广告具有天然的依赖性。一般而言，互联网直播行为人为取得一定的经济支持，会将自己的内容输出与第三方的营销行为相结合，但自己内容输出的目的和功能又与第三方的营销或广告行为相分离，从而在保证其对内容制作及分发行为拥有控制权的同时，可以得到持续性的经济支撑。这实际是传统内容提供经营模式的延续，从免费广播电视到互联网内容提供，概莫能外。另外，与传统媒体不同的是，在互联网内容提供模式中，内容提供者无时无刻不在与用户进行互动，互联网直播发布者通过即时的图像和声音，使得这种互动更为积极和活跃。此时，用户在与互联网直播发布者进行热烈互动中的"打赏"就成为自然而经常的行为：从某种意义上讲，"打赏"就成为用户对直播服务

---

[1] 《互联网直播服务管理规定》第15条第2款。
[2] 2018年8月1日，国家互联网信息办公室、全国"扫黄打非"工作小组办公室、工业和信息化部、公安部等部门联合发布《关于加强网络直播服务管理工作的通知》，再一次展现了这样一种监管思路。

提供者所提供内容的购买,从而也成为互联网直播服务提供者重要的经济来源。

但是,网络直播营销行为给互联网直播行为人提供了一种专门化的变现模式:将网民关注的主播转化为商品导购员和推销员,通过商业行为进一步扩展其受关注度,为下一轮的商业导购和推销作准备。这也符合中国广告协会对网络直播营销行为的理解:"商家、主播等参与者在电商平台、内容平台、社交平台等网络平台上以直播形式向用户销售商品或提供服务的……营销活动。"①这时,网络直播营销模式不再是传统的互联网直播内容提供形式,不存在内容与营销相结合的方式,网络直播此时并不输出内容,而是转化成一种单纯的营销行为;即使存在所谓网络直播内容,其本身也是与营销行为合二为一,失却其独立性,不再构成内容服务。在这个意义上,网络直播营销和传统意义上的互联网直播在法律性质上截然不同。而2016年有关监管部门的部门规章实际上针对的是互联网直播服务这种内容提供模式,在此基础上重申或完善的监管架构主要关注提供内容的合法性,并不涉及单纯的网络直播营销行为,因此并不适用网络直播营销。

作为互联网产业发展的一种新兴业态,网络直播营销模式似乎游离于现有广告及销售的法律体制以外。而在监管部门采取有关监管措施之前,行业自律组织从自己的角度出发开始制定有关规范,试图有效应对实践中存在的问题。2020年6月26日,中国广告协会发布《网络直播营销行为规范》,将"直播带货"定性为"网络直播营销"。2020年11月6日,国家市场监督管理总局发布《关于加强网络直播营销活动监管的指导意见》(国市监广〔2020〕175号)(以下简称《网络直播营销指导意见》),接受了中国广告协会对"直播带货"的定性,并基于网络直播营销的概念,从网络平台、商品经营者及网络直播者的法律责任入手,提出对网络直播营销行为进行严格规范,对营销范围、广告审查和发布、消费者保护的相关法律适用进行了明确,并根据相关法律规定了相应的行政执法措施。《网络直播营销行为规范》和

---

① 《网络直播营销行为规范》第二条。

《网络直播营销指导意见》从行业自律和法律适用两个角度,对网络直播营销活动的有关问题进行了一定程度的规范,在一定程度上尊重了市场对网络直播营销活动的预期。

(二)从电视购物到网络直播营销

"直播"与"买家秀"一样,均被视为促进商品销售的社交互动方式。本质而言,互联网条件下的直播带货和传统电视媒体的电视购物并无区别,都是借助导购员的介绍,通过与观众的互动实现商品的销售。如果说有所不同,也是直播带货的明星色彩更强烈,与观众的互动更为便利——这仅仅是技术发展的结果,并没有实质改变传统电视购物中引导员的角色:推销商品。在这个意义上,网络直播营销反映了新技术条件下商业最原始的需求。如要对之进行规制,就不能脱离这一事实。

国家广播电视总局是电视购物行为的监管机构。从 2006 年开始,原国家广播电影电视总局就发布《关于整顿广播电视医疗咨询服务和电视购物节目内容的通知》(广发社字〔2006〕24 号),试图解决电视购物中出现的问题。迄今为止,国家广播电视总局(含其前身)及其他相关政府部门已经下发电视购物相关行政规范性文件 13 件,其中有效文件 11 件[①]。这些行政规范性文件涉及的大部分内容与虚假或不实陈述相关,旨在保护消费者权益。值得注意的是,在相关规范性文件中,明确提到了"冷静期"退货制度的完善[②],表明监管部门已考虑到电视购物这种非现场销售形式对消费者知情权的影响,这直接促成了《消费者权益保护法》在 2015 年修改时将之纳入远距离销售(电视购物、电话销售及网络购物)相关消费者权益保护制度。

虽然电视购物本质上是一种销售行为,但国家广播电视总局还是强调了

---

① 根据北大法宝截至 2020 年 11 月 9 日的统计。
② 参见原国家广播电影电视总局于 2009 年 12 月 10 日发布的《关于电视购物频道建设和管理的意见的通知》第 15 项,商务部等部门 2013 年 12 月 4 发布的《关于开展电视购物专项整治工作的通知》第五项"整治内容"。

内容管理。一方面,国家广播电视总局将电视购物短片视为广告,认为其播出须满足广告播放时段及时长的要求①;另一方面,相关监管措施强调电视购物的市场准入及内容导向,并比照广播电台电视台的审批管理制度对电视购物频道的开办和运营规定了严格的条件②。但这种严格的管理制度对电视购物的发展并不会构成实质性阻碍,因为电视购物需要占用的专有频道或者电视台节目播出时间都是稀缺资源。要分配稀缺资源,如果不采用拍卖方式,就得采取"选美"方式。此时,传统广播电视审批管理制度就充当了频谱资源分配机制。

如果说电视购物是以频道资源为决定性因素,网络直播营销则是以网络直播者为中心。基于互联网直播模式的营销行为并不存在占用稀缺资源的问题。互联网技术将直播营销从传统频谱的限制中解放出来,利用互联网去中心化的特点,任何人、任何企业都可以进行直播营销。这种无限增长的可能性使得直播者成为网络直播营销行为最关键的要素,而无须类似电视购物频道的批准和许可。而地位日益重要的直播者重塑了直播营销行为模式。一方面,专业且知名的直播者会更好地将买卖双方进行有效连接,从而取得买卖双方群体的信任。另一方面,由于互联网直播互动中特有的感性因素,潜在买方对直播者的追捧掺杂了很多非理性因素,在直播者为个人时尤为如此。这样,网络直播营销行为取得了空前的渗透性及灵活性,并在电子商务中发挥着越来越重要的推动作用。

从电视购物发展到网络直播营销,是技术发展推动非现场营销模式发展的结果,这必然会对相关的监管制度演进提出相应的要求。实际上,虽然网络直播营销在 2016 年才开始兴起,但这种营销模式早已存在。原农业部信息中心就曾于 2012 年 9 月 25 日至 9 月 30 日在北京举办了第十届农交会网络直

---

① 参见原国家新闻出版广电总局 2013 年 10 月 29 日发布的《关于进一步加强卫视频道播出电视购物短片广告管理工作的通知》、原国家广播电影电视总局 2009 年 9 月 10 日发布的《关于加强电视购物短片广告和居家购物节目管理的规定》。
② 参见原广播电影电视总局于 2009 年 12 月 10 日发布的《关于电视购物频道建设和管理的意见》。

播及农产品促销工作培训班,并组织开展农交会网络宣传报道工作①。所谓网络宣传报道就是政府组织的一种网络直播营销活动。由此可见,网络直播营销行为本身仅仅是远程营销在互联网经营模式发展到一定阶段的必然表现,在承认其为市场注入活力的同时,应当看到其反映的法律关系并没有发生实质变化,基于此构建的法律监管架构必须满足这两方面的要求。在这个意义上,《网络直播营销行为规范》及《网络直播营销指导意见》并没有在市场准入上设置门槛,而是注重就其界定的网络直播营销行为明确所适用的现有法律,并在此基础上明确各参与方的权利及义务,不啻是一个明智的规制路径选择。但是,因为《互联网直播服务管理规定》对互联网直播服务的界定宽泛,其监管体系在许多方面必然会延伸至网络直播营销活动,使得网络直播营销活动不得不同时遵守网络服务提供方面的监管制度。对于并无市场影响力的网络直播者而言,这大大提高了合规的门槛②。对于不提供内容服务的营销活动而言,这种基于内容的严格监管态势可能并不符合比例原则。

二 互联网直播营销行为的特征参与方

网络直播者借助网络直播平台提供的技术支持及数据分析和流量引导,完成网络直播营销行为。这样,网络直播者(主播及嘉宾)和网络直播平台就构成网络直播营销行为的特征参与方。

(一)网络直播者

《网络直播营销行为规范》将网络直播者按照市场上的惯例称为"主播",并对主播的管理和行为提出了诸多要求。值得注意的是,对于网络直播者利用事后退货的虚假交易套取商品或服务经营者佣金的行为,《网络直播营销行

---

① 原农业部于 2012 年 8 月 28 日发布《农业部信息中心关于举办第十届农交会网络直播及农产品促销工作培训班的通知》(农信息〔2012〕53 号)。

② 《互联网直播服务管理规定》第 15 条第 2 款规定的"黑名单制度"如适用于下文所称"互联网营销师"的一般网络直播营销人员,就可能不符合比例原则的要求。

为规范》要求其应该提供真实的营销数据①，对现实问题具有很强的针对性。

网络直播者是网络直播营销的中心。总的来说，有三种形式的网络直播者：第一种就是网络直播营销明星；第二种就是内容生产领域的明星，基于其内容生产领域积累的人气，进行网络直播营销；第三种就是商家自己进行网络直播，此时，无论是明星、互联网营销师②，还是普通员工，都是以商家的名义进行直播营销。对于这三种网络直播者，由于其在营销中扮演的角色各有差别，其制度逻辑各有不同。

第一种，网络直播营销明星实际上就是"超级推销员"。其营销专业能力和直播营销业绩是其成为明星的基础，其在选品、数据分析及其他方面的专业能力，使得其网络直播营销具有鲜明的个人品牌号召力。网络直播营销明星在选品方面有很大的自主权，且针对商家的议价能力强，从而使其具有近似网络百货店主的地位。这意味着网络直播营销明星在商品或服务销售中涉入极深，并且基于自己的判断完成推销，在整个过程中拥有较强的控制力，所以要为自己所推销的商品和服务承担责任。

第二种，内容生产领域的明星参与网络直播营销并非依赖其营销专业能力，而是基于其在内容生产领域或其他领域积累的人气。娱乐明星或者其他明星参与网络直播营销，实际上就是将自己的流量通过网络直播营销予以变现。另外，在内容生产领域获取知名度的明星参与网络直播营销，也说明内容生产领域不能使这些内容生产者直接获取全部收益。

实际上，参与内容生产的明星通过广告及其他营销活动实现其经济价值的进一步变现，是娱乐领域成功生产者获取收益的重要方面：明星一方面从出演行为中获取报酬，另一方面又从广告市场利用其演艺工作建立的个人形象获取经济收入。这几乎是全球娱乐市场的通行做法，但从来没有任何国家

---

① 《网络直播营销行为规范》第29条。
② 代码是4-01-02-07的"互联网营销师"："在数字化信息平台上，运用网络的交互性与传播公信力，对企业产品进行营销推广的人员。""本职业包括但不限于下列工种：直播销售员。"参见人力资源和社会保障部办公厅、国家市场监督管理总局办公厅及国家统计局办公室2020年6月28日联合发布的《关于发布区块链工程技术人员等职业信息的通知》（人社厅发〔2020〕73号）第三项新职业信息及第一项调整变更职业信息。

像中国这样出现大量明星参与网络直播营销：要么直接以网络直播者的身份推销相关商品或服务，要么以嘉宾身份通过与网络直播者进行现场互动以拉高相关网络直播营销行为的关注度。对于前者而言，由于明星缺乏成熟的专业团队支持，鲜有成功案例，因此后者就逐渐成为内容生产领域明星参与网络直播营销的主要方式。

这的确说明中国互联网直播领域商业化的成功。中国拥有全世界最多的互联网直播用户，占全球2019年互联网直播用户数的50%左右；中国互联网直播平台的平均日活跃用户数在同期达到2.134亿，每位日活跃用户的日均花费时长在同期达到33.2分钟①。

但这也说明内容生产领域的演艺人员在本领域获得报偿的渠道有限。对于并未在本行业取得足够认可度的内容生产从业人员而言，主动争取广告或参与营销活动成为其收入的重要甚至是主要来源；对于明星而言，中国的"限薪"制度安排也是其热衷参与网络直播营销活动的原因之一。2018年10月31日，国家广播电视总局发布《关于进一步加强广播电视和网络视听文艺节目管理的通知》，提出"严格控制嘉宾片酬"："每个节目全部嘉宾总片酬不得超过节目总成本的40%，主要嘉宾片酬不得超过嘉宾总片酬的70%""每部电视剧网络剧（含网络电影）全部演员片酬不超过制作总成本的40%，其中主要演员不超过总片酬的70%。"2020年2月6日，国家广播电视总局发布《关于进一步加强电视剧网络剧创作生产管理有关工作的通知》，重申了对演员片酬的限制比例。2020年10月15日，国家广播电视总局下发《关于推动新时代广播电视播出机构做强做优的意见》，强调"严格控制演员、嘉宾片酬，倡导演员、嘉宾以社会责任心和使命感零片酬参与公益性节目"。国家广播电视总局的这三个规范性文件及演艺自律机构的相关自律规范一起，有效限制了明星薪酬畸高的局面，使得成功演艺人员很难像以往那样通过"高片酬"的约定获取高额经济利益。可见，限薪制度使得演艺领域之外的营销乃至广告收入对于成功演艺人员越发重要。这都促使明星积极参与网络直播营销活动，

---

① 转引自快手科技《招股说明书申请版本》，第162页。

从而间接提升了网络直播营销模式的公众接受度。

第三种网络直播者就是商品或服务提供方直接进行网络直播营销。为此，卖方可以通过其具有公共话题的管理人员进行直播营销，可以雇用专业的互联网营销人员进行直播营销，也可以雇用内容生产领域的明星进行直播营销——但均须以商品或服务提供者的名义进行。在雇用他人以自己名义从事营销活动时，一旦涉及明星，不可避免地会涉及广告代言问题。中国的广告代言制度比较严格，要求广告代言人须是其代言商品或服务的使用者。作为商品推销者，网络直播营销明星推销了许多自己没有机会使用的商品或服务，并根据其在推销中自主控制权的强弱承担责任；而在其被商品或服务提供者聘请并代为推销商品或服务时，反倒可能被认定为广告代言人而需要使用该等商品和服务，否则不能参与营销活动。传统广告的发布和传播依赖于媒体，而网络直播营销具有随时性和随地性的特点，渗透力极强。如果还将商品或服务提供者聘请担任推销任务的明星作为广告代言人处理，反而会压缩商品或服务提供方自己通过网络直播进行营销的空间，不利于网络直播营销市场的健康发展。因此，在完善归责体系的前提下，对于明星受聘以商品或服务提供者的名义进行网络直播营销的，可以考虑不将之视为广告代言人，而是将之作为商品或服务提供者营销行为的参与者对待以确定其法律责任，可能更符合网络直播营销模式的现实要求。

可能出于确立执法依据的需要，《网络直播营销指导意见》没有也无法在这方面进行突破。在其"压实网络直播者法律责任"标题下，除了认为对直播宣传应适用《反不正当竞争法》外，还认为构成商业广告的直播内容应该适用广告发布者、经营者及代言人的责任及义务法律规定。与《反不正当竞争法》相比，《广告法》中存在诸多当然违法条款①，不用像《反不正当竞争法》那样还要考虑对竞争者及消费者权益的实际影响，使得市场监管部门更容易介入被认定为商业广告的法律行为。在这个意义上，面对网络直播营销，

---

① 在这方面的市场影响，可参见典型案例之一杭州市西湖区方某某炒货店诉杭州市西湖区市场监督管理局等行政处罚及行政复议行政纠纷案，浙江省杭州市中级人民法院（2018）浙01行终511号行政判决书。

国家市场监督管理总局似乎并没有摆脱广告监管架构中的强制介入冲动。

由此可见,现有广播影视及其他相关领域的法律及行政法规和部门规章对目前网络直播者的市场现状具有的强大塑造力不容忽视。

(二)网络直播平台

网络直播平台分为两种,一种是直播内容服务提供商,如抖音,网络直播营销作为其一种成熟的商业模式;另一种是发源于电子商务平台,是电子商务的一种互动形式。直播内容服务提供商更关注直播内容创作者的回报机制,网络直播营销实际上是其主营业务之外、利用其在网络直播方面的内容优势为商品和服务提供方提供的服务。而网络直播营销与电子商务平台的主营业务直接相关,所以电子商务平台服务商主导的网络直播营销业务发展迅速,电子商务平台利用网络直播营销实现销售总额在整个市场占有主导地位。另外,直播内容提供商通过直播内容培育了大量的网络明星,并积攒了大量的流量。对此,传统直播平台主要通过虚拟礼物打赏及某种程度的广告或其他营销行为进行变现。2019 年,中国直播虚拟礼物打赏市场收入规模达到人民币 1400 亿元[①]。虽然"直播打赏"可以通过用户直接支付的方式对内容提供者给予补偿,但"直播打赏"在某种意义上是用户被热情裹挟的冲动消费,严格而言并不能真正反映用户的自由选择,在法律上并不具有确定性。因此,通过网络直播方式尝试电子商务,成为直播内容提供流量变现的一个重要渠道。例如,某短视频及直播内容服务提供商 2018 年推出的电商业务增长迅速,2020 年前 6 个月的商品交易总额达到人民币 1096 亿元[②]。

虽然网络直播者是网络直播营销行为的发动机,但其成功依赖网络直播平台提供的技术支持和流量导引。某种程度上,网络直播营销虽然培育了相当一部分市场瞩目的直播营销明星,但实际上网络直播平台对于直播营销行为的控制力增强了,而不是相反。这会直接影响对其在直播营销中所承担法律责任的认定。

---

① 参见快手科技《招股说明书申请版本》,第 163 页。
② 参见快手科技《招股说明书申请版本》,第 240 页。

网络直播营销活动背后是网络直播平台运营者的数据和技术支持。阿里巴巴宣称："通过我们的商业技术、创新服务和数据能力，商家、品牌和零售商能够有效获取、留存消费者并加深消费者参与度，并与消费者展开密切、高效的互动，进而提升商家、品牌和零售商对我们各平台的忠诚度。"① 这种技术及数据支持不可能不影响网络直播者对营销商品或服务的选择。实际上，从阿里巴巴的零售业发展来看，从最初的淘宝到后来的天猫和咸鱼，可以描述为其市场的细化，也可以解释为阿里巴巴在不愿意失去任何用户的情况下对呈现给用户的商家予以挑选和归类。简言之，阿里巴巴对呈现给用户的商家实际上逐渐在加强控制权，这还不包括阿里巴巴通过阿里妈妈②有意识地对商家的销售活动进行扶持和影响。

而对于原本从事短视频及直播内容提供的直播平台服务商而言，则是另一番叙述。在满足于直播平台完善的基础设施外，快手科技认为："丰富的内容与社交互动为电商创造了自然契机……用户数及时长占比增加拓展了用户参与场景并因此提高了电商需求在此类平台上产生并得到满足的可能性。"快手科技并将"用户和商家在我们丰富多元内容的基础上进行互动"作为其竞争优势之一。基于人工智能和大数据技术，快手科技如此自信的理由就是："我们用户规模庞大、参与度高，我们对用户的定位精准……"。这样，直播内容服务商利用其对内容生态的掌控，向利用网络直播营销的商家推送更个性化的数据，从而增强商家和用户对其平台的依赖。

由此可见，无论是对于传统的电子商务平台还是新兴的直播内容服务商，网络直播营销只有在平台大数据技术及人工智能的支撑下才能更有效地实现其商业目的，这实际上加强了平台对整个网络直播营销所促成电子商务的控制权。对此，《网络直播营销指导意见》在三个方面予以明确：首先，提供网络直播营销服务的平台为电子商务平台，适用《电子商务法》；其次，提供付费导流等构成商业广告的，适用《广告法》；最后，在确定平台法律责任

---

① 阿里巴巴集团控股有限公司：《2020 财政年度报告》，第 42 页。
② 阿里巴巴集团控股有限公司：《2020 财政年度报告》，第 42 页。

时应考虑平台是否参与运营、分佣及平台对用户控制力等具体情形[①]。《网络直播营销指导意见》首次提出付费导流可构成商业广告，颇具针对性，但其法律逻辑究竟为何，并无说明。这涉及整个反不正当法律体系中广告的识别标准。如果在理论及成文法层面不能给出确定标准，实践中司法机构如何看待执法部门的这种认定，就十分关键。

三　互联网直播营销规制中的消费者权益保护

直播营销行为本身具有一定的压迫性。它需要潜在消费者花费时间去观看直播者的表演和介绍，还要求消费者在直播过程中作出决定。在这个意义上，直播营销和传统零售业的营销模式的确有所不同，但还留有传统电视购物的痕迹。加之大数据时代网络直播平台对消费者数据的收集、处理及人工智能技术的使用，使得个人信息保护问题在互联网直播领域日益突出。鉴于《消费者权益保护法》经2013年修订之后，第29条搭建了比较完备的消费者个人信息保护框架，使得这两个问题实际都可以在消费者权益保护层面加以解决。

（一）消费者权益保护

电子商务对消费者知情权最大的影响就是"非现场"。在这个意义上，无论是电视购物还是互联网直播营销，其所达成的交易都有这个特点。不在现场，消费者实际上并不像传统购买行为那样对所购买商品或服务能够拥有第一手信息，因此可能会错配自己的需求，从而影响自己的选择权。不可否认，电视购物和互联网直播营销以即时视频的形式向消费者介绍相关商品或服务，对于消费者与商品或服务提供方之间的信息不对称情形，这可能是一个有效弥补。但是，作为一般民法意义上的售卖和推销，主播不可能是消费者的代言人，最大可能是做一个诚信的商品或服务卖家。这就实质性地降低了消费者对电视购物或互联网直播营销所提供信息的依赖度。在这个意义上，

---

① 参见《网络直播营销指导意见》第（三）项。

互联网直播营销和电视购物一样,并不能有效纠正不在场消费者知情权无法有效保障的情形。

消费者的知情权与自由选择权本就密不可分。自由选择权的结果往往是一个消费合同的缔结,潜在消费者转为消费者本人。在《消费者权益保护法》及《电子商务法》中,基于对消费者弱势地位的认知,还要求经营者主动向消费者提供详细信息。此时的知情权重点,实际上聚焦于一个已经选择具体经营者的消费者,其知情权所对应的自由选择权内容是在得到相关信息后,要不要缔结合同。而在此之前,经营者面对的是一个潜在消费者群体,需要找到对其产品或服务真正感兴趣的消费者。确立消费者知情权,就是在认可经营者吸引潜在消费者关注这一合理需求的同时,还要保证消费者能够有效行使自由选择权,即在得到相关信息后,消费者决定选择哪家(类)经营者。

互联网直播营销在商家与消费者频繁的互动中,需要消费者即时作出购买决定。此时的消费者在很大程度上也是冲动型消费者。如果不是一个被主播或商品魅力所打动的消费者,是不会花费时间和热情去观看直播并为此作出购买决定的。在这个意义上,即使消费者知情,其决定也不一定自由。因为其在直播中的热情和购买的冲动会削弱消费者知情权与自由选择权的必然关联。

因此,在互联网直播营销所促成的电子商务法律关系中,有必要确立消费者虽知情但自由选择权遭到限制的救济方式。尤其是在互联网直播者的推销语言极具煽动性的情形下,消费者的决定就会陷入被"操纵"的境地。在非直播营销领域的明星做直播营销时,观看其直播并作出购买决定的,很多都是明星的拥趸,尤其会出现这样的情形。当然不否认会有虚假交易帮助明星冲单的可能①,但也不能排除冲动购物的消费者利用《电子商务法》规定的无理由退货期予以退货行为的合理性。

此时,为平衡保护商家或平台经济利益与消费者自由选择权,可以允许

---

① 即使对一个普通的互联网直播者,对其的包装或推广就包括由其经纪公司旗下的人员对其进行打赏以冲高人气的做法。参见某文化传媒有限公司与王某某合同纠纷案,浙江省温岭市人民法院(2020)浙1081民初4467号民事判决书。

在网络直播营销促使下达成交易的消费者行使无条件退换货的权利,同时在计算网络直播者达成交易的数量时,排除与之具有关联关系的消费者,以更为精确地衡量网络直播者的营销努力所达到的业绩效果。

(二)消费者个人信息保护

《消费者权益保护法》第29条涉及收集使用个人信息的原则,确立了经营者及其工作人员对所收集消费者个人信息的保密义务。更可贵的是,该条款还确立了商业信息的默示拒绝制度。但是,由于缺乏体系化的个人信息保护法,其适用受到了实质性的限制。根据北大法宝的统计,截至2020年11月12日,共收录仅158件相关裁判及案例文书,而该条款已经生效6年之久。因此,《消费者权益保护法》第29条的有效实施,还需要个人信息保护法总体架构的确立作为基础支撑。互联网直播营销的技术基础就是对消费者个人信息的收集和处理,如果不能从权利保护角度对直播营销中的消费者个人信息予以有效保护,直播营销的消费者权益就会进一步弱化。

目前,全国人民代表大会常务委员会正在审议《个人信息保护法(草案)》。该法一旦通过,将会有效促进消费者个人信息的保护,推动互联网直播营销的健康发展。但有两点值得注意。一方面,《网络安全法》已经全面深入地确立了网络用户的实名制度,这对于互联网直播时代的个人信息保护意味着什么,还需要持久观察。另一方面,《个人信息保护法(草案)》第56条规定:"国家网信部门负责统筹协调个人信息保护工作和相关监督管理工作。国务院有关部门依照本法和有关法律、行政法规的规定,在各自职责范围内负责个人信息保护和监督管理工作。"该拟议中的规定照顾到了目前个人信息保护文本的碎片化问题,为国家市场监督管理总局负责消费者个人信息保护和监督管理提供了依据,但其中国家网信部门的角色比较模糊。依照《网络安全法》第8条的规定,国家网信部门负责统筹协调网络安全工作和相关监督管理工作。换言之,国家网信部门既负责协调网络安全工作和相关监督管理工作,也负责协调个人信息保护工作和相关监督管理工作。其如何协调好网络安全监管与个人信息保护的关系,同步做好线下实体生活与经济活动的监管,值得关注。

尽管被称为"网络直播带货",网络直播营销行为仍然是传统销售或营销方式在互联网条件下的一种发展形态,和传统的电视购物并无实质性不同。但是,互联网赋予这种传统业态更强的互动性和快捷性,从而在网络直播营销的发展过程中充分暴露了相关适用法律制度的短板。为此,需要坚持法治原则,从尊重市场、改善营商环境、充分保护个人权利的角度进一步推动相关制度进行改革,才能促进网络直播营销产业的健康发展,为中国经济的两个循环提供足够的发展动力。

B.9
2020年中国老年人权益保障法治发展报告

王海洋 鲁晓明*

摘 要: 2020年,老年人权益保障法治取得重大进展,老年人权益保障法规政策体系进一步完善,国家继续推进养老服务建设,规范养老机构运行,建立国家突发公共卫生事件中老年人权益保护应对机制,老年服务人才培育不断强化。在法治实践过程中,老年人权益保障工作存在四个方面的问题:老年人权益保障法规政策效力偏低、法规政策难以获得、法规政策覆盖面窄、救济体系不够完善。为此,在推进老年人权益保障的过程中,应当做好如下工作:强化顶层设计,建构完善的老年人权益保障规范体系;建立专门的老年人权益保障机构;建立政府间协调机制,强化政府责任;分类完善老年人权益救济机制;加强老年人权益保障宣传教育。

关键词: 养老 积极老龄化 老年人权益 人口老龄化

2019年11月,中共中央、国务院在《国家积极应对人口老龄化中长期规划》(以下简称《规划》)中提出,"走出一条中国特色应对人口老龄化道路"。总体上,2020年老年人权益保障法治稳妥推进,重点完善既有的老年人权益

---

* 王海洋,广东财经大学法学院讲师;鲁晓明,广东财经大学法学院教授。本文系国家社科基金重大项目"积极老龄化的法治问题研究"(2019ZDA157)的阶段性成果。

保障法规政策体系和建立国家突发公共卫生事件中老年人权益保障制度。如何填补立法漏洞、具体化法规政策、建立有效的应对风险机制，是各级立法机关、政府需要关注的重要问题，也是2020年老年人权益保障的核心议题。

一 老年人权益保障法治现状

（一）走建设中国特色应对人口老龄化道路

《规划》基于以人民为中心的发展思想，坚持积极应对、共建共享、量力适度、创新开放的基本原则。《规划》明确了建构中国特色应对人口老龄化道路的战略目标，部署了夯实应对人口老龄化的社会财富储备，改善人口老龄化背景下的劳动力有效供给，打造高质量的养老服务和产品供给体系，强化应对人口老龄化的科技创新能力，构建养老、孝老、敬老的社会环境五项具体任务。由于人口老龄化问题复杂多样，涉及经济运行、社会建设、社会文化等多方面内容，《规划》明确了建设中国特色应对人口老龄化体制机制的时间表：近期至2022年，积极应对人口老龄化的制度框架初步建立；中期至2025年，积极应对人口老龄化的制度安排更加科学有效；远期展望至2050年，与社会主义现代化强国相适应，应对人口老龄化的制度安排成熟完备。2020年10月，中国共产党第十九届中央委员会第五次全体会议公报进一步明确，"实施积极应对人口老龄化国家战略"。

总体而言，经过一年多的规划、建设，中国特色应对人口老龄化体制机制逐步完善。一是积极建构应对人口老龄化的法规政策体系，分人群、分地域、分职业、分领域立法和制定相关政策，为尽可能保障不同老年人群的合法权益提供规范依据；二是明确了各级党政主要负责人的主体责任，强化了政府应对人口老龄化责任机制，进一步完善了政府间协调机制；三是积极推进人口老龄化应对机制试点工作，总结成熟经验，并将其上升为法律和国家政策；四是积极探索国际上共同应对人口老龄化的体制机制，推动国际对话和协商，借鉴其他国家应对人口老龄化的成熟经验，也分享中国应对人口老龄化的有效实践。

（二）老年人权益保障法规政策体系进一步完善

从整体上看，2020年老年人权益保障法规政策体系建设稳妥推进，呈现如下特征：规范层次上以法规、规章和规范性文件为主，注重老年人权益保护的操作性、细节性规定。在北大法宝及各个省、自治区、直辖市民政部门官方网站以"养老""老年人"为关键词进行检索，可以发现2020年无法律层级的老年人权益保障立法出台，地方则有诸多相关的立法实践。为保障老年人的合法权益，发展老龄事业，积极有效应对人口老龄化，山东、甘肃、广东、辽宁、浙江、天津、上海等共7个省、直辖市先后修改或出台了促进养老服务或老年人权益保障的相关立法。经济特区深圳市出台了专门的养老服务条例。有9个设区的市出台了相关的地方性法规。为落实法律和省级政府法规的规定，各级政府亦出台相应的地方政府规章和规范性文件。这些立法实践源自2018年我国修改的《老年人权益保障法》对老年人权益保障法律体系作出了系统性的规定，对各地方政府完善老年人权益保障法规政策体系提出了新要求。

从内容上看，2020年老年人权益保障法规政策体系可以从以下两个方面认识。一是细化的老年人权益保障法规政策体系。2020年7月，民政部、国家发展改革委、财政部、住房和城乡建设部、国家卫生健康委、银保监会、国务院扶贫办、中国残联、全国老龄办出台了《关于加快实施老年人居家适老化改造工程的指导意见》，要求建立适合居家养老的宜居环境，并规定了老年人居家养老的政府责任，包括明确民政部门作为职能部门、提供财政补贴、支持家政服务和物业等拓展居家养老改造业务等，这可以看作对2018年《老年人权益保障法》第六章"宜居环境"的具体化规定。二是完善老年人权益保障法规政策体系。现代社会是风险社会，如何建立有效的机制应对风险，保护处于弱势地位的老年人权益，是国家面临的挑战之一。新冠肺炎疫情发生后，政府采取多种措施积极探索公共卫生紧急事件中的老年人权益保障。

（三）继续推进养老服务体系建设

2020年，养老服务体系建设持续推进，主要表现在以下几个方面。

一是强化中央财政支持，修订中央财政补助激励办法。2020年2月，国家发展改革委、民政部、财政部发布《关于印发〈养老服务体系建设中央补助激励支持实施办法〉（2020年修订版）的通知》，对养老服务措施取得明显成效的省份给予财政倾斜。

二是强化养老服务法治保障，提升养老服务的规范层次。以"养老服务"为关键词，通过北大法宝检索，从2015年到2020年共制定了31项地方性法规，规范养老服务，其中省级地方性法规10项，市级地方性法规17项，经济特区法规（深圳市）1项。其中2020年共通过或修订10项法规，占比32%，这就提升了养老服务的规范位阶，从规范性文件提升到了法规的层次，使养老服务规范具有法律拘束力，成为其调整的所有国家机关的职责。

三是完善养老服务质量标准，开展养老服务质量专项行动。建立养老服务质量评价标准是评估养老服务水平以及进一步全面提升养老服务水平的推动力。2020年，采取多种举措推进服务质量建设。第一，养老机构规范和等级评估。2019年12月，民政部印发了《民政部关于加快建立全国统一养老机构等级评定体系的指导意见》，2020年各地方或者按照民政部的标准进行养老机构等级评估，如山东省颁布了《关于开展2020年全省养老院服务质量建设专项行动的通知》，或者自行制定养老机构等级评估办法，如江西省《养老机构等级评定管理办法（试行）》，或者开始征求养老机构等级评定管理办法的意见，如《关于征求〈浙江省养老机构等级评定管理办法〉（征求意见稿）意见的公告》。第二，加强养老服务标准化工作，开展养老机构接待、养老机构服务礼仪、养老机构膳食服务基本规范等标准的制定。2020年10月，民政部养老服务司就《养老机构接待服务基本规范（征求意见稿）》等7项行业标准意见向社会公开征求意见。第三，开展养老院服务质量建设专项行动。2020年各地持续开展养老院服务质量专项行动，如山西省印发了《关于开展2020年全省养老院服务质量建设专项行动的通知》、上海《关于印发〈2020

年养老机构服务质量建设专项行动实施方案〉的通知》等。

四是继续推进智慧健康养老试点。智慧健康养老是运用大数据、互联网、物联网等现代技术，使健康养老资源能够与社区、家庭、个人等有效对接，推动养老服务的智能化，提升养老服务水平。2020年，中央继续推进智慧健康养老服务，5月，工业和信息化部办公厅、民政部办公厅、国家卫生健康委员会办公厅发布了《关于组织申报〈智慧健康养老产品及服务推广目录（2020年版）〉的通知》，7月发布了《关于开展第四批智慧健康养老应用试点示范的通知》。2020年11月，民政部公布了《第四批智慧健康养老应用试点示范名单公示》。同时，各地积极开展智慧健康养老的试点工作，如安徽省发布了《关于拟入围2020年安徽省级智慧健康养老应用试点示范的公示》、北京市发布了《关于组织申报〈智慧健康养老产品及服务推广目录（2020年版）〉的通告》等。

五是继续开展居家养老服务工作，居家养老服务体系持续完善。2020年11月，住房和城乡建设部等部门发布了《关于推动物业服务企业发展居家社区养老服务的意见》，提出要补齐社区居家养老服务短板，包括采取盘活小区公共房屋和设施、保障新建居住小区养老服务设施达标、加强居家社区养老服务设施布点和综合利用、推进居家社区适老化改造，推行"物业服务＋养老服务"居家社区养老模式，丰富居家社区养老服务内容，积极推进智慧居家社区养老服务。

六是继续推进老年人社会优待工作。解决老年人使用互联网、智能手机等人工智能技术遇到的困难，国务院办公厅于2020年11月印发了《关于切实解决老年人运用智能技术困难实施方案的通知》，明确要求做好突发事件应急响应状态下对老年人的服务保障、便利老年人日常交通出行、便利老年人日常就医、便利老年人日常消费、便利老年人文体活动、便利老年人办事服务、便利老年人使用智能化产品和服务应用七项重点任务，规定了健全工作机制、完善法规规范、加强督促落实、保障信息安全、开展普及宣传五项保障措施。

（四）规范养老机构运行

2020年5月，民政部办公厅、国家发展改革委办公厅下发《关于开展公办养老机构改革试点工作总结　推广公办养老机构改革典型经验的通知》，要求总结2013年以来公办养老机构改革试点的主要工作，挖掘典型的改革案例，并推广公办养老机构改革的成果。2020年8月，民政部颁布了《养老机构管理办法》，系统规范了养老机构的运行。

《养老机构管理办法》将养老机构分为营利和非营利两类，其设立应当办理登记，营利性的养老机构应当向市场监督管理部门办理登记，非营利性的养老机构向民政部门办理登记。养老机构应当遵守相应的服务规范，包括建立入院评估制度，签订服务协议，提供生活照料、康复护理、精神慰藉、文化娱乐等服务，建立健康档案，提供情绪疏导、心理咨询、危机干预等精神慰藉服务等。在运营管理方面，应当按照国家规定，建立健全安全、消防、食品、卫生、财务、档案管理等制度。为保障以上制度的落实，《养老机构管理办法》还要求民政部门加强监督检查，发现违法情形的，应当依法处理并向社会公布。

（五）国家突发公共卫生事件中的老年人权益保护

突发公共卫生事件是突然发生的，对公众健康造成或者可能造成重大损害的社会风险。老年人因为身体条件等极易受到损害，如何保障老年人权益是急迫性的问题，也是一个比较复杂的问题。2020年2月，国务院应对新型冠状病毒肺炎疫情联防联控机制综合组发布了《关于印发新型冠状病毒肺炎疫情防控期间养老机构老年人就医指南的通知》，要求密切关注老年人健康状况，养老机构在发现老年人身体不适时，在与家属达成一致意见后，负有救助义务或者请求其他医疗机构救助。同月，国家卫生健康委基层司发布了《关于印发基层医疗卫生机构在新冠肺炎疫情防控期间为老年人慢性病患者提供医疗卫生服务指南（试行）的通知》，进一步规定了新冠肺炎疫情期间如何保障老年人权益。除此以外，民政部以及各地区民政部门也先后发文，要求采取措施应对新冠肺炎疫情，保护老年人权益。

（六）继续推进老年人权利救济体系完善工作

没有救济就没有权利，老年人权益保障的核心在于建立有效的权利救济机制。

从目前老年人权益保障体系来看，老年人权益保障主要是立法保障，即在法律中具体规定老年人权益保障的措施。2020年老年人权益保障仍然延续了这一思路，但有一些变化，开始通过公布典型案例的方式提高老年人的维权意识。

2020年7月，民政部、中央政法委、最高人民法院、最高人民检察院、公安部、司法部发布了《关于规范养老机构服务行为 做好服务纠纷处理工作的意见》，为养老机构纠纷提供了解决途径。该意见首先提出，要完善养老机构内部管理，通过多种途径防范养老机构内部发生的侵犯老年人权益事件；其次，提出规范服务纠纷处理程序，养老机构负有法律义务协助处理老年人权益受损害事件；再次，要求合理运用法律纠纷解决机制，引导当事人自愿协商解决纠纷，运用调解等方式解决纠纷以及依法运用裁判方式解决纠纷；最后，该意见还要求，建立部门间协调机制，形成工作合力，共同解决养老机构内部纠纷。

除此以外，2020年7月，中国老龄协会发布了2019年全国老年维权十大典型案例，案件涉及权益包括：涉老民间借贷纠纷、老年人赡养权益保护、老年人住房权益保护、老年人婚姻自由权益保护、老年人土地承包权益保护、老年人养老金权益保护等①。通过发布典型案例，营造保障老年人权益的社会氛围，为老年人权益保障提供具体指导。

（七）强化老年服务人才培育工作

老年人服务人才培养工作，是做好老年人养老服务、保护老年人权益的关键。2020年，老年人服务人才培育工作主要表现在以下三个方面。

一是制定培训大纲，进行专业培训。2020年10月，民政部办公厅印发了《养老院院长培训大纲（试行）》和《老年社会工作者培训大纲（试行）》两份规范性文件。《养老院院长培训大纲（试行）》旨在提高养老院管理人员的法规政策水平和职业素养，提升养老服务水平，培训内容包括政策与发展趋势模块、服务实务模块、管理实务模块和能力建设模块四个模块。《老年社会工作者培训大纲（试行）》旨在加强老年人社会工作队伍建设，提高养老社会工作

---

① 中国老龄协会发布2019年全国老年维权十大典型案例，http://www.cncaprc.gov.cn/llxw/191437.jhtml，最后访问日期：2020年12月12日。

质量，培训内容包括政策趋势模块、理论知识模块和实务技巧模块三个模块。

二是展开技能大赛，促进养老服务人才技能提升。开展职业技能竞赛，是提升技能水平的重要方式。通过观察、学习、比较养老职业技能，可以及时发现不足，进一步提升职业技能。养老职业技能大赛主要在部分省市展开。2020年9月，江苏省民政厅发布了《关于开展第五届江苏技能状元（养老护理）大赛地区选拔赛的通知》，养老护理大赛的内容以服务老年人为中心，注重养老服务人员的核心技能、职业素养以及人文关怀的职业胜任能力[1]。

三是建立养老服务人才培训基地，提升养老服务人才工作能力。由于养老服务的特殊性，养老服务人才的培养，需要建立专门的培训机构，系统规定养老服务人才的培训方案，保障养老服务人才的专业素养。这一方面中国已经有部分省市开展了相关实践。2020年8月，浙江省民政厅发布了《关于首批省级养老护理员培训基地的公示》。

二 老年人权益保障法治存在的问题

（一）老年人权益保障法规政策效力偏低

宪法、法律、法规、规章、规范性文件的法律效力逐次递减，以此来看，老年人权益保障的相关法规效力偏低。具体来讲，就老年人权益保障的法规政策体系来讲，在宪法层面，《宪法》第45条和第49条第4款是建构老年人权益保障的基础规范，但老年人权益保障的法规政策缺乏对宪法上老年人权益规范的解释，也缺乏对宪法上规范的具体化规定，尤其是关于获得物质帮助权的规范；在法律层面，目前仅有《老年人权益保障法》一部法律，老年人权益保障的法律比较缺乏；在法规层面，主要是老年人权益保障法的配套性规定，以及专门规定养老服务的相关条例；在规章层面，规章的数量也比较少，主要是关于养老机构的规定。多数关于老年人权益保障的规范是以规范性文件的形式存在，如各种"意见""通知"等。

---

[1] 《关于开展第五届江苏技能状元（养老护理）大赛地区选拔赛的通知》，http://mzt.jiangsu.gov.cn/art/2020/9/3/art_79985_9500270.html，最后访问日期：2020年12月12日。

法规政策体系的法律效力偏低,说明中国尚未建立完善的养老法规政策体系,缺乏对老年人权益保障的整体规划和顶层设计,老年人权益保障主要采取实用主义的态度,以问题为导向制定相关政策。这种方法固然有利于解决具体问题,但是由于缺乏整体性设计,缺乏对老年人权益保障法律体系的思考,影响了老年人权益保障。一方面,可能会出现无法可依的情形,不能为老年人权利救济提供请求权基础;另一方面,可能会导致规范之间的冲突,无法为老年人权利提供平等保护,造成差别对待。就此而言,提高老年人权益保障规范等级,开展老年人权益保障法律体系构建,是值得引起关注的问题。

(二)老年人权益保障法规政策覆盖面窄

尽管已有老年人权益法律法规和大量的规范性文件,但是从这些规范内容看,并未区别不同类型的老年人群体给予不同的优待。大体上来看,老年人权益保障法规政策主要是关于离休人员和退休人员的,对于农村老年人群体、特困"五保"等老年人群体的权益关注较少。在既有的老年人权益法规政策体系中,内容存在失衡,主要集中在养老服务方面,对老年人赡养、宜居环境、老年人权利救济等方面关注较少。这造成了老年人在社会优待上存在差异,以及享受到的社会福利待遇差别。这里存在两种问题。一种是立法不作为,也就是对于应当给予优待的群体,立法机关没有及时立法,导致这部分老年人权益受到损害;另一种是立法机关不合理的差别对待。虽然立法机关进行了立法,但是立法机关区分不同群体的理由欠缺合法性或者合理性基础,因而违反了平等原则。当然,对于规章、规范性文件制定机关来讲,也可能出现上述立法机关违背平等原则的情形。至于是哪种违背平等原则的情形,需要在具体个案中判断。

(三)老年人权益救济体系不完善

老年人权益的特点对救济体系提出了更高要求,不仅要求建立防止权利受到侵害的救济体系,还要求建立有效的国家给付体系。防止权利受到损害的救济体系既包括防止公民之间的侵犯(主要是民事诉讼程序),也包括防止国家的侵犯(主要是行政诉讼程序),国家给付体系主要是指国家要建立有效的社会保障制度，为老年人提供有尊严的生活条件。

就国内老年人权益救济体系来看，主要是防止权利受到侵害的程序，如《老年人权益保障法》对老年人权益救济程序作出了一些规定。尽管如此，防止权利受到损害的救济体系也存在缺漏：一方面，权利救济的成本过高，妨碍了老年人权利的实现；另一方面，救济手段单一，没有考虑到老年人权益的不同特征。相比防止权利受到损害的救济程序，国家给付体系（社会保障体系）的建设则相对落后，既表现在社会保障覆盖面窄，也表现在没有对既有的国家给付提供有效的救济手段。因此，老年人权益救济体系的完善应当从上述方面着力，在完善权利受到侵犯的救济程序的同时，完善社会保障体系，建立全方位保障老年人权益的体制机制。

三 老年人权益保障法治的未来

（一）强化顶层设计，建构完善的老年人权益保障规范体系

推进中国特色应对人口老龄化道路，需要强化顶层设计。

一是健全老年人权益保障体制机制。老年人权益保障涉及老年人生活的方方面面，需要根据老年人权益保障实践中出现的问题，有针对性地设计相关的体制机制，既要能够解决实际问题，也要保障制度的统一。除此以外，老年人权益保障制度的建构，还要注意与其他制度的协调，尤其是社会保障制度。老年人权益保障制度是一个系统工程，除了需要国家的保障，还需要家庭的协助、社会的参与。为此，就要建立有利于家庭协助的体制机制，减轻家庭负担，使家庭能够投入更多的资源支持养老服务事业，如现在推行的养老税收减免就是一项积极尝试。同时还要建立社会共同参与的体制机制，破除阻碍社会资源进入养老服务行业的障碍，给予参与养老社会资源的主体以相应的财政支持。

二是完善老年人权益保障法规政策体系，提升老年人权益保障规范层次。老年人权益保障法规政策存在内容和对象上的不均衡性，没有覆盖应该覆盖的所有群体，某种程度上出现了"重者恒重，轻者恒轻"的格局，由此导致老年人权益保护的不充分。为此，需要严格适用平等原则。一方面，及时填补法

规政策漏洞,把相关老年人群体都纳入法律政策的调整范围,扩大老年人权益法规政策的覆盖面;另一方面,全面清理现行的法规政策,按照实质平等的要求修改老年人权益保障规范。同时,基于法律秩序统一的原则和保障老年人权益的现实要求,老年人权益保障体制机制要以法律的形式落实。为此,就需要提升老年人权益保障的规范层次,总结成熟的经验,及时上升为法律。

(二)建立专门的老年人权益保障机构

目前,中国专门管理老龄事业的部门是中国老龄协会和全国老龄工作委员会办公室,这两个部门实行合署办公。在职能分配上,国内以全国老龄工作委员会办公室开展工作,国际上以中国老龄协会开展国际交流与合作。中国老龄协会和全国老龄工作委员会办公室是国务院所属的事业单位。2018年3月,《深化党和国家机构改革方案》确定中国老龄协会的代管部门由民政部改为国家卫生健康委员会,全国老龄工作委员会的日常工作由国家卫生健康委员会承担[1]。中国老龄事业的管理缺乏一个独立的、专门的机构。

随着中国加速进入人口老龄化社会,以及积极应对人口老龄化国家战略的实施,目前的老龄事业管理体制在实践中遇到了两个无法解决的问题。一方面,中国老龄协会和全国老龄工作委员会办公室的权能设置主要是调查研究和提出建议性的意见,没有足够的权力解决复杂的老年人权益保障问题,无法纠正侵犯老年人权益的行为,多数情况下只能求助于各个政府部门,也难以有力推行老年人权益保障政策。有鉴于此,要建立独立的、专门的老年人权益保障机构,赋予其足够的权力实施积极应对人口老龄化国家战略。

(三)建立政府间协调机制,强化政府责任

由于老年人权益保障涉及面广,解决的问题比较复杂,单靠一个部门往往无法解决实际问题,需要建立政府间协调机制。也就是说,政府各职能部门在涉及老年人权益保障的问题上,要通力合作,相互配合,共同解决实践中的问题。为此,需要在以下三个方面着力。一是完善议事协调机制。当涉

---

[1] 《深化党和国家机构改革方案》,《思想政治工作研究》2018年第4期。

及多部门的职权范围时,需要专门的机构负责召集、组织相关研讨,实施联合执法,否则难以保证各个机构的行动一致。考虑到目前主要是民政部门负责养老事务,可以由民政部门负责召集。但是,在专门的养老负责机构设立后,此职责应当由专门的养老机构负责。二是建立信息互通机制。各政府职能部门需要及时互通信息,建立信息通报制度,及时研究解决老年人权益保障中存在的问题。三是强化政府责任。建立政府落实老年人权益保障的责任机制,如把老年人权益保障效果纳入政府考核体系,确保政府间协调机制有效运行。

(四)分类完善老年人权益救济机制

防止老年人权益受到侵犯和国家给付是两类不同的案件,老年人权益救济途径的完善也需要从两个方面分开说明。首先是防止老年人权益受到侵犯的案件。此类案件是传统的老年人权益救济案件,也就是防止国家、其他人对老年人权益的侵犯。目前,这类案件的解决主要依靠诉讼、调解等方式。有必要建立便利老年人的诉前程序,根据老年人的特点提供相应的服务,并考虑建立专门的老年人诉讼机制。当然,这种方式涉及国家审判制度,需要慎重。其次是国家给付的案件。现代法治认可一部分国家给付具有可诉性,为老年人营造有尊严的生活提供最基本的保障。《行政诉讼法》第12条第10项也认可了部分行政给付具有可诉性。就此而言,为保障老年人权益,应当尽可能扩大国家给付可诉性的范围,为老年人权益提供有力的法治保障。

(五)加强老年人权益保障宣传教育

老年人权益保障既是法律问题,也是社会问题。社会问题的解决主要依靠社会文化的改变,为营造良好的养老社会文化氛围,形成全社会尊老、敬老、爱老的习惯,需要强化相关宣传教育工作。一方面,通过开展各种形式的"敬老月"等活动,使公众了解老年人权益保障的重要性;另一方面,建立便利老年人获得法规政策的途径,如通过微博、社区通告、村委会宣传等,使公众能够及时获知老年人权益保障信息。应当加大力度支持老年人权益保障研究工作,探讨积极应对人口老龄化国家战略的实施方案,为解决老年人权益保障问题提供智识支持。

B.10
生态文明背景下的中国自然资源监管

岳小花*

摘　要： 党的十九大以来，中国自然资源监管在治理理念、体制机制、执法方式以及法治化等方面取得诸多进展，进一步统筹山水林田湖草系统治理，以生态化、整体性思维推进自然资源监管；推进自然资源产权改革并明确全民所有自然资源资产所有者、国土空间规划及用途管制和生态保护修复的机构及职责；以执法效果为导向，完善规划与审批机制，加强事中事后监管；相关立法的立、改、废加速等。中国自然资源监管在取得上述成效的同时，仍存在社会监管力量薄弱、自然产权及登记制度尚需平衡推进、自然资源监管执法及法律责任有待健全完善等问题，今后需推动企业及公众等多种主体参与自然资源监管，健全自然资源产权及相关登记制度，加强监管的程序、责任约束和保障机制建设。

关键词： 生态文明　自然资源监管　国土空间用途管制

党的十九大报告将生态文明定位为中华民族永续发展的千年大计，对生态文明建设的目标、体制与机制等进行了详细阐述，并将之反映和体现在国家根本大法中。具体到自然资源领域，十九大报告提出，要"改革生态环境监管体制，……设立国有自然资源资产管理和自然生态监管机构，……统一行

---

* 岳小花，中国社会科学院法学研究所助理研究员。

使全民所有自然资源资产所有者职责，统一行使所有国土空间用途管制和生态保护修复职责，统一行使监管城乡各类污染排放和行政执法职责。构建国土空间开发保护制度，完善主体功能区配套政策，建立以国家公园为主体的自然保护地体系"。2018年3月修改的《宪法》将生态文明增列为五大文明内容之一，明确规定国务院领导和管理生态文明建设。以此为指引，中国自然资源监管从完善立法、体制改革到具体执法均进行了一系列变革。2018年，中国组建自然资源部，由其对自然资源开发利用和保护进行监管[①]，自然资源监管及执法成效日益显现。

一 自然资源监管的进步与成效

（一）健全自然资源监管的体制与机制建设

党的十九大报告为自然资源监管提供了方向性指导。随着自然资源资产产权及权益机制的改革完善，统一的自然资源所有者职责、国土空间用途管制和生态保护修复职责以及自然资源监测职责进一步明晰和确立。

1. 推进自然资源产权改革，统一行使所有者职责

党的十九大之后，成立自然资源部、改革生态环境监管体制等一系列体制性变革，为统一行使全民所有自然资源资产所有者职责提供了组织机构条件。2019年4月，中共中央办公厅、国务院办公厅印发《关于统筹推进自然资源资产产权制度改革的指导意见》，从健全自然资源资产产权体系、明确产权主体、加强统一确权登记等制度入手，全方位推进自然资源资产产权制度改革。

为此，2019年7月，自然资源部、财政部、生态环境部、水利部及国家林业和草原局印发《自然资源统一确权登记暂行办法》，为建立归属清晰、权责明确、保护严格的自然资源资产产权制度奠定基础。为实施该办法，2020年2月，自然资源部办公厅又印发《自然资源确权登记操作指南（试行）》，提供技术指引和规范。

---

① 参见中共中央《深化党和国家机构改革方案》（2018）、《国务院关于机构设置的通知》（2018）以及《国务院关于部委管理的国家局设置的通知》（2018）。

矿产资源方面，2019年12月，自然资源部发布《关于推进矿产资源管理改革若干事项的意见（试行）》，主要规定了全面推进矿业权竞争性出让、严格控制矿业权协议出让、积极推进"净矿"出让，实行同一矿种探矿权采矿权出让登记同级管理，延长相关探矿权期限等内容。自然资源部发布《关于申请办理矿业权登记有关事项的公告》，规定自2020年5月1日起，对同一矿种探矿权采矿权登记实行同级管理，进一步厘清自然资源部、省级及以下自然资源管理部门对矿业权登记的职责权限。

森林资源方面，2020年6月3日，自然资源部办公厅、国家林业和草原局办公室发布《关于进一步规范林权类不动产登记做好林权登记与林业管理衔接的通知》，以规范林权登记业务，进一步规范林业管理行为。

2. 统一国土空间规划和用途管制职责

2019年5月，中共中央、国务院印发《关于建立国土空间规划体系并监督实施的若干意见》。为贯彻落实该意见，自然资源部发布《关于全面开展国土空间规划工作的通知》，全面启动国土空间规划编制审批和实施管理工作；并就实现"多规合一"，做好过渡期内现有空间规划的衔接协同等作出详细规定。2020年1月，自然资源部办公厅先后印发《省级国土空间规划编制指南（试行）》《资源环境承载能力和国土空间开发适宜性评价指南（试行）》，为国土空间规划工作提供技术规范。

2019年11月，党中央、国务院印发《关于在国土空间规划体系中划定落实三条控制线的指导意见》，在国土空间规划过程中推动最严格的生态环境保护制度、耕地保护制度和节约用地制度的实施。

2020年5月，自然资源部办公厅印发《关于加强国土空间规划监督管理的通知》，主要从建立健全国土空间规划"编""审"分离机制、规范规划编制审批、严格规划许可管理、实行规划全周期管理等方面加强国土空间规划监督管理。

3. 统一自然资源调查监测职责

为适应自然资源部组建和新职能要求，建立自然资源统计调查制度和指标体系，2019年7月，自然资源部办公厅印发《关于自然资源统计调查制度的通知》，明确规定综合及各项业务领域的统计指标，统一规范体系，为自然资源调查监测活动奠定基础。2020年1月，自然资源部印发《自然资源调查监测体系构建总体方案》，坚持山水林田湖草是一个生命共同体的理念，以建立自然资源调查监测标准体系为目标，构建中国自然资源调查监测系列规范及相关数据支持系统。2020年4月，为加强矿产资源统计管理，维护国家对矿产资源的所有权，自然资源部修订《矿产资源统计管理办法》，从矿产资源统计调查规划、信息发布、统计周期、资料管理等方面进行详细规范。2020年7月，自然资源部发布《自然资源统计工作管理办法》，进一步规范自然资源统计管理工作，建立健全统计数据质量控制体系，提升自然资源统计数据的真实性。

4.明晰自然资源监管的央地职责划分

为落实《中共中央关于坚持和完善中国特色社会主义制度 推进国家治理体系和治理能力现代化若干重大问题的决定》提出的明确中央与地方的事权、财权要求，2020年7月，国务院办公厅印发《自然资源领域中央与地方财政事权和支出责任划分改革方案》，从自然资源调查监测、自然资源产权管理（自然资源确权登记、自然资源有偿使用和权益管理）、国土空间规划和用途管制、生态保护修复、自然资源安全、自然资源领域灾害防治等方面厘清中央与地方政府的权责划分及合作事项。

（二）重视自然资源开发利用中的生态环境保护工作

1.注重生态系统保护与修复

党的十九大报告指出，要"实施重要生态系统保护和修复重大工程，优化生态安全屏障体系"，同时2019年政府工作报告明确提出，要"加强生态系统保护修复"。为此，国务院、自然资源部及有关部门先后发布一系列生态保护与修复相关指南或规范性文件，通过对生态系统的保护和修复，促进区域生态系统的综合提升。首先，注重生态系统保护与修复的规划编制。2020年6月，国家发展改革委、自然资源部印发《全国重要生态系统保护和修复重大工程总体规划（2021~2035年）》（发改农经〔2020〕837号），提出到

2035年推进森林、草原、荒漠、河流、湖泊、湿地、海洋等自然生态系统保护和修复工作的主要目标,以及统筹山水林田湖草一体化保护和修复的总体布局、重点任务、重大工程和政策举措。其次,加强技术引导和规范。2020年8月,自然资源部、财政部、生态环境部印发《山水林田湖草生态保护修复工程指南(试行)》,明确国内各地区山水林田湖草生态保护修复工程的技术规范。最后,加强资金保障。2020年4月,财政部印发《海洋生态保护修复资金管理办法》(财资环〔2020〕24号),旨在加强对海洋生态保护修复资金的规范管理。

2.重视自然资源开发中的环境监管

自然资源开发作为直接的生产性活动,与环境保护密切相关,因此,生态文明建设过程中,加强资源开发中的环境监管也是自然资源监管的重要一环,这突出体现在矿产资源的开发利用方面。近两年,中国加强对矿产资源开发中的环境监管,并出台系列行政规章和技术指南等规范性文件,加强矿山生态环境保护和修复。2019年7月,自然资源部修订《矿山地质环境保护规定》(自然资源部令5号),旨在保护矿山地质环境,从而减少矿产资源勘查开采活动造成的矿山地质环境破坏。2020年6月,自然资源部印发《绿色矿山评价指标》和《绿色矿山遴选第三方评估工作要求》,从技术角度对绿色矿山评价指标及遴选评估要求进行规范。此外,早在2018年12月,自然资源部就印发了《关于进一步规范稀土矿钨矿矿业权审批管理的通知》,规定对中国保护性开采的稀土矿、钨矿在开采过程中严格采取各项环境保护制度措施。

3.加强自然保护地体系建设

自然保护地由于具有重要的资源、生态及文化价值,具有整体性、原真性、系统性等特点,成为中国当前生态环境保护的重要组成部分。2019年6月,中共中央办公厅、国务院办公厅印发《关于建立以国家公园为主体的自然保护地体系的指导意见》,旨在促进自然保护地在生物多样性、自然遗产、生态环境质量和国家生态安全等方面的保护效果,主要以严格保护、分级管理为原则,将自然保护地划分为国家公园、自然保护区和自然公园,从层级上分为中央直接管理、中央地方共同管理和地方管理。该规定对于加强自然保护地生态保护及体系化管理具有重要意义。2020年5月，生态环境部办公厅发布《关于启用自然保护地人类活动监管系统的通知》，全面加强自然保护地生态环境监管。

（三）完善自然资源监管路径与方式

1. 完善规划与审批，加强事中事后监管

首先，推进自然资源"放管服"改革。自然资源部2018年印发《自然资源部关于调整〈矿业权交易规则〉有关规定的通知》，对2017年印发的《矿业权交易规则》按照涉企保证金目录清单制度相关要求进行调整，以进一步深化矿业权管理领域"放管服"改革；2019年9月印发《自然资源部关于以"多规合一"为基础推进规划用地"多审合一、多证合一"改革的通知》；2019年12月又印发《自然资源部关于实施海砂采矿权和海域使用权"两权合一"招拍挂出让的通知》。

其次，加强自然资源事中事后监管。2019年9月，国务院印发《关于加强和规范事中事后监管的指导意见》，自然资源领域的许可及监管相应发生了诸多变革。2019年2月27日，国务院发布《关于取消和下放一批行政许可事项的决定》，取消了"海域使用论证单位资质认定"的行政许可事项，此后，自然资源部不再开展海域使用论证资质认定审批工作。为做好取消认定审批后的海域使用论证行业监督管理工作，2019年4月，自然资源部发布《关于取消"海域使用论证单位资质认定"后加强事中事后监管的公告》，通过规定制（修）订海域使用论证管理制度和技术规范、严格海域使用论证评审等方式，进一步规范海域使用论证工作，保证海域使用的科学性，提高海域使用论证质量。2019年11月，自然资源部办公厅制定《地质勘查活动事中事后监督管理办法（征求意见稿）》并征求意见。2020年9月，国务院又发布《关于取消和下放一批行政许可事项的决定》，将自然资源领域原来的部分审批事项改为备案，由事先许可改为加强事中事后监管。为推进"证照分离"改革，2019年12月，自然资源部办公厅印发《"证照分离"改革全覆盖试点工作实施方案》，推进自然资源审批制度改革，切实加强自然资源领域事中事后监管。

此外，2020年6月，自然资源部办公厅印发《矿业权登记信息管理办法》，以规范矿业权出让登记行为，推进矿产资源领域事中事后监管。

2. 加大执法监督与督查力度

2020年3月，自然资源部修订发布《自然资源执法监督规定》，为自然资源执法监管提供法治化保障。2020年6月，自然资源部办公厅印发《自然资源部挂牌督办和公开通报违法违规案件办法》，进一步加强自然资源监管的政府监督机制。

3. 加强信息化与标准化建设

首先，稳步推进自然资源信息平台及大数据建设。2019年11月，自然资源部印发《自然资源部信息化建设总体方案》。此外，依据《公共资源交易平台系统数据规范（V2.0）》，国家发展改革委办公厅、国家林业和草原局办公室于2020年7月发布《公共资源交易平台系统林权交易数据规范》，对省平台与国家公共资源交易服务平台系统间共享林权交易数据的交换进行规范。

其次，定期发布自然资源相关公报及信息公告。自2017年起，自然资源监管部门每年发布有效期内矿业权基本信息公告通知，为社会公众监督矿业权实施提供信息条件；从2009年起，中国开始发布国土绿化状况公报；自2011年开始，中国每年发布《中国矿产资源报告》。2020年10月，自然资源部发布的《中国矿产资源报告（2020）》详细披露了年度地质勘查进展、矿产资源储量、矿山生态修复、矿产资源管理及规划编制等数据及工作进展。

此外，2020年6月，自然资源部印发《自然资源标准化管理办法》，加强自然资源领域标准化建设。

（四）自然资源相关立法文件陆续出台

十九大以来，中央出台多部与自然资源保护及监管相关的立法文件，强调生态文明建设背景下的自然生态保护，规范自然资源监管。除前文援引的立法文件外，近两年出台的自然资源相关立法性文件主要如下。

1. 法律及国家立法性文件

受新冠肺炎疫情影响，为禁止和惩治中国长期以来存在的非法野生动物交易行为以及滥食野生动物的陋习，2020年2月，全国人大常委会通过《全国人民代表大会常务委员会关于全面禁止非法野生动物交易、革除滥食野生动物陋习、切实保障人民群众生命健康安全的决定》。2019年8月，全国人大常委会颁布《资源税法》，对资源税的税目、税率、计征方式、免征或减征情形等进行明确规定。2019年12月，全国人大常委会通过《森林法》（2019年修订），新增了森林分类经营管理、森林权属、森林生态效益补偿及损害赔偿、发展规划和监督检查等制度；对公益林和商品林进行差异化管理；明确森林权属，加强森林资源产权保护；由公安机关行使相应的行政处罚权等。

2. 部门规章

2018年12月，自然资源部先后发布《自然资源部立法工作程序规定》（自然资源部令第1号）和《自然资源规范性文件管理规定》（自然资源部令第2号），以规范自然资源系统内部立法工作程序和规范性文件管理。2019年7月，自然资源部先后发布《自然资源行政复议规定》（自然资源部令第3号）和《自然资源行政应诉规定》（自然资源部令第4号），以规范自然资源行政复议和行政应诉工作。2019年8月，自然资源部修订并分别发布《土地调查条例实施办法》《土地复垦条例实施办法》。2020年3月，又修订发布《自然资源听证规定》《自然资源行政处罚办法》，以规范自然资源管理及执法活动。

二 自然资源监管存在的主要问题

党的十九大以来，中国自然资源监管取得诸多进步，但仍存在社会监管力量薄弱、自然产权及登记制度尚需平衡推进、自然资源监管程序及法律责任有待健全完善等问题。

（一）政府监管为主，社会监督力量薄弱

为进一步实现自然资源领域治理能力和治理体系的现代化，自然资源政府监管正逐渐由传统的管理模式向治理思维转变，在充分发挥市场在资源配置中的积极作用、自然资源许可、标准化建设、监督机制、信息化建设等方面作出诸多有益探索。现代监管型国家建设中，应调动政府、社会、企业乃至个人等多方主体的作用和积极性，使各方主体良性互动，以取得自然资源监管执法的良好效果。

国务院《关于加快推进生态文明建设的意见》提出，要"鼓励公众参与，完善公众参与制度，及时准确披露各类环境信息……健全举报、听证、舆论和公众监督等制度，构建全民参与的社会行动体系"。中国没有自然资源综合性或统一性立法，在现有自然资源法律制度体系中，除《政府信息公开条例》外，对公众参与的规定分散在各单行自然资源法与生态保护相关的具体条文中，且条文数量较少，实质性和程序性的规范缺乏，仅有的一些规范性文件法律效力较低且强制力不足，无法为社会公众参与自然资源监管提供充分有效的立法指引，比较起来，生态保护领域公众参与方面的立法则要健全完善得多。

（二）自然资源产权及登记制度尚需平衡推进

首先，从现行相关规范性文件来看，不同自然资源种类的产权交易发展不均衡。例如，土地、矿产等资源的使用权流转发展较早且规则相对健全，而农林资源领域则开展较慢。

其次，关于自然资源产权交易的法律之间、法律与法规规章之间尚存诸多不协调、不完善之处。比如，《宪法》《民法典》均对自然资源产权的权属及其流转进行了确认，各单项自然资源法如《水法》《土地管理法》《矿产资源法》《森林法》《草原法》《野生动物保护法》及相关行政法规、部门规章等分别规定了本领域的产权权属及其流转制度。其中土地使用权交易的相关立法内容有待协调改进，矿产资源产权交易的法律、法规及规章之间也存在碎

片化、协调性不足等问题。

最后,自然资源确权登记也是产权监管的重要组成部分,它不仅是对自然资源所有权的确证,也是产权交易与流转的依据与证明。当前与自然资源确权登记相关的部门规章为自然资源确权登记提供了目标指向,但在实践层面仍面临不同层级的立法规范间的协调适用问题,如与不动产登记、矿产资源登记相关规范文件之间的协调问题。

(三)自然资源监管程序及法律责任有待健全完善

法律责任具有评价、引导及预防功能。自然资源监管的顺利展开离不开全面、有效的责任设定与问责机制建设,而当前仍面临诸多不足,体现在以下方面。

第一,中国对自然资源监管中的程序性规范总体上较重视听证等正式程序。除《行政许可法》规定"涉及公共利益的重大行政许可事项"与"直接涉及申请人与他人之间重大利益关系的"事项可以举行听证程序外,中国当前针对不同自然资源种类的听证程序出台了一些行政法规、规章、规范性文件,如《水行政许可听证规定》(2006)、《海洋听证办法》(2016)等,但整体上仍呈现部门化、碎片化、时效滞后等特点,使其规范效果大打折扣。相比来说,中国对政府监管相关的其他程序性规范,除《自然资源行政复议规定》《自然资源行政应诉规定》《自然资源行政处罚办法》等文件有所涉及外,尚缺少明确细致的规范,下一步还需加强自然资源监管程序建设。

第二,在法律责任的类型上,尽管有行政责任、民事责任及刑事责任,但仍然以行政责任为主、民事及刑事责任为辅。自然资源单行立法中一些义务性规范并未在法律责任体系中得到充分体现,执法实践中以行政责任代替民事责任的情形普遍存在。对自然资源开发利用相关责任的规范除了行政法、刑法及民法相关的实体与程序性法律文件外,在自然资源各单项立法中主要对行政责任进行规定,而相关的刑事与民事责任则主要作为援引规范而适用刑法及民法的规定。

第三,在法律责任机制运行上,已有一些规范性文件如《党政领导干部生态环境损害责任追究办法（试行）》《生态文明建设目标评价考核办法》规定了生态环境损害责任终身追究制与党政领导考核评价、干部选拔任用晋升等内容。近几年自然资源监管领域的行政问责行动持续展开，责任力度不断加大，但尚需加强与司法诉讼程序机制的衔接协调。第十二届全国人大常委会通过的《关于授权最高人民检察院在部分地区开展公益诉讼试点工作的决定》（2015）将生态环境和资源保护、国有土地使用权出让等行为领域列为最高人民检察院提起公益诉讼试点领域，并划定试点地区。《检察机关提起公益诉讼改革试点方案》（2015）、《人民检察院提起公益诉讼试点工作实施办法》（2015）等文件对提起公益诉讼的条件、负责部门、办案程序等进行了规定。行政机关监管执法过程中涉及需移交司法程序处理的自然资源案件，在具体类型、案件标准等方面尚需进一步明确相关机制或程序。

三　自然资源监管展望

总体来说，近几年中国自然资源监管在治理理念、体制机制、执法方式以及法治化等方面均取得诸多进展：治理理念方面，统筹山水林田湖草系统治理，对自然资源监管进行系统性变革，以生态化、整体性思维推进自然资源监管；体制机制建设方面，推进自然资源产权改革并明确全民所有自然资源资产所有者、国土空间规划及用途管制和生态保护修复的机构及职责；执法方式方面，以执法效果为导向，借鉴环境保护督查等集中性执法模式，完善规划与审批机制，加强事中事后监管。此外，自然资源相关立法的立、改、废加速，进一步为监管执法提供指引。

按照党中央、国务院有关生态文明及自然生态监管体制改革的精神原则和要求，中国自然资源监管需在以下几个方面完善。

第一，吸纳多元力量、推动企业及公众等多元主体参与自然资源监管。自然资源多样化、产业化及其产权的公有化特征，决定了自然资源监管的综合性、多层次性。在现代多中心治理体系发展过程中，自然资源监管逐渐由单一的政府监管转向与自律监管与社会公众监管相结合的路径。自然资源自律以及公众监管是建立在信息公开、反馈与表达机制基础上的。信息公开是公众参与的前提，其不仅具有程序保障价值，在自然资源监管领域，还由自然资源的公有属性所决定。公民作为自然资源所有权的主体理应享有对自然资源开发、利用及保护等状况的知情权。信息公开也是自然资源政府监管的重要途径。

第二，进一步健全自然资源产权及相关登记制度。中国自然资源所有权制度历经变革，所有权主体由单一的国家所有演化为国家、集体所有的二元结构，使用权主体从国有企事业单位垄断转变到市场机制下的多元参与，从无偿使用到有偿与可交易。自然资源监管中涉及的产权机制主要面临三个基本问题，即自然资源权属的确认、流转以及登记制度。应根据不同地区自然资源的特殊性，整合协调现有法律文本之间的内容差异，推进自然资源产权的确权与交易流转。

第三，加强程序约束和保障机制，完善法律责任。既加强政府监管执法部门监管执法的程序性约束，又要保障社会力量参与监督执法的程序性机制。另外，加强监管执法部门及人员的法律责任约束，细化自然资源法律责任条款，使破坏资源或造成污染的行为人受到应有的法律制裁。

第四，资源开发利用及环境问题是生态文明建设的基础和关键性问题。中国自然资源监管的变革根本上是在践行自然资源所有者、经营者与监管者分离的理念。自然资源资产管理与资源监管的边界亦逐步清晰和明确。一方面，继续强化市场机制在资源配置及流转中的基础性作用，追求资源产出的效益和效率；另一方面，政府部门内部的职能配置更加精准与细化。自然资源监管所涉及的自然资源资产管理机构和自然生态监管机构，前者行使全民所有自然资源资产所有者职责、国土空间用途管制和生态保护修复职责，后者行使资源开发利用中造成的城乡各类污染排放和行政执法职责，共同致力于构建权责统一、分工明确的监管秩序。

B.11
国际应对灾害多边公共产品的区域性机制研究

郝鲁怡*

摘　要：国际社会未能就涵盖所有灾害类型以及针对防灾救灾活动的所有主要方面达成一项普遍性公约，不同国家应对灾害的决策能力和技术手段存在巨大鸿沟。区域应灾机制兼具"硬性"规范与"软法"特征，在务实推进国家之间的救灾合作、促进本地区减灾战略和改善地区脆弱性等方面富有成效，是国际社会应对灾害多边公共产品的重要组成。此外，次区域应灾机制对于实现应灾公共产品的多样性与本土化发挥补充作用。作为国际多边公共产品的提供者，中国有必要将减灾救灾行动融入"一带一路"建设，推动构建开放、透明、包容和基于规则的区域及次区域合作框架。

关键词：应对灾害　区域组织　次区域机制　可持续发展　减少灾害风险

人类面临的灾害（disaster）涵盖自然以及人为活动引发的多种多样、具有严重破坏力的"风险"（risk）或"危机"（crisis）。根据联合国的定义，灾害是指"可能造成人命伤亡、财产损毁、社会和经济混乱或环境退化的自然事件、现象和人类活动，包括将在日后产生威胁的潜在条件；有不同的来源，自然的地质、水文气象和生物的或人类活动引发的环境退化和技术性灾

---

* 郝鲁怡，中国社会科学院国际法研究所副研究员。

害"①。无论自然或人为灾害，通常率先发生在一国，因此灾害发生国对灾害的响应负有首要责任。同时，灾害影响也具有多重关联性，往往会波及周边地区乃至向全球蔓延。相应地，全球性灾害事件既涉及国家层面的响应救助，更涉及国家之间、区域乃至全球的多层级有效救灾合作。

迄今为止，在国际层面上，调整与指导国际救灾活动的法律规范与机制较为滞后，国际社会未能就涵盖所有灾害类型以及针对防灾救灾活动的主要方面，包括从灾后紧急响应、救援行动到灾前预防、减灾的综合性风险管理达成一项普遍性公约，不同国家在应对灾害的决策能力和技术手段等方面存在巨大鸿沟②。在此背景下，区域性国际组织以及由特定地区国家集合体组成的次区域组织结合本地区灾害发生类型与特点，制定适用于本地区的防灾、救援及减灾规则及标准，并且建构合作机制，以更高效、更务实的方式应对灾害③。

一 国际应对灾害多边公共产品的特点及其局限性

（一）国际应对灾害机制以国家主权原则为基础

从历史来看，世界范围内的重大灾害多以自然事件或自然形式发生，具有显著的地理性特征。传统上应对灾害的机制体现了以个体国家为主体的单边化"威斯特伐利亚主权"模式。

一方面，主权原则为各国独立自主地采取措施优先处理灾害的应急响应与救援、灾后重建，以及制定预防、减灾等治理政策，保护本国民众及财产不受灾害影响提供基础性依据，对于促进本国经济、社会和可持续发展至关

---

① "The International Strategy for Disaster Reduction", *Living with Risk: A Global Review of Disaster Reduction Initiatives*, Vol. I, (United Nations ISDR, 2004), p. 16.
② "United Nations Office for Disaster Risk Reduction", *Global Assessment Report on Disaster Risk Reduction* (United Nations DRR, 2019), p. iv.
③ Giulio Bartolini, "A Universal Treaty for Disasters? Remarks on the International Law Commission's Draft Articles on the Protection of Persons in the Event of Disasters", (2017) 99 (3) *International Review of the Red Cross* 1103, p. 1105.

重要。另一方面,主权原则有效地防止其他国家基于"政治目的"以救灾名义违背受灾国法律和侵害受灾国主权,或将救灾作为干涉他国主权的筹码,使跨国救灾行动沦为"政治化"干预行动①。1991年联合国大会通过了具有里程碑意义的《加强联合国紧急人道主义援助的协调》(第46/182号决议)②。该决议特别解释与强调了实施灾害的紧急人道主义援助的国家主权原则:"必须依据《联合国宪章》尊重各国的主权、领土完整和国家统一。关于这方面,必须在受灾国同意和原则上应受灾国呼吁的情况下提供人道主义援助。"③当前,世界范围内已有100多个国家颁布了防灾、救灾、备灾及其相关工作的国内立法④。通常情况下,国内立法是启动灾害国际救援的前提依据。例如,一些国家法律规定,根据国内法宣布紧急状况后请求国际援助,因而将国内法作为启动国际合作机制的依据。

但是,不容否认,主权原则在一定程度上为各国响应灾害合作以及国际机制的建立设置了壁垒,在客观上对于国际灾害应急行动规则制定与国际协调行动产生了阻碍作用。譬如,1984年联合国曾计划拟订一项具有普遍性的多边国际规范——"关于加快提供紧急援助的公约",交由经济及社会理事会同各国政府代表及专家审议草案。在草案审议过程中,有代表提出,……国家主权概念可能使各国政府更加坚持不得干涉其内政,从而使公约适得其反⑤。由于这些反对意见,联合国制定此项多边援助公约的计划最终归于失败。

(二)国际应对灾害多边公共产品的局限性

与其他法律领域相比,国际应对灾害领域缺少综合性和普遍性的"旗舰

---

① 参见姜世波《国际救灾法中的人道主义与主权原则之冲突及协调》,《科学 经济 社会》2013年第3期,第127页。
② 联合国大会:《加强联合国紧急人道主义援助的协调》,A/RES/46/182(1991),附件。
③ 联合国大会:《加强联合国紧急人道主义援助的协调》,A/RES/46/182(1991),附件第3~4段。
④ 参见联合国大会《发生灾害时的人员保护:秘书处的备忘录》,A/CN.4/590(2007),第13页,第7段。
⑤ UN General Assembly, *New International Humanitarian Order: Humanitarian Assistance to Victims of Natural Disasters and Similar Emergency Situations*, Report of the Secretary-General, A/45/587(1990), para.44.

条约"（flagship treaty）①。在历史上，唯一具有普遍性且全面调整减灾救灾行动的国际多边框架是1927年《国际救济联盟公约》及以公约为依据成立的国际救济联盟②。但是由于财政困难，联盟存在的必要性受到质疑。1963年，联盟执行委员会召开会议，建议将联盟的财产和责任交给联合国，自此该组织不再作为多边机制发挥作用③。

现阶段，应对灾害的国际法律规范通常采取"一事一公约"模式，主要的多边公约包括：电信领域的《为减灾救灾行动提供电信资源的坦佩雷公约》（以下简称《坦佩雷公约》），民防领域的《民防援助框架公约》（以下简称《民防公约》），健康卫生领域的《国际卫生条例》（2005年修订），工业事故与核事故领域的《工业事故跨界影响公约》《核事故或辐射紧急情况援助公约》，海关领域的《关于简化和协调海关制度的国际公约》（以下简称《海关公约》），卫星技术领域的《在发生自然和技术灾害时协调使用空间设施的合作宪章》，等等④。尽管这些多边规范框架具有多元化特点，但规则覆盖仅限于各自专门领域、基于特定事件的行动或事项呈现条块分割的碎片化状态，总体上缺少统一性与融通性；即使如《坦佩雷公约》《民防公约》《海关公约》等具有普遍性质的多边公约，也因缔约国寥寥而使其适用可及的地域范围较为狭窄，影响力有限。

近年来联合国及其专门机构、政府组织、非政府组织等广大参与方共同努力，促动并开发救灾、减灾领域的多层级规范与机制，成果多以不具有拘束力的"软法"为主。在灾后紧急响应与救援领域，主要有联合国大会第46/182号决议；红十字与红新月会议通过的《红十字和红新月救灾原则和规

---

① David Fisher, "The Future of International Disaster Response Law", (2012) 55 German Yearbook of International Law, p. 89.
② 国际救济联盟主要承担4项减灾救灾的综合职能：向遭受公共灾难的民众提供急救，在必要时努力协调其他救济组织，鼓励研究预防灾害的措施，设法促使所有人民相互提供国际援助。P. Macalister-Smith, "The International Relief Union: Reflections on Establishing an International Relief Union of July 12 1927", (1986) 54 Legal History Review, pp.368-372.
③ 1967年经济及社会理事会通过第1268(XLⅢ)号决议完成了这一步骤。参见联合国大会《发生灾害时的人员保护：秘书处的备忘录》，A/CN.4/590 (2007)，第10页，脚注10。
④ 参见戴维·菲舍尔《灾难和武装冲突中对国际人道救济的国内规制：比较分析》，梁洁译，载《红十字国际评论》，2007，第151~152页。

则》《红十字会对灾害中平民进行国际人道主义救济原则宣言》《国内便利和管理国际救灾和初期恢复援助工作导则》《人道主义援助权利指导原则》《复杂紧急情况下人道主义援助问题莫洪克准则》等，为国际救灾工作与国家间合作提供指引。

在灾前预防与减少灾害风险领域，联合国"国际减灾战略"①达成了三项卓有成效的国际文件，即1994年《建立一个更安全的世界的横滨战略：防灾、备灾和减轻自然灾害的指导方针及其行动计划》、2005年《2005~2015年兵库行动框架：建立国家和社区的抗灾能力》、2015年《2015~2030年仙台减少灾害风险框架》（以下简称《仙台风险框架》）。上述国际减灾战略文件设定了"预防产生新的灾害风险和减少现有的灾害风险，提高减少对灾害的暴露性和受灾脆弱性的国家能力建设"的宏观战略目标，以及加强灾害风险治理的全面响应，在实践中具有广泛的影响力。然而就效力而言，由于这些国际文件不具有拘束力，实际约束国家行为的能力受到限制，其实施手段亟待辅之以更有效的法律规范加以巩固。

概言之，在全球层面，由于侧重并依赖多边决议、宣言、准则等非约束性国际规范，缺少能够提供明确的、被广泛接受的并且细列有关应灾法律标准、程序、权利和义务的国际法法源依据，国际应对灾害多边公共产品未能建立国际商定的预防、援助的统一行动标准以及在发生自然或人为灾害时作出系统、有效反应的可预测与协调机制②。

（三）区域性机制是国际应对灾害多边公共产品的重要组成

全球化使人类处于迅速发展、高度连接的社会当中，历史上任何时期都没有面对如此多的风险与挑战。新的风险和相关性问题不断出现，"脆弱性""致灾因子""风险管理"等新概念相继产生。灾害风险的系统性、影响

---

① 1987年，联合国大会通过第42/169号决议，将1990~2000年定为"国际减少自然灾害十年"（UNIDNDR），2000年，联合国大会通过第54/219号决议，将IDNDR发展为"国际减灾战略"（UNIDSR）。UNIDSR既作为联合国一项减灾行动框架，也是联合国系统内的减灾事务实体，现更名为联合国减灾战略办公室（UNDRR）。

② Peter Walker and Jonathan Walter(eds.), *World Disasters Report 2000* (The International Federation of Red Cross and Red Crescent Societies, 2000), pp. 145-146.

范围之广泛、风险产生与后果因果链之复杂，促使国际应对灾害多边框架亟须在理念调整、机制融扩、强化规范效力等方面作出更多调整[1]。

联合国大会第46/182号决议提出，"国际社会应充分协助发展中国家在国家和区域两级加强预防和减轻灾害的能力"[2]。2012年联合国可持续发展大会的成果文件《我们希望的未来》亦呼吁：在可持续发展和消除贫穷背景下，以新的紧迫感处理减少灾害风险和建设抗灾能力问题……请各级政府及相关次区域、区域和国际组织承诺以可预测的方式为减少灾害风险及时提供充足的资源[3]。对此，国家、区域、国际等各层级以及广泛的利益攸关方应当共同参与，在敦促加强应对灾害的准备、灾害监测预报预警、信息共享、风险调查评估、紧急人道主义援助和恢复重建、人员保护等方面开展一致同步的行动，协调商定规范机制的建构与完善。

如果说应对灾害的"威斯特伐利亚主权"模式是倚重国家一级的单边主义机制，而现有全球性多边机制又以粗放型、"软法"性质为特征，那么，区域机制介于国家单边与全球多边机制的中间环节，兼具让渡国家主权的多边合作基础与尊重地区国家传统、历史、风俗的精细化运作优势与特点，能够为国际多边公共产品提供重要的制度补充。正如《仙台风险框架》所言：全球减灾平台和区域减灾平台是不同议程之间相互协调一致监督和定期审查的平台，为联合国治理结构提供支持[4]。近几十年来，全球各地区以区域性组织为依托，加强区域以及次区域机制建设，在推动国家之间以及国家与外部行为者之间的救灾合作、促进本地区减灾战略、改善地区脆弱性等方面富有成效[5]。兼具"硬性"规范与软法模式的区域性、次区域性应对灾害机制是国际应对灾害公共产品的重要组成。

---

[1] United Nations Office for Disaster Risk Reduction, Global Assessment Report on Disaster Risk Reduction (United Nations DRR 2019), Forward, p.1.
[2] 参见联合国大会《加强联合国紧急人道主义援助的协调》，A/RES/46/182 (1991)，附件第13段。
[3] 参见联合国大会《我们希望的未来》，A/RES/66/288 (2012)，第186段。
[4] 参见联合国《2015~2030年仙台减少灾害风险框架》，前言。
[5] David Fisher, *Law and Legal Issues in International Disaster Response: A Desk Study* (International Federation of Red Cross and Red Crescent Societies, 2007), p.62.

二 国际应对灾害的区域性机制及其实践发展

(一) 协调灾害紧急响应与援助行动的区域"硬性规范模式"

抢救生命、保护财产的灾害紧急响应与救援合作行动是各国应对灾害的重中之重。区域性国际组织着力制定具有法律效力的区域法律规范,为各国政府和外部行为者参与灾害救援合作提供统一的遵循依据。

1.《美洲便利灾害援助公约》

1991年美洲国家组织大会通过了《美洲便利灾害援助公约》(以下简称《美洲援助公约》)。《美洲援助公约》于1996年生效,是具有拘束力的有关灾害救援的区域性多边法律文件。

受美洲复杂的地缘政治与权力分配影响,美洲国家组织各成员国对国家主权普遍持关切态度,对人道主义救援与"政治性干涉"的密切关联存在担忧,从而不愿轻易让渡灾害应急行动国家主权而开展合作[①]。《美洲援助公约》的首要功能旨在处理灾害响应与救助行动中的国家权利义务关系,在明确国家主权原则基础上分配援助国与受灾国的责任,避免突发灾害来临时由于缺乏协调或各国强弱不均等,造成救援国以援助为借口侵害受灾国的主权和内政。对此,公约规定,受援助的国家承担其领土内对援助进行总体指导、控制、协调和监督的责任。缔约国依据国内法,建立各自的救援协调机构,负责处理国家间所提出的救援申请和接受救援申请等事务以及接受其他缔约国的建议等[②]。同时,为更明确地划定受助国与援助国以及其他参与方的责任,公约特别规定,对于因援助国或援助人员提供援助可能造成损失或损害,受

---

① 美洲国家组织成员国签署该公约的意愿较低。截至目前,34个成员国中有6个国家批准了该公约,这6个国家是:巴拿马、秘鲁、乌拉圭、多米尼加共和国、尼加拉瓜和哥伦比亚。Pablo Gonzalez, Multilateral Disaster Assistance in the Americas: A Simple Paradox, p.1, http://www.rimd.org/advf/documentos/577fd3da0fb5b.pdf (last visited October 20, 2020).

② See Inter-American Convention to Facilitate Disaster Assistance, article Ⅲ, http://www.oas.org/juridico/english/treaties/a-54.html (last visited October 20, 2020).

助国放弃任何索赔①。

《美洲援助公约》通过相互事先商定的条件和规则程序，为区域内各国的援助合作提供便利与指导，加强区域性救灾合作，更有效迅速地减少灾害发生的影响②。本质而言，其仍然强调尊重受助国控制和指导所有救灾、反应和管理行动的主权权利和义务，并未试图阻挠或取代以国家为中心的救灾应急方式以及美洲国家之间的双边援助合作机制。实践中，美洲国家组织以公约为依据，不断推动区域一体化进程框架下的国际救援合作倡议行动，于2012年通过《美洲防灾与响应和人道主义援助协调计划》，进一步促进美洲国家组织成员国以及美洲次区域性机构之间的救灾响应与紧急救援协调③。

2.《东盟关于灾害管理和紧急反应的协定》

东盟于2005年通过了《东盟关于灾害管理和紧急反应的协定》（以下简称《东盟协定》），2009年生效，并获得所有10个东盟成员国的批准，为东盟区域组织内各成员国建立灾害救援的总体政策框架和行动计划提供法律依据。

《东盟协定》遵循灾害救援的"国家中心"主义，救援的主体是东盟各成员国，不以损害其成员国的国家利益为代价④。《东盟协定》规定，以国家主权原则为基础，强调根据《联合国宪章》和《东南亚友好合作条约》，缔约各方在执行本协定时应尊重其主权、领土完整和国家统一。每一受影响方对在其领土内发生的灾害应负主要责任，只有在受影响方提出请求或征得其同意时，才应提供外部援助或提供援助。请求方或者受助方应当对本国境内的援助工

---

① See Inter-American Convention to Facilitate Disaster Assistance, article Ⅳ, article Ⅻ, http://www.oas.org/juridico/english/treaties/a-54.html (last visited October 20, 2020).
② See Inter-American Convention to Facilitate Disaster Assistance, Preamble, http://www.oas.org/juridico/english/treaties/a-54.html (last visited October 20, 2020).
③ Organization of American States, General Framework for the "Inter-American Plan for Disaster Prevention and Response and the Coordination of Humanitarian Assistance", OEA/Ser.W/IV/CEPCIDI/ 1053/12 rev. 1(2012), p.11.
④ 参见周士新《东盟灾害救援评析：机制、实践与前景》，《东南亚研究》2015年第6期，第21页。

作进行总体指导、控制、协调和监督①。以《东盟协定》为依据，东盟成员国制定本国国内的灾害国际救援立法，确立国际救灾行动的国家主权地位，以及接受或协调国际人道援助行动的详细规则，划定国家之间的责、权、利关系②。

《东盟协定》亦是维护"东盟中心地位"原则的重要依据，强调东盟与外部参与方的救援合作关系③。为此，《东盟协定》成立东盟灾害管理人道主义援助协调中心（AHA center）。该中心的工作确保缔约方率先采取管理和应对灾害的行动，如果当事方需要协助以应付这种情况，除了直接向任何协助实体提出请求外，还可以向该中心寻求请求外部救援协助④。在性质上，该中心为东盟成员国与各行为体提供便利与协同，促进东盟各成员国成为灾害救援行动的利益共同体⑤。

3. 欧盟民防机制的灾害援助行动

1985年，欧洲共同体部长级会议确立了在自然和技术性灾害下保护人员、环境和财产的共同体行动的民防机制（civil protection mechanism），亦称"民事保护机制"⑥。多年来，欧盟以体现欧洲团结为基础，通过了多项民防机制建设的法律文件，加强联盟与成员国之间的合作，支持和促进民防领域行动协

---

① ASEAN Agreement on Disaster Management and Emergency Response, article 3, https://asean.org/?static_post=asean-agreement-on-disaster-management-and-emergency-response-vientiane-26-july-2005-2 (last visited October 20, 2020).
② The International Federation of Red Cross and Red Crescent Societies, ASEAN Disaster Law Mapping Implementing AADMER: A Regional Stocktake, p.33, https://www.ifrc.org/PageFiles/234160/AADMER%20Implementation%20%20Regional%20Report%20FINAL%20pdf.pdf (last visited October 20, 2020).
③ 参见周士新《东盟灾害救援评析：机制、实践与前景》，《东南亚研究》2015年第6期，第21页。
④ ASEAN Agreement on Disaster Management and Emergency Response, article 20, https://asean.org/?static_post=asean-agreement-on-disaster-management-and-emergency-response-vientiane-26-july-2005-2 (last visited October 20, 2020).
⑤ 参见周士新《东盟灾害救援评析：机制、实践与前景》，《东南亚研究》2015年第6期，第25页。
⑥ "Civil Protection Legal Texts", https://ec.europa.eu/echo/files/civil_protection/civil/prote/legal_texts.htm (last visited October 20, 2020).

调,提高预防、准备和应对系统性自然和人为灾害的能力①。

在灾害响应与救援领域,2001年欧盟理事会通过"为加强民防援助干预合作提供便利化的共同机制"(以下简称"民防援助机制")的决定,以促进面临重大紧急事件或迫在眉睫的威胁(可能需要紧急响应行动)情况下加强共同体与会员国之间的民防援助干预合作。援助与干预行动和措施包括:成员国为援助干预提供的干预小组,为干预措施设立的专家评估、协调小组以及培训方案,建立监测和信息中心、紧急通信和信息系统以及便利运输援助资源的其他措施等②。

相较于美洲和东盟区域性应灾机制强调"国家中心"的主权原则模式,欧盟"民防援助机制"是建立在国家主权让渡基础上、真正体现区域性一体化的"义务性"规范框架。在此背景下,欧盟确定了成员国在紧急情况下请求外部援助干预的义务,即如果共同体内发生重大紧急事件,或即将发生的威胁造成或能够造成越境影响,或可能导致一个或多个会员国呼吁提供援助,那么发生紧急情况的会员国应立即通知可能受到紧急状态影响的成员国。欧盟委员会也可以根据需要,适当通知其他会员国启动其应急主管部门行动③。

此外,2013年欧盟设立应急响应协调中心(Emergency Response Coordination Centre,ERCC),作为协调机构,全天候监控成员国国内的突发事件,并通过与各国民防部门的直接联系快速部署提供紧急援助支持④。除欧盟成员国外,该机制还具有外部援助行动的"搭桥"功能,非欧盟成员国、联合国以及相关国际组织等都可以作为受助方通过ERCC向该机制寻求帮助⑤。

---

① 参见Decision No 1313/2013/EU of the European Parliament and of the Council of 17 December 2013 on a Union Civil Protection Mechanism,前言和第1条。
② Council Decision of 23 October 2001 Establishing a Community Mechanism to Facilitate Reinforced Cooperation in Civil Protection Assistance Interventions, 2001/792/EC, article 1.
③ Council Decision of 23 October 2001 Establishing a Community Mechanism to Facilitate Reinforced Cooperation in Civil Protection Assistance Interventions, 2001/792/EC, article 2.
④ Decision No 1313/2013/EU of the European Parliament and of the Council of 17 December 2013 on a Union Civil Protection Mechanism, article 7.
⑤ Decision No 1313/2013/EU of the European Parliament and of the Council of 17 December 2013 on a Union Civil Protection Mechanism, article 16.

国际应对灾害多边公共产品的区域性机制研究

（二）灾害风险综合管理的区域"多元凝聚模式"

近年来，联合国国际减灾战略着力推动灾害风险管理的国际倡议，将努力方向由灾后响应转向防灾、减灾以及解决造成灾害的根源问题。防范风险与减灾建立在对风险的共同认知之上，而解决根源问题是可持续发展的重要组成部分，需要与各国的社会、经济、环境和发展政策紧密结合①。区域内相关国家的传统文化相似、利益相近，共同利益的凝聚有助于加速达成共识，减少政治阻力②。不同区域组织采取"硬性"法律框架与"软法"战略规划相结合的灾害风险管理多元模式，调动区域内多方主体参与、整合各项资源，充分发挥地区凝聚作用。

1. 欧盟区域一体化的民防机制

与其他区域的软法模式不同，欧盟民防机制是救灾与灾害风险综合能力建设的区域一体化法律框架。《欧盟运行条约》第196条奠定了欧盟建立民防机制的法律基础：联盟鼓励成员国开展合作预防自然或人为灾害及提供保护。联盟行动旨在：国家、区域和地方各级支持和辅助成员国采取行动，以防范风险，培训民防人员；促进联盟内部国家民防部门间开展迅速有效的业务合作；加强国际民防机构合作的连贯性。第222条进一步规定，"在一个成员国成为……自然或人为灾害受害者时"，成员国有义务"本着团结的精神采取共同行动"③。这些规定为欧盟主导备灾、减灾以及外部援助行动提供"硬性"法律依据④。

欧盟民防机制涵盖多元化的领域，保护对象包括人、环境和财产以及文

---

① Ministry of Foreign Affairs, International Trade and Worship White Helmets Commission Republic of Argentina, HUMANITARIAN ASSISTANCE towards Building a Regional Mechanism, https://www.preventionweb.net/files/11992_11255ArgentinaTowardsBuildingaRegio.pdf (last visited October 20, 2020).
② 参见司芙兰、法比奥·马尔切利《COVID-19全球疫情的挑战、反思与展望——以意大利为视角的观察》，李将译，《国际法研究》2020年第5期，第10页。
③ Consolidated Versions of the Treaty on European Union and the Treaty on the Functioning of the European Union, 2012/C 326/01, article 196 and article 222.
④ Eduardo Valencia-Ospina, Sixth Report on the Protection of Persons in the Event of Disasters, A/CN.4/662(2013), p.38, para.103.

化遗产，针对各种自然和人为灾害，包括技术、辐射或环境灾害，海洋污染、紧急卫生情况等。民防机制通过实际合作与协调促进成员国之间的团结，预防灾害，加强成员国灾害管理能力，使其能够以一贯的方式合理预见并充分应对灾害①。

欧盟民防机制支持、补充和促进协调会员国为实现下列共同的具体目标而采取行动：①预防或减少灾害的潜在影响，培养预防文化，加强民防和其他有关部门之间的合作，实现高水平的防灾工作；②在会员国和联盟一级加强应对灾害的准备工作；③在发生灾害或即将发生灾害时，促进形成迅速和有效的反应机制；④提高公众防灾意识，加强防灾能力建设；⑤设定监测、评价和审查适用机制的统一标准②。为此，欧盟民防机制由以下机制组成：①前述的欧盟应急响应协调中心（ERCC）；②欧盟通用应急通信与信息系统（CECIS），用于各成员国与欧盟之间的沟通联络，同时用于对自然灾害的监测和预警，并及时向受灾害影响国发布预报和预警信息，提供必要的技术指导；③培训项目和专家交换制度，培养团队合作意识，提升救援人员的实战技能③。值得一提的是，欧盟民防机制在会员国自愿的基础上，根据灾害的类型和与灾害有关的特殊需要，还致力于发展以应对灾害需求与任务为导向的成员国"模块"（module）机制，满足一体化民防机制下的优先干预或援助需要④。因而，在本质上，欧盟民防机制是欧盟区域一体化模式与注重成员国自给自足备灾模式相结合的法律框架，有效促进区域团结，增强各成员国的协同、兼容和互补能力以及强化法律规范的约束作用⑤。

---

① Decision No 1313/2013/EU of the European Parliament and of the Council of 17 December 2013 on a Union Civil Protection Mechanism, article 1.
② Decision No 1313/2013/EU of the European Parliament and of the Council of 17 December 2013 on a Union Civil Protection Mechanism, article 3.
③ 参见曹海峰《欧盟重大突发事件应急协调机制及其借鉴》，《中州学刊》2016年第2期，第62~64页。
④ Decision No 1313/2013/EU of the European Parliament and of the Council of 17 December 2013 on a Union Civil Protection Mechanism, article 9.
⑤ Mark Rhinarda, Simon Hollisb and Arjen Boin, Explaining Civil Protection Cooperation in the EU: the Contribution of Public Goods Theory, (2013) 22(2) European Security 1, p.16.

2. 亚洲地区多元化的灾害风险管理机制

亚洲没有覆盖整个地区的区域性国际组织，东盟灾害管理行动框架、南亚灾害管理框架、上海合作组织救灾互助协定等共同体现了具有地区代表性、注重灾害风险识别和管理的整体系统性方法。

（1）东盟灾害管理行动框架

2003年，东盟成立灾害管理委员会，由东盟10个成员国的国家级灾害管理机构的领导组成，不仅是东盟处理灾害救援等问题的主要决策平台，还负责灾害管理活动的总体协调与实施，也是与域外行为体如联合国、红十字国际委员会等就灾害救援问题进行交流的重要机制。

《东盟协定》生效后，除了灾害救援工作之外，其另一项核心任务旨在达成减少灾害风险的区域性承诺，为成员国预防并减轻灾害提供了统一的标准与规则依据。《东盟协定》强调灾害管理能力建设，规定每一缔约方应识别其各自领土内的灾害风险，包括灾害风险评估、风险管理能力，根据商定的标准确定风险等级；采取措施预防、监测和减轻灾害；促进公众意识提升和教育，加强地方和国家的灾害管理能力和协调；缔约方应合作制定和执行区域防灾减灾方案，以补充国家一级的努力；缔约方应酌情建立、维持和定期审查国家灾害预警安排，譬如预警信息系统、通信网络，监测具有跨界影响的危险交换信息合作等[1]。《东盟协定》通过制定预防与减灾的区域性共同规范标准，推动区域综合灾害风险管理向制度化与强制性发展。

（2）南亚区域合作联盟的灾害管理框架

南亚区域合作联盟（South Asian Association for Regional Cooperation, SAARC）于2005年制定《灾害管理和灾害预防综合框架》，并成立SAARC灾害管理中心，以应对不断发生的灾害对该地区发展构成的挑战[2]。该框架宗旨是建立和加强南亚区域灾害管理体系，降低风险并改善各级灾害响

---

[1] ASEAN Agreement on Disaster Management and Emergency Response, articles 3-8, https://asean.org/?static_post=asean-agreement-on-disaster-management-and-emergency-response-vientiane-26-july-2005-2 (last visited October 20, 2020).

[2] SAARC Comprehensive Framework on Disaster Management, p.1, https://www.preventionweb.net/files/60968_framework.pdf (last visited October 20, 2020).

应和恢复管理。具体措施包括：将减少灾害风险纳入区域及国家各级政策主流；制订和实施区域性方案和项目；建立自然灾害的预防、准备和管理信息交流的区域系统；建立专门针对备灾、紧急救济和复原的区域应对机制等①。同时，该机制强调采取减少风险和灾害管理的综合办法与推进减贫和可持续发展的联合国议程相结合，将成果纳入发展规划和减少社区风险战略，实现改进本土化应对机制与建立区域合作伙伴关系的共同目标②。

（3）上海合作组织救灾互助协定

救灾合作是上海合作组织框架下开展国际交流合作的重要领域。2005年10月26日，《上海合作组织成员国政府间救灾互助协定》在莫斯科签署，2007年生效。该协定是上海合作组织为各方预防和消除灾害行动和遵循地区原则提供支持，共同努力以保障给予受灾国家和民众有效和协调一致的援助的多边法律文件，也是维护地区安全、促进共同发展、完善全球治理的重要保障③。

3. 非洲区域减少灾害风险战略

非洲地区组织相互积极配合，共同致力于非洲的减灾救灾活动。非洲联盟宪法第13条(1)(e)款规定，非洲联盟执行理事会可以"就成员国共同关心的领域的政策作出决定，包括……环境保护、人道主义行动和灾害反应和救济"。据此，2004年非洲联盟国家元首和政府首脑通过《非洲区域减少灾害风险战略》（以下简称《非洲区域战略》），成为非洲减少灾害风险的规范指导。该战略的目标是：增强减少灾害风险的政治承诺，强化灾害风险的识别和评估，培育公众对减少灾害风险的认知和减灾理念，提高国家和减灾机构的治理能力，以最大限度地减少脆弱性和灾害风险，为实现可持续发展和消

---

① SAARC Comprehensive Framework on Disaster Management, p.2, https://www.preventionweb.net/files/60968_framework.pdf (last visited October 20, 2020).
② SAARC Comprehensive Framework on Disaster Management, p.3, https://www.preventionweb.net/files/60968_framework.pdf (last visited October 20, 2020).
③ 参见外交部条约数据库《上海合作组织成员国政府间救灾互助协定》。

除贫困作出贡献①。《非洲区域战略》的不足在于，未能建立减少灾害风险的区域性法律规范与机制，减少灾害风险尚未实现有效制度化。该战略的重点是分析各国在减少灾害风险方面的不同状况，以适应各国在预防减少灾害、推动可持续发展的条件和需求，促进各国采取主动行动制订和实施与区域战略一致的政策措施，通过改善国家的治理结构和程序来实现政治承诺②。

2005年非洲联盟制定了实施《非洲区域减少灾害风险战略》的行动纲领（2006~2015年），随后从2011年开始，制定了扩展的行动纲领（2006~2015年）。2016年非洲联盟通过《实施仙台框架的雅温得宣言》，强调以《仙台风险框架》为指导，系统地促进2015~2030年减少灾害风险战略的行动纲领③。

4. 美洲可持续发展方案

美洲国家组织尚未就构建专门的灾害风险管理机制达成共识。2016年，美洲国家组织大会通过了《美洲可持续发展方案（2016~2021）》，将综合灾害风险管理与可持续发展的区域政策融合，支持成员国努力在区域内减轻灾害风险，"使城市和人类居住区具有包容性、安全性、弹性和可持续性"④。

此外，美洲国家组织以《仙台风险框架》为参考，实施一系列战略性行动与目标：发展会员国之间现有的防灾、减灾和人道主义援助机制，推进《美洲防灾与响应计划和人道主义援助协调计划》；设计和实施国家、次区域和区域灾害风险管理政策，通过监测和评估《仙台风险框架》的执行情况来分享和交流知识和实践经验；支持制定备灾和响应协议，并传播区域和次区

---

① Disaster Risk Reduction for Sustainable Development in Africa, p.2, https://www.preventionweb.net/files/4038_africaregionalstrategy1.pdf (last visited October 20, 2020).

② Disaster Risk Reduction for Sustainable Development in Africa, p.4, https://www.preventionweb.net/files/4038_africaregionalstrategy1.pdf (last visited October 20, 2020).

③ Seth D. Vordzorgbe, Programme of Action for the Implementation of the Sendai Framework for Disaster Risk Reduction 2015-2030 in Africa, In line with the Africa Regional Strategy for Disaster Risk Reduction (The African Union Commission, 2016), p.2.

④ Inter-American Program for Sustainable Development 2016-2021, AG/RES. 2882 (XLVI-O/16), p.13.

域机制与手段；共享和交流有关卫星地球观测系统（SEOS）的应用程序和数据以及影像处理信息进行减灾和预防等①。

（三）灾害应对行动本地化的次区域"补充模式"

由于区域性规范机制效力的可及性有限，地理位置邻近的国家集合体主导形成的次区域（sub-regional）应灾机制应运而生。国家集合体地缘相近、利益相关，灾害风险类型与周期相似，有助于实现互惠互助、区域团结，并且有效补充区域性机制的多样性，行动力也更为显著②。全球已有若干个以国家集团为主体的次区域灾害响应与灾害风险管理机制。

1. 亚太地区

（1）亚太经合组织

1997年，亚太经济合作组织（以下简称"亚太经合组织"）部长级会议指出，亚太经合组织应确定其在制订应急准备和灾后恢复措施方面的重要作用，并呼吁加强合作努力，确保以有效和综合的方式处理这一关键问题③。2005年，亚太经合组织成员达成《亚太经合组织应急准备能力建设倡议框架》，同意在互利互惠领域进行合作，完善灾害应急领域的现有组织结构和程序④，在灾害区域合作方面发挥"非重复性"补充作用⑤。

2008年亚太经合组织通过《亚太区域减少灾害风险和应急准备与响应战略》，2015年通过《亚太经合组织减少灾害风险框架》，推动各成员在减灾备灾、灾害应对、灾后恢复和搜寻救助等领域深化合作，包括推进灾害管理部

---

① Inter-American Program for Sustainable Development 2016-2021, AG/RES. 2882 (XLVI-O/16), pp.18-19.
② The World Bank, Disaster Risk Management in Latin America and the Caribbean Region: GFDRR Country Notes, http://dipecholac.net/docs/files/521-drm-lac-countryprograms.pdf (last visited October 20, 2020).
③ Joint Statement of the Ninth APEC Ministerial Meeting, Vancouver, Canada, Nov. 21-22, 1997, para. 8(ii).
④ APEC Framework for Capacity Building Initiatives on Emergency Preparedness, http://www.asianlii.org/apec/other/agrmt/affcbioep665/ (last visited October 20, 2020).
⑤ David Fisher, Law and Legal Issues in International Disaster Response: A Desk Study (International Federation of Red Cross and Red Crescent Societies, 2007), p.70.

门的网络化、加强科学技术应用,减少应急救灾响应人员和人道主义救援跨境流动障碍,加强科技应用及数据分享①。2015年,在上述倡议和战略框架基础上,"亚太经合组织应急准备能力建设中心"成立,总部设在中国台湾,主要职能是制定可持续计划以促进减少灾害风险和加强应急准备,建立知识数据库,收集最佳经验、科学技术以支持政策和决策,加强灾害风险管理中的公私伙伴关系等②。

(2)亚洲减灾倡议平台

中日两国作为东亚地区的大国,在地区应对灾害事务中扮演着重要角色。日本倡议的"亚洲减灾中心"成立于1998年,主要开展四个方面的工作:减灾信息共享、人力资源培训、社区能力建设以及举办相关国际会议和交流活动,旨在提升成员国应对灾害的能力、建设安全的社区、促进社区可持续发展③。中国首倡的"亚洲减灾大会"是亚洲各国和利益攸关方开展机制化减灾交流与合作的工作平台。2005年在北京召开首届大会亚洲部长级减灾会议。此后,亚洲减灾大会形成了《亚洲减少灾害风险北京行动计划》《减少灾害风险德里宣言》《亚洲减少灾害风险吉隆坡宣言》《仁川宣言》和《亚太地区通过适应气候变化减轻灾害风险仁川区域路线图》等重要成果文件。通过东亚地区减灾倡议与次区域平台对话,东亚各国凝聚共识,推进救灾、减灾以及灾害风险管理等领域合作的开展④。

2. 美洲地区

尽管《美洲援助公约》未获得多数成员国加入,但由于美洲区域一体化进程中次区域组织共存现象突出,次区域性救灾机制呈现蓬勃发展的态势,

---

① 《北京纲领:构建融合、创新、互联的亚太——亚太经合组织第二十二次领导人非正式会议宣言》,外交部网站,https://www.fmprc.gov.cn/web/ziliao_674904/1179_674909/t1209862.shtml,最后访问日期:2020年10月20日。
② Establishing APEC Emergency Preparedness Capacity Building Center, article 2, https://www.apec-epcc.org/about-us/terms-of-reference/ (last visited October 20, 2020).
③ 何章银:《东亚救灾合作机制建构的动因、特点及阻力研究》,《社会主义研究》2013年第3期,第160页。
④ 参见何章银《东亚救灾合作机制建构的动因、特点及阻力研究》,《社会主义研究》2013年第3期,第160页。

美洲地区形成影响较大、较为活跃的次区域机制,因而在一定程度上补充了区域性机制不足的缺陷①。

1991年加勒比共同体(CARICOM)通过《建立加勒比灾害应急处置机构协定》,并成立加勒比海灾害应急响应机构(CDERA),作为加勒比共同体区域政府间灾害管理机构。2009年,该机构更名为加勒比灾害应急管理机构(CDEMA)。根据协定,缔约国承诺采取若干步骤,以确保国家应灾系统做好充分准备。还致力于减少法律障碍,方便人员和货物进入,向援助国及其救援人员提供保护及豁免赔偿责任和税收,并提供过境便利②。1999年,加勒比国家联盟还通过了《加勒比国家联盟成员国和准成员国促进自然灾害方面区域合作的协定》。该协定明确,要创建"一个具有法律约束力的机制网络,促进合作,以预防、减轻和管理自然灾害"。根据该协定,缔约国同意"以逐步和渐进方式,拟订和执行管理和预防自然灾害的标准和法律、政策和方案"③。

1993年,哥斯达黎加、萨尔瓦多、危地马拉、洪都拉斯、尼加拉瓜和巴拿马在中美洲一体化体系下建立了中美洲预防自然灾害预防协调中心,作为负责协调实施区域减灾计划的专门机构。该协调中心受命在成员国之间提供预防和缓解灾害方面的技术援助和合作,以反映国际合作、促进人权(包括免受灾害的权利)以及公众参与灾害管理规划等原则④。

3. 非洲地区

西非国家经济共同体(ECOWAS)于2006年制定《ECOWAS减少灾害风险政策》,建立"减少灾害机制",涵盖了旨在加强次区域灾害风险管理能力的可持续发展行动。该政策的行动重点包括:支持国家灾害平台的发展和次

---

① Pablo Gonzalez, Multilateral Disaster Assistance in the Americas: A Simple Paradox, p.3, http://www.rimd.org/advf/documentos/577fd3da0fb5b.pdf (last visited October 20, 2020).
② Caribbean Disaster Emergency Management Agency, *The Regional Response Mechanism* (The Caribbean Disaster Emergency Management Agency, 2016), pp.8-10.
③ Eduardo Valencia-Ospina, Sixth Report on the Protection of Persons in the Event of Disasters, A/CN.4/662(2013), p.40, para.110.
④ Eduardo Valencia-Ospina, Sixth Report on the Protection of Persons in the Event of Disasters, A/CN.4/662(2013), p.41, para.112.

区域联网；促进各种运行预警系统的扩展应用，并加强协调与统一；倡导减少灾害的公众意识；将减少灾害风险的原则纳入西非经济共同体的农业政策和国家发展政策等①。

1986年，非洲之角6个国家吉布提、埃塞俄比亚、肯尼亚、索马里、苏丹和乌干达建立政府间发展管理局（IGAD）。该机构最初成立是为了促进与干旱有关的次区域性合作。1995年，IGAD的任务得到了扩展，特别是为人为或其他自然灾害发生时粮食和应急物资流动提供便利。2004年，IGAD制定次区域灾难风险管理计划，主要推动三个领域的合作，即灾害风险管理的主流化、洪水风险管理策略以及灾害风险管理与气候变化适应相融合的地区框架，旨在发展区域和国家的灾难准备和响应能力以及制定灾害管理政策、法律和协议，整合资源加强灾害管理②。

三 促进应对灾害国际合作的中国实践与思考

防灾减灾、抗灾救灾是人类生存发展的永恒课题。科学认识致灾规律，有效减轻灾害风险，实现人与自然和谐共处，需要国际社会共同努力③。

中国是国际应对灾害公共产品的积极倡行者、参与者和贡献者。在国内层面，中国坚持"以人为本"发展思想，切实提高防灾减灾救灾工作法治化、规范化水平，不断完善灾害预警、信息共享、应急响应、灾后重建、社会动员运行机制，全面提升全社会抵御灾害的综合防范能力④。在国际层面，中国

---

① ECOWAS Policy for Disaster Risk Reduction, https://www.preventionweb.net/files/4037_ECOWASpolicyDRR.pdf (last visited October 20, 2020).
② IGAD Climate Prediction and Applications Centre, The Disaster Risk Management Programme, https://www.icpac.net/our-projects/igads-disaster-risk-management-programme/ (last visited October 20, 2020).
③ 《习近平向汶川地震十周年国际研讨会致信》，2018年5月12日，应急管理部网站，https://www.mem.gov.cn/xw/ztzl/2018/2018fzjzz/zyzs/201805/t20180512_228215.shtml，最后访问日期：2010年10月20日。
④ 《中共中央 国务院关于推进防灾减灾救灾体制机制改革的意见》，中央人民政府网站，http://www.gov.cn/zhengce/2017-01/10/content_5158595.htm，最后访问日期：2020年10月20日。

与联合国国际减灾办公室、联合国开发计划署、联合国难民署、世界卫生组织等国际机构进行深度合作,开展人道主义援助以及促进灾害风险管理、降低灾害风险的国际行动,积极参与《2015~2030年仙台减轻灾害风险框架》磋商与制定,参与2030年可持续发展议程制定,充分展现了中国积极践行人类命运共同体思想与负责任大国的担当。

在区域层面,与亚洲其他国家类似,中国也是各种灾害频繁发生的国家,与亚洲各国在应对灾害问题上有巨大的共同利益与合作前景[1]。中国积极响应区域框架的合作倡议,充分发挥亚太经合组织、中国—东盟、上海合作组织、中日韩合作以及亚洲减灾大会等区域及次区域机制平台的作用,更加务实推进区域、次区域防灾、减灾以及救灾工作,使减灾救灾成为中国与周边国家区域多边合作促进发展的重要战略支撑点[2]。例如,中国与东盟在战略伙伴关系框架下开展了广泛的应对灾害合作,如城市备灾、卫生减灾、海洋防灾、空间减灾、海上搜救等,对于增进双方互信与理解、加强地区共同体韧性具有重要意义[3]。中日韩三国高度重视并积极推进灾害管理合作,创新与拓展"中日韩+X"合作模式,将减灾纳入重点合作领域,分享应对自然灾害方面的丰富经验和先进技术,探讨帮助地区国家提高防灾减灾救灾水平,强化减轻灾害风险的公众教育和意识[4]。中国与上海合作组织签署成员国政府间救灾互助协定行动计划(2020~2021年),进一步完善上海合作组织紧急救灾沟通联系机制,共同推动建立"一带一路"自然灾害防治和应急管理国际合作机制等。

---

[1] 参见洪凯、魏祖志《浅析中国参与东盟减灾合作问题》,《东南亚纵横》2012年第3期,第59页。

[2] 徐娜:《加强减灾救灾国际合作,为减轻灾害风险而共同努力——专访国家减灾委办公室常务副主任、民政部救灾司司长、国家减灾中心主任庞陈敏》,《中国减灾》2015年9月(上),第21页。

[3] 《中国—东盟战略伙伴关系2030年愿景》,第10~11段,2018年11月15日,外交部网站,https://www.fmprc.gov.cn/web/ziliao_674904/1179_674909/t1613344.shtml,最后访问日期:2020年10月20日。

[4] 《"中日韩+X"合作概念文件》,第4段,2019年8月21日,外交部网站,https://www.fmprc.gov.cn/web/ziliao_674904/1179_674909/t1690619.shtml,最后访问日期:2020年10月20日。

国际应对灾害多边公共产品的区域性机制研究

在联合国国际减灾战略推动下，国际社会应对灾害的努力正在从注重灾后救助向灾前预防转变，从"高政治"敏感度的灾后人道主义救援向顾及灾害风险的脆弱性、减轻灾害风险以及促进可持续发展的"低政治"福祉转变。这种转变不仅拓展了国家、区域以及国际各层面合作的空间与共同利益的磨合，并且有助于提升公共产品提供国的国际影响力，增强国家"软实力"，使公共产品促进国际交往的"外交"功能重要性凸显[1]。以此为契机，中国应当将减灾救灾行动作为优先领域融入"一带一路"建设，积极探索防灾、减灾、救灾区域与次区域机制的新模式与新领域，完善精准化、具体化的产品供给机制，推进合作机制由战略层面规划向实操项目落地[2]。例如，利用自身在防灾减灾领域的技术优势帮助更多共建国家开展灾害管理建设；同其他"一带一路"共建国家共享经验，帮助其他国家培养专业的灾害管理人才；创新机制，引领区域间防灾减灾国际规则的制定与执行等[3]，进一步推动构建开放、透明、包容和基于规则的区域及次区域应对灾害合作框架。

结　语

由于应对灾害的国际合作行动零散且步调缓慢，有必要思考以区域维度的"硬性"规范机制为起点，协调受灾国与救援国以及救援国际组织等机构之间的关系，增强国家之间对救灾合作后果的预测性，进而逐步实现更大范围、互利共生的"正和博弈"[4]。新冠肺炎疫情全球危机也暴露了区域机制应对灾害能力不足的缺陷。例如，将"区域一体化"奉为圭臬的欧盟虽然通过多项立法建立一体化的民防机制，但由于该机制仅具备应对单一小规模突发事

---

[1] 参见毛维准、阙天舒《灾难外交：一种新的外交方式？——印度洋地震海啸启示录》，《世界经济与政治》2005年第6期，第60页。

[2] 参见韦红、魏智《中国—东盟救灾区域公共产品供给研究》，《东南亚纵横》2014年第3期，第38页。

[3] 参见许闲《"一带一路"防灾减灾合作：挑战与应对》，《国际问题研究》2017年第1期，第41~43页。

[4] 参见江海平《现实主义状态下国际法"规范功能"刍议》，《现代国际关系》2004年第1期，第48页。

件的能力,在面对全球性大传播疫情时所发挥的合作应对作用实为有限,致使欧盟各成员国自顾不暇而无力相互施以援手①。

《联合国宪章》确认,合作原则是维护国际秩序的一个基本前提。归根结底,"国际合作是人类应对全球性危机的唯一方法"②。各国亟待以全人类命运与共的视野和远见,建立更健全有力、联合国主导的国际多边机制,携手共同防范和应对全球性重大灾害。

---

① 朱江明:《意大利为何没有得到欧盟的支援?》,《人物周刊》2020年3月20日,https://nfpeople.infzm.com/article/9906,最后访问日期:2020年10月25日。
② 参见司芙兰、法比奥·马尔切利《COVID-19全球疫情的挑战、反思与展望——以意大利为视角的观察》,李将译,《国际法研究》2020年第5期,第23页。

法治指数

Rule of Law Index

B.12 中国政府透明度指数报告（2020）

——以政府网站信息公开为视角

中国社会科学院法学研究所法治指数创新工程项目组[*]

摘　要： 2020年度，中国社会科学院国家法治指数研究中心、法学研究所法治指数创新工程项目组围绕决策公开、管理服务公开、执行和结果公开、政务公开平台建设、依申请公开等方面，继续

---

[*] 项目组负责人：田禾，中国社会科学院国家法治指数研究中心主任，法学研究所研究员；吕艳滨，中国社会科学院法学研究所研究员、法治国情调研室主任。项目组成员：王小梅、王祎茗、车文博、冯迎迎、刘雁鹏、米晓敏、胡昌明、洪梅、栗燕杰（按姓氏笔画排序）。执笔人：吕艳滨、田禾。

对49家国务院部门、31家省级政府、49家较大的市政府、120家县（市、区）政府开展政务公开工作的情况进行了第三方评估。评估显示，2020年政务公开标准化规范化的探索推进正在加快，决策公开稳步推进，政务服务、行政执法、管理结果公开均有明显进步，未来还需要进一步提升公开意识、找准公众需求，将公开融入政务活动全流程，提升信息化保障水平。

关键词：政务公开　政府透明度　法治指数　政府网站

2020年，中国社会科学院国家法治指数研究中心、法学研究所法治指数创新工程项目组（以下简称"项目组"）继续对各级政府政务公开情况进行调研和评估，本报告对此次调研和评估情况进行了总结分析。

一　评估对象、指标及方法

2020年的评估对象包括49家对外有行政管理权限的国务院部门、31家省级政府（不包括港澳台地区）、49家较大的市政府、120家县（市、区）政府。项目组在上一年度评估的125家县（市、区）政府中剔除了排名靠后的25家，分别从上一年度百强县、百强区[①]中按照排名由高到低依次选取了部分县、区，并追加了上海市金山区和长沙市天心区两家主动要求评估的区政府。

2020年评估基本延续2019年的指标，一级指标包括决策公开、管理服务公开、执行和结果公开、政务公开平台建设、依申请公开（见表1、2、3、

---

① 百强县、百强区数据来源于《2019年中国中小城市高质量发展指数研究成果发布》，《人民日报》2019年10月8日，第8版。

4)①,在省、较大的市、县(市、区)执行和结果公开指标中增加评估了执法统计数据公开情况。

评估日期截至2020年12月31日。其中,依申请公开仅对县(市、区)政府进行了验证,时间为2020年6月6日至10月23日,申请内容为要求公开"2019年本县(市、区)危房改造项目实际投入金额"。申请通过在线申请或信函渠道提出,在线申请优先采用政府门户网站依申请公开平台,无平台的则选择政府信息公开指南中公布的电子邮箱发送申请。上述方式无效的,则以挂号信方式提出申请。

表1 中国政府透明度指数指标体系(国务院部门)

一级指标	二级指标
决策公开(35%)	重大决策预公开(40%)
	规范性文件公开(30%)
	政策解读(30%)
管理服务公开(20%)	权力清单公开(30%)
	政务服务信息公开(40%)
	行政执法信息公开(30%)
执行和结果公开(25%)	法治政府建设情况年度报告(60%)
	建议提案办理结果公开(40%)
政务公开平台建设(20%)	网站建设(30%)
	政务新媒体(20%)
	政府公报(30%)
	网站互动交流(20%)

---

① 关于评估指标的描述,可参见《中国政府透明度指数报告(2019)——以政府网站信息公开为视角》,《中国法治发展报告 No.18(2020)》,社会科学文献出版社,2020,第175~176页。

表2　中国政府透明度指数指标体系（省级政府）

一级指标	二级指标
决策公开（35%）	重大决策预公开（40%）
	规范性文件公开（30%）
	政策解读（30%）
管理服务公开（20%）	权力清单公开（30%）
	政务服务信息公开（40%）
	行政执法信息公开（30%）
执行和结果公开（25%）	法治政府建设情况年度报告（15%）
	建议提案办理结果公开（15%）
	执法统计数据（10%）
	审计结果公开（30%）
	地方政府债务信息（30%）
政务公开平台建设（20%）	网站建设（30%）
	政务新媒体（20%）
	政府公报（30%）
	网站互动交流（20%）

表3　中国政府透明度指数指标体系（较大的市政府）

一级指标	二级指标
决策公开（35%）	重大决策预公开（40%）
	规范性文件公开（30%）
	政策解读（30%）
管理服务公开（20%）	权力清单公开（30%）
	政务服务信息公开（40%）
	行政执法信息公开（30%）

续表

一级指标	二级指标
执行和结果公开（25%）	法治政府建设情况年度报告（15%）
	建议提案办理结果公开（15%）
	执法统计数据（10%）
	审计结果公开（30%）
	地方政府债务信息（30%）
政务公开平台建设（20%）	网站建设（30%）
	政务新媒体（20%）
	政府公报（30%）
	网站互动交流（20%）

表4　中国政府透明度指数指标体系［县（市、区）政府］

一级指标	二级指标
决策公开（30%）	重大决策预公开（40%）
	规范性文件公开（30%）
	政策解读（30%）
管理服务公开（20%）	权力清单公开（30%）
	政务服务信息公开（40%）
	行政执法信息公开（30%）
执行和结果公开（20%）	法治政府建设情况年度报告（15%）
	建议提案办理结果公开（15%）
	执法统计数据（10%）
	审计结果公开（20%）
	地方政府债务信息（20%）
	义务教育信息公开（20%）

续表

一级指标	二级指标
政务公开平台建设（20%）	网站建设（30%）
	政务新媒体（20%）
	政府公报（30%）
	网站互动交流（20%）
依申请公开（10%）	渠道畅通性（40%）
	答复规范化（60%）

二 评估结果总体情况

2020年，国务院部门排在前列的有：国家市场监督管理总局、交通运输部、国家发展和改革委员会、民政部、财政部、海关总署、商务部、自然资源部、司法部、工业和信息化部（评估结果见表5）。省级政府排在前列的有：上海市、北京市、广东省、四川省、贵州省、湖南省、江苏省、山东省、安徽省、湖北省（评估结果见表6）。较大的市排在前列的有：广州市、深圳市、青岛市、宁波市、成都市、银川市、合肥市、济南市、淄博市、厦门市（评估结果见表7）。县（市、区）政府排在前列的有：宁波市江北区、北京市西城区、上海市普陀区、浙江省慈溪市、上海市金山区、山东省荣成市、上海市虹口区、广州市越秀区、温州市瓯海区、深圳市罗湖区（评估结果见表8）。

结果显示，各单位政务公开仍存在不小差距。国务院部门中，最高分74.89分，最低分仅11.6分；省级政府中，最高分89.88分，最低分52.55分；较大的市中，最高分89.60分，最低分37.49分；县（市、区）政府中，最高分为86.67分，最低分仅为31.48分。分别有19家国务院部门、4家省级政府、9家较大的市政府、54家县（市、区）政府的政府透明度得分低于60分，分别占38.78%、12.90%、18.37%、45%。这表明，基层政府的政务公开相对薄弱、水平仍待提升，政务公开的均衡发展仍是未来的重要课题。其他几类评估对象同样存在类似问题，此外，在各类行政机关中不断提升规范化标准化水平刻不容缓。

同时，政务公开的地域性聚集效应值得关注。排名在前15名的较大的市政府中，广东省、山东省各有3家，安徽省有2家，而上述三地在省级政府中排名也较好。排在前20名的县（市、区）政府中，浙江省有6家，上海市、广东省各有5家，北京市和山东省各有2家，其中4家省级政府自身排名也较好。下级政府的政府透明度排名情况虽不能直接代表上级政府政务公开水平，但至少可以反映当地总体的政务公开工作成效。无论下级政府与上级政府排名的匹配度如何，此类现象都值得从当地政务公开工作推进机制、管理水平角度予以关注。

此外，政府透明度水平越高，越有助于规范政府管理、提升政府治理能力，才能有效优化当地营商环境，进而促进当地经济持续发展。而将三个层级的地方政府的政府透明度指数排名与其2019年GDP排名进行对比可以发现，部分地区政务公开水平与当地经济发展程度不太匹配。省级政府中，有6家政府透明度排名低于GDP排名，且排名差①超过5名。较大的市政府中，有18家政府透明度排名低于GDP排名，且排名差超过5名。县（市、区）政府中，除去未能查询到2019年GDP的2家县（市、区）政府，共有59家县（市、区）政府的政府透明度排名低于GDP排名，且排名差超过5名。这表明，为确保当地经济社会持续稳定发展，其至少应在政府管理尤其是政务公开方面付出更多努力。

表5 中国政府透明度指数评估结果（国务院部门）

单位：分

排名	国务院部门	总分（满分100分）	决策公开	管理服务公开	执行和结果公开	政务公开平台建设
1	国家市场监督管理总局	74.89	64.80	61.53	85.60	92.50
2	交通运输部	74.29	71.80	66.40	71.50	90.00

---

① 排名差为其GDP排名与政府透明度指数排名之间的差值。

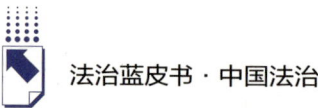

续表

排名	国务院部门	总分（满分100分）	决策公开	管理服务公开	执行和结果公开	政务公开平台建设
3	国家发展和改革委员会	73.17	85.40	40.00	66.70	93.00
4	民政部	72.66	72.05	62.20	64.00	95.00
5	财政部	70.39	74.60	63.40	61.60	81.00
6	海关总署	69.62	61.20	60.50	70.00	93.00
7	商务部	67.84	69.05	49.00	65.50	87.50
8	自然资源部	67.75	72.60	37.33	65.50	92.50
9	司法部	67.61	53.60	56.00	70.60	100.00
10	工业和信息化部	66.60	63.15	44.50	73.60	86.00
11	国家税务总局	66.59	58.80	33.50	81.25	95.00
12	中国民用航空局	65.65	81.60	37.00	44.35	93.00
13	生态环境部	65.64	60.60	55.00	62.50	89.00
14	教育部	65.60	57.30	59.60	69.70	81.00
15	中国证券监督管理委员会	65.21	89.60	55.10	38.50	66.00
16	国家外汇管理局	65.11	88.20	48.80	35.50	78.00
17	外交部	65.04	52.10	63.50	66.00	88.00
18	水利部	64.78	50.05	51.93	71.50	95.00
19	人力资源和社会保障部	64.75	55.90	55.75	67.75	85.50
20	农业农村部	63.85	58.80	53.23	70.50	75.00
21	文化和旅游部	63.70	53.85	37.25	73.60	95.00
22	国家体育总局	62.97	65.10	32.00	64.75	88.00
23	国家铁路局	62.32	64.60	41.80	64.60	76.00
24	中国人民银行	62.27	78.60	62.80	35.20	67.00
25	中国银行保险监督管理委员会（中国保险监督管理委员会）	61.51	43.80	60.10	66.25	88.00
26	国家邮政局	61.41	72.20	42.80	47.10	79.00

中国政府透明度指数报告（2020）

续表

排名	国务院部门	总分（满分100分）	决策公开	管理服务公开	执行和结果公开	政务公开平台建设
27	国家药品监督管理局	61.32	42.00	67.60	70.00	78.00
28	国家卫生健康委员会	61.04	48.50	49.80	62.40	92.50
29	应急管理部	61.03	59.40	27.20	65.20	92.50
30	国家林业和草原局	60.74	68.10	40.00	70.00	57.00
31	国家文物局	59.83	46.80	39.73	70.00	90.00
32	国家能源局	59.60	58.50	44.13	67.60	67.00
33	中国气象局	58.53	45.00	32.00	75.10	88.00
34	住房和城乡建设部	57.97	55.15	52.60	64.60	60.00
35	国家广播电视总局	57.72	37.65	44.58	62.50	100.00
36	国家知识产权局	56.90	43.80	29.60	68.20	93.00
37	国家统计局	56.50	32.40	45.50	69.85	93.00
38	科学技术部	56.09	41.40	42.80	67.75	80.50
39	审计署	55.02	33.80	40.30	66.10	93.00
40	国家粮食和物资储备局	50.11	20.00	49.30	70.60	78.00
41	国家信访局	49.58	36.60	—	44.30	88.00
42	国家医疗保障局	47.70	42.20	8.00	70.90	68.00
43	公安部	46.50	54.00	40.00	24.00	68.00
44	国家烟草专卖局	46.36	41.00	38.90	42.50	68.00
45	国务院国有资产监督管理委员会	44.51	39.60	18.75	37.60	87.50
46	国家民族事务委员会	35.83	19.65	16.75	28.00	93.00
47	国家移民管理局	34.79	22.20	29.60	10.00	93.00
48	国家中医药管理局	29.95	31.00	0.00	10.00	83.00
49	国家国际发展合作署	11.60	0.00	0.00	0.00	58.00

表6 中国政府透明度指数评估结果（省级政府）

排名	省级政府	总分（满分100分）（分）	决策公开（分）	管理服务公开（分）	执行和结果公开（分）	政务公开平台建设（分）	2019年GDP（亿元）	2019年GDP排名	GDP排名与指数排名差
1	上海市	89.88	88.20	89.32	84.58	100.00	38155.32	10	9
2	北京市	88.61	86.20	79.44	90.23	100.00	35371.30	12	10
3	广东省	83.28	75.60	85.20	79.10	100.00	107671.07	1	−2
4	四川省	79.88	76.60	73.44	75.14	98.00	46615.82	6	2
5	贵州省	79.86	73.40	80.38	72.38	100.00	16769.34	22	17
6	湖南省	76.62	72.20	58.00	79.01	100.00	39752.12	9	3
7	江苏省	76.57	71.60	62.60	78.35	97.00	99631.52	2	−5
8	山东省	76.53	68.40	81.64	75.45	87.00	71067.50	3	−5
9	安徽省	76.36	78.40	65.24	75.00	85.60	37114.00	11	2
10	湖北省	75.78	68.50	70.85	70.55	100.00	45828.31	7	−3
11	河南省	74.77	65.60	75.04	73.20	92.50	54259.20	5	−6
12	内蒙古自治区	74.71	66.40	72.04	68.27	100.00	17212.50	20	8
13	河北省	74.37	61.00	81.64	71.55	94.00	35104.50	13	0
14	宁夏回族自治区	74.31	64.20	72.24	75.98	92.00	3748.48	29	15
15	天津市	73.87	65.80	63.68	72.41	100.00	14104.28	23	8
16	云南省	71.72	58.00	77.64	70.35	91.50	23223.75	18	2
17	广西壮族自治区	71.20	52.00	77.78	69.80	100.00	21237.14	19	2
18	海南省	70.56	64.20	66.88	64.87	92.50	5308.94	28	10
19	江西省	69.87	58.00	87.38	53.18	94.00	24757.50	16	−3
20	福建省	67.76	55.00	68.78	63.00	95.00	42395.00	8	−12
21	辽宁省	65.87	44.40	63.88	79.01	89.00	24909.50	15	−6
22	重庆市	65.19	43.80	68.00	71.44	92.00	23605.77	17	−5

中国政府透明度指数报告（2020）

续表

排名	省级政府	总分（满分100分）（分）	决策公开（分）	管理服务公开（分）	执行和结果公开（分）	政务公开平台建设（分）	2019年GDP（亿元）*	2019年GDP排名	GDP排名与指数排名差
23	山西省	64.77	56.80	60.64	61.05	87.50	17026.68	21	−2
24	浙江省	64.74	31.20	85.24	73.65	91.80	62352.00	4	−20
25	新疆维吾尔自治区	64.30	42.20	67.00	64.50	100.00	13597.11	25	0
26	青海省	61.26	45.00	76.64	66.35	68.00	42395.00	8	4
27	甘肃省	60.69	46.20	64.60	63.20	79.00	8718.30	27	0
28	陕西省	59.46	47.40	36.38	67.19	94.00	25793.17	14	−14
29	吉林省	58.52	25.20	62.78	68.57	100.00	11726.80	26	−3
30	黑龙江省	57.61	34.20	72.60	56.25	85.30	13612.70	24	−6
31	西藏自治区	52.55	11.40	71.42	61.91	94.00	1697.82	31	0

* GDP数据均为各地2019年的最新数据，来源于各地政府网站的国民经济和社会发展统计公报或者公开报道的数据。

表7　中国政府透明度指数评估结果（较大的市政府）

排名	较大的市政府	总分（满分100分）（分）	决策公开（分）	管理服务公开（分）	执行和结果公开（分）	政务公开平台建设（分）	2019年GDP（亿元）	2019年GDP排名	排名差
1	广州市	89.60	91.00	87.00	81.39	100.00	23628.60	2	1
2	深圳市	87.96	87.40	83.00	87.09	95.00	26297.09	1	−1
3	青岛市	84.82	85.60	75.14	84.14	94.00	11741.31	10	7
4	宁波市	82.41	80.00	77.85	75.35	100.00	11985.12	8	4
5	成都市	82.19	82.60	75.35	78.83	92.50	17012.65	4	−1
6	银川市	82.08	74.80	79.50	83.98	95.00	2021.27	39	33
7	合肥市	82.02	88.40	59.60	80.63	95.00	9409.40	14	7
8	济南市	81.69	77.40	85.84	78.55	89.00	9443.40	13	5

续表

排名	较大的市政府	总分（满分100分）（分）	决策公开（分）	管理服务公开（分）	执行和结果公开（分）	政务公开平台建设（分）	2019年GDP（亿元）	2019年GDP排名	排名差
9	淄博市	81.49	87.00	67.34	81.08	86.50	3642.40	31	22
10	厦门市	80.64	81.60	79.62	72.62	90.00	5995.04	22	12
11	苏州市	80.48	76.20	74.44	80.48	94.00	19235.80	3	-8
12	淮南市	80.47	83.40	57.06	79.48	100.00	1296.20	45	33
13	武汉市	78.22	78.40	70.60	71.45	94.00	16223.21	5	-8
14	珠海市	78.06	79.40	73.20	62.50	100.00	3435.89	34	20
15	郑州市	77.88	92.80	77.60	67.52	65.00	11589.70	11	-4
16	贵阳市	76.87	80.60	59.74	70.83	95.00	4039.60	29	13
17	汕头市	76.70	69.30	71.96	72.23	100.00	2694.08	38	21
18	大连市	76.10	80.60	68.00	72.36	81.00	7001.70	18	0
19	南宁市	75.19	82.40	55.74	74.40	83.00	4506.56	28	9
20	杭州市	74.59	63.20	68.60	79.00	95.00	15373.05	6	-14
21	昆明市	73.18	75.80	69.40	51.10	100.00	6475.88	20	-1
22	西安市	71.95	81.00	69.56	48.77	87.50	9321.19	16	-6
23	海口市	71.83	70.00	72.14	55.60	95.00	1671.93	41	18
24	沈阳市	70.87	62.00	57.78	74.48	95.00	6470.30	21	-3
24	长沙市	70.87	64.80	59.20	65.39	100.00	11574.22	12	-12
26	洛阳市	69.40	66.80	63.64	69.19	80.00	5034.90	27	1
27	福州市	69.38	71.60	63.94	58.14	85.00	9392.30	15	-12
28	本溪市	69.02	40.20	82.24	78.82	94.00	781.10	48	20
29	南京市	68.52	71.20	57.96	65.63	78.00	14030.15	7	-22
30	无锡市	68.35	64.40	48.60	64.35	100.00	11852.32	9	-21

续表

排名	较大的市政府	总分（满分100分）（分）	决策公开（分）	管理服务公开（分）	执行和结果公开（分）	政务公开平台建设（分）	2019年GDP（亿元）	2019年GDP排名	排名差
31	呼和浩特市	65.54	62.80	57.34	52.35	95.00	2791.46	36	5
32	抚顺市	65.38	57.20	58.60	72.98	77.00	847.10	47	15
33	徐州市	63.85	59.80	53.40	63.38	82.00	7151.40	17	−16
34	太原市	63.81	54.60	65.74	59.03	84.00	4028.51	30	−4
35	南昌市	62.74	54.00	58.08	54.50	93.00	5596.18	25	−10
36	长春市	62.23	70.80	41.56	66.17	63.00	5904.10	23	−13
37	邯郸市	62.04	61.20	55.32	53.03	81.50	3486.00	32	−5
38	哈尔滨市	61.86	58.60	63.04	44.58	88.00	5249.40	26	−12
39	鞍山市	61.27	56.80	66.66	49.02	79.00	1745.30	40	1
40	石家庄市	60.04	46.00	61.80	57.53	86.00	5809.90	24	−16
41	吉林市	58.54	56.60	53.80	48.68	79.00	1316.60	44	3
42	唐山市	56.86	37.00	56.22	54.65	95.00	6890.00	19	−23
43	大同市	54.07	37.20	58.14	41.67	95.00	1318.84	43	0
44	齐齐哈尔市	52.40	44.60	40.64	39.45	94.00	1128.90	46	2
45	兰州市	52.22	32.40	58.60	41.45	94.00	2837.36	35	−10
46	包头市	50.85	22.20	59.46	63.97	76.00	2714.47	37	−9
47	拉萨市	48.91	23.40	43.00	71.27	71.50	617.88	49	2
48	乌鲁木齐市	46.86	12.30	59.96	54.24	85.00	3450.10	33	−15
49	西宁市	37.49	32.40	18.96	46.23	54.00	1382.89	42	−7

表8 中国政府透明度指数评估结果［县（市、区）政府］

单位：分

排名	县（市、区）		总分（满分100）（分）	决策公开（分）	管理服务公开（分）	执行和结果公开（分）	政务公开平台建设（分）	依申请公开（分）	2019年GDP（亿元）	2019年GDP排名	GDP排名与指数排名差
1	浙江省宁波市	江北区	86.67	84.30	88.50	79.65	95.00	87.50	639.60	75	74
2	北京市	西城区	85.14	82.30	76.05	80.73	95.00	100.00	5007.30	5	3
3	上海市	普陀区	85.04	78.60	78.56	83.74	95.00	100.00	1111.62	43	40
4	浙江省宁波市	慈溪市	84.66	82.50	76.40	78.16	95.00	100.00	1898.64	27	23
5	上海市	金山区	83.03	82.20	76.34	79.53	86.00	100.00	1077.15	45	40
6	山东省威海市	荣成市	81.43	77.80	71.68	73.75	95.00	100.00	930.80	59	53
7	上海市	虹口区	81.36	75.20	70.96	78.05	95.00	100.00	1032.97	50	43
8	广东省广州市	越秀区	80.71	74.80	75.00	76.35	95.00	90.00	3135.47	11	3
9	浙江省温州市	瓯海区	80.17	68.20	78.40	75.13	95.00	100.00	661.10	74	65
10	广东省深圳市	罗湖区	80.06	75.70	69.80	76.95	95.00	90.00	2390.26	19	9
11	广东省广州市	黄埔区	79.67	71.80	76.28	69.38	97.00	96.00	3502.47	9	-2
12	浙江省金华市	义乌市	79.65	68.20	77.60	78.36	95.00	90.00	1421.10	32	20
13	山东省济南市	历下区	78.79	68.60	76.34	74.70	90.00	100.00	1685.40	31	18
14	上海市	徐汇区	78.75	66.20	70.16	79.28	95.00	100.00	2111.01	22	8

续表

排名	县（市、区）		总分（满分100）（分）	决策公开（分）	管理服务公开（分）	执行和结果公开（分）	政务公开平台建设（分）	依申请公开（分）	2019年GDP（亿元）	2019年GDP排名	GDP排名与指数排名差
15	广东省佛山市	禅城区	78.56	71.80	78.74	71.35	95.00	80.00	1920.46	25	10
16	广东省广州市	海珠区	78.43	71.50	74.88	65.01	100.00	90.00	1935.12	24	8
17	浙江省杭州市	拱墅区	78.36	72.40	76.40	66.80	90.00	100.00	662.16	73	56
18	北京市	海淀区	78.26	84.20	72.00	48.24	96.00	97.50	7926.00	3	-15
19	上海市	黄浦区	78.12	76.20	69.82	69.00	87.50	100.00	2577.97	15	-4
20	浙江省杭州市	余杭区	78.00	65.80	77.60	70.68	95.00	96.00	2824.02	13	-7
21	广东省佛山市	南海区	77.19	66.20	76.34	67.31	95.00	96.00	3176.62	10	-11
22	江苏省苏州市	吴江区	77.01	77.00	71.60	64.93	88.00	90.00	1958.16	23	1
23	浙江省杭州市	萧山区	76.32	68.20	77.60	58.68	93.00	100.00	1847.66	28	5
24	安徽省六安市	裕安区	76.20	86.80	61.50	59.80	93.00	73.00	293.50	94	70
25	广东省惠州市	博罗县	76.17	74.00	67.42	69.42	83.00	100.00	579.86	78	53
26	江苏省苏州市	张家港市	75.87	73.60	71.60	52.33	95.00	100.00	2547.26	16	-10
27	安徽省六安市	金寨县	75.20	80.80	55.20	65.59	93.00	82.00	187.67	104	77
28	北京市	朝阳区	74.77	61.60	73.08	62.38	96.00	100.00	7108.00	4	-24
29	江苏省苏州市	太仓市	74.30	68.80	57.60	72.71	95.00	86.00	1324.97	34	5
30	安徽省黄山市	徽州区	73.78	65.80	50.58	81.63	88.00	100.00	81.62	117	87

续表

排名	县（市、区）		总分（满分100）（分）	决策公开（分）	管理服务公开（分）	执行和结果公开（分）	政务公开平台建设（分）	依申请公开（分）	2019年GDP（亿元）	2019年GDP排名	GDP排名与指数排名差
31	北京市	通州区	73.70	62.20	70.74	65.72	90.00	97.50	1059.20	47	16
32	广东省佛山市	顺德区	73.44	62.80	68.40	66.58	95.00	86.00	3523.18	8	-24
33	江苏省无锡市	江阴市	73.32	73.80	50.96	54.94	100.00	100.00	4001.12	7	-26
34	北京市	东城区	72.95	42.00	78.24	74.50	99.00	100.00	2910.40	12	-22
35	山东省烟台市	龙口市	72.49	65.00	78.00	76.93	95.00	30.00	1074.81	46	11
36	安徽省宿州市	灵璧县	72.40	82.00	49.20	60.30	88.00	83.00	282.20	96	60
37	安徽省合肥市	庐阳区	72.03	73.00	39.36	73.28	88.00	100.00	1036.61	49	12
38	浙江省宁波市	鄞州区	70.99	63.40	70.40	49.45	95.00	90.00	2211.00	21	-17
39	浙江省杭州市	江干区	70.33	37.20	76.40	74.43	95.00	100.00	949.40	58	19
40	江苏省苏州市	昆山市	69.63	67.80	65.36	63.07	73.00	90.00	4045.06	6	-34
41	贵州省贵阳市	观山湖区	68.07	71.80	51.14	64.53	81.00	72.00	670.05	72	31
42	上海市	浦东新区	67.55	43.20	64.40	78.04	80.50	100.00	12734.25	1	-41
43	江苏省常州市	武进区	67.36	56.80	68.40	50.19	83.00	100.00	2483.40	18	-25
44	福建省泉州市	石狮市	66.78	41.40	72.56	61.24	93.00	90.00	917.84	60	16
45	江苏省宿迁市	沭阳县	66.61	65.20	57.44	41.80	86.00	100.00	950.17	57	12
46	浙江省宁波市	余姚市	66.58	39.00	78.80	55.62	95.00	90.00	1166.26	42	-4

续表

排名	县（市、区）		总分（满分100）（分）	决策公开（分）	管理服务公开（分）	执行和结果公开（分）	政务公开平台建设（分）	依申请公开（分）	2019年GDP（亿元）	2019年GDP排名	GDP排名与指数排名差
47	四川省成都市	武侯区	65.76	45.00	63.10	60.18	100.00	76.00	1201.55	39	-8
48	内蒙古自治区呼和浩特市	新城区	65.16	47.20	58.74	64.51	93.00	77.50	605.00	76	28
49	贵州省黔西南布依族苗族自治州	贞丰县	65.12	67.00	74.74	35.86	73.00	83.00	143.05	110	61
50	江苏省南京市	建邺区	64.80	42.60	76.80	49.30	88.00	92.00	1055.89	48	-2
51	宁夏回族自治区银川市	贺兰县	64.21	40.20	60.00	59.73	93.00	96.00	138.95	112	61
52	湖南省长沙市	长沙县	63.74	44.40	75.76	41.32	90.00	90.00	1709.96	30	-22
53	福建省福州市	鼓楼区	63.37	49.40	52.06	51.68	89.00	100.00	1916.70	26	-27
54	江苏省苏州市	苏州工业园区	63.16	48.00	58.36	37.44	100.00	96.00	2743.40	14	-40
55	湖北省武汉市	江岸区	62.78	46.00	68.18	44.74	87.00	90.00	840.00	62	7
56	宁夏回族自治区固原市	彭阳县	62.61	40.20	63.10	61.15	80.50	96.00	64.19	118	62
57	湖南省长沙市	岳麓区	62.36	43.20	76.46	40.53	85.00	90.00	1288.20	37	-20
58	宁夏回族自治区银川市	金凤区	62.18	41.40	58.80	51.99	88.00	100.00	290.38	95	37
59	广西壮族自治区南宁市	青秀区	62.09	57.60	53.04	62.51	65.50	86.00	1188.58	41	-18
60	广西壮族自治区玉林市	博白县	61.68	31.20	73.36	53.72	93.00	83.00	278.98	97	37

续表

排名	县（市、区）		总分（满分100）（分）	决策公开（分）	管理服务公开（分）	执行和结果公开（分）	政务公开平台建设（分）	依申请公开（分）	2019年GDP（亿元）	2019年GDP排名	GDP排名与指数排名差
61	江苏省无锡市	宜兴市	61.25	39.60	42.96	58.90	95.00	100.00	1770.10	29	-32
62	广西壮族自治区百色市	平果市	60.83	35.80	68.96	48.97	95.00	75.00	178.83	105	43
63	安徽省合肥市	蜀山区	60.67	45.00	36.00	63.11	88.00	97.50	1004.24	53	-10
64	江西省南昌市	东湖区	60.39	43.00	73.54	50.89	78.00	70.00	366.69	88	24
65	辽宁省沈阳市	浑南区	60.10	25.20	75.60	56.10	88.00	86.00	546.01	80	15
66	广西壮族自治区贵港市	桂平市	60.05	59.20	74.96	56.98	53.00	53.00	372.81	87	21
67	贵州省遵义市	播州区	59.90	43.20	56.18	49.90	78.60	100.00	328.89	90	23
68	重庆市	奉节县	59.84	30.00	57.70	53.49	95.00	96.00	303.43	93	25
69	湖南省长沙市	浏阳市	59.82	38.40	76.96	59.56	90.00	30.00	1408.80	33	-36
70	四川省眉山市	仁寿县	59.67	32.40	74.00	51.77	74.00	100.00	441.77	85	15
71	福建省泉州市	晋江市	59.37	46.60	64.16	46.28	80.00	73.00	2546.18	17	-54
72	黑龙江省哈尔滨市	道里区	58.93	41.40	64.56	46.98	88.00	66.00	755.91	66	-6
73	天津市	河西区	58.84	33.00	49.46	50.22	100.00	90.00	702.82	68	-5
74	河南省安阳市	汤阴县	58.69	33.60	69.64	35.40	93.00	90.00	162.50	106	32
75	湖南省长沙市	天心区	58.54	42.00	62.56	33.41	90.00	87.50	1080.64	44	-31
76	贵州省贵阳市	南明区	58.23	40.20	63.44	66.39	88.00	26.00	820.59	63	-13

续表

排名	县（市、区）		总分（满分100）（分）	决策公开（分）	管理服务公开（分）	执行和结果公开（分）	政务公开平台建设（分）	依申请公开（分）	2019年GDP（亿元）	2019年GDP排名	GDP排名与指数排名差
77	贵州省六盘水市	六枝特区	57.88	46.20	71.54	46.56	64.00	76.00	124.58	114	37
78	天津市	滨海新区	57.63	20.40	47.46	62.08	100.00	96.00	8760.15	2	−76
79	四川省成都市	龙泉驿区	57.33	21.00	55.60	61.55	95.00	86.00	1318.88	35	−44
80	天津市	南开区	57.14	20.40	50.66	61.45	100.00	86.00	544.22	81	1
81	河南省郑州市	中原区	56.78	39.80	46.02	56.42	78.00	87.50	688.60	69	−12
82	陕西省西安市	未央区	56.50	43.20	44.16	47.06	95.00	63.00	1255.07	38	−44
83	江西省南昌市	南昌县	56.32	38.40	67.14	48.84	93.00	30.00	1027.76	52	−31
84	重庆市	渝中区	55.91	36.60	53.20	40.45	88.00	86.00	1301.35	36	−48
85	江苏省苏州市	常熟市	55.61	19.20	70.90	40.36	88.00	100.00	2269.82	20	−65
86	湖北省宜昌市	宜都市	55.60	36.60	64.16	32.96	78.00	96.00	679.24	71	−15
87	天津市	武清区	55.38	23.40	49.46	59.35	88.00	90.00	950.73	56	−31
88	江苏省南京市	玄武区	55.34	27.00	51.76	50.42	88.00	92.00	1030.75	51	−37
89	河北省唐山市	丰润区	55.31	29.40	80.50	42.76	71.20	76.00	875.10	61	−28
90	陕西省咸阳市	彬州市	55.23	27.60	61.66	45.08	88.00	80.00	231.10	102	12
91	云南省楚雄彝族自治州	楚雄市	55.02	37.20	47.28	50.50	80.50	82.00	460.63	84	−7
92	黑龙江省哈尔滨市	松北区	54.98	56.20	63.72	28.88	70.00	56.00	483.70	82	−10

续表

排名	县（市、区）		总分（满分100）（分）	决策公开（分）	管理服务公开（分）	执行和结果公开（分）	政务公开平台建设（分）	依申请公开（分）	2019年GDP（亿元）	2019年GDP排名	GDP排名与指数排名差
93	甘肃省酒泉市	肃州区	54.90	40.20	36.56	46.64	88.00	86.00	191.06	103	10
94	河南省郑州市	上街区	54.24	39.60	55.00	53.43	59.60	87.50	158.50	107	13
95	湖南省衡阳市	衡阳县	53.82	45.60	44.00	23.68	90.00	86.00	348.94	89	-6
96	宁夏回族自治区吴忠市	青铜峡市	53.08	41.40	66.60	33.68	88.00	30.00	126.50	113	17
97	江苏省徐州市	新沂市	53.03	25.20	33.36	53.98	100.00	80.00	686.40	70	-27
98	云南省昆明市	五华区	51.73	31.20	38.40	37.94	87.50	96.00	1195.65	40	-58
99	河北省石家庄市	长安区	51.72	13.20	52.62	49.01	93.40	87.50	598.90	77	-22
100	云南省昆明市	呈贡区	50.90	35.40	43.20	36.19	80.50	83.00	476.79	83	-17
101	内蒙古自治区鄂尔多斯市	准格尔旗	50.84	31.80	30.48	45.51	80.50	100.00	820.05	64	-37
102	湖北省荆州市	监利市	49.83	12.30	67.96	36.00	78.00	97.50	310.04	92	-10
103	山西省吕梁市	孝义市	49.13	25.20	34.20	42.63	83.00	96.00	319.40	91	-12
104	辽宁省鞍山市	海城市	49.05	30.30	53.38	24.18	75.50	93.50	552.00	79	-25
105	陕西省延安市	安塞区	48.20	29.40	38.16	24.26	93.00	83.00	114.63	116	11
106	辽宁省大连市	瓦房店市	46.81	34.20	74.18	38.59	25.00	90.00	764.60	65	-41
107	河北省唐山市	迁安市	46.51	25.80	76.40	33.46	46.00	76.00	957.80	55	-52

续表

排名	县（市、区）		总分（满分100）（分）	决策公开（分）	管理服务公开（分）	执行和结果公开（分）	政务公开平台建设（分）	依申请公开（分）	2019年GDP（亿元）	2019年GDP排名	GDP排名与指数排名差
108	黑龙江省齐齐哈尔市	龙沙区	45.78	37.20	55.72	27.61	61.00	57.50	123.55	115	7
109	内蒙古自治区包头市	稀土高新技术产业开发区	45.39	31.00	42.60	37.33	87.50	26.00	—	—	—
110	辽宁省沈阳市	铁西区	45.21	7.20	68.20	47.78	60.50	77.50	980.40	54	-56
111	黑龙江省牡丹江市	东安区	44.92	33.00	54.96	37.14	68.00	30.00	—	—	—
112	云南省保山市	腾冲市	44.90	29.40	44.96	53.46	39.00	86.00	252.73	99	-13
113	海南省海口市	秀英区	44.28	27.00	65.20	41.69	39.00	70.00	259.91	98	-15
114	海南省	乐东黎族自治县	43.98	25.20	54.20	37.92	77.00	26.00	144.35	108	-6
115	湖南省株洲市	渌口区	43.75	18.60	56.80	32.56	70.00	63.00	143.79	109	-6
115	吉林省长春市	农安县	43.75	27.00	51.20	28.04	49.00	100.00	251.40	100	-15
117	新疆维吾尔自治区巴音郭楞蒙古自治州	库尔勒市	40.26	22.20	62.96	30.56	46.50	56.00	703.66	67	-50
118	海南省海口市	美兰区	38.41	16.80	69.70	36.15	46.00	30.00	426.80	86	-32
119	吉林省松原市	前郭尔罗斯蒙古族自治县	35.16	16.80	41.40	24.18	70.00	30.00	141.67	111	-8
120	青海省西宁市	城东区	31.48	19.20	32.64	20.45	60.50	30.00	232.38	101	-19

三 评估发现的亮点

2020年,政务公开有序推进,政府决策、政务服务、政府管理、政策执行、管理结果等领域的公开工作稳步前进,在加强社会治理、优化营商环境、推进法治政府建设、应对突发事件中的重要作用日益凸显。尤其是在应对新型冠状病毒肺炎疫情过程中,日益快速、高效、准确、全面的信息公开有效提升了政府应对疫情各项措施的知晓度,维护了政府管理的公信力,使抗击疫情的各项措施得到了人民群众的普遍配合、理解、支持和拥护,为凝聚力量取得抗击疫情的胜利提供了有力保障。

(一)基层政务公开"两化"建设加快

2020年1月8日发布的《国务院办公厅关于全面推进基层政务公开标准化规范化工作的指导意见》提出,到2023年基本建成全国统一的基层政务公开标准体系,覆盖基层政府行政权力运行全过程和政务服务全流程。各地围绕标准化规范化工作,积极梳理主动公开事项清单,制订公开工作标准,强化公开平台建设,完善公开制度、流程,加强解读、回应,探索政务公开专区、示范区、示范点等线上线下结合的方式,形成了全面推进标准化规范化的良好局面。

(二)决策信息公开继续稳步推进

2019年9月1日《重大行政决策程序暂行条例》实施以来,各地在重大行政决策预公开方面呈现了诸多亮点。一是更多单位制定并对外公布本年度重大决策事项目录。2020年,有18家较大的市政府公开了重大决策事项目录,比2019年增长了50%。二是多数单位重大行政决策预公开栏目设置情况较好。有35家国务院部门、20家省级政府、40家较大的市政府和56家县(市、区)政府门户网站均设置了意见征集专门栏目,其中部分评估对象栏目设置非常便民,集中发布意见征集草案、反馈意见等预公开信息。三是意见征集渠道多样，多数评估对象开通了电子邮件、信函、在线平台、传真等多种渠道收集意见，便于群众参与。四是多数单位公开了意见征集信息，部分单位还随同草案发布了草案解读或说明，方便群众深入了解相关情况。有34家国务院部门、17家省级政府、41家较大的市政府、49家县（市、区）政府门户网站公开了2020年度重大决策草案，随草案同时发布重大决策草案解读或说明的分别有23家、6家、19家和8家。

规范性文件信息公开更加规范。一是集中统一发布情况较好，有30家省级政府、所有较大的市政府及被评估的县（市、区）政府网站进行了集中统一公开。二是更多的单位注重标注文件有效性。有18家国务院部门、19家省级政府、38家较大的市政府、61家县（市、区）政府门户网站标注了规范性文件有效性，比2019年分别新增了6家、5家、12家和11家。三是注重规范性文件清理信息的公开。31家国务院部门、28家省级政府、45家较大的市政府和92家县（市、区）政府分别发布了本单位近3年的规范性文件清理信息，其中，发布2020年度清理信息的分别有21家、16家、40家和47家。

政策解读形式多样，解读内容质量更高。有超过98%的评估对象开通了政策解读类专门栏目，多数单位栏目定位比较准确，集中发布政策解读类信息。在发布的政策解读内容中，阐释了文件制定背景及核心内容的国务院部门、省级政府、较大的市政府和县（市、区）政府分别有42家、30家、46家和64家。部分地方还列明了解读人姓名等信息，如浙江省杭州市、河南省郑州市以及浙江省余姚市。而且解读形式更加多样化，不少评估对象以图解、视频解读以及H5解读等多种方式发布解读内容。评估发现，除文字解读外，使用其他方式解读文件的国务院部门、省级政府、较大的市政府和县（市、区）政府分别有36家、29家、39家和87家。

（三）调整权力配置信息公开及时

多数地方政府机构改革后有关单位能够及时公开调整后的权力清单。2020年评估抽查了各地医疗保障、退役军人事务管理、卫生健康、应急管理、生态环境等部分涉及机构改革的部门。被评估的地方政府中，有111家被抽查的部门均调整了权力清单，72家地方政府调整了部分被抽查部门的权力清单，机构改革单位权力清单调整情况较2019年有较大改进。国务院部门监管规则和标准公布情况较好。有37家国务院部门单位在事项清单中列出了明确的文件依据，其中有10家单位还单独公布了相关的监管文件，如国家粮食和物资储备局公布了《中央储备粮代储资格管理办法》，国家林业和草原局公布了《草原征占用审核审批管理规范》，国家能源局公布了《国家能源局关于印发对取消和下放行政审批事项加强后续监管的指导意见（2020年版）》。

（四）行政执法信息公开较为规范

规范开通行政执法信息统一公开平台的评估对象较2019年大幅增加。2020年开通统一的行政执法信息公开平台的地方政府比例近半，且多数单位栏目开设比较规范，有11家省级政府、34家较大的市政府、66家县（市、区）政府设置了行政执法信息统一公开专栏，多数单位专栏设置较合理，栏目划分细致，定位准确，信息发布规范。例如，上海市执法公示平台涵盖了市政府工作部门、区政府及街道乡镇、管委会及其他市级行政执法单位的各类执法信息，依据"执法主体、权限、随机抽查事项清单、执法人员（上海证件）、执法人员（国家证件）、程序流程、权力事项和办事指南、权责清单、举报投诉、救济渠道、双公示、其他行政执法决定、裁量基准、执法数据公开"此14种信息分类设置专门子栏目，单独公开各类信息。

"双随机一公开"覆盖面扩大，规范化程度有所提升。在栏目设置上，有138家单位设置了"双随机"专栏，比2019年增加了42家。在随机抽查事项清单集中发布上，19家省级政府、37家较大的市政府、81家县（市、区）政府集中公开了本级部门随机抽查事项清单。部分地方"双随机"抽查清单的部门覆盖率较高，如青海省、上海市、广州市等地发布的随机抽查事项清单分别覆盖了31家、23家、39家监管部门。

行政处罚结果信息公开情况较好。一是市场监督管理部门行政处罚信息公开率较高。有30家省级政府、46家较大的市政府、112家县（市、区）政府的市场监督管理部门公开了2020年度行政处罚信息，公开率分别达到

96.77%、93.88%和93.33%。二是部分单位"双公示"栏目设置比较规范。上海市"双公示"栏目按法人、自然人、部门分类集中公开，便于管理，也便于群众查询。

（五）政务服务信息公开便利查询

政务服务事项目录的公开率进一步提升。国务院部门的公开率在2019年提升3.76个百分点的基础上，再次提升3.54个百分点，达到91.30%，省、市、县三级政府继续保持100%的公开率。

省级政务服务指南公开较规范。抽查各省级政府企业印制发票审批的办事指南发现，有30个省级政府公开了该事项的办事指南，其中办理依据、申报条件、办理期限、办理流程、收费标准、联系方式或咨询渠道等要素的公开率均为100%；28个省份公开了申报材料，且未发现"其他材料"等兜底性表述；提供了空白表格、样表的分别有20家和17家；办理地点明确具体的有26家。

市场主体和个人"全生命周期"的办事服务事项集成式、一站式公开情况较好。有30家省级政府、48家较大的市政府、107家县（市、区）政府集成展示市场主体（企业）"全生命周期"办事服务事项，分别占96.77%、97.96%、89.17%；有24家省级政府、42家较大的市政府、96家县（市、区）政府集成展示个人"全生命周期"办事服务事项，分别占77.42%、85.71%、80.00%。宁波市江北区等地推行"一件事"政务服务模式，实现了对政务服务办理模式和信息公开方式的迭代。部分单位对"全生命周期"办事服务事项的归类科学、清晰，便于查询，如河南省的个人"全生命周期"事项，按人生事件，分升学、工作、购房、结婚、生育、失业、创业、迁居、退休、后事、其他事项等11类事项集中展示。青海省的法人"全生命周期"办事服务事项，从融资信贷到应对气候变化细分了34种事项，分类细致。

确需保留的证明事项公开率明显提升。2020年，国务院部门、省级政府、较大的市政府、县（市、区）政府等四类主体，公开"确需保留的证明事项清单"的比例分别为50.00%、61.29%、69.39%、31.67%，比2019年分别提升了10.87个、29.03个、30.61个、14.87个百分点。

（六）信息公开助推法治政府建设

2020年是《法治政府建设实施纲要（2015~2020年）》的收官之年，编制并公开法治政府建设年度报告是监督和评价法治政府建设情况的重要手段。首先，发布报告情况逐年向好。所有省级政府连续两年实现全部发布上一年度的法治政府建设年度报告；34家应对外发布年度报告的国务院部门中，有33家发布；49家较大的市政府中，有47家发布，均比2019年有所增加。其次，多数单位按时发布年度报告。有17家国务院部门、25家省级政府、37家较大的市政府和73家县（市、区）政府于2020年4月1日前发布了本机关上一年度的年度报告，比2019年分别增加了12家、21家、9家和37家。最后，年度报告中部分要素规范化程度较高。例如，在国务院部门发布的报告中，披露了政府规章立改废数据、披露参与普法宣传情况的分别占97.06%、91.18%；在省级政府中，披露了深化行政审批制度改革情况、加强执法体制改革情况、地方立法立改废数据、化解矛盾纠纷情况、完善执法程序情况、完善重大行政决策机制情况的分别达到100.00%、100.00%、96.77%、96.77%、93.55%、90.32%；在较大的市政府中，披露了地方立法立改废数据、深化行政审批制度改革情况、加强执法体制改革情况、完善执法程序情况、化解矛盾纠纷情况、完善重大行政决策机制情况的分别达到95.92%、95.92%、95.92%、95.92%、95.92%、91.84%。另外，部分地方年度报告质量较高，如北京市上年度法治政府建设年度报告中，所有评估指标内容全部覆盖，报告内容要素达标率达100%。

（七）各地审计结果公开逐步深化

省级政府审计信息公开情况较好。有27家省级政府公开了2020年度审计计划，其中23家明确提到了新冠肺炎疫情防控相关工作审计安排；27家省级政府公开了2019年度本级预算执行情况和其他财政收支审计结果报告；26家省级政府公开了2019年重大政策措施落实情况跟踪审计结果，其中辽宁等多个省份按季度公开。部分单位对专业的审计报告做了图解，形式新颖丰富，便于群众阅读。天津市制作的《2019年市级预算执行和其他财政收支审计工作报告》图解，综合运用了思维导图、数据统计表、卡通形象，使报告内容形象生动、简明易懂。

（八）政府债务透明度稳步提升

首先，地方政府债务限额和债务余额决算信息公开情况较好。公开了2019年度本地区、本级和所属地区债务限额决算数的单位①分别有116家、49家和42家，占58.00%、61.25%和52.50%；公开了2019年度本地区、本级和所属地区债务余额决算数的单位分别有128家、57家和44家，占64.00%、71.25%和55.00%。此外，有11家省级政府将所属地区地方政府债务限额决算数公开到省内所有县区，方便集中查阅。其次，随同决算公开上年末本地区、本级地方政府债务还本决算数和付息决算数的情况较好。公开2019年本地区地方政府债务还本、付息决算数的单位数量均为133家，占66.50%；公开了2019年本级地方政府债务还本决算数、付息决算数的单位分别有67家和69家，占83.75%和86.25%。

（九）义务教育信息公开显著改进

义务教育领域多个事项公开率明显提高。120家县（市、区）政府评估对象中，有93家公开了本地2020年义务教育阶段入学工作文件（如招生工作实施方案），占77.50%，比上一年提升了4.7个百分点；有81家公开了本地义务教育阶段入学政策咨询电话，占67.50%，比上一年提升了9.1个百分点；有96家公开了小学招生范围，占80.00%，比上一年提升了24.8个百分点；有101家公开了初中招生范围，占84.17%，比上一年提升了32.17个百分点；公开了普通学生入学条件和随迁子女入学条件的均有98家，占81.67%，比2019年分别提升了9.67个和11.27个百分点。部分城市集中展示所辖各县区

---

① 项目组在考察过程中不再对县级政府作本级和所属地区的区分，因此，对本地区的相关统计数据公开，项目组考察了省、市、县三级主体，对本级和所属地区的相关统计数据公开，项目组仅考察了31家省级政府和49家较大的市政府。

义务教育招生信息及学校情况。北京、上海、广州、贵阳、合肥等多个市义务教育平台集中公布了各区招生政策、各小学初中学校介绍等信息，并提供了各区报名入口。部分对象设置随迁子女的就学报名专门渠道。宁波市江北区设置了随迁子女的就学报名平台，方便随迁子女义务教育就学。北京市设置了非本市户籍适龄儿童接受义务教育证明证件材料审核入口。

（十）平台建设强化公开效果

网站栏目建设方面，49家国务院部门、31家省级政府、47家较大的市政府和113家县（市、区）政府网站栏目设置科学合理，按照《政府网站发展指引》要求，设置机构职能、负责人信息、政策文件、解读回应、工作动态、互动交流等栏目，且栏目信息发布规范，没有发现栏目重叠情况，分别占100%、100%、95.92%、94.17%。

网站搜索功能方面，除了辽宁省瓦房店市外，所有参评单位的政府门户网站均设有检索功能。其中48家国务院部门、27家省级政府、49家较大的市政府和115家县（市、区）政府网站搜索功能可用，分别占97.96%、87.10%、100.00%、95.83%。

政府公报建设方面，31家省级政府和49家较大的市政府全部发布了政府公报，其中30家省级政府、46家较大的市政府近5年内每年均会发布，分别占96.77%、93.88%。同时，66家县（市、区）政府发布了本级政府公报，占55.00%。部分政府网站在新媒体平台专门设置了政府公报栏目。例如，云南省人民政府在其官方微信公众号菜单栏"云知政"中设置了"省政府公报"子栏目。

互动平台建设方面，除2家国务院部门外，其余247家单位门户网站全部开设了互动平台。验证发现，183家评估对象网站互动功能可正常使用，公众能够通过咨询投诉、在线访谈、意见征集、网上调查等多样化的互动渠道和方式开展互动交流活动，占73.49%。浙江省的"政民互动"栏目，除开通领导信箱、调查征集等比较常见的互动交流功能外，还开设了智能问答、在线直播等相对新颖的互动方式。

政务新媒体建设方面，44家国务院部门、31家省级政府、49家较大的市政府和120家县（市、区）政府开设了政务新媒体，分别占89.80%、100%、100%、100%。其中45家国务院部门、31家省级政府、44家较大的市政府和120家县（市、区）政府的政务新媒体每周更新不少于1次，分别占91.84%、100%、89.80%、100%。39家国务院部门、25家省级政府、38家较大的市政府和84家县（市、区）政府的政务新媒体信息与政府网站同步发布，分别占79.59%、80.65%、77.55%、70%。

（十一）申请渠道普遍畅通、答复规范

参与评估的所有县（市、区）政府申请渠道全部畅通。120家评估对象中，有94家支持电子方式提交申请，占78.33%。其余26家通过挂号邮件寄出，物流显示全部正常签收。多家评估对象增设短信提醒功能。有22家给申请人发送短信，告知办理进度以及办理结果，如佛山市禅城区、广州市越秀区、深圳市罗湖区、海口市秀英区、长沙市岳麓区、杭州市江干区、昆明市五华区、济南市历下区、上海市徐汇区等。

四 评估发现的问题

（一）决策公开仍有较大提升空间

重大决策预公开水平仍待提升。发布了2020年度重大行政决策事项目录的评估对象中，分别有1家、16家和31家政府发布的目录要素不全。部分评估对象未明确意见征集期限或意见征集期限较短。有2家县（市、区）政府没有告知意见征集期限。18家国务院部门、10家省级政府、23家较大的市政府和35家县（市、区）政府意见征集的期限少于30日且未说明理由。

规范性文件清理备案信息公开仍需加强。有18家国务院部门、3家省级政府部门、4家较大的市政府、28家县（市、区）政府未公开近3年规范性文件清理结果。有29家国务院部门、12家省级政府、11家较大的市政府、31家县（市、区）政府未标注规范性文件有效性。有17家省级政府、29家较大的市政府、106家县（市、区）政府未发布2020年规范性文件备案审查信息。

政策解读质量有待提升。有10家国务院部门、4家较大的市政府和18家县（市、区）政府存在解读内容未与政策原文关联的情况，部分单位链接不完整。例如，山东省济南市部分政策有解读内容链接，但是在解读页面却无链接回到原政策页面。有的评估对象政策解读未与政策文件同步发布。有26家国务院部门、22家省级政府、28家较大的市政府和53家县（区、市）政府的政策解读未在政策原文发布后3个工作日内同步发布。另外，主要负责人参与解读情况较差。有7家国务院部门、25家省级政府、43家较大的市政府以及107家县（市、区）政府未发布主要负责人解读信息。

（二）权力清单信息更新不够及时

抽查评估发现，部分地方权力清单未做到及时调整。有43家国务院部门近两年未发布权力清单，部分单位仅发布了行政许可事项清单。同时，抽查各级政府"群体性预防接种"权力事项发现，仅有江西省、湖北省和辽宁省鞍山市依据最新颁布的《疫苗管理法》作出相应调整，有62家单位发布的权力清单中未包含"群体性预防接种"相关权力事项，124家单位权力清单中对应事项的法律依据仍为已废止的《疫苗流通和预防接种管理条例》。抽查县（市、区）政府人力资源和社会保障部门"先行垫付农民工工资及追偿权"情况发现，参与评估的县（市、区）政府均未按照2020年5月1日实施的《保障农民工工资支付条例》作出调整。

（三）政务服务事项公开仍存死角

各地政务服务水平仍有较大提升空间，"受理条件、跑动次数、承诺时间、办理材料"等方面仍有压缩空间。

省级层面，抽查"企业印制发票审批"服务事项发现，3家到现场次数为"2次"，还有6家单位未公开到现场次数。在受理条件上，4家设定为"申请材料齐全，符合法定形式"，条件设置不清晰。在办理材料上，甘肃省、辽宁省 2 家未公开申请材料，贵州省等 22 家要求 8 件办理材料，而山西省仅需 4 件，新疆维吾尔自治区仅需 3 件。当然，实际办理时所需材料的情况有待验证。

较大的市、县（市、区）层面，抽查"离退休老人投靠子女进入本地非农业户口"事项发现，有 33 家较大的市政府、43 家县（市、区）政府未公开相应的办事指南。已公开办事指南的评估对象中，海南省海口市等 13 家单位未公开受理条件，有 7 家未公开到现场次数，广东省汕头市、广西壮族自治区桂平市、海南省乐东黎族自治县 3 家单位到现场次数为"2 次"，未能做到"最多跑一次"。在办理时间上，成都市、汕头市 2 家未公开承诺办结时限，41 家承诺 1~9 个工作日，15 家承诺 10~15 个工作日，24 家承诺超过 20 个工作日，办结时间较长。

确需保留的证明事项清单公开质量不高。公开了证明事项清单的 23 家国务院部门全部仅发布了征求意见稿，未见最终定稿版本。5 家省级政府、11 家较大的市政府和 19 家县（市、区）政府发布的清单中，设定依据、索要单位、开具单位等要素公开不全。部分地方清单未及时更新，如西藏自治区、吉林省、石家庄市、包头市、洛阳市、石狮市等仅公开了 2018 年甚至 2017 年版证明事项清单。部分地方仅公开了个别部门的证明事项清单，如广州市、珠海市、北京市东城区、成都市武侯区、广西壮族自治区博白县、湖南省衡阳县等。

（四）执法信息公开仍待规范加强

行政执法统一公示平台仍需完善。一是平台设置比例较低。有 89 家地方政府未设置行政执法信息公开平台，占 44.5%。二是栏目设置有待规范。部分单位虽然设置了行政执法专栏，但存在栏目设置不规范、不细化等问题。三是部分单位栏目内信息发布较单一，未全面公开文件要求的行政执法信息。例如，兰州市、海口市美兰区在"行政执法"栏目内仅发布了执法工作动态信息。

"双随机、一公开"仍有提升空间。一是随机抽查事项清单的内容要素不完整。完整的随机抽查事项清单应当包含抽查依据、抽查主体、抽查内容、抽查方式等要素，但在公开了本部门随机抽查事项清单的21家国务院部门中，有10家要素不全，占47.62%；在公开了生态环境部门随机抽查事项清单的126家地方政府中，有54家要素不全，占42.86%。二是随机抽查结果和查处情况公开不佳。在本指标考察的34家国务院部门、31家省级政府中，分别有29家国务院部门和27家省级政府未公开2020年生态环境部门随机抽查结果和查处情况，分别占85.29%和87.10%。

行政处罚信息公开仍有欠缺。一是部分单位未公开2020年行政处罚结果。参与评估的45家国务院部门中，有34家未公开处罚结果，占75.56%，同时也有1家省级政府、3家较大的市政府和8家县（市、区）政府的市场监督管理部门2020年度未公开行政处罚结果信息。二是部分地方市场监督管理部门公开的2020年行政处罚信息较少，如青海省市场监督管理部门2020年仅发布3条行政处罚信息。三是部分地方处罚结果发布时间不及时，如广东省市场监督管理部门集中在7月发布2020年行政处罚信息，1~6月以及8月均未发布。四是部分地方行政处罚结果要素不全，公开了行政处罚结果信息的188家地方政府市场监督管理部门中，有7家未列明处罚决定依据，9家未列明行政处罚结果，10家未列明处罚决定时间，27家未公布处罚结果上网时间。此外，个别地方市场监督管理部门处罚信息存在泄露个人信息问题，如苏州市、抚顺市、南宁市等市场监督管理部门在行政处罚结果中披露了当事人完整的身份证号码。

行政执法统计年报公开不理想。《国务院办公厅关于全面推行行政执法公示制度　执法全过程记录制度　重大执法决定法制审核制度的指导意见》要求，行政执法机关要建立行政执法统计年报制度，地方各级行政执法机关应当于每年1月31日前公开本机关上年度行政执法总体情况有关数据，并报本级人民政府和上级主管部门。仅有3家国务院部门、17家较大的市、40家县（市、区）在政府门户网站、部门网站或行政执法信息公开专栏公开了市场监督管理部门2019年度行政执法数据统计年报。部分单位行政执法统计年报公开质量有待提升。在60家公开了市场监督管理部门2019年度行政执法数据统计年报的地方市场监督管理部门中，分别有1家省级政府、7家较大的市、12家县（市、区）政府的市场监督管理部门公布的2019年度行政执法数据统计年报仅包含文字说明，未包含行政执法数据实施情况统计表。

（五）法治政府建设年度报告仍需加强

一是未按时发布年度报告的现象比较突出。有31家单位未按时发布2019年法治政府建设年度报告，部分单位甚至延迟到下半年才发布，如吉林省农安县的发布时间为2020年8月12日。二是县（市、区）政府年度报告发布工作有待加强。2020年，参评的120家县（市、区）政府中，有37家未公开2019年法治政府建设年度报告。三是部分单位年度报告内容不完整。在参与评估的34家国务院部门中，披露比例较低的事项包括：2019年本机关负责人出庭应诉情况（5.88%），行政复议收结案数据（23.53%），行政诉讼数据（23.53%），重大行政决策公众参与情况（38.24%），规范性文件管理机制建设情况（41.18%），重大行政决策合法性审查情况（50%），上一年度法治政府建设存在的问题（52.95%），法治政府责任制落实情况（58.82%）。在31省省级政府中，披露2019年规范性文件管理机制建设情况的仅有16家（占51.61%），披露行政机关负责人出庭应诉情况的仅有8家（占25.81%）。在49家较大的市政府中，披露2019年规范性文件管理机制建设情况的仅有23家（占46.94%），披露行政机关负责人出庭应诉情况的仅有25家（占51.02%）。在发布了报告的105家县（市、区）政府中，披露2019年行政诉讼数据的仅有44家，占参评县（市、区）政府的36.67%；披露2019年行政机关负责人出庭应诉情况的仅有45家，占参评县（市、区）政府的37.50%。此外，各地还存在报告名称不一致、发布渠道和发布机构不统一等现象。

（六）地方政府审计信息公开有待提升

较大的市及县（市、区）政府的审计信息公开情况不理想。一是政府审计计划信息公开情况较差，有31家较大的市政府、76家县（市、区）政府未公开2020年度审计计划，分别占63.27%和63.33%。二是省级以下政府本级预算执行情况和其他财政收支审计结果报告公开程度不高,有27家较大的市级政府、102家县(市、区)政府未公开,分别占55.10%和85.00%。三是省级以下政府重大政策措施落实情况跟踪审计报告公开力度不够,有29家较大的市政府、103家县(市、区)政府未公开,分别占59.18%和85.83%。

(七)建议提案办理结果公开仍不理想

一是国务院部门和县(市、区)政府建议提案复文公开比例较低。国务院部门和120家县(市、区)政府中,公开2020年人大建议复文全文的分别占28.57%和45%,公开2020年政协提案复文全文的分别只占24.49%和46.67%。二是部分地方建议提案答复信息公开不全。一些地方仅公开人大建议的复文或者仅公开政协提案的复文,如广西壮族自治区南宁市青秀区。一些地方仅发布对上一级两会建议提案的办理结果,如深圳市罗湖区、海口市美兰区。

(八)地方政府债务信息公开仍需加强

一是政府债券资金使用安排情况公开有待提升。从本地区政府债券资金使用安排决算情况看,仅有13家省级政府、13家较大的市政府、47家县(市、区)政府公开了相关信息,其中仅1家公开细化到具体使用项目。从本级政府债券资金使用安排决算情况看,仅有10家省级政府、13家较大的市政府公开了相关信息。此外,部分单位未区分本级和所辖地区新增债券使用项目。二是部分单位政府债务信息统计不规范。部分单位未公开债务还本、付息决算信息;部分省级政府对政府债务收入、举借额数值总体进行公开,未划分债券发行统计项;部分单位对政府债务还本、债务付息额决算数值总体进行公开,未划分债券还本、债券付息统计项。

(九)基层义务教育信息公开仍存不足

一是计划招生人数公开情况较差。有82家县(市、区)未公开2020年(公办)小学计划招生人数,77家县(市、区)未公开2020年(公办)初中计划招生人数。另有个别地方仅公开了招生总数或招生班数,未公开具体人数计划。二是多数单位未公开义务教育招生结果。有105家县（市、区）政府相关部门未公开小学招生结果，106家县（市、区）政府相关部门未公开初中招生结果。三是学校招生简章公开率低。在每个县（市、区）随机抽查1所公办学校发现，仅有9家县（市、区）政府的被抽查学校公开了学校招生简章，仅占7.5%。四是个别单位义务教育信息整体公开程度较低。黑龙江省东宁市、吉林省前郭尔罗斯蒙古族自治县、辽宁省瓦房店市和海城市等未公开2020年义务教育阶段入学工作文件（或年度招生工作方案）、咨询电话、招生范围（学区划分情况）、计划招生人数、普通学生入学条件和随迁子女入学条件、招生结果等信息。

（十）政务公开平台建设水平仍待提升

栏目设置方面，仍有2家较大的市政府和7家县（市、区）政府网站存在栏目设置重叠现象。重叠的栏目主要集中在公告公示、政策解读等栏目，如贵州六盘水六枝特区政府网站设有2个"公告公示"栏目。

搜索功能方面，个别单位网站仍未提供搜索功能或搜索功能不可用，如国家林业和草原局、辽宁省瓦房店市等。部分网站仍未提供高级搜索功能，有41家评估对象的门户网站没有精准（高级）检索功能，占16.47%。部分网站未与政务服务平台打通，实现"搜索即服务"，有128家评估对象的门户网站不能搜索在线服务入口，占51.41%。

互动平台建设方面，虽然网站互动平台开通率较高，但互动平台可用率相对较低，群众来信处理不及时、公众参与程度不高等问题普遍存在。例如，有的政府网站领导信箱栏目三四个月未更新。

新媒体平台建设方面，个别单位仍未开通政务新媒体，涉及5家国务院部门、2家较大的市政府和12家县（市、区）政府，分别占10.20%、4.08%、10.00%。个别单位政务新媒体内容更新不及时。有5家国务院部门、5家较大的市政府和20家县（市、区）政府政务新媒体更新情况低于一周一次，分别占10.20%、10.20%、16.67%。此外，部分单位政务新媒体与政府网站信息未同步发布。

（十一）部分地方依申请公开仍存在短板

部分地方的政府信息公开指南未更新或不准确。3家单位的指南中未列明依申请公开答复期限，26家单位将新条例中需"加工、分析"的信息"可以不予公开"直接表述为"不予公开"，24家单位将"过程信息、内部信息""可以不予公开"直接表述为"不予公开"，41家未列明告知补正的期限，40家所列的投诉举报条款内容未更新。此外，14家单位的指南缺少办公时间、联系电话等要素。

部分评估对象未答复、超期答复、答复内容不规范。有9家县（市、区）政府超期答复，有11家未答复。部分评估对象答复形式不规范，有11家评估对象出具的答复告知书落款仅盖公章，未写明落款单位名称，42家使用非官方工作邮箱答复，4家仅通过电话进行答复。部分评估对象答复内容不规范。有11家答复不予公开的单位未说明法律依据，有27家未列出复议受理部门或有管辖权法院的具体名称，有8家救济渠道内容有误，有37家未告知救济渠道。

五 展望

2020年，中国应对新型冠状病毒肺炎疫情的有力举措在全球独树一帜，成效显著，既显示了国家强大的综合国力和应对突发公共卫生事件的能力，也进一步彰显了加大公开力度、及时有效回应社会关切的显著效果。实践证明，政务公开有助于保障人民群众切身利益，是实现国家治理体系和治理能力现代化的重要路径。中共中央印发的《法治社会建设实施纲要（2020~2025年）》明确提出，规范执法行为，完善执法程序，改进执法方式，尊重和维护人民群众合法权益。为此，要推进政府信息公开，涉及公民、法人或其他组织权利和义务的行政规范性文件、行政许可决定、行政处罚决定、行政强制决定、行政征收决定等，依法予以公开。在推进多层次多领域依法治理方面，纲要提出，要实施村级事务阳光工程，完善党务、村务、财务"三公开"制度，梳理村级事务公开清单，推广村级事务"阳光公开"监管平台。国务院办公厅印发的《关于切实解决老年人运用智能技术困难实施方案的通知》也对互联网和移动互联网时代推进政务公开、惠及各类人群提出了新要求。国务院办公厅印发的《公共企事业单位信息公开规定制定办法》则有望进一步推动公共企事业单位的信息公开工作。总结2020年政务公开得失，今后还需从如下方面着力。

首先，进一步将找准和满足群众需求作为政务公开的出发点和着力点。坚持用户导向是做好政务公开的前提。为此，应通过依申请公开受理情况、政府网站及新媒体公开平台的查询使用情况、群众热线咨询情况、政务服务办事场景等，注重运用大数据分析人工智能等手段研判群众的政务公开需求，有针对性地调整公开范围、优化公开方式。

其次，全面深入推进政务公开与政府管理和政务服务的融合发展。政务公开必须打破孤立于政府各项业务工作的局面，与政府管理和政务服务深度融合，使公开成为管理和服务的有机组成部分，以公开促管理、以公开提服务，在做好管理和公开的同时做好政务公开工作。

再次，因地制宜、因人而异，做好面向各个层次人民群众的公开工作。在很多中小城市、广大农村，互联网和移动互联网的公开效果还不够理想，很多群众特别是老年人群体还不善于通过网站或者各类移动微平台获取信息。因此，必须善用广播电视、基层宣传栏等传统方式和平台，同时注意引导上述地区和人群逐步学习尝试利用信息化手段接受政务公开。

另外，找准短板，提升政务公开整体水平。各领域政务公开均有相应的规定，但各地方各部门公开情况参差不齐。为此，一方面，各单位需自查并补齐短板；另一方面，上级单位应细化公开标准、加大督查考核评估力度，推进政务公开标准化规范化，引导各地方各部门落实公开要求。

最后，继续加大基层政务公开工作力度。做好最基层的政务公开工作是满足人民群众切实需求的根本。建议在近年来推进基层政务公开规范化标准化建设的基础上，继续加大村务、居务公开力度，加大对基层村居政务公开的指导和推进力度，为法治社会、法治中国建设夯实基础。

B.13
中国司法透明度指数报告（2020）

——以法院网站信息公开为视角

中国社会科学院法学研究所法治指数创新工程项目组 *

摘　要：2020年，中国社会科学院法学研究所法治指数创新工程项目组围绕审务信息公开、审判信息公开、执行信息公开、司法数据公开和司法改革信息公开5项内容，对全国法院开展了司法透明度指数评估。评估显示，司法公开稳步推进，但由于公开标准化、规范化程度不高，公开要求刚性较弱，公开考核评估压力不足，各法院司法公开工作相差悬殊、部分领域公开不理想、基层法院公开情况不佳，须依托信息化推进标准化、加大考核问责力度、加强平台建设。

关键词：司法公开　司法透明度　司法改革　法治指数

2020年，中国社会科学院国家法治指数研究中心及法学研究所法治指数

---

* 项目组负责人：田禾，中国社会科学院国家法治指数研究中心主任、研究员；吕艳滨，中国社会科学院法学研究所法治国情调研室主任、研究员。课题组成员：王小梅、王祎茗、王雅凤、车文博、牛婉云、史青平、冯迎迎、刘雁рен、刘智群、齐仪、米晓敏、李士局、来雅娜、肖丽萍、张蕾、陆麒元、陈文、苑鹏飞、胡昌明、洪梅、袁紫涵、栗燕杰、顾晨瀚、候素枝、郭楚滢、唐菱、陶奋鹏、梁洁、梁钰斐（按姓氏笔画排序）。执笔人：王祎茗，中国社会科学院法学研究所助理研究员；吕艳滨；田禾。

创新工程项目组（以下简称"项目组"）继续对全国法院抽样开展司法透明度指数评估，本报告对评估结果作简要分析[①]。

一　评估概况

（一）评估对象

鉴于最高人民法院主要负责指导下级法院，其虽然开辟了四大公开平台，自身也公开不少信息，但许多业务并不具体开展，因此，自2020年起不再将其与下级法院一起排名，仅作为文书公开等个别指标的调研对象。此外，为推动基层法院司法公开，自2020年起将部分基层法院纳入评估范围。根据最高人民法院审判管理办公室协助调取的全国基层法院2019年收案量，项目组在各省（自治区、直辖市）范围内选取收案量较多的4家法院作为评估对象，并确保各省（自治区）范围内至少各有一家县、市、区法院。本年度最终评估的基层法院中有25家为百强县、百强区[②]所在地的法院。评估过程中，无法找到上海市静安区人民法院、闵行区人民法院、虹口区人民法院以及新疆维吾尔自治区乌鲁木齐市新市区人民法院、沙依巴克区人民法院门户网站，因此未将其纳入指数排名，但仍作为裁判文书公开等指标的评估对象。

据此，2020年的评估对象包括：①各省（自治区、直辖市）高级人民法院以及新疆维吾尔自治区高级人民法院生产建设兵团分院（共32家法院）；②较大的市[③]的中级人民法院（共49家法院）；③北京、上海、广州3家知识产权法院；④北京、杭州、广州3家互联网法院；⑤广东自由贸易试验区南沙片区人民法院、深圳前海合作区人民法院、珠海横琴新区人民法院、四川自由贸易试验区人民法院、重庆自由贸易试验区人民法院

[①] 评估背景等参见《中国司法透明度指数报告（2019）——以法院网站信息公开为视角》，法治蓝皮书《中国法治发展报告No.18（2020）》，社会科学文献出版社，2020，第211~212页。

[②] 百强县、百强区数据来源于《2019年中国中小城市高质量发展指数研究成果发布》，《人民日报》2019年10月8日，第8版。

[③] 此处沿用《立法法》2015年修订前所规定的49家较大的市的范围与概念。

（共 5 家法院）；⑥上海金融法院；⑦124 家基层法院（实际参与指数排名的为 119 家法院）。其中，知识产权法院、互联网法院、自贸区法院及金融法院总计 12 家，简称为"专门性法院"。

（二）评估指标

2020 年总体延续了 2019 年的评估指标，共有审务信息公开、审判信息公开、执行信息公开、司法数据公开和司法改革信息公开 5 项一级指标，涵盖 32 项二级指标，指标说明不再赘述①。表 1 中部分权重为 0 的指标，本次评估仅作考察，暂不计入指数得分。

表 1　2020 年司法透明度指数评估指标体系

一级指标	二级指标（高、中级法院）	三级指标（高、中级法院）	二级指标（专门性法院与基层法院）	三级指标（专门性法院与基层法院）
审务信息公开(20%)	人员信息(40%)	领导信息(40%)	人员信息(45%)	领导信息(40%)
		审判人员信息(35%)		审判人员信息(35%)
		执行人员信息(15%)		执行人员信息(15%)
		司法辅助人员信息(10%)		司法辅助人员信息(10%)
	名册信息(20%)	调解名册(50%)	名册信息(15%)	调解名册(50%)
		机构名册(50%)		机构名册(50%)
	任职回避(10%)	任职回避名册(100%)	任职回避(0)	任职回避名册
	法院文件公开(10%)		法院文件公开(10%)	
	代表建议、委员提案办理结果(0)	专门栏目设置	代表建议、委员提案办理结果(0)	专门栏目设置
		代表建议、委员提案办理结果（简版、全文）		代表建议、委员提案办理结果（简版、全文）
	公开平台建设(20%)	门户网站(70%)	公开平台建设(30%)	门户网站(70%)
		微平台(30%)		微平台(30%)

---

① 详见《中国司法透明度指数报告（2019）——以法院网站信息公开为视角》，《中国法治发展报告 No.18（2020）》，社会科学文献出版社，2020，第 213 页。

中国司法透明度指数报告（2020）

续表

一级指标	二级指标（高、中级法院）	三级指标（高、中级法院）	二级指标（专门性法院与基层法院）	三级指标（专门性法院与基层法院）
审判信息公开(30%)	诉讼指南(20%)	便利度(10%)	诉讼指南(30%)	便利度(10%)
		完整性(70%)		完整性(70%)
		通俗性(20%)		通俗性(20%)
	审判流程信息公开(15%)	中国审判流程信息公开网链接配置(50%)	审判流程信息公开(20%)	中国审判流程信息公开网链接配置(50%)
		本地法院流程查询平台入口(50%)		本地法院流程查询平台入口(50%)
	庭审公开(20%)	旁听(60%)	庭审公开(20%)	旁听(0)
		庭审公开(40%)		庭审公开(100%)
	裁判文书公开(20%)	中国裁判文书网链接(40%)	裁判文书公开(20%)	中国裁判文书网链接(100%)
		本院裁判文书网公开信息(0)		本院裁判文书网公开信息(0)
		不上网裁判文书信息项(60%)		不上网裁判文书信息项(0)
	重大案件信息公开(10%)	本院审理的重大案件信息(100%)	重大案件信息公开(10%)	本院审理的重大案件信息(100%)
	减刑假释案件信息公开(15%)	立案公示(25%)	减刑假释案件信息公开(0)	立案公示
		开庭公告(25%)		开庭公告
		文书公开(25%)		文书公开
		结果公开(25%)		结果公开
	破产案件信息公开(0)	破产公告	破产案件信息公开(0)	破产公告
		破产案件统计		破产案件统计
	司法建议公开(0)	专门栏目设置	司法建议公开(0)	专门栏目设置
		司法建议信息		司法建议信息
		司法建议内容		司法建议内容

续表

一级指标	二级指标（高、中级法院）	三级指标（高、中级法院）	二级指标（专门性法院与基层法院）	三级指标（专门性法院与基层法院）
执行信息公开（20%）	案件查询（10%）	执行案件查询平台链接（100%）	案件查询（20%）	执行案件查询平台链接（100%）
	执行惩戒信息公开（25%）	罚款（35%）	执行惩戒信息公开（0）	罚款
		拘留（35%）		拘留
		限制出境（30%）		限制出境
		打击拒执罪（0）		打击拒执罪
	执行曝光（25%）	失信被执行人（100%）	执行曝光（80%）	失信被执行人（100%）
		特殊主体失信信息（0）		特殊主体失信信息（0）
	终本案件（25%）	终本案件清单（40%）	终本案件（0）	终本案件清单
		终本裁定书（60%）		终本裁定书
	司法拍卖（0）	拍卖公告	司法拍卖（0）	拍卖公告
		拍卖网站链接		拍卖网站链接
	执行举报（15%）	举报渠道（40%）	执行举报（0）	举报渠道
		悬赏公告（60%）		悬赏公告
司法数据公开（15%）	财务数据（30%）	本院预决算（60%）	财务数据（50%）	本院预决算（60%）
		"三公"经费（40%）		"三公"经费（40%）
		涉案款物数据（0）		涉案款物数据（0）
		诉讼费收退费（0）		诉讼费收退费（0）
	工作报告（30%）	工作报告（60%）	工作报告（50%）	工作报告（100%）
		司法白皮书（40%）		司法白皮书（0）
	司法业务数据（20%）	司法统计数据（60%）	司法业务数据（0）	司法统计数据
		收结案动态数据（40%）		收结案动态数据
	司法实证分析报告（20%）	司法大数据分析报告（50%）	司法实证分析报告（0）	司法大数据分析报告
		司法调研分析报告（50%）		司法调研分析报告

续表

一级指标	二级指标（高、中级法院）	三级指标（高、中级法院）	二级指标（专门性法院与基层法院）	三级指标（专门性法院与基层法院）
司法改革信息公开 (15%)	专门栏目 (10%)		专门栏目 (40%)	
	司法改革方案 (30%)	司法改革总体方案 (100%)	司法改革方案 (0)	司法改革总体方案
		入额遴选方案 (0)		入额遴选方案
		员额退出方案 (0)		员额退出方案
		职业保障方案 (0)		职业保障方案
	重大改革任务进展 (30%)	改革任务进展动态 (100%)	重大改革任务进展 (50%)	改革任务进展动态 (100%)
	员额制改革 (0)	员额法官办理数量	员额制改革 (0)	员额法官办理数量
		院庭长办案数据		院庭长办案数据
	立案登记 (30%)	立案登记配套制度 (50%)	立案登记 (10%)	立案登记配套制度 (50%)
		立案登记动态数据 (50%)		立案登记动态数据 (50%)
	新型审判监督机制改革 (0)	权责清单	新型审判监督机制改革 (0)	权责清单
		审判管理监督权力配套规定		审判管理监督权力配套规定
	律师权益保障 (0)	实施机制	律师权益保障 (0)	实施机制
		反馈渠道		反馈渠道
	案外人干预记录 (0)		案外人干预记录 (0)	

（三）评估方法

评估仍采取外部观察法，即通过各评估对象司法公开平台评判司法公开情况。数据采集平台主要是各评估对象门户网站、司法公开网站、诉讼服务网、中国审判流程信息公开网以及各评估对象的微博微信等微平台。数据采集时间为2020年7月22日至2020年11月31日。此外，项目组通过最高人民法院审判管理办公室调取了包括最高人民法院在内的218家法院2020年1月1日至9月30日上网的2917783件裁判文书列表（含案件号、案件类型、文书编号、文书类型等）、649963件不上网文书信息项的信息（含案件号、案件类型、文书编号、文书类型、不上网理由）、上述裁判文书的制作时间和上网时间，对裁判文书上网率、不上网文书规范管理情况、文书上网时间等进行了数据分析。

二 总体评估结果

评估显示，2020年排名居前的高级法院有：吉林高院、四川高院、广东高院、北京高院、浙江高院、山东高院、上海高院、江苏高院、广西高院、海南高院（见表2）。排名靠前的中级法院有：广州中院、深圳中院、吉林中院、南京中院、宁波中院、海口中院、成都中院、长春中院、汕头中院、青岛中院（见表3）。专门性法院中排名前五的分别为：广东自由贸易试验区南沙片区人民法院、广州互联网法院、深圳前海合作区人民法院、北京互联网法院、珠海横琴新区法院（见表4）。排名靠前的基层法院有：广东省深圳市福田区法院、吉林省延吉市法院、广东省广州市越秀区法院、吉林省前郭尔罗斯蒙古族自治县法院、江苏省苏州市吴江区法院、海南省澄迈县法院、江苏省沭阳县法院、浙江省杭州市余杭区法院、安徽省巢湖市法院、云南省宣威市法院（见表5）。

2020年，全国法院司法公开继续稳步开展。首先，最高人民法院继续将司法公开作为深化司法改革、推动法院工作的重要抓手。《关于深化司法责任制综合配套改革的实施意见》提出，各级人民法院应当积极运用司法公开"四大平台"，积极构建开放动态透明便民的阳光司法机制，拓展司法公开的广度和深度，以自觉接受监督。《最高人民法院关于行政机关负责人出庭应诉若干问题的规定》提出，人民法院可以通过适当形式将行政机关负责人出庭应诉情况向社会公开。《最高人民法院关于全面加强知识产权司法保护的意

表 2 2020 年司法透明度指数评估结果（高级法院）

排名	法院	2019年GDP排名	2019年GDP（亿元）	GDP排名与指数排名比较	总分（满分100分）（分）	审务信息公开（分）	审判信息公开（分）	执行信息公开（分）	司法数据公开（分）	司法改革信息公开（分）
1	吉林高院	27	11726.8	26	71.53	77.44	71.80	70.50	51.00	85.00
2	四川高院	6	46615.82	4	65.06	90.00	74.60	23.50	78.20	55.00
3	广东高院	1	107671.07	−2	64.86	73.44	54.75	60.00	90.00	55.00
4	北京高院	12	35371.3	8	61.81	67.52	55.85	65.50	68.00	55.00
5	浙江高院	4	62352	−1	61.46	60.32	71.50	70.00	68.00	25.00
6	山东高院	3	71067.5	−3	61.19	88.40	59.60	34.40	70.00	55.00
7	上海高院	10	38155.32	3	56.12	70.06	56.70	55.00	54.00	40.00
8	江苏高院	2	99631.52	−6	55.64	48.24	56.80	66.00	60.00	45.00
9	广西高院	19	21237.14	10	52.10	53.86	67.10	25.00	68.00	40.00
10	海南高院	29	5308.94	19	50.18	50.72	47.30	14.50	68.00	85.00
11	河北高院	13	35104.5	2	50.04	56.50	53.30	57.50	60.00	15.00
12	江西高院	16	24757.5	4	49.61	44.40	64.20	20.50	40.80	75.00
13	湖南高院	9	39752.12	−4	47.60	59.96	45.55	5.00	54.60	85.00
14	内蒙古高院	20	17212.5	6	44.24	54.92	73.35	0.00	30.00	45.00
15	福建高院	8	42395	−7	44.15	44.44	56.60	5.00	70.20	45.00
16	甘肃高院	28	8718.3	12	43.81	55.46	57.55	0.00	48.00	55.00

续表

排名	法院	2019年GDP排名	2019年GDP（亿元）	GDP排名与指数排名比较	总分（满分100分）（分）	审务信息公开（分）	审判信息公开（分）	执行信息公开（分）	司法数据公开（分）	司法改革信息公开（分）
17	贵州高院	22	16769.34	5	43.54	43.44	52.00	25.00	80.00	15.00
18	云南高院	18	23223.75	0	43.33	51.22	69.45	5.00	60.00	15.00
19	安徽高院	11	37114	-8	40.14	51.00	52.50	30.00	54.60	0.00
20	河南高院	5	54259.2	-15	40.11	35.40	45.80	30.00	33.60	55.00
21	天津高院	23	14104.28	2	39.07	45.60	49.75	31.00	33.80	25.00
22	重庆高院	17	23605.77	-5	37.62	52.96	64.25	5.00	30.00	15.00
23	辽宁高院	15	24909.5	-8	35.06	48.04	51.20	5.00	45.60	15.00
24	西藏高院	32	1697.82	8	34.19	58.30	56.75	9.50	24.00	0.00
25	湖北高院	7	45828.31	-18	34.15	45.00	49.90	5.00	46.20	15.00
26	黑龙江高院	24	13612.7	-2	33.37	53.36	34.15	28.50	30.00	15.00
27	新疆高院	25	13597.11	-2	32.73	31.30	52.90	5.00	9.00	55.00
28	宁夏高院	30	3748.48	2	32.38	34.80	52.85	10.00	35.40	15.00
29	陕西高院	14	25793.17	-15	31.84	40.00	39.85	6.00	46.20	25.00
30	山西高院	21	17026.68	-9	29.03	28.20	41.60	10.00	44.40	15.00
31	青海高院	31	2965.95	0	22.70	51.20	28.30	5.00	19.80	0.00
32	新疆生产建设兵团法院	26	13597.11	-6	15.18	27.60	18.40	0.00	27.60	0.00

表3 2020年司法透明度指数评估结果（中级法院）

排名	法院	2019年GDP排名	2019年GDP（亿元）	GDP排名与指数排名比较	总分（满分100分）（分）	审务信息公开（分）	审判信息公开（分）	执行信息公开（分）	司法数据公开（分）	司法改革信息公开（分）
1	广东省广州市中院	2	23628.60	1	91.53	100.00	95.60	71.75	90.00	100.00
2	广东省深圳市中院	1	26297.09	-1	80.81	97.84	84.65	40.50	100.00	85.00
3	吉林省吉林市中院	44	1316.60	41	80.51	89.04	80.35	54.25	100.00	85.00
4	江苏省南京市中院	7	14030.15	3	79.87	98.00	81.90	60.00	88.00	70.00
5	浙江省宁波市中院	8	11985.12	3	74.49	88.80	76.60	72.75	88.00	40.00
6	海南省海口市中院	41	1671.93	35	74.01	89.70	70.40	60.00	68.00	85.00
7	四川省成都市中院	4	17012.65	-3	71.55	90.00	74.80	51.00	54.40	85.00
8	吉林省长春市中院	23	5904.10	15	67.36	95.00	74.30	21.00	60.80	85.00
9	广东省汕头市中院	38	2694.08	29	65.69	70.86	51.90	63.50	100.00	55.00
10	山东省青岛市中院	10	11741.31	0	61.91	66.20	62.40	59.75	80.00	40.00
11	山东省淄博市中院	31	3642.40	20	61.17	73.80	57.85	30.50	68.00	85.00
12	江苏省徐州市中院	17	7151.40	5	58.97	64.80	66.20	53.50	78.00	25.00
13	浙江省杭州市中院	6	15373.05	-7	55.88	75.90	56.00	23.50	88.00	40.00
14	山东省济南市中院	13	9443.40	-1	53.70	78.66	55.45	29.40	48.00	55.00
15	福建省厦门市中院	22	5995.04	7	49.16	67.56	74.00	5.00	68.00	15.00
16	山西省大同市中院	43	1318.84	27	48.14	63.30	55.75	37.50	30.00	45.00

续表

排名	法院	2019年GDP排名	2019年GDP（亿元）	GDP排名与描述数据名比较	总分（满分100分）（分）	审务信息公开（分）	审判信息公开（分）	执行信息公开（分）	司法数据公开（分）	司法改革信息公开（分）
17	广东省珠海市中院	34	3435.89	17	48.12	73.06	37.10	36.00	46.20	55.00
18	山西省太原市中院	30	4028.51	12	46.61	59.16	56.75	32.50	30.00	45.00
19	江西省南昌市中院	25	5596.18	6	41.40	50.64	53.10	11.00	42.60	45.00
20	辽宁省沈阳市中院	21	6470.30	1	40.91	49.44	60.25	10.00	58.00	15.00
21	甘肃省兰州市中院	35	2837.36	14	38.28	52.72	65.00	16.00	33.60	0.00
22	贵州省贵阳市中院	29	4039.60	7	38.21	51.70	30.40	44.40	40.80	25.00
23	安徽省合肥市中院	14	9409.40	−9	38.06	45.06	40.65	29.50	48.00	25.00
24	安徽省淮南市中院	45	1296.20	21	38.00	60.56	42.50	22.50	42.60	15.00
25	黑龙江省齐齐哈尔市中院	46	1128.90	21	37.85	49.20	48.60	20.50	37.20	25.00
26	河北省唐山市中院	19	6890.00	−7	37.19	31.70	50.20	27.50	53.60	15.00
27	河南省洛阳市中院	27	5034.90	0	36.83	24.80	45.80	11.00	46.20	60.00
28	内蒙古自治区呼和浩特市中院	36	2791.46	8	36.35	39.44	65.60	16.00	37.20	0.00
29	江苏省无锡市中院	9	11852.32	−20	35.19	30.00	43.85	35.00	45.20	15.00
30	青海省西宁市中院	42	1382.89	12	34.77	36.40	43.80	5.00	59.00	30.00
31	内蒙古自治区包头市中院	37	2714.47	6	33.52	57.36	51.00	0.00	30.00	15.00
32	宁夏回族自治区银川市中院	39	2021.27	7	32.91	7.00	52.25	45.40	30.00	15.00

续表

排名	法院	2019年GDP排名	2019年GDP（亿元）	GDP排名与指数排名比较	总分（满分100分）（分）	审务信息公开（分）	审判信息公开（分）	执行信息公开（分）	司法数据公开（分）	司法改革信息公开（分）
33	江苏省苏州市中院	3	19235.80	-30	32.90	25.30	40.00	36.00	42.60	15.00
34	广西壮族自治区南宁市中院	28	4506.56	-6	32.88	45.12	35.60	5.00	66.20	15.00
35	辽宁省鞍山市中院	40	1745.30	5	32.00	42.44	47.15	5.00	40.80	15.00
36	黑龙江省哈尔滨市中院	26	5249.40	-10	30.09	24.10	48.60	12.50	54.60	0.00
37	云南省昆明市中院	20	6475.88	-17	29.83	51.96	40.30	30.00	9.00	0.00
38	河南省郑州市中院	11	11589.70	-27	29.46	39.00	25.75	5.00	56.20	30.00
39	河北省邯郸市中院	32	3486.00	-7	29.39	35.02	46.35	10.00	28.20	15.00
40	西藏自治区拉萨市中院	49	617.88	9	29.23	33.00	21.90	27.50	55.40	15.00
41	河北省石家庄市中院	24	5809.90	-17	27.95	44.86	31.10	14.50	30.00	15.00
42	湖南省长沙市中院	12	11574.22	-30	27.08	40.00	42.10	6.00	20.00	15.00
43	湖北省武汉市中院	5	16223.21	-38	27.04	40.00	26.95	30.00	18.00	15.00
44	福建省福州市中院	15	9392.30	-29	26.73	27.20	48.45	0.00	30.00	15.00
45	辽宁省抚顺市中院	47	847.10	2	25.23	35.20	36.00	5.00	42.60	0.00
46	陕西省西安市中院	16	9321.19	-30	24.39	18.80	44.70	10.00	19.80	15.00
47	新疆维吾尔自治区乌鲁木齐市中院	33	3450.10	-14	24.11	38.46	36.75	17.50	12.60	0.00
48	辽宁省大连市中院	18	7001.70	-30	22.29	30.92	34.70	6.00	30.00	0.00
49	辽宁省本溪市中院	48	781.10	-1	22.05	41.80	22.30	5.00	40.00	0.00

表4 2020年司法透明度指数评估结果（专门性法院）

单位：分

排名	法院	总分（满分100分）	审务信息公开	审判信息公开	执行信息公开	司法数据公开	司法改革信息公开
1	广东自由贸易试验区南沙片区人民法院	89.41	90.05	85.50	90.00	90.00	95.00
2	广州互联网法院	66.81	97.50	50.20	90.00	50.00	45.00
3	深圳前海合作区人民法院	64.26	56.80	87.00	74.00	35.00	45.00
4	北京互联网法院	53.15	45.77	56.50	64.00	50.00	45.00
5	珠海横琴新区法院	51.72	83.16	82.80	10.00	50.00	5.00
6	广州知识产权法院	45.16	68.91	57.10	0.00	50.00	45.00
7	杭州互联网法院	39.41	55.05	68.00	10.00	0.00	40.00
8	上海金融法院	38.26	80.06	50.00	10.00	35.00	0.00
9	上海知识产权法院	38.17	56.67	47.80	10.00	15.00	55.00
10	重庆自由贸易试验区人民法院	36.25	51.25	55.00	10.00	50.00	0.00
11	北京知识产权法院	35.47	54.86	45.00	10.00	60.00	0.00
12	四川自贸易试验区法院	31.09	59.03	50.10	10.00	15.00	0.00

表5 2020年司法透明度指数评估结果（基层法院）

排名	所在省份	法院	总分（满分100分）（分）	2019年GDP排名	2019年GDP（亿元）	GDP排名与指数排名比较	审务信息公开（分）	审判信息公开（分）	执行信息公开（分）	司法数据公开（分）	司法改革信息公开（分）	是否属于百强县（市、区）	百强名次（区）和市县分别排名（百强）
1	广东	深圳市福田区人民法院	85.73	6	4546.50	5	76.02	80.10	90.00	100.00	90.00	否	
2	吉林	延吉市人民法院	79.94	89	319.95	87	96.25	72.30	90.00	95.00	45.00	是	68
3	广东	广州市越秀区人民法院	78.37	10	3135.47	7	65.77	66.40	84.00	95.00	95.00	否	
4	吉林	前郭尔罗斯蒙古族自治县人民法院	69.40	107	141.67	103	96.25	78.00	10.00	70.00	95.00	否	
5	江苏	苏州市吴江区人民法院	68.28	17	1958.16	12	64.56	87.90	100.00	55.00	5.00	是	8
6	海南	澄迈县人民法院	68.23	87	330.18	81	61.48	75.60	80.00	70.00	45.00	否	
7	江苏	沭阳县人民法院	67.57	49	950.17	42	56.21	78.60	100.00	85.00	0.00	是	61
8	浙江	杭州市余杭区人民法院	66.29	11	2824.02	3	70.75	57.80	90.00	72.00	40.00	是	7
9	安徽	巢湖市人民法院	64.88	73	475.00	64	47.28	72.90	74.00	75.00	50.00	否	
10	云南	宣威市人民法院	63.55	84	360.22	74	76.46	78.70	82.00	55.00	0.00	否	
11	广西	宾阳县人民法院	62.65	95	271.96	84	92.30	70.80	72.00	57.00	0.00	否	
12	河南	郑州市金水区人民法院	61.60	21	1752.48	9	57.32	61.30	80.00	50.00	55.00	否	
13	浙江	义乌市人民法院	61.02	23	1421.14	10	69.00	64.90	90.00	25.00	40.00	是	13
14	吉林	长春市朝阳区人民法院	59.08	63	600.00	49	96.25	78.60	10.00	50.00	45.00	否	

续表

排名	所在省份	法院	总分（满分100分）（分）	2019年GDP排名	2019年GDP	GDP排名与司法透明度排名比较	审务信息公开（分）	审判信息公开（分）	执行信息公开（分）	司法数据公开（分）	司法改革信息公开（分）	是否属于全国百强县(市、区)	百强名次（区和市县分别排名百强）
15	河北	石家庄市长安区人民法院	58.58	64	593.90	49	74.42	46.50	100.00	15.00	50.00	否	
16	贵州	习水县人民法院	57.04	102	186.75	86	46.54	48.60	72.00	75.00	50.00	否	
17	广西	桂平市人民法院	56.81	86	342.90	69	69.87	66.30	72.00	57.00	0.00	否	
18	广西	南宁市西乡塘区人民法院	56.50	54	789.12	36	90.05	47.80	72.00	65.00	0.00	否	
19	安徽	合肥市瑶海区人民法院	56.11	47	956.60	28	68.53	67.00	74.00	0.00	50.00	是	90
20	宁夏	贺兰县人民法院	56.03	109	138.95	89	13.20	70.80	82.00	100.00	5.00	否	
21	四川	成都市青羊区人民法院	55.61	33	1283.94	12	51.25	53.70	90.00	25.00	50.00	是	14
22	浙江	诸暨市人民法院	55.56	29	1312.36	7	71.05	44.50	80.00	40.00	40.00	是	8
23	福建	晋江市人民法院	53.47	12	2546.18	-11	78.60	30.00	80.00	85.00	0.00	是	
24	湖南	长沙市岳麓区人民法院	53.10	32	1288.20	8	63.62	78.60	84.00	50.00	50.00	是	62
25	安徽	合肥市包河区人民法院	52.91	27	1333.46	2	59.23	80.20	10.00	60.00	0.00	是	41
26	广西	南宁市青秀区人民法院	52.81	37	1158.98	11	68.34	57.80	64.00	90.00	50.00	是	74
27	宁夏	银川市兴庆区人民法院	52.58	67	531.58	40	37.93	70.80	10.00	10.00	55.00	否	
28	吉林	松原市宁江区人民法院	52.53	—	—	—	95.00	72.60	20.00	45.00		否	

续表

排名	所在省份	法院	总分(满分100分)(分)	2019年GDP排名	2019年GDP	GDP排名与司法透明度排名比较	审务信息公开(分)	审判信息公开(分)	执行信息公开(分)	司法数据公开(分)	司法改革信息公开(分)	是否属于百强县(市、区)	百强名次(区和市县分别排名百强)
29	天津	南开区人民法院	52.50	66	544.22	37	69.04	72.30	10.00	100.00	0.00	否	
30	安徽	太和县人民法院	52.11	75	454.40	45	84.37	65.80	10.00	40.00	50.00	否	
31	四川	成都高新技术产业开发区人民法院	52.03	15	2285.56	−16	50.00	60.10	90.00	40.00	0.00	否	
32	江苏	昆山市人民法院	51.80	7	4045.06	−25	30.00	73.50	100.00	20.00	5.00	是	1
33	福建	惠安县人民法院	51.25	28	1318.11	−5	83.65	47.40	64.00	50.00	0.00	是	35
34	云南	昆明市西山区人民法院	50.24	50	859.05	16	42.28	77.10	82.00	15.00	5.00	否	
35	广东	惠东县人民法院	50.17	61	626.30	26	40.08	58.00	0.00	70.00	95.00	否	
36	北京	西城区人民法院	49.84	5	5007.30	−31	65.64	65.70	10.00	50.00	50.00	否	
37	云南	昆明市五华区人民法院	49.76	36	1195.65	−1	30.00	78.70	82.00	20.00	5.00	否	
38	山东	青岛市黄岛区人民法院	49.41	9	3554.44	−29	52.50	42.20	90.00	55.00	0.00	否	
39	海南	海口市美兰区人民法院	49.39	78	426.80	39	10.50	44.30	80.00	80.00	40.00	否	
40	天津	滨海新区人民法院	48.73	2	8760.15	−38	69.03	66.40	0.00	100.00	0.00	否	
41	江苏	江阴市人民法院	48.71	8	4001.12	−33	27.30	76.50	64.00	45.00	5.00	是	2
42	江西	南昌市西湖区人民法院	48.51	62	614.56	20	42.42	66.60	74.00	30.00	5.00	否	

续表

排名	所在省份	法院	总分（满分100分）（分）	2019年GDP排名	2019年GDP	GDP与司法透明度排名比较	审务信息公开（分）	审判信息公开（分）	执行信息公开（分）	司法数据公开（分）	司法改革信息公开（分）	是否属于百强县（市、区）	百强名次（区和市县分别排名百强）
43	河北	三河市人民法院	48.47	70	504.80	27	63.75	61.40	10.00	12.00	90.00	否	
44	重庆	江北区人民法院	47.61	35	1240.07	-9	50.00	45.70	82.00	50.00	0.00	否	
45	海南	儋州市人民法院	47.60	85	357.64	40	30.50	30.00	80.00	70.00	40.00	否	
46	浙江	苍南县人民法院	47.47	59	659.74	13	52.33	20.00	80.00	60.00	40.00	否	
47	江西	南昌市东湖区人民法院	47.04	83	366.69	36	27.30	58.60	90.00	35.00	5.00	否	
48	青海	格尔木市人民法院	46.91	—	—	—	52.50	47.20	10.00	45.00	90.00	否	
49	甘肃	陇西县人民法院	46.73	112	72.09	63	24.72	47.80	72.00	87.00	0.00	否	
50	湖南	攸县人民法院	46.24	—	—	—	38.37	61.90	100.00	0.00	0.00	否	
51	山东	临沂市兰山区人民法院	46.00	39	1142.22	-12	83.80	50.80	10.00	80.00	50.00	是	39
52	北京	丰台区人民法院	44.62	20	1829.60	-32	65.64	48.30	10.00	50.00	5.00	否	
53	江西	高安市人民法院	44.34	76	448.78	23	47.30	28.60	64.00	85.00	50.00	否	
54	河北	秦皇岛市海港区人民法院	44.12	71	500.66	17	74.42	65.80	10.00	0.00	50.00	否	
55	山西	运城市盐湖区人民法院	43.90	94	289.70	39	66.81	29.30	0.00	95.00	50.00	否	
56	宁夏	银川市金凤区人民法院	43.88	93	290.38	37	13.20	70.80	10.00	65.00	55.00	否	

续表

排名	所在省份	法院	总分（满分100分）（分）	2019年GDP排名	2019年GDP	GDP排名与司法透明度排名比较	审务信息公开（分）	审判信息公开（分）	执行信息公开（分）	司法数据公开（分）	司法改革信息公开（分）	是否属于百强县（市、区）	百强名次（区和市县分别排名百强）
56	宁夏	灵武市人民法院	43.88	69	517.38	13	13.20	60.80	10.00	85.00	55.00	是	83
58	甘肃	张掖市甘州区人民法院	43.34	101	193.95	43	64.75	42.30	72.00	22.00	0.00	否	
59	云南	镇雄县人民法院	43.29	100	200.99	41	37.72	64.50	82.00	0.00	0.00	否	
60	重庆	渝北区人民法院	43.25	19	1848.24	-41	13.20	55.70	82.00	50.00	0.00	否	
61	甘肃	兰州市城关区人民法院	42.61	42	1044.50	-19	24.27	45.70	64.00	75.00	0.00	否	
62	贵州	贵阳市南明区人民法院	42.21	52	820.59	-10	47.30	46.50	64.00	40.00	50.00	是	84
63	河南	滑县人民法院	41.88	82	372.60	19	57.32	51.40	0.00	50.00	5.00	否	
64	江西	南昌县人民法院	41.17	44	1027.80	-20	27.30	57.20	74.00	20.00	0.00	是	42
65	天津	河西区人民法院	40.64	58	702.82	-7	82.76	37.80	0.00	85.00	0.00	否	
66	贵州	贵阳市云岩区人民法院	40.58	53	809.03	-13	27.30	44.40	64.00	60.00	0.00	是	95
67	福建	厦门市湖里区人民法院	39.97	31	1297.29	-36	42.77	56.40	20.00	20.00	50.00	否	
68	广东	英德市人民法院	39.83	88	326.83	20	30.00	58.60	10.00	95.00	0.00	否	
69	内蒙古	呼和浩特市赛罕区人民法院	39.01	55	776.50	-14	58.55	53.50	0.00	75.00	0.00	是	58
70	福建	厦门市思明区人民法院	38.42	18	1896.46	-52	44.22	26.60	72.00	43.00	5.00	否	

续表

排名	所在省份	法院	总分（满分100分）（分）	2019年GDP排名	2019年GDP	GDP排名与司法透明度排名比较	审务信息公开（分）	审判信息公开（分）	执行信息公开（分）	司法数据公开（分）	司法改革信息公开（分）	是否属于百强县（市、区）	百强名次（区和市县分别排名百强）
71	河南	新郑市人民法院	38.12	57	720.32	-14	58.76	52.90	0.00	15.00	55.00	是	39
72	黑龙江	哈尔滨市南岗区人民法院	37.87	41	1047.10	-31	47.15	59.80	0.00	20.00	50.00	是	55
73	海南	海口市龙华区人民法院	37.10	68	521.70	-5	30.50	0.00	80.00	60.00	40.00	否	
74	北京	朝阳区人民法院	36.60	4	7108.00	-70	88.34	35.60	0.00	50.00	5.00	否	
75	内蒙古	阿鲁科尔沁旗人民法院	36.39	111	92.44	36	42.65	58.70	10.00	50.00	5.00	否	
76	河北	围场满族蒙古族自治县人民法院	36.31	—	—	—	65.81	70.50	10.00	0.00	0.00	否	
77	山西	临猗县人民法院	36.28	108	140.10	31	70.84	48.70	0.00	50.00	0.00	否	
78	山东	胶州市人民法院	36.27	38	1147.59	-40	20.43	35.10	82.00	35.00	50.00	否	
79	河南	郑州高新技术产业开发区人民法院	36.25	72	496.24	-7	72.93	47.20	0.00	0.00	0.00	否	
80	青海	西宁市城北区人民法院	35.50	—	—	—	86.16	25.90	0.00	70.00	0.00	否	
81	重庆	云阳县人民法院	34.25	77	431.25	-4	44.40	52.90	10.00	50.00	0.00	否	
82	北京	海淀区人民法院	33.21	3	7926.00	-79	61.50	17.20	0.00	50.00	55.00	否	

续表

排名	所在省份	法院	总分（满分100分）（分）	2019年GDP排名	2019年GDP	GDP排名与司法透明度排名比较	审务信息公开（分）	审判信息公开（分）	执行信息公开（分）	司法数据公开（分）	司法改革信息公开（分）	是否属于百强县（市、区）	百强名次（区和市县分别排名百强）
83	陕西	西安市未央区人民法院	32.67	34	1255.07	−49	47.30	45.70	10.00	50.00	0.00	否	
84	辽宁	绥中县人民法院	31.37	104	176.20	20	26.85	50.00	10.00	60.00	0.00	否	
85	山东	费县人民法院	31.28	80	390.70	−5	48.75	35.10	10.00	60.00	0.00	否	
86	贵州	兴义市人民法院	30.72	74	465.38	−12	30.00	34.40	72.00	0.00	0.00	否	
87	湖北	阳新县人民法院	30.44	92	290.40	5	62.96	11.50	72.00	0.00	0.00	否	
88	四川	成都市郫都区人民法院	30.26	60	631.89	−28	30.00	54.20	10.00	40.00	5.00	否	
89	湖南	长沙市芙蓉区人民法院	30.05	40	1126.32	−49	21.00	77.00	10.00	0.00	0.00	否	
90	内蒙古	赤峰市松山区人民法院	29.96	96	270.50	6	27.30	40.00	10.00	70.00	0.00	否	
91	辽宁	沈阳市和平区人民法院	29.68	51	850.00	−40	35.02	55.60	0.00	40.00	0.00	否	
92	上海	浦东新区人民法院	28.73	1	12734.20	−91	46.30	64.90	0.00	0.00	0.00	否	
93	黑龙江	讷河市人民法院	28.66	110	116.63	17	46.85	26.80	0.00	75.00	0.00	否	
94	山西	河津市人民法院	28.23	99	250.60	5	26.85	38.70	0.00	75.00	0.00	否	
95	重庆	渝中区人民法院	26.76	30	1301.35	−65	58.82	25.00	0.00	50.00	0.00	否	
96	辽宁	沈阳市沈河区人民法院	26.25	46	965.50	−50	58.82	48.30	0.00	0.00	0.00	否	

续表

排名	所在省份	法院	总分（满分100分）(分)	2019年GDP排名	2019年GDP	GDP排名与司法透明度排名比较	审务信息公开（分）	审判信息公开（分）	执行信息公开（分）	司法数据公开（分）	司法改革信息公开（分）	是否属于百强县（市、区）	百强名次（区和市县分别排名百强）
97	甘肃	玉门市人民法院	25.65	106	172.49	9	10.50	46.00	0.00	65.00	0.00	否	
98	天津	武清区人民法院	25.51	48	950.73	-50	46.85	21.30	0.00	65.00	0.00	否	
99	湖南	浏阳市人民法院	25.19	24	1408.85	-75	41.52	41.30	0.00	30.00	0.00	否	
100	山西	太原市小店区人民法院	24.95	45	1004.33	-55	48.57	50.80	0.00	50.00	0.00	否	
101	青海	西宁市城东区人民法院	24.77	—	—	—	51.85	23.00	0.00	50.00	0.00	否	
102	黑龙江	宾县人民法院	24.22	105	175.80	3	47.30	24.20	0.00	47.00	0.00	否	
103	新疆	昌吉市人民法院	23.63	79	402.04	-24	66.87	10.70	0.00	43.00	0.00	否	
104	西藏	拉萨市城关区人民法院	23.18	91	298.47	-13	24.15	33.00	10.00	0.00	0.00	否	
105	新疆	库车市人民法院	22.44	97	268.08	-8	77.70	23.00	0.00	0.00	0.00	否	
106	陕西	西安市雁塔区人民法院	21.76	16	2271.01	-90	47.30	33.50	0.00	15.00	0.00	否	
107	黑龙江	哈尔滨市道里区人民法院	21.25	56	755.91	-51	33.20	48.70	0.00	0.00	0.00	否	
108	西藏	拉萨市堆龙德庆区人民法院	20.74	113	29.20	5	35.67	38.70	10.00	0.00	0.00	否	
109	青海	西宁市湟中区人民法院	20.36	—	—	—	48.10	10.80	0.00	50.00	0.00	否	
110	陕西	神木市人民法院	20.12	25	1362.88	-85	62.96	25.10	0.00	0.00	0.00	是	54

续表

排名	所在省份	法院	总分（满分100分）（分）	2019年GDP排名	2019年GDP	GDP排名与司法透明度排名比较	审务信息公开（分）	审判信息公开（分）	执行信息公开（分）	司法数据公开（分）	司法改革信息公开（分）	是否属于百强县（市、区）	百强名次（区和市县分别排名百强）
111	内蒙古	乌兰浩特市人民法院	19.63	103	176.50	-8	44.15	6.00	0.00	60.00	0.00	否	
112	西藏	林周县人民法院	19.34	114	15.30	2	41.70	30.00	10.00	0.00	0.00	否	
113	四川	阆中市人民法院	18.25	98	254.01	-15	50.00	21.50	0.00	12.00	0.00	否	
114	陕西	定边县人民法院	18.24	90	317.62	-24	27.30	35.10	0.00	15.00	0.00	否	
115	西藏	噶尔县人民法院	18.08	—	—	—	24.15	30.00	10.00	15.00	0.00	否	
116	湖北	武汉市武昌区人民法院	16.48	22	1522.04	-94	44.15	23.00	0.00	0.00	5.00	否	
117	湖北	恩施市人民法院	14.56	81	379.52	-36	42.96	19.90	0.00	0.00	0.00	否	
118	辽宁	海城市人民法院	14.04	65	590.00	-53	27.30	3.60	0.00	50.00	0.00	是	10
119	湖北	武汉市江岸区人民法院	12.07	26	1335.90	-93	26.40	9.30	20.00	0.00	0.00	否	
	上海	虹口区人民法院	无网站	43	1033.00	—	无网站	无网站	无网站	无网站	无网站	否	
	上海	静安区人民法院	无网站	14	2298.70	—	无网站	无网站	无网站	无网站	无网站	否	

续表

排名	所在省份	法院	总分（满分100分）（分）	2019年GDP排名	2019年GDP	GDP排名与司法透明度排名比较	审务信息公开（分）	审判信息公开（分）	执行信息公开（分）	司法数据公开（分）	司法改革信息公开（分）	是否属于百强县（市、区）	百强名次（区和市县分别排名百强）
	上海	闵行区人民法院	无网站	13	2520.80	—	无网站	无网站	无网站	无网站	无网站	否	
	新疆	乌鲁木齐市沙依巴克区人民法院	无网站	—	—	—	无网站	无网站	无网站	无网站	无网站	否	
	新疆	乌鲁木齐市新市区人民法院	无网站	—	—	—	无网站	无网站	无网站	无网站	无网站	是	34

百强县、百强区数据来源于《2019年中国中小城市高质量发展指数研究成果发布》，《人民日报》2019年10月8日，第8版。

见》提出，依托四大平台落实审判公开，充分利用审判流程公开、庭审活动公开、裁判文书公开、执行信息公开四大平台，最大限度地保障当事人和社会公众的知情权、参与权和监督权。

其次，法院信息化建设继续拓展司法公开的广度与深度。2020年，最高人民法院依托司法公开大数据可视化信息技术，解决了中国裁判文书网索引数据量较大导致检索速度缓慢的问题，增强对并发用户访问的支撑能力；优化了中国庭审公开网音视频直播录播智能云平台，确保音视频在线流畅展示；探索建立了基于语音识别算法模型实现庭审视频当事人隐私屏蔽功能，充分保障庭审现场当事人及相关人员的隐私。

再次，裁判文书公开成为司法公开的最大亮点。据最高人民法院统计，截至2020年8月30日18时，中国裁判文书网文书总量突破1亿件，访问总量近480亿次，裁判文书公开在倒逼司法权力规范运行、推进普法宣传、依托司法大数据服务经济社会发展等方面的作用日益彰显。

另外，不少地区法院司法公开整体稳步推进。从几类法院司法透明度排名情况看，49家中级法院前15名主要集中于广东、吉林、江苏、浙江、山东；基层法院前20名主要集中于吉林、广西、广东、江苏、浙江、安徽。而上述地区的高级法院排名基本都在前列。广州中院不但自身排名稳定，且下辖的基层法院、专门性法院排名也均较好。这说明不少法院整体推进司法公开成效明显。

最后，全国法院司法公开波动总体较小。对比原有评估对象2019年和2020年的81家高级、中级人民法院的指数排名，多数法院波动不大，名次波动在正负5名的有36家法院，占比44.44%，名次波动在正负10名的有55家法院，占比67.90%。这说明不少法院司法公开工作总体还是稳定的。

但评估发现，司法透明度指数相差仍较为悬殊。评估显示，所有评估对象中，2020年度司法透明度指数最高分仍为广州中院，为91.53分，而最低分仅12.07分。其中，高级法院最高分为71.53分，最低分为15.18分；中级法院最高分91.53分，最低分22.05分；基层法院最高分85.73分，最低分12.07分。将司法公开分数排名前10%法院与排名后10%法院的平均分数

相比较，高级法院、中级法院、基层法院和专门性法院的平均分分差分别为44.85分、57.83分、52.05分、58.32分。而且，少数法院排名波动较大。对比高级、中级法院2019年和2020年评估排名可以发现，有4家法院名次下滑超过20名，5家法院名次上升超过20名。这表明，全国法院司法公开的差距仍然较大，而且不少问题值得关注。

一是基层法院的司法公开普遍较为薄弱。全国本次抽取的124家基层法院中，除5家法院无网站，本年度不参与指数排名外，平均分为41.84分。相比而言，中级、高级人民法院的平均分为44.26分。虽然平均分相差不大，但基层法院的指数权重设置更宽松，其平均分依然低于中级、高级人民法院。这说明，基层法院的司法公开水平仍亟待提升。

二是部分法院司法公开与当地经济发展不匹配。法治是最好的营商环境，司法是维护法治的重要力量。没有全方位的司法公开，就没有规范的司法权力运行以及高水平高效率的司法服务，因此，司法透明度也是评价营商环境的重要指标。但评估显示，部分法院的司法公开水平与当地经济发展不匹配。司法透明度指数排名低于所在地方上一年度GDP排名5名以上的分别有9家高级法院、17家中级法院、49家基层法院（此项统计不含无网站及未查询到上一年度GDP数据的基层法院，总计13家）（见表2、表3、表5）。属于百强县、百强区的24家法院中，司法透明度指数排名跻身前20位的仅有6家法院，为吉林省延吉市人民法院、苏州市吴江区人民法院、江苏省沭阳县人民法院、浙江省杭州市余杭区人民法院、浙江省义乌市人民法院、安徽省合肥市瑶海区人民法院，有10家法院排名在50名以下（见表5，此统计未含无网站的5家法院）。

三是司法公开的不少规定总体落实情况不理想。各级各类法院的司法公开进展不明显，总体处于原地踏步状态。5个一级指标的评估内容总体上公开得都不够理想，原有评估对象的相关数据变化不大，往年未公开的本年度依旧公开不佳。最高人民法院在相关司法解释和文件中要求公开的内容，很多还没有得到落实，《最高人民法院关于进一步深化司法公开的意见》（法发〔2018〕20号）要求公开的内容很多并没有得到各级法院的积极响应，如司法大数据研究报告、人大代表议案建议和政协提案办理情况等。此外，人员信息、指南信息、执行信息、司法数据、司法改革信息等存在更新缓慢、非常态化公开、不更新的现象。

四是裁判文书公开存在一定盲区。自中国裁判文书网上线运行以来，裁判文书公开工作进展最大、成效最明显，"以公开为常态、不公开为例外"原则日渐深入人心。对被评估法院的数据分析显示，虽然文书总量不断增长，但其中未公开文书全文内容的数量占比不低。在调取的文书数据中，有22.28%未公开裁判文书全文，其中又有51.22%是以其他理由不公开的，有的法院此项比例偏高，多家法院比例超过90%。相应地，以法定事由不公开全文的文书占比相对较低。这其中究竟是不上网文书的制度设计不够周延，还是有关法院公开力度不够，值得关注。

五是执行信息与司法改革信息公开较为薄弱。81家高级、中级法院5个评估板块的平均分依次为53.51分、52.59分、25.97分、50.42分、33.52分，基层法院依次为51.25分、49.09分、37.03分、44.89分、18.19分，专门性法院依次为66.59分、61.25分、32.33分、41.67分、31.25分。几类评估对象的执行信息公开和司法改革信息公开的平均分均不理想。

六是公开平台建设普遍水平不高。个别地区的基层法院受制于人员、经费等因素，未开通或者关闭了本院网站平台，这给群众和当事人查询该院信息带来一定困扰。多数法院的网站存在多平台重复建设、栏目设置不规范、信息发布位置不规律、检索等基本功能未配置或者无效的现象。整体而言，法院的网站建设水平落后于政府机关，这也影响到法院司法公开效果。

三 各板块评估结果

（一）审务信息公开

审务信息涉及法院基本情况，公开这类信息有助于一般公众和诉讼当事人了解法院概况、方便参与诉讼活动。评估显示，部分法院在某些审务信息的公开方面做得较好，如广州中院、长春中院、广州互联网法院、延吉市法院、松原市宁江区法院、长春市朝阳区法院、前郭尔罗斯蒙古族自治县法院公开了指标内全部的人员信息。广州中院、宁波中院、长春中院、青岛中院、南京中院、济南中院、珠海中院、深圳中院、广州互联网法院以及延吉市法院、长春市朝阳区法院、吉林省松原市前郭尔罗斯蒙古族自治县法院、河南省滑县法院公开了法官任职回避信息。广东高院、吉林高院、湖南高院、四川高院、广州中院、深圳中院、青岛中院、济南中院、淮南中院公开了人大代表政协委员建议提案办理结果。但总体来看，审务信息公开情况并不理想，信息公开不全面、信息更新不及时、网站建设水平不高等现象普遍存在。

1. 法院自身平台公开情况仍不理想

评估显示，人员、名册等审务信息在法院自身平台公开仍不理想，多数法院公开人员信息不全面、标准不统一。原有93家评估对象中，仅有17家全面公开了法院领导姓名、职务、法官等级及学习工作简历、分管事项，占18.28%；参与排名的119家基层法院中①，仅有8家，占6.72%。原有93家评估对象中，有16家全面公开了业务部门领导姓名、职务、法官等级、学习工作简历，占17.20%；基层法院仅有8家，占6.72%。原有93家评估对象中，仅有18家全面公开了行政部门领导姓名、职务、学习工作简历，占19.35%；基层法院仅有13家，占10.92%。原有93家评估对象中，仅有17家全面公开了员额法官姓名、学习工作简历、法官等级，占18.28%；基层法院仅有6家，占5.04%。原有93家评估对象中，仅有14家全面公开了执行法官姓名、学习工作简历、法官等级，占15.05%；基层法院仅有5家，占4.20%。有2家高级法院、9家中级法院、44家基层法院和1家自贸区法院网站未公开任何人员信息。

原有93家评估对象中，仅有15家法院在网站同时公开了特邀调解组织名册、特邀调解员名册和鉴定机构名册、评估机构名册，占16.13%；除去6家不涉及破产案件的专门法院外，余下87家评估对象中，有14家法院在网站同时公开了特邀调解组织名册、特邀调解员名册和鉴定机构名册、评估机构名册、破产管理人名册，占16.09%，但以上两者公开的名册信息与中国审判流程信息网公开内容不完全一致；有18家网站完全未公开任何名册信息，

---

① 基层法院核算百分比时，以有网站的119家法院为分母，下同。

占 19.35%。基层法院中仅 1 家同时公开了上述信息，85 家法院完全未公开上述信息，分别占 0.84%、71.43%。

2. 审判流程信息公开网公开仍不到位

为方便社会公众查询法院基本信息，最高人民法院开通了中国审判流程信息公开网，作为统一的公开平台，公开各类审判流程信息。该平台面向一般社会公众集中公开全国法院的基本信息，如机构设置、法官名录、诉讼指南、开庭公开、名册信息等。但评估显示，审判流程信息公开网上的公开情况并不理想，大部分法院没有通过该网站公开有关信息。以员额法官名册为例，四类法院在审判流程信息网的公开率依次为 81.25%（高级法院）、75.51%（中级法院）、50.00%（专门性法院）、57.98%（基层法院）。多数法院在审判流程信息公开网上公开的信息不全面，如山西高院仅在中国审判流程信息公开网公开了一个法官信息；云南昆明中院审判流程信息网法官名录仅公开 4 名法官信息；西安中院的法院概况中，仅有法院院长介绍；评估机构名册也公开不到位等。此外，除最高人民法院外，没有一家法院能够做到本院门户网站、司法公开网、诉讼服务网上公开的人员信息与中国审判流程信息网内容一致。这说明，中国审判流程信息公开网集中发布各级法院基本信息的要求落实得很不理想。

3. 司法公开平台建设提升空间仍较大

网站、新媒体等信息化平台是新时代司法公开的主阵地和重要平台。虽然部分法院某些指标表现较好，但全国法院公开平台建设水平仍不够理想。

首先，基层法院网站建设应引起重视。网站是法院公开的重要平台，公众和当事人遇到问题首先会到法院网站查询信息，所以，即便基层法院也应当在全国、全省、全市集中统一公开的基础上，做好自身网站建设。但本次评估发现，一些基层法院不重视网站平台建设，如上海市静安区法院、闵行区法院、虹口区法院以及不在本次评估范围的上海市基层法院普遍关停了网站。

其次，网站基本的检索功能配置不佳。在网站是否配有有效检索功能方面，高级法院表现最好，中级法院、专门性法院、基层法院中均有 20% 左右的网站存在问题。此外，法院各类信息分散于多个平台，这加大了信息检索的难度。

再次，网站稳定性待提升。四类法院中，40%左右的网站存在不稳定、部分页面链接无法打开的问题。

另外，提供多语言版本和无障碍功能的网站极少。12家专门性法院表现最好，多语言版本占比为66.67%，但其他法院鲜有配置该方面功能。

最后，微平台内容建设有待规范。虽然开通微博微信且及时更新的情况普遍较好，但部分法院在网站平台提供的微博微信入口有误，有的链接转到其他法院账号。有的法院发布的信息多是转发上级法院网站内容，甚至有的法院发布或者转发了大量的娱乐类信息，不够严肃。

（二）审判信息公开

审判是法院的主要职责之一，公开法院审判信息有助于保障当事人诉讼权利，方便一般公众了解和监督法院权力运行。评估显示，诉讼指南公开情况较好，31家高院、44家中院、8家专门性法院、104家基层法院在本院网站公开了诉讼指南，各类型法院公开诉讼指南比例分别为96.88%、89.80%、66.67%、87.39%。部分法院公开审判信息内容全面、形式多样，注重提升便民性。一些法院利用视频、流程图等形式进行审判信息公开，方便易懂。为应对新型冠状病毒肺炎疫情，不少法院在门户网站公布了相关便民信息，有11家高级法院、16家中级法院、6家专门性法院和56家基层法院。

但诉讼指南公开质量不高的问题依然存在，裁判文书公开力度仍待加强，减刑假释、破产案件信息公开差距较大，司法建议公开仍不理想。

1. 诉讼指南公开质量不高

诉讼指南是诉讼参与人能否顺利参加诉讼的指引，但指南不全面、不准确的问题较为普遍。

大部分法院公开的诉讼指南不全面。有14家高院、17家中级法院、4家专门性法院、25家基层法院公开了本院涉及不同案件类别和不同级别管辖的全案件类型诉讼指南,占比分别为45.16%、38.64%、50.00%、24.04%。

评估显示,指南内容未发现明显错误的,有7家高级法院、11家中级法院、6家专门性法院和40家基层法院,分别占22.58%、25.00%、75.00%、38.46%。错误原因通常为诉讼指南未及时更新,常见的错误如诉讼时效、行政诉讼的管辖范围、民事执行期限未更新以及引用失效法规等。

2. 裁判文书公开仍应持续发力

评估发现,裁判文书公开仍存在不少问题,不少法院止步不前甚至呈退步趋势。在披露裁判文书公开的数据和分析报告方面,高级法院和中级法院的达标数量明显低于上一年度。有8家高级法院、9家中级法院和9家基层法院在本院网站公开了文书统计数据,分别占25.00%、18.37%、7.56%,无专门性法院公开此数据。公开裁判文书上网情况分析报告的就更少,仅有4家中级法院和2家基层法院。

分析2020年1月1日至9月30日上网的裁判文书数量可以发现,各法院文书公开情况差异极大。含最高人民法院在内的218家法院在此期间通过中国裁判文书网公开的文书总量为2917783件,其中公开了全文的为2267819件,占比为77.72%,未公开全文的为649963件,占22.28%。公开全文比例达到100%的法院有新疆维吾尔自治区高级人民法院生产建设兵团分院、广东省广东自由贸易试验区南沙片区法院、海南省海口市中院、贵州省贵阳市中院、海南省澄迈县法院、贵州省贵阳市云岩区法院、贵州省贵阳市南明区法院、贵州省习水县法院(见表6)。

在上传互联网公开裁判文书过程中,如果存在裁判文书涉及离婚诉讼或者涉及未成年子女抚养、监护,涉及国家秘密,以调解方式结案,涉及未成年人犯罪等情况,人民法院确认人民调解协议效力的,则属于具备法定事由,可不予公开而只需公开裁判文书的案件号、案由等信息项。具有"人民法院认为不宜在互联网公布的其他情形"的,也可以仅公开不上网裁判文书信息项。统计发现,不公开理由为法院认为不宜公开的有332892件,占不公开内容裁判文书的51.22%,比例过高。天津市河西区法院、北京市丰台区法院、北京市海淀区法院、北京市朝阳区法院、天津市武清区法院、北京市西城区法院、天津市南开区法院、广州知识产权法院所有不公开裁判文书全文的事由均是"人民法院认为不宜在互联网公布的其他情形"。此项比例在90%以上的依次还有：广东省珠海横琴新区法院、最高人民法院、上海高院、湖北高院、内蒙古高院、上海市虹口区法院、上海市浦东新区法院、上海市静安区法院、辽宁省沈阳中院、辽宁省抚顺中院、黑龙江高院、山东省青岛市黄岛区法院。这表明，一些法院以法定理由之外的原因不公开裁判文书全文的情况还比较突出，应当引起重视。

3. 案件信息的公开仍有待改善

公开法院审理的案件信息，是回应社会关切、做好舆论引导、加强普法宣传的重要方面。有22家高级法院、34家中级法院、7家专门性法院、61家基层法院以各种形式公开了本院审理的重大案件信息，分别占68.75%、69.39%、58.33%、51.26%。北京互联网法院专门开辟栏目公开了典型案件的裁判文书。此外，26家高级法院、31家中级法院、8家专门性法院和53家基层法院公开了以案释法类信息，分别占81.25%、63.27%、66.67%、44.54%。26家高级法院、28家中级法院、8家专门性法院和37家基层法院公开了案例解析类信息，分别占81.25%、57.14%、66.67%、31.09%。

4. 不少审判类信息公开还很不理想

首先，减刑假释类信息在法院自身网站公开情况不佳。虽然最高人民法院开设了减刑假释信息公开平台，但各法院在自己网站同步公开也更方便公众查询。评估显示，仅13家高级法院和15家中级法院在本院网站公开了减刑假释立案公示，分别占40.63%、30.61%。仅5家高级法院和9家中级法院在本院网站公开了减刑假释结果，分别占15.63%、18.37%。

其次，破产案件信息公开仍不理想。仅1家高级法院、7家中级法院、1家专门法院和2家基层法院在本院网站公开了破产案件受理公告，分别占3.13%、14.29%、8.33%、1.68%。仅有7家中级法院和1家基层法院在本院网站公开了破产宣告公告，分别占14.29%、0.84%。6家中级法院和1家基层法院在本院网站公开了破产终结公告，分别占12.24%、0.84%。4家中级法院在本院网站公开了破产案件统计信息，占比8.16%。

表6 2020年1月1日至9月30日上网的裁判文书数量（按公开文书内容的文书占比排序）

单位：件，%

法院	公开的文书总量	公开文书内容的数量	占比	公开不上网文书信息项的数量	占比	以"其他"理由仅公开信息项的数量	占比
新疆维吾尔自治区高级人民法院生产建设兵团分院	315	315	100.00	0	0.00	0	0.00
广东省广东自由贸易试验区南沙片区人民法院	3574	3574	100.00	0	0.00	0	0.00
海南省海口市中级人民法院	2130	2130	100.00	0	0.00	0	0.00
贵州省贵阳市中级人民法院	16516	16516	100.00	0	0.00	0	0.00
海南省澄迈县人民法院	889	889	100.00	0	0.00	0	0.00
贵州省贵阳市云岩区人民法院	8756	8756	100.00	0	0.00	0	0.00
贵州省贵阳市南明区人民法院	8994	8994	100.00	0	0.00	0	0.00
贵州省习水县人民法院	6496	6496	100.00	0	0.00	0	0.00
海南省海口市龙华区人民法院	7781	7778	99.96	3	0.04	0	0.00
广东省广州市越秀区人民法院	71175	71147	99.96	28	0.04	0	0.00
吉林省高级人民法院	3779	3776	99.92	3	0.08	2	66.67
广东省广州知识产权法院	7136	7130	99.92	6	0.08	6	100.00
甘肃省玉门市人民法院	653	652	99.85	1	0.15	0	0.00
山东省高级人民法院	16019	15990	99.82	29	0.18	0	0.00

续表

法院	公开的文书总量	公开文书内容的数量	占比	公开不上网文书信息项的数量	占比	以"其他"理由仅公开信息项的数量	占比
广东省广州市中级人民法院	25368	25313	99.78	55	0.22	40	72.73
天津市高级人民法院	3137	3128	99.71	9	0.29	0	0.00
重庆市高级人民法院	5452	5435	99.69	17	0.31	0	0.00
辽宁省高级人民法院	10546	10502	99.58	44	0.42	29	65.91
贵州省高级人民法院	6747	6712	99.48	35	0.52	0	0.00
最高人民法院	19592	19474	99.40	118	0.60	114	96.61
安徽省高级人民法院	5435	5396	99.28	39	0.72	25	64.10
海南省高级人民法院	976	968	99.18	8	0.82	2	25.00
广西壮族自治区高级人民法院	5000	4958	99.16	42	0.84	0	0.00
内蒙古自治区包头市中级人民法院	2050	2027	98.88	23	1.12	18	78.26
河南省高级人民法院	5776	5701	98.70	75	1.30	26	34.67
北京市高级人民法院	13832	13601	98.33	231	1.67	952	61.47
内蒙古自治区高级人民法院	4750	4670	98.32	80	1.68	74	92.50
福建省高级人民法院	8858	8685	98.05	173	1.95	64	36.99

中国司法透明度指数报告（2020）

续表

法院	公开的文书总量	公开文书内容的数量	占比	公开不上网文书信息项的数量	占比	以"其他"理由仅公开信息项的数量	占比
四川省高级人民法院	7910	7752	98.00	158	2.00	33	20.89
浙江省高级人民法院	11490	11257	97.97	233	2.03	20	8.58
广东省珠海市中级人民法院	2000	1958	97.90	42	2.10	27	64.29
山西省大同市中级人民法院	2418	2364	97.77	54	2.23	7	12.96
青海省高级人民法院	1203	1175	97.67	28	2.33	5	17.86
云南省高级人民法院	7582	7400	97.60	182	2.40	142	78.02
北京知识产权法院	15424	14985	97.15	439	2.85	66	15.03
江苏省高级人民法院	7349	7129	97.01	220	2.99	0	0.00
广东省高级人民法院	14598	14159	96.99	439	3.01	240	54.67
河北省高级人民法院	8930	8657	96.94	273	3.06	184	67.40
广东省深圳市中级人民法院	19815	19178	96.79	637	3.21	189	29.67
湖南省高级人民法院	11526	11148	96.72	378	3.28	3	0.79
甘肃省兰州市中级人民法院	5393	5215	96.70	178	3.30	70	39.33
广东省深圳市福田区人民法院	50624	48900	96.59	1724	3.41	84	4.87

259

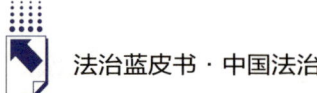

续表

法院	公开的文书总量	公开文书内容的数量	占比	公开不上网文书信息项的数量	占比	以"其他"理由仅公开信息项的数量	占比
宁夏回族自治区高级人民法院	888	857	96.51	31	3.49	19	61.29
广东省惠东县人民法院	6514	6267	96.21	247	3.79	98	39.68
广西壮族自治区南宁市中级人民法院	7471	7163	95.88	308	4.12	0	0.00
吉林省长春市中级人民法院	9268	8877	95.78	391	4.22	48	12.28
广东省深圳前海合作区人民法院	8091	7745	95.72	346	4.28	4	1.16
青海省西宁市中级人民法院	6305	6029	95.62	276	4.38	61	22.10
黑龙江省齐齐哈尔市人民法院	6095	5825	95.57	270	4.43	83	30.74
江西省高级人民法院	2604	2487	95.51	117	4.49	93	79.49
甘肃省高级人民法院	2354	2248	95.50	106	4.50	41	38.68
西藏自治区高级人民法院	303	289	95.38	14	4.62	4	28.57
四川省成都市中级人民法院	35198	33180	94.27	2018	5.73	252	12.49
广东省汕头市中级人民法院	1500	1414	94.27	86	5.73	65	75.58
宁夏回族自治区银川市中级人民法院	5815	5480	94.24	335	5.76	88	26.27
福建省厦门市中级人民法院	7071	6658	94.16	413	5.84	72	17.43

续表

法院	公开的文书总量	公开文书内容的数量	占比	公开不上网文书信息项的数量	占比	以"其他"理由仅公开信息项的数量	占比
山东省济南市中级人民法院	22854	21489	94.03	1365	5.97	112	8.21
浙江省宁波市中级人民法院	11694	10991	93.99	703	6.01	42	5.97
广西壮族自治区南宁市青秀区人民法院	19050	17890	93.91	1160	6.09	0	0.00
内蒙古自治区呼和浩特市中级人民法院	6564	6151	93.71	413	6.29	15	3.63
辽宁省鞍山市中级人民法院	6083	5699	93.69	384	6.31	196	51.04
上海市高级人民法院	5865	5488	93.57	377	6.43	358	94.96
海南省海口市美兰区人民法院	3814	3563	93.42	251	6.58	60	23.90
浙江省杭州市中级人民法院	22448	20955	93.35	1493	6.65	151	10.11
河北省石家庄市中级人民法院	14146	13199	93.31	947	6.69	148	15.63
江西省南昌市中级人民法院	12311	11432	92.86	879	7.14	186	21.16
山东省淄博市中级人民法院	8523	7893	92.61	630	7.39	556	88.25
杭州互联网法院	15007	13875	92.46	1132	7.54	18	1.59
新疆维吾尔自治区高级人民法院	2435	2248	92.32	187	7.68	90	48.13
山东省青岛市中级人民法院	18237	16804	92.14	1433	7.86	94	6.56

续表

法院	公开的文书总量	公开文书内容的数量	占比	公开不上网文书信息项的数量	占比	以"其他"理由仅公开信息项的数量	占比
黑龙江省高级人民法院	3931	3620	92.09	311	7.91	284	91.32
云南省昆明市中级人民法院	10506	9669	92.03	837	7.97	11	1.31
广东省珠海横琴新区人民法院	1414	1299	91.87	115	8.13	112	97.39
吉林省吉林市中级人民法院	4280	3921	91.61	359	8.39	219	61.00
江苏省徐州市中级人民法院	11106	10140	91.30	966	8.70	0	0.00
河南省郑州高新技术产业开发区人民法院	41372	37715	91.16	3657	8.84	453	12.39
福建省厦门市思明区人民法院	19876	18081	90.97	1795	9.03	0	0.00
山西省太原市中级人民法院	6942	6304	90.81	638	9.19	214	33.54
重庆自由贸易试验区人民法院	7601	6892	90.67	709	9.33	30	4.23
河北省唐山市中级人民法院	10975	9948	90.64	1027	9.36	517	50.34
湖北省武汉市中级人民法院	15565	14108	90.64	1457	9.36	1207	82.84
江苏省苏州市中级人民法院	13983	12674	90.64	1309	9.36	0	0.00
云南省昆明市五华区人民法院	13380	12094	90.39	1286	9.61	0	0.00
陕西省高级人民法院	5396	4876	90.36	520	9.64	434	83.46

续表

法院	公开的文书总量	公开文书内容的数量	占比	公开不上网文书信息项的数量	占比	以"其他"理由仅公开信息项的数量	占比
河北省邯郸市中级人民法院	9131	8246	90.31	885	9.69	356	40.23
河南省洛阳市中级人民法院	7656	6907	90.22	749	9.78	392	52.34
江苏省无锡市中级人民法院	9293	8376	90.13	917	9.87	0	0.00
福建省福州市中级人民法院	11378	10233	89.94	1145	10.06	329	28.73
安徽省淮南市中级人民法院	2324	2081	89.54	243	10.45	31	12.76
广东省英德市人民法院	3058	2736	89.47	322	10.53	14	4.35
吉林省延吉市人民法院	12515	11155	89.13	1360	10.87	1	0.07
湖北省高级人民法院	3351	2983	89.02	368	10.98	345	93.75
山西省高级人民法院	1921	1709	88.96	212	11.04	188	88.68
江西省南昌市东湖区人民法院	16456	14634	88.93	1822	11.07	595	32.66
湖南省长沙市中级人民法院	20649	18231	88.29	2418	11.71	407	16.83
海南省儋州市人民法院	3269	2884	88.22	385	11.78	3	0.78
陕西省西安市中级人民法院	14646	12899	88.07	1747	11.93	513	29.36
浙江省义乌市人民法院	36251	31916	88.04	4335	11.96	76	1.75

续表

法院	公开的文书总量	公开文书内容的数量	占比	公开不上网文书信息项的数量	占比	以"其他"理由不公开的信息项的数量	占比
辽宁省大连市中级人民法院	15273	13406	87.78	1867	12.22	764	40.92
辽宁省本溪市中级人民法院	2776	2436	87.75	340	12.25	97	28.53
湖北省武汉市武昌区人民法院	13836	12065	87.20	1771	12.80	591	33.37
吉林省长春市朝阳区人民法院	8800	7665	87.10	1135	12.90	86	7.58
安徽省合肥市中级人民法院	16995	14732	86.68	2263	13.32	438	19.35
内蒙古自治区呼和浩特市赛罕区人民法院	7739	6692	86.47	1047	13.53	3	0.29
湖北省阳新县人民法院	2428	2083	85.79	345	14.21	37	10.72
河南省郑州市中级人民法院	24438	20962	85.78	3476	14.22	1290	37.11
江西省南昌市西湖区人民法院	11548	9900	85.73	1648	14.27	956	58.01
安徽省合肥市瑶海区人民法院	13687	11726	85.67	1961	14.33	68	3.47
重庆市江北区人民法院	25821	22015	85.26	3806	14.74	439	11.53
吉林省松原市宁江区人民法院	9689	8233	84.97	1456	15.03	155	10.65
重庆市渝中区人民法院	22849	19386	84.84	3463	15.16	0	0.00
广西壮族自治区南宁市西乡塘区人民法院	6992	5908	84.50	1084	15.50	1	0.09

续表

法院	公开的文书总量	公开文书内容的数量	占比	公开不上网文书信息项的数量	占比	以"其他"理由拒公开信息项的数量	占比
福建省厦门市湖里区人民法院	11455	9678	84.49	1777	15.51	3	0.17
浙江省苍南县人民法院	13884	11709	84.33	2175	15.67	1	0.05
西藏自治区拉萨市中级人民法院	1335	1123	84.12	212	15.88	49	23.11
安徽省巢湖市人民法院	8322	6999	84.10	1323	15.90	1	0.08
河北省三河市人民法院	7471	6261	83.80	1210	16.20	71	5.87
安徽省合肥市包河区人民法院	25792	21558	83.58	4234	16.42	1011	23.88
四川省成都高新技术产业开发区人民法院	19579	16364	83.58	3215	16.42	0	0.00
山西省运城市盐湖区人民法院	10519	8742	83.11	1777	16.89	22	1.24
河北省围场满族蒙古族自治县人民法院	7945	6596	83.02	1349	16.98	119	8.82
吉林省前郭尔罗斯蒙古族自治县人民法院	8412	6919	82.25	1493	17.75	15	1.00
贵州省兴义市人民法院	9933	8146	82.01	1787	17.99	0	0.00
内蒙古自治区阿鲁科尔沁旗人民法院	949	772	81.35	177	18.65	4	2.26
天津市南开区人民法院	14681	11938	81.32	2743	18.68	2743	100.00
广西壮族自治区宾阳县人民法院	3571	2903	81.29	668	18.71	32	4.79

续表

法院	公开的文书总量	公开文书内容的数量	占比	公开不上网文书信息项的数量	占比	以"其他"理由不公开信息项的数量	占比
陕西省西安市雁塔区人民法院	27121	21946	80.92	5175	19.08	1630	31.50
江西省南昌县人民法院	5774	4668	80.85	1106	19.15	13	1.18
山东省临沂市兰山区人民法院	24052	19425	80.76	4627	19.24	209	4.52
河南省滑县人民法院	14128	11410	80.76	2718	19.24	372	13.69
江苏省沭阳县人民法院	25259	20388	80.72	4871	19.28	0	0.00
黑龙江省哈尔滨市中级人民法院	8619	6946	80.59	1673	19.41	1386	82.85
湖南省浏阳市人民法院	21728	17442	80.27	4286	19.73	74	1.73
重庆市渝北区人民法院	26579	21291	80.10	5288	19.90	252	4.77
山东省胶州市人民法院	11920	9537	80.01	2383	19.99	27	1.13
新疆维吾尔自治区乌鲁木齐市中级人民法院	5245	4184	79.77	1061	20.23	369	34.78
山东省费县人民法院	7051	5563	78.90	1488	21.10	16	1.08
宁夏回族自治区银川市兴庆区人民法院	19563	15428	78.86	4135	21.14	13	0.31
云南省昆明市西山区人民法院	20260	15975	78.85	4285	21.15	159	3.71
上海金融法院	4137	3237	78.25	900	21.75	629	69.89

续表

法院	公开的文书总量	公开文书内容的数量	占比	公开不上网文书信息项的数量	占比	以"其他"理由仅公开信息项的数量	占比
河南省新郑市人民法院	13930	10863	77.98	3067	22.02	222	7.24
黑龙江省讷河市人民法院	3058	2381	77.86	677	22.14	29	4.28
西藏自治区拉萨市堆龙德庆区人民法院	1470	1142	77.69	328	22.31	1	0.30
辽宁省海城市人民法院	15190	11765	77.45	3425	22.55	1985	57.96
西藏自治区林周县人民法院	84	65	77.38	19	22.62	0	0.00
宁夏回族自治区灵武市人民法院	6516	5040	77.35	1476	22.65	5	0.34
新疆维吾尔自治区乌鲁木齐市新市区人民法院	6810	5251	77.11	1559	22.89	49	3.14
上海知识产权法院	2359	1815	76.94	544	23.06	475	87.32
浙江省诸暨市人民法院	27654	21124	76.39	6530	23.61	652	9.98
福建省晋江市人民法院	17366	13120	75.55	4246	24.45	107	2.52
甘肃省张掖市甘州区人民法院	10484	7916	75.51	2568	24.49	3	0.12
新疆维吾尔自治区乌鲁木齐市沙依巴克区人民法院	5226	3922	75.05	1304	24.95	81	6.21
宁夏回族自治区银川市金凤区人民法院	14591	10947	75.03	3644	24.97	3	0.08
福建省惠安县人民法院	4083	3061	74.97	1022	25.03	23	2.25

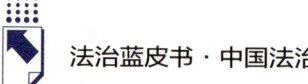

续表

法院	公开的文书总量	公开文书内容的数量	占比	公开不上网文书信息项的数量	占比	以"其他"理由仅公开的信息项的数量	占比
内蒙古自治区赤峰市松山区人民法院	2320	1720	74.14	600	25.86	0	0.00
西藏自治区拉萨市城关区人民法院	2239	1659	74.10	580	25.90	53	9.14
陕西省神木市人民法院	12848	9518	74.08	3330	25.92	16	0.48
青海省格尔木市人民法院	6378	4663	73.11	1715	26.89	102	5.95
湖南省攸县人民法院	6388	4648	72.76	1740	27.24	189	10.86
河南省郑州市金水区人民法院	50059	36412	72.74	13647	27.26	9337	68.42
广西壮族自治区桂平市人民法院	3136	2268	72.32	868	27.68	0	0.00
陕西省西安市未央区人民法院	23483	16852	71.76	6631	28.24	1947	29.36
江苏省苏州市吴江区人民法院	23514	16869	71.74	6645	28.26	11	0.17
四川省成都市青羊区人民法院	24245	17320	71.44	6925	28.56	0	0.00
江苏省南京市中级人民法院	29027	20633	71.08	8394	28.92	3412	40.65
浙江省杭州市余杭区人民法院	30586	21722	71.02	8864	28.98	233	2.63
黑龙江省宾县人民法院	4764	3376	70.86	1388	29.14	716	51.59
湖南省长沙市芙蓉区人民法院	24035	16944	70.50	7091	29.50	5054	71.27

续表

法院	公开的文书总量	公开文书内容的数量	占比	公开不上网文书信息项的数量	占比	以"其他"理由仅公开的信息项的数量	占比
青海省西宁市城北区人民法院	8271	5771	69.77	2500	30.23	3	0.12
山西省临猗县人民法院	3927	2733	69.60	1194	30.40	4	0.34
宁夏回族自治区贺兰县人民法院	6046	4204	69.53	1842	30.47	91	4.94
上海市静安区人民法院	66584	46040	69.15	20544	30.85	18900	92.00
辽宁省抚顺市中级人民法院	4242	2920	68.84	1322	31.16	1209	91.45
四川省阆中市人民法院	9652	6614	68.52	3038	31.48	0	0.00
北京市西城区人民法院	28305	19317	68.25	8988	31.75	8988	100.00
湖南省长沙市岳麓区人民法院	28052	19143	68.24	8909	31.76	5617	63.05
天津市滨海新区人民法院	22167	15018	67.75	7149	32.25	2771	38.76
四川自由贸易试验区人民法院	5047	3418	67.72	1629	32.28	368	22.59
辽宁省沈阳市中级人民法院	30367	20558	67.70	9809	32.30	9020	91.96
上海市虹口区人民法院	36625	24787	67.68	11838	32.32	10944	92.45
陕西省定边县人民法院	8626	5784	67.05	2842	32.95	911	32.05
上海市闵行区人民法院	61721	41072	66.54	20649	33.46	17835	86.37

续表

法院	公开的文书总量	公开文书内容的数量	占比	公开不上网文书信息项的数量	占比	以"其他"理由拒公开信息项的数量	占比
山西省太原市小店区人民法院	7271	4806	66.10	2465	33.90	1296	52.58
河北省秦皇岛市海港区人民法院	4593	3024	65.84	1569	34.16	19	1.21
天津市武清区人民法院	9755	6419	65.80	3336	34.20	3336	100.00
四川省郫都区人民法院	9739	6384	65.55	3355	34.45	0	0.00
湖北省武汉市江岸区人民法院	7993	5211	65.19	2782	34.81	1351	48.56
青海省西宁市城东区人民法院	6571	4277	65.09	2294	34.91	547	23.84
黑龙江省哈尔滨市南岗区人民法院	8589	5588	65.06	3001	34.94	1955	65.14
北京市朝阳区人民法院	53212	34571	64.97	18641	35.03	18641	100.00
江西省高安市人民法院	8488	5513	64.95	2975	35.05	1325	44.54
北京市海淀区人民法院	42670	27682	64.87	14987	35.12	14987	100.00
江苏省昆山市人民法院	16580	10728	64.70	5852	35.30	0	0.00
湖北省恩施市人民法院	6657	4284	64.35	2373	35.65	416	17.53
北京市丰台区人民法院	28609	18337	64.10	10272	35.90	10272	100.00
江苏省江阴市人民法院	21583	13752	63.72	7831	36.28	0	0.00

续表

法院	公开的文书总量	公开文书内容的数量	占比	公开不上网文书信息项的数量	占比	以"其他"理由仅公开信息项的数量	占比
甘肃省兰州市城关区人民法院	9876	6211	62.89	3665	37.11	1774	48.40
河北省石家庄市长安区人民法院	10811	6760	62.53	4051	37.47	2566	63.34
安徽省太和县人民法院	13000	8071	62.08	4929	37.92	2360	47.88
辽宁省绥中县人民法院	7991	4791	59.95	3200	40.05	1981	61.91
天津市河西区人民法院	10889	6306	57.91	4583	42.09	4583	100.00
辽宁省沈阳市和平区人民法院	44246	25360	57.32	18886	42.68	11332	60.00
辽宁省沈阳市沈河区人民法院	32724	18639	56.96	14085	43.04	11641	82.65
新疆维吾尔自治区昌吉州昌吉市人民法院	5514	3076	55.79	2438	44.21	10	0.41
上海市浦东新区人民法院	129169	69796	54.03	59373	45.97	54754	92.22
西藏自治区噶尔县人民法院	146	76	52.05	70	47.95	0	0.00
黑龙江省哈尔滨市道里区人民法院	1690	851	50.36	839	49.64	695	82.84
重庆市云阳县人民法院	8046	4044	50.26	4002	49.74	65	1.62
青海省西宁市城中区人民法院	4931	2460	49.89	2471	50.11	96	3.89
山西省河津市人民法院	5649	2500	44.26	3149	55.74	1946	61.80

续表

法院	公开的文书总量	公开文书内容的数量	占比	公开不上网文书信息项的数量	占比	以"其他"理由仅公开信息项的数量	占比
甘肃省陇西县人民法院	5561	2379	42.78	3182	57.22	80	2.51
北京互联网法院	23871	10071	42.19	13800	57.81	10533	76.33
山东省青岛市黄岛区人民法院	31155	12352	39.65	18803	60.35	17021	90.52
云南省镇雄县人民法院	9575	3108	32.46	6467	67.54	2415	37.34
云南省宣威市人民法院	14776	4724	31.97	10052	68.03	4815	47.90
内蒙古自治区乌兰浩特市人民法院	6545	2000	30.56	4545	69.44	3175	69.86
新疆维吾尔自治区阿克苏地区库车市人民法院	2068	407	19.68	1661	80.32	482	29.02
广州互联网法院	42073	7992	19.00	34081	81.00	18805	55.18

最后，司法建议的公开情况仍不乐观。早在 2012 年，最高人民法院《关于加强司法建议工作的意见》中就要求，加强与新闻媒体等社会各个方面的合作，通过多种渠道和形式加大司法建议宣传力度，不断扩大社会影响，努力赢得社会各界对司法建议工作的理解、尊重和支持，为司法建议工作营造良好的工作环境。时至今日，能够主动公开司法建议信息的法院仍少之又少。2020 年，仍然仅有 10 家法院公开了司法建议相关信息，其中包括 4 家高级法院、5 家中级法院和 1 家基层法院，分别占 12.50%、10.20%、0.84%。

（三）执行信息公开

执行是兑现司法裁判的关键环节，公开执行信息，既是满足执行案件当事人知悉案件进展的需要，也是社会监督执行工作的需要，更是凝聚社会共识、实现全社会综合治理执行难的需要。但评估显示，执行信息公开仍不理想。通过本院网站，公开执行罚款信息的，仅 1 家高级法院、5 家中级法院，分别占 3.13%、10.20%；公开执行程序中适用拘留案件信息的，仅 1 家高级法院、3 家中级法院、1 家基层法院，分别占 3.13%、6.12%、0.84%；公开限制出境信息的仅 5 家高级法院、4 家中级法院、2 家基层法院，分别占 15.63%、8.16%、1.68%；仅 1 家中级法院公开了打击拒不执行判决裁定罪案件信息，占比 2.04%；有 9 家高级法院、21 家中级法院、4 家专门性法院和 51 家基层法院公开了失信被执行人信息，分别占 28.13%、42.86%、33.33%、42.86%；公开特殊主体失信信息的分别有 4 家高级法院、12 家中级法院、3 家专门性法院和 10 家基层法院，分别占 12.50%、24.49%、25.00%、8.40%；公开终结本次执行程序案件清单且持续更新的仅有 2 家高级法院、6 家中级法院、2 家专门性法院和 4 家基层法院，分别占 6.25%、12.24%、16.67%、3.36%；而通过本院网站公开近 3 个月终结本次执行程序案件裁定书的仅有 2 家高级法院、1 家中级法院、1 家专门性法院和 1 家基层法院，分别占 6.25%、2.04%、8.33%、0.84%。

总体来看，4 类法院的执行信息公开情况均不理想，而且，许多法院虽然设有有关信息栏目也发布了部分信息，但栏目长期未更新。

（四）司法数据公开

加强司法数据的归集和利用是做好法院内部精细化管理的基础，公开有关数据则有助于公众了解法院、监督法院，提升司法公信力，也有助于利用有关数据引导公众客观地看待法院工作。

评估显示，公开本院本年度财政预算、上一年度决算、"三公"经费决算情况的，高级法院分别有32家（3家发布在政府网站）、30家（4家发布在政府网站）、30家（4家发布在政府网站），分别占100.00%、93.75%、93.75%；中级法院分别有47家（3家发布在政府网站）、41家和42家，分别占95.92%、83.67%、85.71%；专门性法院分别有10家、7家、8家，分别占83.33%、58.33%、66.67%；基层法院分别有83家（15家发布在政府网站）、65家（9家发布在政府网站）、65家（9家发布在政府网站），分别占69.75%、54.62%、54.62%。发布2020年法院工作报告的高级法院有25家（9家发布在同级政府网站、本院微信公众号或其他媒体）、中级法院有36家（13家发布在同级政府网站、本院微信公众号或其他媒体）、专门性法院有3家（2家发布在同级政府网站、本院微信公众号或其他媒体）、基层法院有45家（27家发布在政府网站、本院微信公众号或其他媒体），分别占78.13%、73.47%、25.00%、37.82%。

公开涉案款物数据和诉讼费收退费情况的分别仅有1家高级法院和3家中级法院，分别占3.13%、6.12%。按月公开司法统计数据的分别有6家高级法院、10家中级法院、1家专门性法院和5家基层法院，分别占18.75%、20.41%、8.33%、4.20%。而公开大数据分析报告的仅有1家高级法院、10家中级法院、1家专门性法院和1家基层法院，分别占3.13%、20.41%、8.33%、0.84%；公开司法调研分析报告的分别有1家高级法院、12家中级法院、1家专门性法院和9家基层法院，分别占3.13%、24.49%、8.33%、7.56%。

此外，公开方式公开渠道不统一。例如，财政预决算等信息公布在本院网站、政府网站、微信公众号、其他网站等多个渠道，不利于社会公众查阅相关信息。收结案数据则有的发布在上级法院网站，有的发布在本院网站。

上述数据至少说明，数据公开方面存在如下问题。首先外部压力和动力尚不足以影响司法数据的公开。评估显示，财政预决算和"三公"经费信息公开相对较好，这在很大程度上得益于国家全面推进财政预决算和"三公"经费的主动公开。法院工作报告则因为通过向同级人大报告工作，其公开也逐步水到渠成。而其他类别司法数据信息的公开仍不理想，涉案款物数据、诉讼费收退情况、司法业务数据公开和司法实证分析报告的公开情况均不佳。这在很大程度上是因为这些数据的公开缺乏有力的外部推动。

其次，各级法院对审判业务数据进行挖掘利用和对外分享的意识不强，工作开展还很不到位。从司法白皮书、大数据分析报告、司法调研分析报告的发布情况看，绝大多数法院重视不够，要么自身没有开展相关工作，要么虽然开展了相关工作但不愿主动对社会发布。这反映了有关法院司法管理的精细化程度、数据应用的开放程度也有待提升。

（五）司法改革信息公开

司法体制改革是全面深化改革的有机组成部分，公开有关的政策、改革措施和改革进展情况，让各界有序参与改革进程，有助于确保改革措施的科学性。为此，《最高人民法院关于进一步深化司法公开的意见》（法发［2018］20号）明确要求，人民法院应当主动公开人民法院司法改革文件、人民法院重大司法改革任务进展情况、人民法院司法改革典型案例、其他需要社会广泛知晓的司法改革信息。

但评估显示，虽然公开司法改革信息的原有三类法院数量比2019年评估对象略有增加，但总体而言，司法改革信息公开情况仍然不理想。仅15家高级法院、18家中级法院、6家专门性法院和17家基层法院在本院门户网站设置了司法改革的专门栏目，分别占46.88%、36.73%、50.00%、14.29%。8家高级法院、10家中级法院、1家专门性法院和5家基层法院公布了司法改革总体方案，分别占25.00%、20.41%、8.33%、4.20%。2家高级法院、6家中级法院和5家基层法院公布了入额遴选方案，分别占6.25%、12.24%、4.20%；1家高级法院、7家中级法院和4家基层法院公布了员额退出方案，分别占

3.13%、14.29%、3.36%。1家高级法院、7家中级法院和4家基层法院公布了法官职业保障方案，分别占3.13%、14.29%、3.36%。12家高级法院、18家中级法院、2家专门性法院和27家基层法院公布了改革任务进展动态，分别占37.50%、36.73%、16.67%、22.69%。3家中级法院和1家基层法院公布了员额法官个人办案数量，分别占6.12%、0.84%；2家高级法院、4家中级法院、1家专门性法院和2家基层法院公布了员额法官办案汇总数据，分别占6.25%、8.16%、8.33%、1.68%。2家高级法院、4家中级法院和1家基层法院公布了院庭长办案数据，分别占6.25%、8.16%、0.84%。26家高级法院、35家中级法院、7家专门性法院和27家基层法院公开了立案登记的配套制度，分别占81.25%、71.43%、58.33%、22.69%。有1家高级法院和9家中级法院公布了立案登记动态数据，分别占3.13%、18.37%。在新型审判监督机制改革中，有1家高级法院、6家中级法院和4家基层法院公布了权责清单，分别占3.13%、12.24%、3.36%；有1家高级法院、8家中级法院、1家专门性法院和4家基层法院公布了审判管理监督权力配套规定，分别占3.13%、16.33%、8.33%、3.36%。律师权益保障方面，有6家高级法院、7家中级法院、1家专门性法院和5家基层法院公布了实施机制，分别占18.75%、14.29%、8.33%、4.20%；有4家高级法院、7家中级法院和2家基层法院公布了反馈渠道，分别占12.50%、14.29%、1.68%。有1家高级法院、5家中级法院和1家专门性法院公布了案外人干预记录，分别占3.13%、10.20%、8.33%。

这表明，司法改革信息的公开仍没有得到各级法院的应有关注，总体公开情况不理想；而且，法院层级越低，其公开情况越不佳。这固然与下级法院主要是司法体制改革的对象和任务落实者有关，但在最高人民法院已经明确公开要求的背景下，各级法院仍然公开不佳，足见有关政策落实情况不理想。

四 存在问题的原因分析

当前司法公开总体是在进步，但与上级要求和公众需求的差距也不容忽视。存在问题的原因是多方面的，既要重视2019年总结的司法公开仍缺乏常态化机制、对司法公开重视不够、理念认识不科学、信息化保障不到位等原因[1]，还需要重视以下方面的因素。

（一）司法公开标准化程度较低

虽然最高人民法院出台了多个司法解释规范各领域的公开工作，但司法公开总体上缺乏标准。有关司法解释关于司法公开的规定均较为原则笼统，公开什么、以怎样的时间频率公开、公开在哪个平台哪个栏目，均无标准可供参考。最为典型的当数诉讼指南。全国 3000 多家法院向公众和当事人提供的诉讼服务事项无非就是依据三大诉讼法而细分的若干诉讼业务，相对于各级政府的政务服务事项，可谓事项单一、简单明了，但几乎没有一家法院的诉讼指南能够做到完整准确。

（二）制度化规范化水平待提升

不少法院司法公开评估结果上下波动较大，主要是受领导重视程度、机构设置、人员配置、经费保障等多重因素影响。一般的规律是，领导重视则公开成效大幅提升，一旦松懈则不仅停步不前，甚至会大幅下滑。这表明，司法公开制度化水平和规范化程度仍待提升。

（三）司法公开规定的刚性较弱

人民法院各领域的司法公开工作均有相应的法律、司法解释作为依据，尤其是有来自最高人民法院各类文件的要求，但对下级法院是否严格执行上述规定并没有硬性要求，以至于众多领域虽有制度要求，但执行落实不到位的情况居多，问责监督机制和手段运用不足。

（四）司法公开内外部压力不足

回顾 21 世纪以来全国法院司法公开的进展，虽有来自公众需求的推动，

---

[1] 参见《中国司法透明度指数报告（2019）——以法院网站信息公开为视角》，载法治蓝皮书《中国法治发展报告 No.18（2020）》，社会科学文献出版社，2020，第 232~233 页。

但主要是法院内部从规范审判执行权运行、维护司法公正、提升司法公信力角度自我加压的结果。而上级法院的监督指导不足、考核问责缺失,外部缺乏类似于政府信息公开那样有效的监督救济等干预机制,以至于各级法院推进公开多凭自觉,当遇到更为重要的工作任务时,不会给自身工作增加太多亮点且容易增加工作难度的司法公开必然会被搁置一旁。

(五)司法公开疲劳感现象严重

评估结果显示,众多领域的司法公开推进缓慢,不少法院司法公开长期原地徘徊,尤其是中基层法院更不理想。这表明,不少法院对于司法公开的疲劳感明显,在内外部监督制约不到位的条件下,做与不做一个样、做好做坏一个样。

五 展望

习近平总书记在2020年中央全面依法治国工作会议上指出,要推进严格规范公正文明执法,提高司法公信力,要深化司法责任制综合配套改革,加强司法制约监督。司法公开有助于规范司法权运行、维护司法公正,是全面依法治国不可或缺的制度机制。结合2020年发现的问题,今后司法公开应着力完善标准、补齐短板、完善保障监督机制,确保司法公开稳步推进。

第一,明确公开标准。借鉴全国基层政务公开标准化规范化经验,自上而下地推进编制各领域司法公开的标准目录模板,配合案件办理、内部管理、公众服务等,对接办案、办公系统,形成从办案、办公、服务到对外公开的一体化机制。

第二,加大考核督导。建议加大对司法公开的考核督导力度,对各级各类法院各领域司法公开的成效、问题进行定期不定期考核、评估,及时发现问题、督促整改,并通过对外披露评估结果、对内加大问责表彰的方式,形成一定的内外部压力和动力。

第三,提升信息化助力司法公开的应用成效。配合智慧法院建设,不仅要推进法院内部办案办公智能化水平,更要提升法院门户网站建设以及与司法公开对接的各类应用系统的建设和数据对接工作，让人民群众和案件当事人通过司法公开平台共享智慧法院建设成效。同时，加大信息技术对司法公开的监督督导力度，借助智慧法院建设成果，提升对司法公开的精准管理。

第四，补齐司法公开短板。首先，加大中基层法院尤其是基层法院的公开工作，确保司法公开有人管、有平台，切实满足第一线群众和当事人的服务需求。其次，加大薄弱领域司法公开力度。对于执行信息公开、司法改革信息等普遍薄弱的领域，应进一步加大督查力度，形成常态化公开机制。

第五，重视公开平台建设。信息化时代，法院网站仍然是司法公开的主阵地，即便各领域建设了统一公开平台，法院自身网站仍然是公众查询其信息的首选渠道，因此，应当确保所有法院建好本院网站。以此为主，配合其他网站平台以及各类新媒体平台，方可形成司法公开的全方位公开矩阵，切实满足公众的信息需求。

B.14
中国检务透明度指数报告（2020）

——以检察院网站信息公开为视角

中国社会科学院法学研究所法治指数创新工程项目组[*]

摘　要：中国社会科学院法学研究所法治指数创新工程项目组在以往年度测评基础上，进一步调整完善指标及权重，对最高人民检察院，32个省（自治区、直辖市）的人民检察院（含新疆生产建设兵团人民检察院）和49个较大的市人民检察院的检务公开进行第三方评估。评估结果显示，2020年，检务公开稳中有升。在中央要求和最高人民检察院指引下，检察院基本信息、检务指南、检察法律文书、各类报告等公开日益常态化，新类型文书、活动和数据的公开探索较为多见。可以预期，检务公开即将迎来质的跃升，今后必将迈向全面公开透明，走向制度化和标准化。

关键词：检务公开　门户网站　新媒体　量化评估　法治指数

2020年，中国社会科学院法学研究所法治指数创新工程项目组（以下简称"项目组"）连续第9年对检务透明度情况进行测评。

---

* 项目组负责人：田禾，中国社会科学院国家法治指数研究中心主任、法学研究所研究员；吕艳滨，中国社会科学院法学研究所法治国情调研室主任、研究员。项目成员：王赫、王小梅、王祎茗、冯迎迎、刘禹言、刘雁鹏、米晓敏、李士局、来雅娜、宋君杰、张月、胡昌明、禹小琴、洪梅、栗燕杰、雷继华等（按姓氏笔画排序）。执笔人：栗燕杰，中国社会科学院法学研究所副研究员；田禾。雷继华提供了部分素材。

一 评估基本情况

本次测评自 2020 年 11 月 1 日开始,到 2020 年 12 月 10 日结束。为确保评估的可靠性,凡项目组工作人员无法打开网站、链接的,均由其他测评人员通过变换电脑、浏览器、查询时间等方式再次查询。需要说明的是,复查结束后,新上线的内容和新发现的做法,在报告中会有提及,但不计入测评结果分值。

在评估对象方面,与上年保持一致。基于以往评估实践,本年度评估指标与上年基本一致,个别三级、四级指标细项有所增删,并相应调整权重。主要调整是:对于大部分检察院已经较为普及的做法实践,权重有所下降;相应增加了仍较为单薄的指标权重,以及增加前瞻性、引领性的指标及权重(见表 1)。

表 1 检务透明度评估指标体系及权重(2020)

1. 基本信息(20%)	1.1 网站设置(20%)
	1.2 微平台客户端(20%)
	1.3 机构设置(30%)
	1.4 人员信息(30%)
2. 检务指南(30%)	2.1 工作流程(20%)
	2.2 办事指南(30%)
	2.3 网上咨询(20%)
	2.4 公益诉讼(20%)
	2.5 新闻发布会(10%)
3. 检察活动(30%)	3.1 法律文书(50%)
	3.2 公开审查与听证(30%)
	3.3 重要案件信息(20%)

续表

4. 统计总结（20%）	4.1 工作报告及其他报告（30%）
	4.2 财政信息（30%）
	4.3 文书统计（20%）
	4.4 检察业务数据（20%）

2019年底以来，最高人民检察院发布的不少司法文件提出涉及检务公开的新要求。比如，2019年修改后的《人民检察院刑事诉讼规则》第376条明确，"不起诉的决定，由人民检察院公开宣布"；第577条规定，对于羁押必要性，必要时可以依照有关规定进行公开审查。2020年10月发布的《人民检察院审查案件听证工作规定》将公开听证方式审查案件作为促进司法公开的组成部分，第5条第1款规定，"拟不起诉案件、刑事申诉案件、民事诉讼监督案件、行政诉讼监督案件、公益诉讼案件的听证会一般公开举行"；并进一步细化公开听证的流程，应当"发布听证会公告"，规定"公民可以申请旁听，人民检察院可以邀请媒体旁听"，"经检察长批准，人民检察院可以通过中国检察听证网和其他公共媒体，对听证会进行图文、音频、视频直播或者录播"。2020年11月，《关于规范量刑程序若干问题的意见》将"确保量刑公开公正"作为制度宗旨。最高人民检察院与中央网信办、国务院食品安全办、司法部、农业农村部、国家卫生健康委员会、海关总署、国家市场监督管理总局、国家广播电视总局、国家粮食和物资储备局、国家药品监督管理局共同制定了《关于在检察公益诉讼中加强协作配合 依法保障食品药品安全的意见》，明确检察机关制发检察建议，可通过"公开宣告等形式"，争取诉前工作效果最大化。《最高人民检察院关于充分发挥检察职能 服务保障"六稳""六保"的意见》提出，"推进侵犯知识产权刑事案件权利人诉讼权利告知试点，提升案件办理透明度"，以及"营造安全、透明的投资环境"等。值得一提的是，为贯彻落实《民法典》，最高人民检察院对司法解释和司法解释性质文件进行清理，于2020年12月26日公布《最高人民检察院关于废止部分司法解释和司法解释性质文件的决定》。

中国检务透明度指数报告（2020）

二 总体表现

2020年度的评估显示，60分以上的检察机关达到23家。如将网站无法打开的甘肃省兰州市人民检察院排除在外，基本信息和统计总结两个板块的平均得分已超过及格线。统计总结板块的平均得分超过70分；统计总结板块80分及以上的已过半数，为41家。这表明，工作报告、专项报告、预决算和"三公"经费等财政信息以及检察业务数据公开已日渐入脑入心，成为各地检察机关的规定动作。值得注意的是，不论是经济发达的长三角、珠三角地区，还是经济社会相对欠发达的地区，均有一些检察机关在检务公开方面取得显著成效。就发达地区而言，除江苏省人民检察院继续领跑外，广东省广州市人民检察院和深圳市人民检察院均跃入前五，表现出与经济发展相匹配的检务公开水平。中西部的安徽省人民检察院、江西省人民检察院、陕西省人民检察院也保持前十水平；而甘肃省人民检察院经过多年低位徘徊第一次跃入前十，从上年的第61位上升到第9位，与之类似的还有新疆维吾尔自治区人民检察院，从上年的30名开外上升到第12名。黑龙江省、吉林省、辽宁省三省2020年均处于40名之后（上年则分别为第62名、26名、43名）。由此可见，在中央高度重视和最高人民检察院引领指导下，全国检务公开均进步显著；但也应看到，地方是否重视检务公开在优化营商环境与民生保障中的作用，是否采取有效措施推进检务公开，均对公开效果影响甚巨。

表2 中国检务透明度指数评估结果（2020）

单位：分

排名	检察机关	基本信息	检务指南	检察活动	统计总结	总分（共100分）
1	江苏省	76	88	49	95	75.3
2	最高人民检察院	81	72	49	95	71.5

续表

排名	检察机关	基本信息	检务指南	检察活动	统计总结	总分（共100分）
3	广东省广州市	63	61	65	100	70.4
4	安徽省	76	70	41	95	67.5
5	广东省深圳市	75	66	47	90	66.9
6	江西省	75	66	41	95	66.1
7	安徽省合肥市	74	57	53	90	65.8
8	四川省	76	78	37	80	65.7
9	甘肃省	66	69	41	95	65.2
10	陕西省	78	70	41	80	64.9
11	上海市	74	73	30	95	64.7
12	新疆维吾尔自治区	79	68	39	80	63.9
13	河北省	70	66	45	80	63.3
14	江苏省苏州市	75	70	30	90	63
14	山东省	55	71	39	95	63
16	四川省成都市	78	67	37	80	62.8
16	江苏省徐州市	75	57	49	80	62.8
18	江苏省南京市	68	55	48	90	62.5
19	福建省	59	69	39	88	61.8
20	山东省济南市	54	76	42	76	61.4
21	重庆市	70	62	32	95	61.2
22	海南省海口市	69	62	45	76	61.1
23	安徽省淮南市	73	66	34	80	60.6
24	福建省福州市	69	58	52	64	59.6
25	海南省	75	62	39	68	58.9
26	广东省	61	54	37	95	58.5

中国检务透明度指数报告（2020）

续表

排名	检察机关	基本信息	检务指南	检察活动	统计总结	总分（共100分）
27	北京市	66	62	38	76	58.4
28	福建省厦门市	61	63	37	80	58.2
29	广东省汕头市	61	64	38	76	58
30	广西南宁	69	54	38	80	57.4
31	湖北省	71	70	20	80	57.2
31	内蒙古呼和浩特市	60	39	63	73	57.2
33	贵州省	59	56	45	72	56.5
34	河北省石家庄市	60	52	40	80	55.6
35	江苏省无锡市	56	65	34	72	55.3
36	吉林省吉林市	55	58	34	80	54.6
37	新疆乌鲁木齐市	74	54	25	80	54.5
38	天津市	55	56	38	76	54.4
39	河北省邯郸市	64	56	29	80	54.3
40	江西省南昌市	68	66	16	80	54.2
40	辽宁省大连市	55	56	36	78	54.2
40	贵州省贵阳市	55	62	40	63	54.2
43	辽宁省	70	50	30	80	54
44	浙江省	61	44	39	83	53.7
45	黑龙江省	66	49	22	95	53.5
46	黑龙江省哈尔滨市	70	66	11	80	53.1
47	辽宁省沈阳市	64	54	32	68	52.2
48	广东省珠海市	70	56	25	68	51.9
49	辽宁省抚顺市	65	50	26	80	51.8
49	吉林省	57	59	21	82	51.8

续表

排名	检察机关	基本信息	检务指南	检察活动	统计总结	总分（共100分）
51	浙江省杭州市	66	62	29	56	51.7
52	河南省	66	46	36	68	51.4
53	陕西省西安市	67	40	33	80	51.3
54	山西省大同市	50	40	44	80	51.2
54	山西省太原市	50	44	40	80	51.2
56	宁夏银川市	70	46	40	56	51
57	内蒙古包头市	60	61	31	56	50.8
58	河南省郑州市	55	64	26	61	50.2
59	吉林省长春市	55	54	22	78	49.4
60	河南省洛阳市	59	66	13	68	49.1
60	辽宁省鞍山市	44	56	33	68	49.1
62	宁夏回族自治区	66	44	30	68	49
63	广西壮族自治区	71	44	30	62	48.8
64	内蒙古自治区	55	35	45	68	48.6
65	山东省淄博市	50	43	45	58	48
66	湖南省	50	49	24	80	47.9
67	山西省	47	30	45	72	46.3
68	湖北省武汉市	69	49	32	40	46.1
69	湖南省长沙市	48	64	51	9	45.9
70	浙江省宁波市	50	48	26	68	45.8
71	河北省唐山市	59	40	28	65	45.2
72	黑龙江省齐齐哈尔市	60	46	11	80	45.1
73	云南省	44	30	41	73	44.7
74	山东省青岛市	50	30	35	65	42.5

					续表
排名	检察机关	基本信息	检务指南	检察活动	统计总结	总分（共100分）
75	青海省	41	42	25	67	41.7
76	辽宁省本溪市	64	38	24	42	39.8
77	云南省昆明市	55	46	25	34	39.1
78	西藏自治区	63	38	20	33	36.6
79	西藏拉萨市	44	36	26	4	28.2
80	青海省西宁市	23	26	23	39	27.1
81	新疆生产建设兵团	40	28	22	0	23
82	甘肃省兰州市	—	—	—	—	—

三　2020年度中国检务公开水平有所提升

评估结果显示，各级人民检察院在基本信息、检务指南、工作报告与专项报告、各类数据公开方面进步显著，重要案件信息公开、法律文书公开已逐步成为各级检察机关的常规公开动作。

（一）公开渠道畅通多样化

最高人民检察院、32家省级人民检察院和49家较大的市人民检察院均开通了门户网站[①]。检察机关门户网站与新媒体衔接较好。门户网站上提供官方微博链接且可以打开的，分别有30家省级人民检察院和45家较大的市人民检察院；门户网站上提供微信二维码、链接且可以打开的，分别有28家省级人民检察院和45家较大的市人民检察院。由此可见，除个别检察院外，门户网站与政务新媒体对接顺畅。

---

① 在评估期间，甘肃省兰州市人民检察院的门户网站首页无法打开，导致评估无法开展。

检务新媒体的更新度整体表现较好。2020年10月17日修订公布的《未成年人保护法》在社会保护、司法保护等方面大量规定了检察机关的职责。评估显示,提供法条修订或相关新闻的省级人民检察院官方微博共27家,较大的市人民检察院官方微博共31家,只有5家省级人民检察院和18家较大的市人民检察院的官方微博无法打开或未提供相关内容。

检察机关领导和检察官信息的公开进一步加强。有31家省级人民检察院和47家较大的市人民检察院提供了全部或部分院领导的姓名、职务、管理范围、教育背景、工作经历信息;完整提供的,分别有9家省级人民检察院和16家较大的市人民检察院。提供内设机构负责人信息的,有17家省级人民检察院和35家较大的市人民检察院。提供检察官姓名、身份的,则有20家省级人民检察院和34家较大的市人民检察院。

(二)文书案例公开成为常态

12309中国检察网的各个地方检察院页面内,其法律文书公开栏目均设置了起诉书、抗诉书、不起诉决定书、刑事申诉复查决定书和其他法律文书的子栏目。

评估显示,文书公开逐步实现全覆盖。被测评的49家较大的市人民检察院均公开了起诉书,有42家公开了刑事申诉复查决定书;已有13家公开了抗诉书,较往年均有较大提升。江苏省人民检察院通过门户网站向社会公开本地区检察机关不支持监督申请决定书、量刑建议书、检察建议书、出庭意见书、不批准逮捕理由说明书、不起诉理由说明书等类型的法律文书[1]。广东省广州市人民检察院的"案件信息公开"栏目,下设"民事行政检察法律文书""公益诉讼法律文书""社会治理检察建议和其他法律文书"等专栏。但也应注意,时至2020年12月中旬,仍有一些检察机关未公布2020年以来制

---

[1] 但也应指出,在12309中国检察网的江苏页面(https://www.12309.gov.cn/12309/gj/js/zjxflws/index.shtml?channelLevels=/fb5a41c9247547bca03ae21326c3ad51/e2d8081e3a3640719cf2b3dedfb39725/357656dde5124428b17f7a3b595d4d3a,2020年12月23日访问)上,"其他法律文书"的子栏目,截至2020年12月内容仍为空白,并未将在江苏检察网上公开的其他各类文书同步公开。

作的起诉书和其他类型文书。

公益诉讼文书及典型案例公开有所推进。2020年5月，最高人民检察院发布军地协作检察公益诉讼典型案例7件。广东省广州市人民检察院在公益诉讼法律文书栏目，公开了公益诉讼诉前公告、民事公益诉讼起诉书、刑事附带民事公益诉讼起诉书、检察建议书、公益诉讼终结审查决定书等多种文书，对于检察公益诉讼的观念普及和功能发挥起到巨大积极作用。2020年11月通过的《江苏省人民代表大会常务委员会关于加强检察公益诉讼工作的决定》要求检察机关"及时公开社会影响较大、人民群众关注的公益诉讼案件办理情况，回应社会关切"。甘肃省人民检察院在2020年儿童节之际通过官方网站向社会公开《全省检察机关未成年人司法保护典型案例》。另外，2020年以来，甘肃省人民检察院还先后发布《毒品犯罪典型案例》《服务打赢脱贫攻坚战典型案例》《"维护民企权益 优化营商环境"典型案例》《扫黑除恶专项斗争典型案例》《文物保护领域检察公益诉讼典型案例》《全省检察机关适用认罪认罚从宽制度典型案例》。与之类似，江苏省也将历次新闻发布会的典型案例予以公开，内容包括基本案情、检察履职情况、发布意义等。由此，将新闻发布会与典型案例公开相结合，起到较好的传播效果和普法功能。

（三）报告统计数据公开普及化

设置工作报告或类似名称专栏的，有30家省级人民检察院和41家较大的市人民检察院，但其中分别有2家省级人民检察院和2家较大的市人民检察院存在专栏闲置、报告公开在其他板块的情形。25家省级人民检察院和36家较大的市人民检察院公开了本院2019年检察活动的工作报告全文；27家省级人民检察院和35家较大的市人民检察院公布了本院2018年检察活动的工作报告全文。预决算公开日渐普及。29家省级人民检察院和44家较大的市人民检察院公布了2020年度财政预算，30家省级人民检察院和45家较大的市人民检察院公布了2019年度财政决算。

检察业务数据公开取得重要进展。最高人民检察院于2020年6月将《未

成年人检察工作白皮书（2014~2019）》全文上网。山东省人民检察院设置了"检察白皮书"栏目，将《山东省检察机关知识产权刑事司法保护状况（2019年度）》等白皮书全文公开，迈出了白皮书全文公开的宝贵一步。江苏省苏州市人民检察院公开了《苏州市院人民监督员工作情况汇报》。2020年初，四川省眉山市人民检察院公开了《眉山市人民检察院2019年度法治政府建设工作总结报告》，对检察机关发挥法律监督职能、为法治政府建设提供司法保障的做法进行梳理总结。江苏省镇江市句容市人民检察院也公开了《检察院2019年度法治政府建设工作报告》。各项检察业务数据的公开，系本年度评估的重要亮点。最高人民检察院还带头公开全国检察机关主要办案数据，并进行解读。提供了2020年以后本院或本地区的检察业务数据的，有26家省级人民检察院和29家较大的市人民检察院。类似于依法行政统计年报，苏州市人民检察院向社会公开业务综合分析报告，提供刑事检察、民事检察、行政检察和公益检察的各项数据①。山西省等多地人民检察院对全省检察业务数据进行了解读，增强了公开效果，可读性、易读性、传播力都大为增强。

（四）新类型检务公开探索成效突出

除依照法律规定和上级要求实施检务公开的"规定动作"，许多检察机关积极探索新类型公开，并将公开与服务有机融合。

一是检察活动与预告公告公开。一些检察机关探索不起诉案件公开审查公告的网上公开。最高人民检察院设置了"公开听证"专栏，开通中国检察听证网（https://jctz.12309.gov.cn/main/main-index）投入试运行。2020年10月，最高人民检察院召开以"检察听证 让公平正义可触可感可信"为主题的新闻发布会，发布检察听证典型案例。地方相关公开也日渐常见。比如，安徽省铜陵市铜官区人民检察院事先将不起诉案件公开审查公告上网公开，广东省佛山市南海区人民检察院在自身门户网站公开了多起不起诉案件公开审查公告、公开听证会公告等。在中国检察听证网上，截至2021年1月初，公开听

---

① 参见《苏州2020年上半年业务综合分析报告》，http://sz.jsjc.gov.cn/tslm/lafx/202008/t20200825_1080059.shtml，最后访问日期：2020年11月10日。

证直播和录像回顾的，已有山东省济南市、青岛市，山西省太原市等多地的检察机关。除视频外，还提供主持听证的检察机关名称、听证时间、案件描述、案件信息、参与人等要素，并设置评论栏，为社会监督和倾听各界意见畅通渠道。

二是探索整改情况和制度实施情况公开。类似政务公开领域督查整改情况的公开，一些检察机关探索整改情况公开。比如，安徽省人民检察院公开了《安徽省人民检察院2020年重点事项审计调查发现问题整改情况》。

三是探索文书统计及反向公开。项目组已连续多年呼吁借鉴法院反向公开的成熟经验制度，2020年终于有检察机关试水。广州市人民检察院设置了反向公开法律文书专栏，定期提供生效法律文书的反向公开清单，对于不予公开的生效法律文书，公开其文书类型、案由、文号和不予公开原因。反向公开的推进，将使得检察工作的透明度产生质的跃升。

四是推进新媒体业务办理。在线政务、法院在线服务不断成熟，越来越多的检察机关通过微信公众号提供服务和业务办理。有25家省级人民检察院和36家较大的市人民检察院，其微信公众号可在线办理检察业务，正逐步走向普及深入。

四　2020年检务公开存在的瓶颈与问题

近年来，检务公开发展突飞猛进，逐步成为各级检察机关的共识，在全社会也产生了广泛影响。但也应看到，在政务公开、法院司法公开、警务公开全面推进的背景下，检务公开有必要以人民为中心，清醒认识检务公开仍存在的问题、短板，充分借鉴其他公权力领域公开的经验创新，将检务公开推向新高度。

（一）服务优化营商环境需再加强

自贸区检务公开相对薄弱。在自贸区法治建设快速推进背景下，为优化营商环境提供司法保障，一些自贸片区设置了专门法院和检察院。项目组观测发现,深圳前海蛇口自贸区人民检察院、广东自由贸易试验区南沙新区片区人民检察院、珠海横琴新区人民检察院、天府新区成都片区人民检察院(四川自贸区人民检察院)已经成立运行。2019年2月,郑州市人大常委会决定设立河南自由贸易试验区郑州片区人民检察院,作为郑州市人民检察院的派出机构。另外,天津、福建等地虽未设立专门自贸片区检察院,但设立了自贸区检察室。在上述自贸区(片区、新区)检察机关中,评估期间开通并运行门户网站的,仅有珠海横琴新区人民检察院和天府新区成都片区人民检察院。横琴新区人民检察院门户网站虽然能够打开,但诸如机构设置和人员信息、工作流程、法律文书等方面的内容均较少。总体上,自贸片区检察院的检务公开工作仍处于起步阶段①。

缺乏对外交流的意识和渠道。提供繁体字版网站的,仅有2家省级人民检察院和7家较大的市人民检察院;而提供英文或其他外文版本的,本次评估在82家评估对象中并未发现。与上年相比,个别检察院改版后还有所退缩。繁体字版、英文版内容的缺失,不利于检察机关保障"一带一路"建设,不能满足支撑营商环境国际化之需。

(二)新闻报道较多而正式公开较少

新闻发布会的事后报道较多,而提供发布会图文全文、视频的较少。有2020年以来新闻发布会的新闻报道的,有28家省级人民检察院和32家较大的市人民检察院,而提供全文或视频的,仅有2家省级人民检察院和2家较大的市人民检察院。

(三)各类公开审查听证的事前事中公开较少

2020年10月,在第十三届全国人民代表大会常务委员会第二十二次会议上的《最高人民检察院关于人民检察院适用认罪认罚从宽制度情况的报告》

---

① 公开信息显示,深圳前海蛇口自贸区人民检察院于2016年4月27日正式成立。但4年之后的今天,其门户网站仍未向社会展现,其"加快构建公开、透明、可预期"的法治环境,为深化检察改革提供可复制可推广的经验等一系列使命定位,均受到诸多不利影响。

将"对被害人不谅解或不同意从宽处理的案件拟不起诉的，视情邀请代表、委员、律师、专家学者等参与公开听证"，作为检察机关落实认罪认罚从宽制度的主要做法的组成部分。但评估发现，刑事申诉公开审查，以及申诉、起诉、不起诉多个领域推开的听证，相关预告、公告、直播等网上公开，还有待起步。提供听证相关新闻报道的，已有17家较大的市人民检察院，但提供相关公告的，则屈指可数。2020年底，"中国检察听证网"（https://jctz.12309.gov.cn/main/main-index）已投入试运行，提供了听证直播、听证预告、直播回顾等功能。虽然网站还处于试运行阶段，总体案件量不过数十件，相信假以时日，检察听证的预告、直播公开将有井喷式发展。

（四）一些新类型文书公开有待加强

比如，2018年10月修改的《刑事诉讼法》，从制度上明确认罪认罚从宽制度，但认罪认罚从宽的相关案例、指引的公开，远未普及。

（五）咨询答复效果有待提升

联系渠道缺失较为常见。检务公开提供相关指引但缺乏联系渠道。从政务服务角度看，公开服务事项目录、办理依据、条件材料、联系方式或沟通渠道、常见问题及解答，已成为全国各地各领域的规定动作。反观检务指南、须知与服务方面的公开，指南内容、条件和材料的公开，已基本到位，但联系方式缺失较为明显。以刑事申诉须知为例，提供流程而缺少联系方式的，就有34家较大的市人民检察院和25家省级人民检察院；民事行政申诉须知存在类似问题的，有19家较大的市人民检察院和15家省级人民检察院。内设机构信息公开方面，提供部门设置情况、部门职能、部门联系方式中部分或全部要素的，分别有32家省级人民检察院和44家较大的市人民检察院；其中，提供了全部要素的，则分别有11家省级人民检察院和19家较大的市人民检察院。要素不完备的，多数未提供内设机构的联系方式。

咨询答复不能满足社会需求。最高人民检察院建设了全国集约化的咨询平台，但在流程上，需要注册后才能登录，普通群众无法直接利用；回复内容显示不够友好；虽显示了答复的公开时间，但并不显示咨询时间和答复时间。更需注意的是，多地的咨询答复内容笼统走过场，对于申请人依法维权意义不大。项目组工作人员注册登录后观测发现，有的提问是非常专业的法律适用和举证责任分配等问题，而回复却较为业余、笼统，类似"建议法院起诉""您可向受害地法院申请侵权诉讼"就算答复完毕。如何提升咨询回复的针对性和专业性已迫在眉睫。

（六）检务指南更新滞后

一些地方虽然针对检务指南须知板块，有意识地根据新出台法律、司法文件进行更新，但其基本信息却未相应更新，内容滞后，影响公信力可信度。比如，按照最高人民检察院统一部署，自2018年8月1日起，全国检察机关停止行贿犯罪档案查询工作。但时过两年，2020年的评估结果显示，仍有8家省级人民检察院和15家较大的市人民检察院门户网站的检察机关保留了行贿犯罪档案查询的相关指南或平台，且未标注失效、废止。一些地方检察机关在内设机构职能介绍中堂而皇之地表述为："管理检察机关行贿犯罪档案查询系统并受理查询等工作。"再以刑事诉讼法律援助须知为例，有1家省级人民检察院和4家较大的市人民检察院虽然提供，但其内容并未根据法律修改进行更新。

（七）标题要素残缺妨碍使用

其典型如，检察机关公开的文书、重要案件信息，标题残缺不全，不利于浏览和使用。14家省级人民检察院和22家较大的市人民检察院均不同程度存在该问题。其突出表现是，重要案件信息栏目的标题，对当事人进行了不必要的隐名处理；法律文书公开的标题，缺乏当事人、案由等必备要求；对自然人犯罪，基于保护当事人个人信息的考虑进行隐名，大多采取"姓氏+某某+罪名"的表述方式，甚至标题仅仅为"起诉书（自然人版）"，不仅存在隐名处理不统一的问题，而且外观上看名称雷同，查询难度攀升，使用便利度低。

（八）友好性可利用性有待提升

检务公开应当为群众生产生活使用提供便利，应当服务于民生保障和营商环境优化。但项目组发现，虽然许多地方有公开，但友好性较差，可利用性不强。

首先，网站稳定性等自身问题影响使用。检察机关门户网站、新媒体的稳定性暴露出一定问题，评估期间间歇性进不去，部分链接点击后出错。有的检察院表面上看进步显著，但也一度出现无法打开的现象。

其次，同一对象存在各异内容。有些检察院虽然未显示改版，但诸如机构设置、检察指南等同一栏目下，存在数个内容截然不同的页面。广东、广西等省级检察院，河南郑州、吉林长春、内蒙古呼和浩特等较大的市检察院，均存在该问题。

最后，智能复合检索有待加强。32家省级人民检察院均提供了经验证有效的检索功能，其中仅3家提供了经验证有效的高级搜索功能；在49家较大的市人民检察院中，44家有经验证有效的检索功能，其中仅8家提供了经验证有效的高级搜索功能。今后，在检索功能全面铺开的基础上，复合检索、智能检索、相关推荐，以及新媒体检索功能的完善，将是检察院门户网站和新媒体搜索查询功能的发力点。

五　建议与展望

随着人民检察事业进入新的历史时期，检务公开理应"百尺竿头更进一步"。一方面，要建章立制，以制度化促进检务公开常态化标准化；另一方面，要围绕中心工作，突出营商环境优化与民生保障，推进法治政府建设，服务国家治理体系和治理能力现代化。正如中共中央印发的《法治社会建设实施纲要（2020~2025年）》所要求的，"加强检察机关对民事、行政、刑事诉讼活动的法律监督，维护司法公正"，要"在司法调解、司法听证等司法活动中保障人民群众参与"。应以人民为中心，将互动公开作为重点，不断提升

公开质量,增强传播力和公信力。

第一,以公开为原则,发挥好服务中心大局的功能。从检察机关角度看公开力度较大,公开文书、案件信息、数据、报告均成效明显,检察机关的神秘倾向已成为过去式,但检务公开仍存在社会知晓度低、公众利用度不高等问题。检察机关辛辛苦苦的工作成果未得到充分展示、传播,这理应成为今后检务公开工作着力克服的难点堵点所在。检察机关对行政机关进行的法律监督,可着手编制并向社会公开"检察机关推进法治政府建设年度报告";检察机关就优化营商环境所作的努力,可适时总结"检察机关优化法治化营商环境"报告或白皮书、典型案例等,并多渠道向社会公开。如有部分内容涉及国家秘密、个人隐私、商业秘密等因素不宜全文公开的,也可在删减审查后向社会公开主体内容。如此种种,既展现了检察机关在服务大局方面的努力,也客观上起到法治宣传、增强法治氛围的良好效果。

第二,充分借鉴政务公开的经验,建构完善互动公开机制。检务公开的重要宗旨,即为发挥法治宣传作用和接受社会公众监督,两种功能的发挥,均与社会互动关系密切。检务公开的纵深推进,应在"检察机关→公众"的单向度公开基础上,逐步发挥公众的自主性、主动性,形成有效参与的互动公开格局。为此,应将咨询平台及其功能发挥、法律文件解读、案例释疑答惑作为重点,咨询答复更加及时、精准,公开渠道更加多样畅通,且主动公开普遍性、多发性问题及答复,由此既减少了人民群众不必要的反复提问,也使得检察机关不必多次答复同类问题。

第三,注意全面更新,着力提升公开及时性。2019年底,最高人民检察院通过并施行新的《人民检察院刑事诉讼规则》,转交法律援助申请材料的期限由"三日以内"缩短至"二十四小时以内",将辩护律师申请向被害人收集证据的许可决定期限由"七日以内"缩短至"五日以内"等等。本次评估发现,未根据该表述进行更新修订的,并非罕见。为此,应在法律、司法解释出台与机构改革完成之际,做好相关信息的更新和整理,同步做好公开工作。

法律文书公开的及时性亟待加强。按照最高人民检察院公开的《法律文书公开指南》,起诉书的公开前提是人民法院所作判决、裁定已生效。但判决裁定生效与否，检察机关往往很难第一时间掌握，相应指南要求"收到人民法院生效判决、裁定后十日以内"，加之办理文书发布手续，导致起诉书公开更为延迟。在检察文书公开推进之初，为稳妥起见，待裁判生效之后再公开起诉书具有一定合理性。发展至今，起诉书公开不必与裁判文书绑定，不必以判决的作出生效为前提。可借鉴政务公开的经验，从部分案件起步，探索起诉书、抗诉书自开庭之日起20个工作日内公开。法院开庭时，起诉书已事实上向当事人各方公开，因此，以开庭时间作为起诉书、抗诉书的公开起算点，既不存在保密相关风险，也将极大增强检察文书公开的可操作性和时效性。

第四，优化公开流程机制，减少不必要的负担。《法律文书公开指南》第6条要求，案件承办人"对需要公开的法律文书做出保密审查和技术处理"，这对于既面临案多人少压力、同时确保保密审查和专业技术的承办人而言，显然既非能力所长，也加剧了工作压力，其公开积极性、公开效果难免不尽如人意。建议由案管部门专人负责审查和技术处理，提升检务公开的可持续性。在机制流程上，可借鉴政府、法院反向审批的经验，对于不应公开的检察活动和检务文书，对于存在列举以外其他情形不宜在互联网公布的，办案人员应提出书面意见和不予公开的理由，由执法机构负责人审查后，报所在机关主管领导审查决定和备案。

B.15
中国警务透明度指数报告（2020）

——以公安机关网站信息公开为视角

中国社会科学院法学研究所国家法治指数创新工程项目组[*]

摘　要：2020年，中国社会科学院法学研究所法治指数创新工程项目组继续优化指标体系，以公安机关网站公开为视角对中国警务透明度进行评估，首次将公安部、27个省（自治区）公安厅纳入评估，并将地市级评估对象扩展至所有经济特区和沿海开放城市的公安局。2020年中国警务透明度指数显示，公安机关基本信息公开进步显著，便民服务新媒体平台建设日益完善，不断创新信息公开形式，重视政策发布与解读，监督投诉渠道畅通、警民互动形式多样。2020年，中国警务公开仍存在一系列问题，如网站友好性、便民性不足，信息公开随意性强、路径不统一，执法公开机制有诸多不完善，工作报告类信息公开不佳，数据开放度与当下的大数据时代不匹配等。未来，公安部应发挥顶层设计功能，借鉴司法公开和其他行业经验，尽早制定政务公开的公安行业标准，建立并不断完善数字驱动下的警务公开机制。

关键词：警务透明度　警务公开　执法公开　数据开放　法治指数

---

[*] 项目组负责人：田禾，中国社会科学院法学研究所研究员、国家法治指数研究中心主任；吕艳滨，中国社会科学院法学研究所研究员、法治国情调研室主任。项目组成员：王才英、王小梅、王亚慧、王祎茗、车文博、冯迎迎、刘雁鹏、米晓敏、张喆姝、武万发、郑紫琴、胡昌明、洪梅、栗燕杰等（按姓氏笔画排序）。执笔人：王小梅，中国社会科学院法学研究所副研究员；张喆姝，中国社会科学院大学法学院硕士研究生。

为总结中国警务公开工作成效，推动公安机关不断加强和改进执法工作，中国社会科学院国家法治指数研究中心、法学研究所法治指数创新工程项目组（以下简称"项目组"）继续以网站信息公开为视角对中国警务透明度进行指数评估，这也是继2017年以来第四个年度的评估。

一 指标体系、评估对象与方法

（一）指标体系的优化

研发科学的指标体系是成功进行指数评估的前提和保障。指标体系一方面要保持相对稳定，以保证指数评估的连续性；另一方面，也要进行优化和调整，以适应不断变化的实际情况和最新的制度政策，这也是指标体系科学性、合理性的重要体现。中国警务透明度指标体系的设定以服务公众和当事人需求为指导思想，以中国警务公开的制度规定和工作实践为依托，结合法律共同体的意见和建议，兼顾实务和学术，既遵循警务发展的客观规律，又充分反映人民群众对公共安全和秩序的需求和期待。2020年，项目组根据最新的制度文件，对中国警务透明度指标体系进行了优化和调整，进一步凸显公众需求导向，推动公安机关规范公正文明执法，促进公安数据开放共享以实现数据治理。

1. 凸显公安工作以人民为本位

以民为本，贯彻全心全意为人民服务的理念和宗旨，是公安机关工作的出发点和落脚点。在2019年全国公安工作会议上，习近平总书记强调，公安机关要"坚持以人民为中心的发展思想"。2020年，国家进一步加大"放管服"改革力度，提出公共服务事项的跨域办理。为全面深化"放管服"改革，公安部在2020年伊始即推出《公安交管改革便民利企6项新措施》。为响应国务院办公厅关于加快推进政务服务"跨省通办"的指导意见，公安部又于11月20日启动摩托车驾驶证全国"一证通考"、扩大机动车免检范围、放宽小型汽车驾驶证申请年龄等12项深化公安交管"放管服"改革、优化营商环境新措施。2020年中国警务透明度指标体系强化了对"互联网+公安

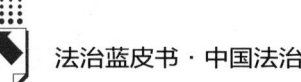

政务服务"平台建设情况和异地办理服务事项线上推行情况的考察。

2.推动公安规范公正文明执法

近年来,公安机关执法规范化建设受到高度重视。2019年1月,国务院办公厅印发《关于全面推行行政执法公示制度 执法全过程记录制度 重大执法决定法制审核制度的指导意见》,要求"建立健全执法决定信息公开发布、撤销和更新机制",对执法信息公开作出进一步要求。2019年,习近平总书记在全国公安会议上的重要讲话要求,"切实推进严格规范公正文明执法",随后,公安部印发了《关于进一步推进严格规范公正文明执法的意见》。2020年中国警务透明度指标体系在执法公开方面增加了"行政决定公开"指标,重点考察公安机关执法规范情况。

3.促进公安数据的开放与共享

随着互联网、云计算技术、大数据的发展,中国已经进入大数据法治时代。公安机关工作涉及面广,承担的社会管理职能复杂,数据信息庞大,在推动法治政府建设过程中举足轻重。2020年《国务院关于公安机关执法规范化建设工作情况的报告》也提出,"推进执法大数据深度应用",要求各地公安机关充分运用执法办案信息数据资源,以"信息化"促进"规范化",通过数据分析总结执法情况,提高执法能力和执法水平,科学执法;定期推出执法办案白皮书,对公安机关执法情况从多角度进行分析,使执法办案白皮书成为公安机关推进执法工作的"晴雨表"。2020年中国警务透明度指数体系增加了"行政执法统计年报""执法办案白皮书""治安案件受案立案数据及分析"等指标,重点考察公安机关数据开放情况。

(二)指标体系解读

2020年中国警务透明度指标体系分设两套,第一套适用于公安部和公安厅,由"基本信息公开""政策及解读""执法公开""数据开放"四个一级指标组成(见表1);第二套适用于市级公安机关,由"基本信息公开""便民服务""执法公开""数据开放"四个一级指标组成(见表2)。需要特别指出的是,北京、上海、重庆、天津四个直辖市公安局虽然与公安厅同属省级公安机关，但是从下辖分局设置以及实际发挥的功能考虑，直辖市公安局与地市级公安局类似，因此对直辖市公安局的评估也直接适用第二套指标体系。

表1 2020年中国警务透明度指标体系（公安部、公安厅版）

一级指标及权重	二级指标及权重
基本信息公开（30%）	平台建设（10%）
	职能架构（30%）
	人员信息（30%）
	财务信息（30%）
政策及解读（20%）	政策公开（60%）
	政策解读（40%）
执法公开（20%）	执法流程及时限（10%）
	过程公开（10%）
	行政决定公开（20%）
	文书公开（30%）
	监督投诉（20%）
	重大案情发布（5%）
	舆情回应（5%）
数据开放（30%）	年报（5%）
	年度工作总结（15%）
	法治政府建设年报（30%）
	行政执法统计年报（30%）
	执法办案白皮书（20%）

表2　2020年中国警务透明度指标体系（公安局版）

一级指标及权重	二级指标及权重
基本信息公开（20%）	平台建设（10%）
	职能架构（30%）
	人员信息（30%）
	财务信息（30%）
便民服务（20%）	户政服务（40%）
	交管服务（30%）
	出入境服务（30%）
执法公开（40%）	执法流程及时限（10%）
	过程公开（10%）
	行政决定公开（20%）
	文书公开（30%）
	监督投诉（20%）
	重大案情发布（5%）
	舆情回应（5%）
数据开放（20%）	年报（5%）
	年度工作总结（10%）
	法治政府建设年报（20%）
	行政执法统计年报（20%）
	执法办案白皮书（10%）
	交通统计（10%）
	治安案件受案立案数据及分析（5%）
	犯罪案件统计（5%）
	警情通报（10%）
	投诉警务人员统计（5%）

1. 基本信息公开

基本信息主要指公安机关的职能、机构设置以及人财物等信息。"基本信息公开"下设"平台建设""职能架构""人员信息""财务信息"等4个二级指标。

网站作为警务公开的第一平台，"不得强迫受众阅读"是衡量其建设友好性的重要原则。首页设置是否简洁明了，直接影响公众的浏览体验；目录设置应该科学、合理，公众可以直接通过目录准确进入目标信息。目前，"平台建设"项下设"网站友好性""提供移动终端平台链接"2个三级指标，"网站友好性"考察首页有无浮动窗口，"提供移动终端平台链接"考察网站首页提供移动终端平台链接的情况。为适应信息化的发展，公安机关也开通了微博、App、微信公众号、小程序等，为方便公众快速、准确找到官方的移动终端平台，评估要求网站首页提供相应的链接。

"职能架构"指标旨在让公众了解公安机关的职能和组织架构，具体包括"公安机关的职责""人民警察的权利义务""内部架构及职能""派出所"等三级指标，其中"派出所"仅考察公安局是否提供派出所的信息，不考察公安部和公安厅。"职能架构"向公众普及公安机关的职能、内部机构组成，使公安机关更贴近社会公众，并公开地址和联系方式，便于公众准确找到或联系公安机关办理事务。

"人员信息"由"领导信息""警务数量""警员结构"3个三级指标组成。公安机关领导的素质、执法主体的数量和结构会对执法水平产生影响，因此该类信息应保持一定的公开度。"领导信息"要求公开领导的姓名、职务、分工、主要学习工作经历，在一定程度上方便社会公众监督；由于特定警种属于保密范畴，指标体系不要求公开警察的具体信息，仅要求公开警察的数量和结构，方便公众了解警力配备情况，并且随着公安执法规范化的提升，公开公安行政执法人员名单也将会常态化。

"财务信息"公开包括"预决算""政府采购情况"和"罚款及其他收费"等信息的公开。与2019年相比，删除了"薪金及津贴"指标，增加了"政府采购情况"指标，主要考察公安机关是否公开了招投标结果信息，包括中标者、中标价格、中标商品等,主动接受社会监督;"罚款及其他收费"公开要求公安机关公开其本年度的罚款金额和行政收费数据,需明确的是,此处指实际罚款或收费金额,而非标准。

2.政策及解读

国务院《2020年政务公开工作要点》提出,"以行政法规规章规范性文件为重点,加强政务信息管理",要求"各级政府部门要系统梳理本机关制发的规章和规范性文件,按照'放管服'改革要求及时立改废,集中统一对外公开并动态更新,2020年底前初步解决底数不清、体系不完善等问题"。2020年中国警务透明度指标体系为公安部、公安厅单独设置了"政策及解读"一级指标,下设"政策公开""政策解读"2个二级指标,考察公安部、公安厅公开其制度文件以及解读的情况。"政策公开"具体包括"设置栏目""文件或政策内容""文件检索"等三级指标。"政策公开"目的,一是要求公安部和公安厅对自己制定的制度文件要弄清底数;二根据依法行政的要求,未公开的规范性文件不得作为行政行为的依据。具体而言,对于公安部,要求公开其制定的规章和规范性文件,并且分别设置栏目;对于公安厅,要求公开其制定的规范性文件。公安机关对其出台的制度文件,要及时予以解读,且要求多种形式解读,方便公众了解文件的精神和意图,有助于政策落实。

3.便民服务

"便民服务"仅考察与公众生活较为贴近的公安局,而不适用于公安部和公安厅。公安机关提供的公共管理与服务事项涵盖户政、出入境、治安、交通安全、网络安全、经济文化保卫、保安等方面,根据重点突出原则,2020年指标体系仍选择"户政服务""出入境服务""交管服务"这三个与公众生活联系最密切的方面为考察事项。"户政服务"下设"户籍类(主要指户口、身份证)办理""居住证办理""网上查询办理进度"3个三级指标,主要考察公安机关按区提供户籍办理的地址和联系电话的情况;提供办理居住证的指南信息和在线申报的情况;提供网上查询办理进度的情况。"出入境服务"下设"出入境大厅""网上查询办理进度"2个三级指标,主要考察公安机关提供出入境大厅的地址和联系电话的情况;公众能否在线查询办理进度。交管服务包括"交通违法处理""机动车证件""驾驶证""网上查询办理进度"4个三级指标,考察公安机关提供交通违法处理情况,提供机动车证件办理、驾驶证办理的地址和联系电话的情况以及当事人能否在线查询办理进度。

4. 执法公开

根据公安部《公安机关执法公开规定》的部署,各地不断拓展公开范围,建设公正、透明的"阳光警务"新机制。目前,多个省份建立了统一的执法公开平台,以保障人民群众的知情权、参与权和监督权。据此,2020年指标体系在"执法公开"项下设"执法流程及时限""过程公开(对特定对象公开)""行政决定公开""文书公开""监督投诉""重大案情发布""舆情回应"等7个二级指标。与2019年相比,将"结果公开"改为"行政决定公开",并将"数据开放"板块中的"重大案情发布"调至本板块。"执法流程及时限"主要考察公安机关对接处警指南以及办理行政案件、刑事案件、行政复议案件、国家赔偿案件的指南和时限的公开情况。"过程公开"考察公安机关向特定对象提供案件进度查询的情况。"行政决定公开"包括"行政处罚决定公开""行政许可决定公开"2个三级指标,考察公安机关是否及时公开行政处罚以及行政许可的执法机关、对象、类别、结论等信息。"文书公开"考察行政处罚决定书、行政复议决定书的公开情况,以及是否提供文书检索。"监督投诉"是指公安机关提供投诉须知情况,以及是否公开监督投诉的内容和结果。"重大案情发布"是指对涉及公众利益、社会高度关注的重大案事件调查进展和处理结果,以及打击违法犯罪活动的重大决策和行动的公开情况。一方面,方便公众及时了解重大案事件进展和本地警情,对公安机关执法办案情况进行监督;另一方面,也促使公安机关持续追踪,防止案事件不了了之。"舆情回应"考察公安机关回应舆情关切的情况。

5. 数据开放

2019年评估结果显示,数据公开属于薄弱环节,为进一步推动公安机关开放数据,2020年"数据开放"指标有所扩充,下设"年报""年度工作总结""法治政府建设年报""行政执法统计年报""执法办案白皮书""交通统计""治安案件受案立案数据及分析""犯罪案件统计""警情通报""投诉警务人员的统计"等10个二级指标,其中"交通统计""治安案件受案立案数据及分析""犯罪案件统计""警情通报""投诉警务人员统计"等指标仅评估公安局。与2019年相比,"行政执法统计年报""执法办案白皮书""治安案件受案立案数据及分析"为新设指标。上述指标总体归为工作报告类指标和统计数据类指标。

在工作报告方面,2020年主要考察公安机关公开年报、年度工作总结和法治政府建设报告以及行政执法统计年报的情况。年报和年度工作总结均是本单位对上一年度工作的回顾,年报内容更为翔实、丰富,工作总结则较为精练。法治政府建设报告是本机关对过去一年法治政府建设过程中取得的成绩、出现的问题的总结以及对未来工作的展望。《关于全面推行行政执法公示制度 执法全过程记录制度重大执法决定法制审核制度的指导意见》明确要求,建立行政执法统计年报并及时公开本机关年度行政执法总体情况有关数据。《国务院关于公安机关执法规范化建设工作情况的报告》要求定期推出执法办案白皮书。为此,2020年增设了"行政执法统计年报""执法办案白皮书"两个指标。

统计数据包括交通统计数据、治安案件受案立案数据及分析、犯罪案件统计、警情通报、投诉警务人员的情况统计等。根据国务院《促进大数据发展行动纲要(2015年)》的要求,"在依法加强安全保障和隐私保护的前提下,稳步推动公共数据资源开放"。公安机关应及时向社会开放业务统计数据,增强政府公信力,建立"用数据说话、用数据决策、用数据管理、用数据创新"的管理机制,推动政府管理理念进步。

(三)评估对象与方法

2019年中国警务透明度指数评估对象为27个省、自治区人民政府所在地的市级公安机关、4个直辖市的公安机关和5个计划单列市的公安机关。2020年,中国警务透明度指数评估对象进一步扩大,不仅提升了级别,将公安部和27个省、自治区的公安厅纳入,在地市级层面也进一步拓展,将秦皇岛、烟台、连云港、南通、温州、湛江、北海等7个沿海开放城市的公安机关和珠海、汕头最早一批经济特区的公安机关纳入评估范围。至此，评估对象扩展至 73 个，涵盖部、厅、局三级。公安部是全国公安工作的最高领导机关和指挥机关，指导、监督、检查全国公安工作；省级公安厅既承接上级公安机关的工作任务和部署，又可以根据本省的实际情况制定决策，指导监督全省公安工作；市级公安机关将上一级公安机关的工作和任务落实到基层。就地域而言，在中国，经济特区和沿海开放城市对外开放，对内协作，无论是经济发展还是社会治理均走在前列，在警务公开方面也为其他城市作出示范和引领。

警务公开的渠道多元，传统上包括公示栏、牌匾、手册以及报刊、电台、电视台等新闻媒介，随着信息化的发展，便捷、更新及时、成本低廉的网上公开已成为警务公开的主流。2018 年《公安机关执法公开规定》第 18 条也明确规定，警务公开应当通过互联网政府公开平台进行。2020 年，中国警务透明度指数评估以评估对象的官方网站为主，辅助以上级公安机关的网站、统一警务信息公开或办事平台、同级政府信息公开平台和征信平台以及移动终端。复核人员对评估结果进行复查，重点核查扣分的指标项。无论是评估人员还是复核人员，均进行截屏留证。评估数据采集时间为 2020 年 10 月 20 日至 11 月 5 日。

二 评估结果

由于适用两套指标体系，2020 年中国警务透明度指数分开排名，公安部和 27 家省、自治区公安厅一起排名；41 家地市公安局和 4 家直辖市公安局一起排名。公安部和 27 家公安厅的警务透明度指数平均得分为 53.73 分；45 家公安局的警务透明度指数平均得分为 66.95 分，高于 2019 年的 64.34 分，与 2018 年的 66.53 分基本持平。在公安部和 27 家公安厅中，得分 60 分及以上的有 10 家，及格率在 35.71%；在 45 家公安局中，得分在 60 分及以上的有 35 家，及格率为 77.78%，比 2018 年、2019 年均高出 5 个百分点。公安部和 27 家公安厅排名前十位的分别为云南省公安厅、广西壮族自治区公安厅、浙江省公安厅、广东省公安厅、湖北省公安厅、公安部、山东省公安厅、吉林省公安厅、河北省公安厅、陕西省公安厅（见表3）。45家公安局排名前十位的为深圳市公安局、杭州市公安局、北京市公安局、厦门市公安局、南京市公安局、珠海市公安局、长沙市公安局、合肥市公安局、重庆市公安局、沈阳市公安局，其中长沙市公安局和合肥市公安局并列第七名。深圳市公安局、杭州市公安局、北京市公安局、厦门市公安局、南京市公安局、沈阳市公安局、合肥市公安局等7家公安机关连续两年排名前十，其中，杭州市公安局进步最快，从2019年的第六位跃居第二位。前三位的格局也有所变化，由2019年计划单列市包揽改为计划单列市、省会城市和直辖市三分天下（见表4）。

就板块而言，在"数据开放"板块得分普遍低迷的情况下，杭州市公安局在45家公安局中脱颖而出，其"数据开放"得70分，板块排名第一。2020年，杭州市公安局对网站进行了改版，在数据开放板块公开了年度工作总结、法治政府建设年报、行政执法统计年报，其中行政执法统计年报详细罗列了2019年度行政处罚、行政许可、行政强制、其他行政执法行为等实施情况统计表。此外，杭州市公安局在"基本信息公开"板块也表现不俗，不仅公开了执法人员和执法辅助人员的信息，还对行政事业性收费、罚没收入和控制财物的数量进行了公开。

表3 2020年中国警务透明度指数排名（公安部和27家公安厅）

单位：分

排名	评估对象	基本信息公开（100分）	政策及解读（100分）	执法公开（100分）	数据开放（100分）	总分（100分）
1	云南省公安厅	82.00	100.00	66.00	60.00	75.80
2	广西壮族自治区公安厅	76.00	100.00	70.00	60.00	74.80
3	浙江省公安厅	67.00	80.00	90.00	60.00	72.10
4	广东省公安厅	64.00	100.00	83.00	50.00	70.80
5	湖北省公安厅	58.00	100.00	82.00	30.00	62.80

排名	评估对象	基本信息公开（100分）	政策及解读（100分）	执法公开（100分）	数据开放（100分）	总分（100分）
6	公安部	57.00	73.00	40.00	74.00	61.90
7	山东省公安厅	43.00	90.00	77.00	50.00	61.30
8	吉林省公安厅	59.50	80.00	58.00	50.00	60.45
9	河北省公安厅	59.50	100.00	66.00	30.00	60.05
10	陕西省公安厅	64.00	100.00	59.00	30.00	60.00
11	宁夏回族自治区公安厅	64.00	80.00	62.00	30.00	56.60
12	四川省公安厅	67.00	100.00	40.00	24.00	55.30
13	湖南省公安厅	58.00	80.00	58.00	30.00	54.00
14	江苏省公安厅	67.00	100.00	68.00	0.00	53.70
15	江西省公安厅	70.00	100.00	34.00	15.00	52.30
16	西藏自治区公安厅	55.50	80.00	46.00	30.00	50.85
17	安徽省公安厅	64.00	100.00	45.00	0.00	48.20
18	甘肃省公安厅	67.00	100.00	40.00	0.00	48.10
19	贵州省公安厅	64.00	100.00	14.00	15.00	46.50
20	青海省公安厅	64.00	60.00	31.00	30.00	46.40
21	辽宁省公安厅	60.00	94.00	45.00	0.00	45.80
22	海南省公安厅	47.50	100.00	57.00	0.00	45.65
23	福建省公安厅	67.00	80.00	47.00	0.00	45.50
24	内蒙古自治区公安厅	56.50	100.00	35.00	0.00	43.95
25	新疆维吾尔自治区公安厅	67.00	80.00	30.00	0.00	42.10
26	河南省公安厅	67.00	60.00	12.00	24.00	41.70
27	黑龙江省公安厅	50.50	80.00	42.00	0.00	39.55
28	山西省公安厅	31.50	80.00	14.00	0.00	28.25

表4 2020年中国警务透明度指数排名（45家公安局）

单位：分

排名	评估对象	基本信息公开（100分）	便民服务（100分）	执法公开（100分）	数据开放（100分）	总分（100分）
1	深圳市公安局	100.00	100.00	94.00	55.00	88.60
2	杭州市公安局	94.00	100.00	80.00	70.00	84.80
3	北京市公安局	73.00	100.00	87.00	60.00	81.40
4	厦门市公安局	71.50	100.00	94.00	44.00	80.70
5	南京市公安局	73.00	100.00	90.00	46.00	79.80
6	珠海市公安局	79.00	100.00	79.00	55.00	78.40
7	长沙市公安局	82.00	100.00	78.00	40.00	75.60
7	合肥市公安局	76.00	100.00	86.00	30.00	75.60
9	重庆市公安局	74.50	100.00	84.00	34.00	75.30
10	沈阳市公安局	71.50	100.00	87.00	30.00	75.10
11	宁波市公安局	58.00	100.00	90.00	34.00	74.40
12	大连市公安局	59.50	100.00	90.00	30.00	73.90
13	南宁市公安局	73.00	100.00	78.00	38.00	73.40
14	石家庄市公安局	65.50	100.00	86.00	26.00	72.70
15	福州市公安局	73.00	100.00	80.00	25.00	71.60
16	青岛市公安局	53.50	88.00	81.00	53.00	71.30
17	天津市公安局	64.00	100.00	85.00	20.00	70.80
18	上海市公安局	73.00	100.00	84.00	10.00	70.20
19	连云港市公安局	58.00	100.00	78.00	35.00	69.80
19	南通市公安局	58.00	100.00	78.00	35.00	69.80
21	温州市公安局	64.00	60.00	82.00	60.00	69.60
22	银川市公安局	70.00	100.00	82.00	10.00	68.80

中国警务透明度指数报告（2020）

续表

排名	评估对象	基本信息公开（100分）	便民服务（100分）	执法公开（100分）	数据开放（100分）	总分（100分）
23	广州市公安局	49.00	100.00	80.00	26.00	67.00
	贵阳市公安局	73.00	100.00	76.00	10.00	67.00
25	南昌市公安局	67.00	100.00	70.00	26.00	66.60
26	西宁市公安局	62.50	100.00	80.00	10.00	66.50
27	湛江市公安局	67.00	100.00	70.00	25.00	66.40
28	长春市公安局	65.50	100.00	64.00	36.00	65.90
29	武汉市公安局	71.50	100.00	72.00	10.00	65.10
30	郑州市公安局	79.00	100.00	56.00	30.00	64.20
31	海口市公安局	73.00	100.00	63.00	20.00	63.80
32	西安市公安局	80.50	43.00	75.00	40.00	62.70
33	汕头市公安局	49.00	100.00	65.00	30.00	61.80
34	烟台市公安局	65.50	100.00	51.00	40.00	61.50
35	昆明市公安局	71.50	100.00	55.00	19.00	60.10
36	北海市公安局	53.50	100.00	64.00	10.00	58.30
37	呼和浩特市公安局	62.50	100.00	56.00	10.00	56.90
38	济南市公安局	44.50	100.00	56.00	26.00	56.50
39	成都市公安局	61.00	70.00	49.00	44.00	54.60
40	哈尔滨市公安局*	67.00	100.00	36.00	30.00	53.80
41	秦皇岛市公安局	58.00	100.00	50.00	10.00	53.60
42	拉萨市公安局	55.00	88.00	50.00	24.00	53.40
43	兰州市公安局	68.50	100.00	40.00	10.00	51.70

续表

排名	评估对象	基本信息公开（100分）	便民服务（100分）	执法公开（100分）	数据开放（100分）	总分（100分）
44	太原市公安局	71.50	100.00	30.00	10.00	48.30
45	乌鲁木齐市公安局	31.00	100.00	10.00	26.00	35.40

* 未查到独立网站。

三 中国警务透明度取得的成效

评估显示，公安机关基本信息公开进步显著，便民服务新媒体平台建设完善，信息公开形式不断创新，政策文件及时发布和解读，监督投诉渠道畅通，警民互动形式多样，彰显以民为本的工作出发点和落脚点。

（一）人员机构信息透明，政府采购结果公开

随着2019年《政府信息公开条例》的修订，中国的政务公开发展到一个新的历史阶段，公开水平有大幅度提升，信息公开制度也成为实施最佳的制度之一。随着政务公开工作整体发展和成熟，公安机关在基本信息公开方面进步显著。在机构信息公开方面，在73家评估对象中，有27家公安厅和43家公安局公开了公安机关的职能，占95.89%；有26家公安厅和44家公安局公开了本机关内设机构，占95.89%。在人员信息公开方面，共有70家公安机关公开了领导信息，占95.89%，其中有48家公安机关提供了包括学习、工作简历在内的完整信息，占65.75%，贵阳市公安局、宁波市公安局、湖南省公安厅等还公开了领导的邮箱。就公安机关人员数量信息和结构信息公开而言，太原市公安局、杭州市公安局、海口市公安局、银川市公安局等单独公开了警员数量；深圳市公安局、昆明市公安局、长春市公安局等10家公安机关在预决算中公开警员数量。此外，部分公安机关，如烟台市公安局、云南省公安厅、杭州市公安局等还公布

了行政执法人员名单。在财务信息公开方面，在预决算公开已成为常态的情况下，政府采购结果公开情况良好，罚款和收费金额公开也有所进步。2020年，在73家评估对象中，有53家公安机关公布了政府采购结果，占72.60%，公开内容包括产品或服务名称、品牌、价格等详细信息。2020年，公开罚款金额和收费金额的公安机关由2019年的2个上升为7个，分别是广西壮族自治区公安厅、烟台市公安局、珠海市公安局、深圳市公安局、湛江市公安局、杭州市公安局和长沙市公安局，其中长沙市公安局还公开了固定资产处置情况。

（二）拓展掌上平台功能，提升便民服务水平

2020年，项目组就便民服务指标对45家公安局的新媒体平台进行评估，评估结果显示，45家公安局均建设新媒体平台作为本地便民服务的移动线上窗口，大部分公安机关新媒体平台建设完善、功能强大，集信息公开、警讯发布、便民服务、监督投诉等于一体，切实做到了为民服务、以民为本。长沙市公安局的"长沙公安"微信设置"微服务""微预约""微热点"栏目，实现在线办理户籍、出入境、交管等事项，提供在线咨询、在线预约等服务，并可通过"微热点"链接到"我的长沙"App（小程序），进一步查询信息。深圳市公安局的微信号"深圳公安"在"政务服务"栏目中提供法人业务审批办理，如支持在线办理"开办经营性停车场""娱乐场所备案"等业务；在"便民服务"栏目中提供临时证件证明、律师预约等服务。福州市公安局在"两微矩阵"栏目中可直接链接至福州各地公安分局微信和微博。重庆市公安建立"重庆公安警务地图"小程序，可根据目标业务自动定位搜索附近派出所、综合受理窗口、车管所或办证大厅。

（三）推广移动终端应用，创新信息公开形式

新媒体的蓬勃发展，不仅应用在便民服务移动平台建设中，而且影响警务公开的形式，在将传统的门户网站作为警务公开主要形式的基础上，各地公安机关积极探索，创新警务公开形式，并与传统的网站公开相结合。2020年中国警务透明度指数对公安机关网站首页提供移动终端平台链接的情况进

行评估，结果显示，有62家公安机关在首页提供了官方微信、微博、小程序、App二维码，便于浏览者直接扫码关注获取目标信息。此外，为适应互联网时代的信息传播趋势，部分公安机关设立专门的微信视频号，利用微信强大的用户群、短视频轻量化、表现力强、直观性好，以及视频号的"转发功能"等特点，拓宽警务公开渠道，提高信息公开效率。视频号内容包括公开本地警情、重大案件进展情况，发布机关动态、办事指南，进行普法教育、安防预警等。深圳公安视频号将警方执法办案过程制作成Vlog向公众公开，如"大型抓捕Vlog，重拳打击网络诈骗""警花出击Vlog，抓捕地铁'咸猪手'现场"等。厦门公安视频号制作情景剧，对社会舆情焦点进行回应，使警务公开更贴近人民群众，更受公众欢迎。

（四）重视政策文件发布，及时进行多元解读

2020年中国警务透明度指数评估结果显示，公安机关普遍重视文件发布与解读。首先，公安部和27家公安厅均在门户网站设置了政策文件公开专门栏目，28个评估对象中，有27家公安机关网站的检索窗口均可准确搜索目标文件，政策文件发布受到普遍重视。其次，在政策解读方面，有25家公安机关开设政策解读专栏，对新发布的政策文件进行同步解读。在便民设置方面，湖北省公安厅在解读下链接相应的政策文件，方便公众对应查询。最后，解读形式更加多样化，28个评估对象中有16家公安机关提供两种及以上解读方式，占比57.14%，如海南省公安厅设置栏目"图解政策"，以图画形式进行解读；广东省公安厅设置了"多媒体解读"栏目，不仅有图片解读，对于部分文件还制作视频进行解读，较通常的文字解读更具有吸引力，也更易于公众理解新政策。

（五）监督投诉渠道畅通，警民互动形式多样

在73个评估对象中，公安部、26家公安厅，44家公安局设置了警民互动栏目，设置率高达95.89%。公众可通过警民互动平台对公安机关进行业务咨询、监督投诉、网上信访，并可通过验证码等形式对公安机关的回馈进展进行查询。不少公安机关（如南通市公安局）在投诉流程中提供"是否公开"

选项,将投诉内容公开的权利交到群众手中,增加了投诉人的主动权。南通市公安局将收到的信件进行汇总,分为"咨询""投诉""建议"三类,公开在"领导信箱"项下"信件汇总"栏目,并向社会公开处理结果。此外,公安机关更加注重听取公众意见,重视民意调查,如长沙市公安局以问卷形式收集群众在办理事务过程中对公务人员的意见,如"居住证办理群众的调查问卷""长沙市城市道路交通事故快处快赔群众调查问卷"等,问卷内容包括对工作人员的服务态度、办事效率是否满意,工作人员有无不公正、不廉洁行为等,并且及时公布调查结果。南京市公安局在作出涉及群众切身利益的决策前,以问卷形式征求公众建议,如"关于市民文明养犬的调查问卷""关于无人机使用和安全管理的调查问卷"等,并及时对调查结果及数据分析进行公开。长春市公安局在发布正式文件前向全社会征求意见,就公众意见进行修改后再次公布修订草案,二次向社会反馈,如《长沙市养犬管理规定(修订草案)》再次征求社会公众意见"。部分公安机关对群众意见反馈及时,深圳市公安局在"问政深圳"栏目设置"官方答复"专栏,就群众关切进行反馈,并设置"问政简报"栏目,定期统计回应情况,公开未回应部门,保证警民互动积极有效。加强与公众互动,也是提升治理能力的必然要求,吉林省公安厅根据咨询中心的互动信息,总结梳理出社会治安、出入境、法治、交通等领域的热点问题,并进行公开,有助于智慧决策。

四 中国警务公开存在的问题

(一)网站偏离用户导向影响公开效果

门户网站是公安机关警务公开的重要载体,是否友好、便民直接反映该公安机关信息公开是否以民为本。评估发现,各地公安机关网站建设的友好性依然有待提升,有些地方甚至出现了倒退现象。第一,首页有浮动窗口的网站不在少数。2020年,在73家评估对象中,有29家公安机关的首页有浮动窗口,占39.73%,内容包括宣传工作、党建工作、近期重点工作事项,提供监督举报方式或链接其他平台等,其中沈阳市公安局、拉萨市公安局、宁波市公安局在2019年评估时尚无浮动窗口，但2020年的网站页面上出现了浮动窗口，其中宁波市公安局、黑龙江省公安厅首页的浮动窗口无法关闭。浮动窗口虽然有提示强调作用，但平添了浏览障碍。第二，网站页面设置有问题。在打开部分网页时，出现提示"您的IP被管理员限制，请联系管理员"，如山西省公安厅预决算页面、案件查询页面、文书公开页面无法访问，太原市公安局案件查询页面也被限制访问。有的网站虽然提供外挂链接，但链接无法打开，形同虚设。第三，信息无法直接浏览。例如，河南省公安厅的预决算信息没有直接在网站上公开，而是以链接形式放在网页中，需要下载到电脑才能打开，导致公众网站阅读体验性差，人为增加信息公开障碍。

（二）信息发布的路径和标准有待统一

第一，信息发布路径随意性大，增加查询难度。以法治政府建设年报公开为例，广东省、河北省等公安厅发布在"公告公示"栏目，广州市公安局发布在"法定主动公开内容"项下的"其他"栏目，南京市公安局发布在"警务公开"项下的"重点工作"栏目，连云港市公安局发布在"警务公开"项下的"部门文件"栏目，石家庄市公安局发布在"行政执法公示专栏"项下的"行政执法事前公示"栏目，陕西省公安厅发布在"政务公开"项下的"规范性文件"栏目，杭州市公安局公布在阳光执法平台的"行政执法公开"栏目。即使同一机关前后发布路径也不一致，造成同类信息公开分散。例如，大连市2018年法治政府建设年度报告发布在大连市行政执法监督信息平台"事后公示"栏目，而2019年度法治政府建设年度报告则发布在"警务资讯"项下的"警方公告"栏目。另外，公安部网站"预算/决算"栏目只有历年的预算，没有决算；而在中央预决算公开平台，有公安部的预决算，但是2019年决算打不开。信息发布路径不统一，栏目设置也就失去了索引的作用，影响公开效果。

第二，信息发布缺乏连贯性。评估发现，部分公安机关信息发布随意性大，对于应当每年固定发布的警务内容，出现"时有时无"的情况。例如，深圳市公安局均公开了2017年、2018年行政执法统计年报，而2019年行政执法统计年报截至项目组评估结束仍未公开；湛江市公安局法治政府建设年度报告仅公开至2017年，2018年、2019年均未公开；昆明市公安局仅在2017年公开了交通统计数据，2018年、2019年均未公开；秦皇岛市公安局公开了2016年、2018年法治政府建设年度报告，2017年、2019年法治政府建设年度报告均未公开。

第三，信息发布时间滞后。公安部2019年5月16日即制定了《关于印发户籍管理领域基层政务公开标准指引的通知》，但是公开在公安部网站上的时间却是2020年6月18日。公安部2020年10月10日发布了《平安中国建设成效显著》，对2019年的平安中国建设及相关数据进行公开，像这种上年度的总结报告，最迟也应该在次年上半年发布。

（三）执法公开机制建设有待健全完善

随着《国务院办公厅关于全面推行行政执法公示制度 执法全过程记录制度 重大执法决定法制审核制度的指导意见》《公安机关执法公开规定》的实施，公安机关普遍认识到执法公开对于执法规范化建设的重要意义，不少省级公安机关建立了全省统一的执法公开平台，但是与相关文件的要求和法治政府建设的需要还有一定差距。首先，执法办案指南公开欠佳。《公安机关执法公开规定》要求公安机关应主动公开"刑事、行政、行政复议、国家赔偿等案件的受理范围、受理部门及其联系方式、申请条件及要求、办理程序及期限和对外法律文书式样，以及当事人的权利义务和监督救济渠道"。办案指南要以明确易懂为原则，而不能是简单的法条堆砌，但是评估发现，只有深圳市公安局、陕西省公安厅、西安市公安局、湖南省公安厅、长沙市公安局五家公安机关明确公开了接处警工作指南、办理行政案件指南、办理刑事案件指南、办理行政复议案件指南、办理国家赔偿案件指南等；部分公安机关要么公开不全面，要么仅为法条粘贴；超过一半的公安机关未公开任何办案指南类信息。其次，平台建设仍有提升空间。部分公安机关虽然建设了执法公开平台，但是平台不容易打开、栏目虚置没有内容的现象还比较常见。例如，四川省公安厅、江西省公安厅、成都市公安局、连云港市公安局、南通市公安局设置了行政处罚结果公开栏目，但栏目下无数据。最后，文书公开仍需加强。无论是从提升执法规范化法治化的角度还是基于信用体系建设，行政处罚文书上网公示已然是大势所趋，但是评估发现，公安部和27家公安厅普遍未公开行政处罚文书，这两个级别的公安机关虽然执法较少，但是从其信息公开年报看，还是作出了行政处罚决定的。即便是承担主要执法任务的公安局，仍然有11家未将行政处罚决定书上网公开。相较于行政处罚决定书，行政复议决定书公开更不理想，在45家公安局中，有15家未进行公开。

（四）工作报告类信息公开不佳

2020年，中国警务透明度指数重点考察了公安机关工作报告的公开情况，包括年报、年度工作总结、法治政府建设年报、行政执法统计年报、执法办案白皮书等，其中法治政府建设年报、行政执法统计年报公开属于规定动作，有政府文件的明确要求，而年报、年度工作总结、执法办案白皮书属于项目组倡导的。评估结果显示，公安机关工作报告的公开得分较低，尽管项目组把握的尺度并不严苛。例如，执法办案白皮书公开在法院系统已经比较普遍，项目组也仅要求公安机关公开某些类型案件的总结，并不一定是白皮书形式。在73家评估对象中，有12家公开了年度工作总结，占比16.44%；有11家公开了行政执法统计年报，占比15.07%；有5家公开了执法办案白皮书，占比6.85%；所有公安机关均未公开年报；法治政府建设年报的公开情况相对较好，有38家，占比52.05%，但有8家未在2020年4月1日前公开上年度法治政府建设报告，属于公开滞后，甚至个别公安机关在下半年才公布，如河南省公安厅2019年度法治政府建设年度报告发布时间为2020年7月27日；长春市公安局2019年度法治政府建设年度报告于2020年8月12日公开，并且写为"法制政府"。

（五）数据开放度与大数据时代不匹配

公安机关占有海量数据，这些数据开放对于智慧决策具有重要意义，但是公安机关对数据公开较为保守，与当下的大数据时代不相匹配。2020年，项目组对45家公安局公开统计数据的情况进行评估,涉及"交通统计数据""治安案件受案立案数据及分析""犯罪案件统计""警情通报""投诉警务人员的统计"等五项内容。评估结果显示,在45家公安局中,有11家公安机关公开的数据涉及治安案件受案立案数据,占比24.44%;有11家公安机关公开的数据包含部分犯罪案件统计数据,占比24.44%;交通统计数据公开情况稍好,有16家予以公开,占比35.56%;上述比例还是基于评估尺度较为宽松的情况。从2017年启动评估开始,连续四年均未发现有公安机关公开过投诉警务人员的统计数据,说明公安机关没有此方面的公开意识或者不愿意公开。

(六)警务公开地域发展不平衡仍较突出

2020年中国警务透明度指数评估结果显示,各地公安机关重视程度不同,导致各地警务公开水平参差不齐,地域发展不平衡仍较突出。先进的地方工作越来越踏实。例如,深圳市公安局以Excel表格形式公开行政许可实施情况、行政处罚实施情况、行政强制实施情况、行政征收实施情况、行政征用实施情况、行政检查实施情况。另外,深圳市公安局重视数据公开,每月定期发布本市治安管理相关数据、车辆管理相关数据、交通管理相关数据,各区易制毒化学品管理相关数据等。深圳市公安局警务透明度排名靠前,依然继续扩大公开范围,提升警务透明度。相反,部分公安机关对警务公开工作缺乏重视,网站建设停留在宣传公安机关事迹、领导活动等,缺少执法信息、数据统计等重要内容,警务公开动态调整不及时,部分公安机关机构设置、权责清单等内容多年未更新。

五 数字驱动:全面提升中国警务透明度

未来,公安部作为警务公开的推动者和践行者,应当本着"以公开为常态,不公开为例外"的理念,充分发挥顶层设计功能,借鉴法院、检察院的司法公开经验,参考其他行业做法,尽早制定政务公开的公安行业标准,建立并不断完善数字驱动下的警务公开机制。

（一）建立全国统一的公安文书公开平台

集约化是政务公开、司法公开走向标准化的必然要求。目前，司法文书上网公开已日益成熟并积累了丰富的经验。最高人民法院制定并不断完善裁判文书上网制度文件，搭建"中国裁判文书网"，并不断进行功能扩展。中国检务公开在集约化方面推进更加彻底，由最高人民检察院统一搭建的"12309中国检察网"已然成为检务公开的集大成者，不仅是办事服务平台、互动平台、信访平台，更是案件公开平台和文书公开平台，真正实现了检察业务的"一网通办"。在政务公开领域，国家市场监督管理总局在行政处罚文书集约化公开方面率先迈出一步，搭建"中国市场监管行政处罚文书网"，实现集中统一公开。公安部作为最高的公安领导机关，应该高度重视公安文书公开，搭建统一公开平台，制定文书上网标准，并建立相应的监督考核机制，确立并落实公安文书"以上网为原则，以不上网为例外"。

（二）推动和指导区域执法公开平台建设

警务公开和其他业务一样，上级公安机关对下级公安机关的领导作用举足轻重，在执法公开平台的建设方面尤为突出。地级市公安局的执法公开内容往往被整合在省级公安机关统一执法公开平台上，省级执法公开平台建设的完整性直接影响下辖各市公安局的公开情况。另外，上级机关的公开力度在一定程度上对下级公安局公开工作也有影响。未来，在公安部的指导和推动下，各省级公安机关应当建设、优化区域执法公开平台，同时加强自身警务公开工作，带动区域警务透明度的整体提升。

（三）推动公安执法办案白皮书上网公开

公安机关拥有海量的执法办案信息数据，目前这些数据大多处于"沉睡"状态，公安机关还需要加强多维度的分析研判，定期推出执法办案白皮书。现阶段，人民法院公开执法审判白皮书已逐步常态化。例如，宁波市中级人民法院在网站首页专设"审判白皮书"栏目，并将审判白皮书分门别类整合定期发布，如《2011~2015年度商标民事纠纷案件审判白皮书》《2012~2016年度宁波法院著作权民事纠纷案件审判白皮书》等。未来，公安机关应定期推出执法办案白皮书，并在本机关网站首页设置专栏进行公开，提升公安机关运用执法办案信息数据资源的能力，推进执法大数据更深层次应用。

B.16 中国海事司法透明度指数报告（2020）

——以海事法院网站信息公开为视角

中国社会科学院法学研究所法治指数创新工程项目组[*]

摘　要： 2020年，中国社会科学院法学研究所法治指数创新工程项目组对全国海事法院司法公开情况进行了第8次评估。结果显示，2020年中国海事司法透明度情况略有改善，具体表现为：多家海事法院完善了中英文网站（页），9家海事法院在评估期间发布了审判白皮书，典型案例发布情况进一步改善。但是，以往评估中发现的一些问题仍然存在，常态化更新机制尚未形成，主动公开意识有待加强，栏目设置亟待优化。

关键词： 海事法院　司法透明度　司法公开　法治指数

为全程跟踪、如实记录、客观评价中国海事司法公开的基本情况，2020年度，中国社会科学院法学研究所法治指数创新工程项目组（以下简称"项目组"）继续以海事法院网站的信息公开为视角，对中国海事司法透明度进

---

[*] 项目组负责人：田禾，中国社会科学院国家法治指数研究中心主任、法学研究所研究员；吕艳滨，中国社会科学院法学研究所研究员、法治国情调研室主任。项目组成员：王小梅、王祎茗、张文广、胡昌明、栗燕杰、梁琪、景竹溪等（按姓氏笔划排序）。执笔人：张文广，中国社会科学院海洋法治研究中心主任、国际法研究所副研究员；梁琪、景竹溪，中国社会科学院大学硕士研究生。本报告在指标设计、调研和报告写作中得到了许多专家、学者、法官、律师的支持和帮助，在此一并致谢。

行了第 8 次调研和评估，本次评估期间为 2019 年 11 月 1 日至 2020 年 10 月 31 日。

一 指标体系和评估方法

（一）评估对象

2019 年 12 月 4 日，南京海事法院正式履职，成为全国第 11 家海事法院。与此对应，2020 年中国海事司法透明度指数评估对象扩充至 11 家，即上海海事法院、天津海事法院、青岛海事法院、大连海事法院、广州海事法院、武汉海事法院、海口海事法院、厦门海事法院、宁波海事法院、北海海事法院和南京海事法院。

（二）指标体系

鉴于 2019 年对中国海事司法透明度指标体系进行了完善和调整，为保持指标体系的相对稳定性，2020 年度，项目组没有对中国海事司法透明度指标体系进行大的调整。主要变化有二：一是为提升公众的关注度和参与热情，本次评估增加了网络投票环节，并赋予相应权重；二是根据项目组记录，以及海事法院自主提交的资料，对 2020 年度中国海事司法工作的亮点进行了归纳，并在赋值时予以考虑。

2020 年中国海事司法透明度板块设置及权重如下：审务公开占 20%、审判公开占 30%、执行公开占 30%、数据公开占 20%，每一板块满分 100 分。

经优化和调整后的中国海事司法透明度指标体系（2020）共计有 4 个一级指标、17 个二级指标（见表 1）。

表1 中国海事司法透明度指标体系（2020）	
一级指标及权重	二级指标及权重
1. 审务公开（20%）	平台建设（50%） 人员信息（20%） 规范性文件（20%） 任职回避信息（10%）

续表

一级指标及权重	二级指标及权重
2.审判公开（30%）	诉讼指南（20%） 审判流程（30%） 庭审公开（30%） 司法文书（20%）
3.执行公开（30%）	执行指南（15%） 执行查询（15%） 执行曝光（30%） 执行惩戒（15%） 终本案件（10%） 执行举报（15%）
4.数据公开（20%）	财务数据（20%） 工作报告和白皮书（50%） 司法业务数据（30%）

（三）评估重点

延续2018年的做法，《中国海事司法透明度指数报告（2019）》没有提前发布下一年度的评估重点。但是，在《中国海事司法透明度指数报告（2019）》发布时，项目组建议："海事法院是中国司法的国际窗口，事关中国司法的国际形象。中国应进一步完善海事司法公开制度，落实司法公开工作责任制；突出海事法院门户网站司法公开第一平台的地位；重视外文网站建设；加强海事审判白皮书和典型案例的发布工作。"因此，尽管2020年指标与2019年相比变化不大，但评估的标准有所提高。例如，在考察白皮书发布时，除考虑是否发布外，项目组也考虑是否双语发布和发布的时间等因素。

（四）评估方法

2020年，项目组继续委托专人对全国11家海事法院网站和微信公众号进行常态化跟踪和观察，并通过微信公众号"海事界"和"海商法研究中心"记录或推送评估工作中发现的亮点。同时，项目组分别对全国11家海事法院司法公开情况进行集中评估。凡站内搜索无法找到的内容、无法打开的网页，评估人员会利用互联网上的多个主要搜索引擎进行查找，采取更换计算机及上网方式、变更上网时间等方式进行多次验证。为避免遗漏，项目组还组织人员对海事法院提供的材料进行逐项核实，并从中提炼出各自工作的亮点。

延续2019年的做法，项目组调取了11家海事法院在第三方平台上公开的2020年年度报告。此外，依托"海事界"公众号，项目组进行了"最受网友欢迎的海事法院网站"调查，日期为2020年11月18日至2020年11月30日。调查期间，共有29434名网友进行了投票。

二 评估结果

2020年度，全国11家海事法院中，3家海事法院的得分超过90分，3家海事法院得分在80~90分，3家海事法院得分在70~80分，1家海事法院得分在60~70分，1家海事法院得分在50~60分（见表2）。

表2 中国海事司法透明度指数评估结果

单位：分

排名	海事法院	审务公开（100分）	审判公开（100分）	执行公开（100分）	数据公开（100分）	总分（100分）
1	宁波	84.0	95.0	95.0	98.0	93.4
2	上海	83.0	98.0	95.0	90.0	92.5
3	广州	81.0	95.0	95.0	85.0	90.2
4	大连	90.0	85.0	85.0	90.0	87.0
5	厦门	61.0	90.0	90.0	90.0	84.2
6	天津	83.0	80.0	85.0	85.0	83.1
7	海口	76.0	80.0	90.0	65.0	79.2
8	青岛	65.0	85.0	80.0	70.0	76.5
9	北海	69.0	65.0	85.0	80.0	74.8

续表

排名	海事法院	审务公开（100分）	审判公开（100分）	执行公开（100分）	数据公开（100分）	总分（100分）
10	南京	66.0	75.0	45.0	60.0	61.2
11	武汉	56.0	60.0	50.0	50.0	54.2

说明：表中地名为海事法院所在地，下同。

本次评估是项目组对全国海事法院进行的第8次评估。历次评估的结果见表3。

表3 中国海事司法透明度指数评估排名（2013~2020）

排名	2013	2014	2015	2016	2017	2018	2019	2020
1	宁波	宁波	宁波	上海	上海	上海	上海	宁波
2	广州	北海	北海	北海	宁波	宁波	宁波	上海
3	北海	广州	广州	厦门	厦门	广州	广州	广州
4	上海	上海	海口	宁波	北海	厦门	厦门	大连
5	海口	天津	青岛	广州	广州	北海	大连	厦门
6	厦门	厦门	上海	青岛	海口	天津	北海	天津
7	武汉	青岛	天津	海口	天津	武汉	天津	海口
8	大连	大连	厦门	天津	武汉	海口	青岛	青岛
9	青岛	海口	大连	大连	青岛	青岛	武汉	北海
10	天津	武汉	武汉	武汉	大连	大连	海口	南京
11	N/A	N/A	N/A	N/A	N/A	N/A	N/A	武汉

说明：南京海事法院2019年12月成立，没有参与前7次评估。

评估发现，经历了7次评估后，多数海事法院意识到司法公开的重要意义，但也有少数海事法院重视程度不够，存在应付心理。

（一）评估发现的亮点

综合常态化评估、集中评估以及海事法院提交的相关材料，2020年中国海事司法公开工作的亮点主要包括以下六点。

1. 重视程度有所提升

2020年度，多家海事法院对网站进行了改版，页面更加简洁，查找信息也更加方便。青岛海事法院对中文网站进行升级改版并加强管理，英文网站正式开通上线。厦门海事法院网站完成全面改版。司法公开的范围不仅覆盖了中国海事司法透明度评估的各项指标，而且增设了如司法改革、代表委员监督等若干项目，作了适当前瞻性拓展。天津海事法院中文官方网站于2020年10月初进行了全面改版。

随着司法公开工作的持续推进，一些海事法院更加重视司法公开工作，以大连、天津海事法院为例，两家海事法院的主要领导经常带头转发本院公众号推送的消息，引起了项目组的关注。根据第三方平台的数据，这两家海事法院公众号的年度阅读总量也在全国11家海事法院中名列前茅。又以审判白皮书为例，2020年度，全国有10家海事法院发布了海事审判白皮书，宁波海事法院在评估期间发布了7本白皮书，无论是发布时间还是发布数量均全国领先。

2. 服务意识明显提升

最高人民法院和海事法院所在地高级人民法院虽不在中国海事司法透明度指数评估范围，但上述法院的态度和行为对海事法院具有示范和指引作用，项目组一直予以关注。6月25日是国际海事组织确定的"世界海员日"，最高人民法院选择在这天发布涉船员权益保护典型案例，彰显了人民法院发挥海事司法职能、依法保护船员合法权益的鲜明立场。

2020年度，新冠肺炎疫情的影响逐渐显现。宁波海事法院发布《关于新冠肺炎疫情背景下海事法律风险提示30条》。南京海事法院提出海事司法服务疫情防控15项举措，向公众推送14期"海事法官释海法"专题分析文章，组织编写《航运、港口、物流、造船等行业法律风险提示手册》，出台船舶扣押、拍卖等14个海事案件审理程序指南，编写海上货物运输无单放货等8类常见案件审理指南，规范审判程序、统一裁判尺度。

海口海事法院还召开邮轮游艇产业发展专题座谈会，出台服务保障邮轮游艇产业发展意见，牵头与广州海事法院、北海海事法院签订了《"北部湾—

琼州海峡"海洋环境资源司法保护合作协议》。

3. 国际化趋势更加明显

在最高人民法院提出"努力建设具有影响力的国际海事司法中心"后，海事法院的国际化趋势更加明显。2020年度，青岛海事法院英文网站正式开通上线。上海海事法院推出新版中英文双语诉讼指南，并将全新自主研发的国内海事审判领域首个外国法查明平台嵌入诉讼服务栏目，方便社会各界查阅，便利当事人使用。广州海事法院英文网站改版了法官说法栏目，获评2020年度"中国法治国际传播十大典型案例"。上海海事法院首次适用英国判例法审结一起与船舶佣金支付有关的涉外合同纠纷。上海海事法院首次启用自主研发的庭审智能翻译系统，对法庭审判进行实时同步翻译，并利用船舶大数据系统当庭演示船舶境外航行轨迹。

2020年6月23日，广州海事法院专题通报广州海事法院服务保障粤港澳大湾区建设的工作情况。这是广州海事法院第四次以汉语、英语、葡萄牙语三语种发布白皮书，也是2010年来连续第十次以中、英双语发布白皮书。

4. 典型案例的发布情况持续改善

案例一直是"海事界"和"海商法研究中心"点击率最高的栏目之一。随着类案检索制度的实施，典型案例的作用日益突出，公众对典型案例的关注度不断提升。2020年，最高人民法院连续第4次发布年度全国海事审判典型案例。

上海海事法院继续坚持常态化更新。大连海事法院和宁波海事法院发布典型案例数量较多。大连海事法院对典型案例进行了不同的主题归类，包括"司法为民""海事案例参考""案例研究"等专题，并在典型案例网页上进行了"案例典型总排行"和"案例典型本月排行"。

宁波海事法院创新开展类型化纠纷典型案例评选活动，评选出船员权益保护十大典型案例。该院有2个案例入选最高人民法院八大船员权益保护典型案例、2个案例入选2019年全国海事审判典型案例、1个案例入选全国法院十大执行案件。

海口海事法院一宗海洋环保案件入选第九届（2019年度）十大公益诉讼

案例，两宗入选 2019 年度全国法院环境资源典型案例。"光汇宝石"轮案以 4.033 亿元创淘宝司法拍卖平台船舶拍卖纪录，入选 2019 年全国海事审判典型案例，拍卖该轮的执行案件被评为 2019 年度人民法院十大执行案件。

5. 白皮书发布情况相对较好

2020 年度，全国 11 家海事法院中，9 家海事法院在评估期间发布了审判白皮书，8 家海事法院发布了双语种甚至是三语种白皮书。另有 1 家海事法院虽然没有在评估期间发布白皮书，但也在履职 1 周年之际发布了中英文审判白皮书。总体而言，宁波海事法院白皮书发布在时效和数量上领先全国。2020 年 1 月，宁波海事法院率先发布《宁波海事法院海洋生态环境司法保护情况通报》，这是 2020 年度首份公开发布的海事审判白皮书。除此以外，2020 年度，宁波海事法院还通过门户网站、官方微博、微信公众号同步发布 6 部白皮书，分别为《2019 年浙江海事审判情况报告》《宁波海事法院关于新冠肺炎疫情背景下海事法律风险提示 30 条》《宁波海事法院海事强制执行中行为履行情况通报（2009~2019 年）》《宁波海事法院港口码头等水域工程建设纠纷审判情况报告（2011 年 1 月~2020 年 6 月）》《宁波海事法院涉外、涉港澳台案件审判情况报告（2016~2020 年）》《宁波海事法院关于打造"海上枫桥经验"特色样本的情况通报》。

6. "首次"事件的报道更加及时

近几年，海事法院日益重视宣传工作，对"首次"事件报道的重视程度日增提高，提升了公众对海事司法的关注度。据不完全统计，2020 年度各种媒体报道的海事法院"首次"事件数量众多，引起了业界的关注和讨论。例如，2020 年 4 月，上海海事法院首次适用英国判例法审结一起与船舶佣金支付有关的涉外合同纠纷。2020 年 6 月，宁波海事法院首次受理海上走私犯罪案件。这是该院自 2017 年 2 月被最高人民法院指定管辖海事刑事案件以来，首次受理海上走私犯罪类型案件，标志着该院海事审判民事、行政、刑事"三合一"步入了新阶段。2020 年 9 月，上海海事法院首次启用自主研发的庭审智能翻译系统，对法庭内的语音实时同步翻译，并利用船舶大数据系统当庭演示船舶境外航行轨迹。2020 年 10 月，上海海事法院和中国船东互保协会共同签署了合作备忘录，在全国范围内首推"船舶扣押预担保"新举措；厦门海事法院判决首例水上事故责任认定行政确认案；宁波海事法院与浙江海事局的年度联席会议在宁波海事法院顺利召开，全国首个船舶司法扣押在线办理平台启用；上海海事法院与华东政法大学、上海海事大学分别签署了《外国法查明专项合作协议》，并正式上线全国海事审判领域首个外国法查明平台——上海海事法院外国法查明平台。

（二）存在的问题

同时，一些以往评估中发现的问题仍然没有得到根本解决。

1. 与全国性司法公开平台的衔接工作有待加强

2020年度，项目组重点考察了海事法院与全国性司法公开平台的衔接情况。就人员信息而言，绝大多数海事法院网站公开的内容与中国审判流程信息网公开的内容并不一致。海事法院在中国涉外商事海事审判网上的更新情况也不理想，"一站式"服务功能尚难实现。此外，项目组也注意到，一些重要的裁判文书，被业界广泛关注和转发，无论是内容还是形式都没有不公开的理由，但在中国裁判文书网上却检索不到，这也说明海事法院与全国性司法公开平台的衔接需要继续加强。

2. 网站栏目设置仍需完善

近几年，多家海事法院对门户网站进行了改版。总体而言，改版后的网站界面更加友好，内容更加丰富，检索更加方便。然而，一些网站栏目设置较多，内网、外网功能不加区分，这种做法有时会冲淡主题，反而增加了公众检索的难度。还有海事法院网站开通很久，但仍存在空白栏目、"僵尸"栏目，甚至还有一些栏目显示仍在建设中。网站栏目设置并非越多越好、越细越好，重视与全国性司法公开平台的衔接，成熟一个开通一个，可能是更积极稳妥的做法。

3. 及时更新有待加强

在日常工作中，一些负责网站工作的人员重视对新闻的报道，却忽视对网站内容的更新。项目组发现，2020年度，几家海事法院领导发生了变化，但有的海事法院在新领导到任后一段时间，甚至在多次报道新领导出席的活动后，仍未对院领导栏目进行更新。此外，项目组多次建议白皮书的发布最好在上半年完成，但真正做到这一点的海事法院数量仍然不多。

4. 两极分化现象没有根本改变

从近三次评估结果看，海事法院司法公开工作两极分化的格局没有得到根本改变，榜首与榜尾的分差接近40分。目前，宁波海事法院、上海海事法院、广州海事法院形成了中国海事司法公开的第一梯队，代表了中国海事司法公开的水平和高度。大连海事法院、厦门海事法院、天津海事法院司法公开的情况相对较好，具备冲击第一梯队的能力和势头。南京海事法院首次参评，排名虽不理想，但潜力十足，微信公众号也有不俗表现，未来排名有望攀升。与此同时，有的海事法院或排名不断下滑，或长期低位徘徊，表现较差。

（三）具体板块情况

1. 审务公开

综合来看，2020年度11家海事法院的审务信息公开程度有所提高。

人员信息方面，绝大多数海事法院公布了院领导的相关信息，且链接到中国审判流程信息网。与此同时，中国审判流程信息网中的人员信息普遍存在更新不及时现象，多家海事法院的人员信息与中国审判流程信息网上的人员信息存在差异；3家海事法院未上传业务部门领导的任何信息；9家海事法院公布了行政部门领导信息；关于执行员、法官助理、书记员、司法警察名册的信息，只有3家海事法院进行了全面公开，其他海事法院人员名册信息依旧有待完善。

名册信息方面，多数海事法院对调解组织名册、调解员名册和鉴定评估机构的相关名册信息及上网情况均有不同程度的公开，其中2家海事法院在此板块更新信息较为全面。

任职回避的公布情况有待加强，仍有5家海事法院尚未公布任职回避情况。在平台建设方面，仍有1家法院未开通英文网站，仅有1家法院设置了无障碍窗口。微平台中的微信运行状况良好，信息更新及时且实效性较强，但是微博的运行状况相对较差，部分法院的微博更新频率较低，并且较少发布案件审判、执行信息。

2. 审判公开

诉讼指南方面，整体配置情况得分不高。多数海事法院虽设置了诉讼指南栏目，但有4家海事法院仅将一系列相关文件进行了简单罗列，并未设置子栏目进行系统的分类整理，界面缺乏条理性；除1家海事法院按照案件类型配置了诉讼流程图，其他海事法院虽设置了子栏目，但未按照案件类型对风险提示、流诉讼程图分类。

审判流程方面，多数海事法院得分良好，仅有1家海事法院未在门户网站提供本地法院流程查询平台入口。旁听栏目得分参差不齐，只有4家海事法院支持网上旁听预约并提供了旁听规则；庭审公开方面得分情况良好，但仍有2家海事法院未提供庭审直播网链接。

文书公开方面，典型案例公开两极分化情况严重。其中大连海事法院和宁波海事法院均发布了近30个典型案例，但也有1家海事法院未发布任何典型案例。生效裁判文书上网公开程度较低。有4家海事法院未公布裁判文书上网信息，只有2家海事法院公布了裁判文书上网公开信息的分析报告。

司法建议栏目情况尚不能令人满意，有6家海事法院设置了司法建议专栏，并公布建议对象和建议内容。

3. 执行公开

绝大多数海事法院提供了执行案件查询的链接，但只有4家法院提供了终本案件裁定书，3家海事法院提供了悬赏公告。

其他指标的两极分化现象比较严重，一些法院各项指标信息基本进行了公开，一些法院各项指标信息基本均未进行公开，还有一些法院公开的执行信息存在个别信息不全的问题，如公开的执行惩戒种类不全，未公开特殊执行主体的失信信息，等等。

4. 数据公开

法院的财务数据应在本院网站发布。财务数据中信息公开较为全面的是预决算信息与"三公"经费,但涉款财务数据与诉讼收退费信息公开情况较不理想。

9家海事法院在评估期间发布了海事审判白皮书,其中发布数量最多的是宁波海事法院。南京海事法院在履职1周年之际发布了海事审判白皮书,发布时间虽超过评估期间,但考虑到南京海事法院的具体情况,相比没有发布白皮书的海事法院仍值得肯定。

三 完善建议

海事法院曾是全国法院系统中司法公开的先行者和排头兵。然而,随着各级法院对司法公开工作的重视,海事法院领先的优势逐渐丧失,这在几年前浙江阳光司法指数评估报告中已有所体现。从近两年中国司法透明度评估结果看,专门法院司法公开的整体情况并不乐观。这也再次证明,司法公开永远在路上,不进则退。

针对评估中发现的问题,项目组提出以下建议。

第一,提升公开意识。一些法院反映,目前法官办案压力较大,一些法官对司法公开工作持消极态度,甚至有抵触情绪,导致司法公开工作难以推进。从过去8年的评估看,确实有些海事法院存在懈怠现象。比如,有的海事法院新领导到任很久,网站上已出现其参加各种活动的报道,但网站上领导栏目的信息仍未更新。又如,有的海事法院网页上的信息,连字体、格式都不一样。再如,有的海事法院网页正文中显示全文见附件,但该文并没有附件。还有的海事法院,在每次司法透明度结果公布前很紧张,屡屡表示要改进,但同样情况重复发生,网站建设至今仍停滞不前。

第二,增强时效观念。门户网站、白皮书和典型案例是国际社会了解中国司法的重要窗口。白皮书是对过去工作的回顾、总结和提炼,时效性较强,海事法院应该向政府部门看齐,争取在每年3月31日前发布审判白皮书。中国是海事司法大国,每年审理的海事案件数量居全球首位,其中不乏一些经典案例。在国际交往中,司法是通行语言,易为国际同行接受。总结司法经验，参与国际规则解释和完善，是维护中国利益的有效手段。建议各家法院系统梳理、发布本院的典型案例，争取形成一套裁判规则，在法律和司法解释没有修改的情况下保持稳定，这有利于增强裁判的可预见性，吸引涉外纠纷到中国解决，扩大中国海事司法的国际影响。

法治是最好的营商环境。司法公开只有进行时，没有完成时。2021年，项目组将继续全程跟踪、观察、记录中国海事司法的发展，与各界一起，努力提升中国海事司法公信力，积极扩大中国海事司法的国际影响力。

法治国情调研

Survey of National Situation of the Rule of Law

B.17
境外仲裁裁决、判决在中国境内的承认/认可和执行（2020）

孙佳佳　张云丹　肖宇彤*

摘　要： 本文以2020年度境外仲裁裁决、判决在中国境内的承认/认可和执行的全部公开可查案例为基础，多角度呈现2020年度境外仲裁裁决、判决在中国境内的承认/认可和执行情况。经统计，2020年度境外仲裁裁决、判决在中国境内的承认/认可和执行率达到75.68%，体现了中国法院对国际司法协助的支持态度。本文进而分析了2020年度未获得承认/认可和执行案件的原因，并分享了年

---

* 孙佳佳、张云丹、肖宇彤，北京市炜衡律师事务所律师。

度重磅案例及最新司法实践发展，以期为境外司法、仲裁机构以及跨境争议的参与者提供一定的参考和指引。随着倡导并逐步扩大国际司法协助范围的进一步实践以及互惠原则的转变，相信该领域在2021年将会有新的突破和发展。

关键词："一带一路"《纽约公约》 境外仲裁裁决 境外判决 承认/认可和执行 双边司法协助

从"走出去"战略到共建"一带一路"倡议的实施和推进，中国企业在海外的商业蓝图不断扩张，而伴随着经济活动的增加，跨国纠纷亦在所难免。境外仲裁裁决和判决在中国境内申请承认/认可与执行时须遵循何种规则、如何进行实操，既关系到当事方的切身利益，也关系到国家的对外开放与营商环境的优化，因此越来越受到跨境交易商业主体的关注。尤其是仲裁裁决和判决所涉及的法域与中国存在显著差异时，如何从现有公开案例中提炼中国司法机关的司法裁判观点，以为境外司法及仲裁机构和跨境交易主体提供预判和指导，则具有更为显著的现实意义。本文从法律依据、基本情况、存在问题以及未来展望四部分，对2020年度境外仲裁裁决、判决在中国境内获承认/认可和执行的情况作简要分析。

一 境外仲裁裁决、判决在中国境内获得承认/认可和执行的法律依据

境外仲裁裁决、判决在中国境内申请承认/认可和执行，除须遵守相应国际公约、民事和商事双边司法协助条约外，还须遵守中国国内法的相关规定。以下分别介绍境外仲裁裁决与境外判决在中国申请承认/认可和执行程序的相应法律依据。

境外仲裁裁决、判决在中国境内的承认/认可和执行（2020）

（一）境外仲裁裁决在中国境内承认/认可和执行的法律依据

本文中的境外仲裁裁决包括外国仲裁裁决和港澳台仲裁裁决，二者在中国境内申请承认/认可和执行时需遵循不同的法律规定。

1. 外国仲裁裁决

（1）国际公约

《承认及执行外国仲裁裁决公约》（United Nations Convention on the Recognition and Enforcement of Foreign Arbitral Awards）（以下简称《纽约公约》）是目前世界上关于承认和执行外国仲裁裁决最重要的公约。1987年4月22日，该公约对中国正式生效。截至2020年12月31日，《纽约公约》缔约国包括中国在内共166个国家，其建立的国际商事仲裁裁决的承认和执行制度几乎为世界所公认。

《纽约公约》第4条规定，申请承认及执行境外仲裁裁决时，需提交原裁决和仲裁协议之正本或正式副本，如原裁决和仲裁协议并非中文的，还需提交中文译本，且该译本须经公证、认证程序方具效力。《纽约公约》第5条可称为该公约最为核心的条款，其具体规定了不予承认和执行外国仲裁裁决的情形，该条第1款之五类情形系依一方当事人申请进行审查，第2款之两类情形则允许法院主动审查。

中国在加入该公约时作出了两项保留：A. 互惠保留，即仅对在另一缔约国领土内作出的仲裁裁决的承认和执行适用该公约；B. 商事保留，即仅对按照中国法律属于契约性和非契约性商事法律关系所引起的争议适用该公约。详见最高人民法院1987年4月10日颁布的《最高人民法院关于执行中国加入的〈承认及执行外国仲裁裁决公约〉的通知》（以下简称《执行〈纽约公约〉通知》）。

（2）民事和商事双边司法协助条约

除《纽约公约》外，申请人还可依据其仲裁裁决作出国与中国签订的民事和商事司法协助条约，向中国法院提出承认和执行外国仲裁裁决的申请。截至2020年12月31日，中国共与37个国家签订了民事和商事司法协助条约且已生效（以外交部官方条约数据库生效版本为准；除该37个国家外，伊朗与以色列也与中国签订了民事和商事双边司法协助条约，但目前尚未生效）[①]，其中与29个国家约定其可依据与中国签订的民事和商事司法协助条约承认和执行外国仲裁裁决，另有阿根廷、阿拉伯联合酋长国、白俄罗斯共和国、朝鲜民主主义人民共和国、哈萨克斯坦共和国、蒙古人民共和国、塔吉克斯坦共和国、匈牙利共和国8个国家的条约中并未约定相互承认和执行仲裁裁决的内容。但前述8个国家中，除朝鲜民主主义人民共和国外，其他国家均为《纽约公约》缔约国，也即可通过《纽约公约》进行仲裁裁决的相互承认和执行。

在上述37个民事和商事司法协助条约中，关于外国仲裁裁决的承认和执行，共有27个国家规定按照《纽约公约》进行相互承认和执行。例如，《中华人民共和国和波斯尼亚和黑塞哥维那关于民事和商事司法协助的条约》第27条规定："双方应当根据一九五八年六月十日在纽约签订的《承认及执行外国仲裁裁决公约》，相互承认和执行在对方境内作出的仲裁裁决"；再如，《中华人民共和国和大韩民国关于民事和商事司法协助的条约》第25条规定："双方应当根据一九五八年六月十日在纽约签订的《承认及执行外国仲裁裁决公约》，相互承认和执行在对方境内作出的仲裁裁决。本条约与前述公约不符的规定，不应当适用于仲裁裁决的承认与执行。"

《中华人民共和国和土耳其共和国关于民事、商事和刑事司法协助的协定》以及《中华人民共和国和埃塞俄比亚联邦民主共和国关于民事和商事司法协助的条约》中并无类似依照《纽约公约》进行申请的规定，而是分别在其第3节、第5章中列举了仲裁裁决相互承认和执行需遵循的具体规定。

另外，依据《纽约公约》第7条第1款之规定，《纽约公约》的规定不影响缔约国之间双边司法协助条约的效力，也不剥夺当事人援引该条约的权利。因此，若《纽约公约》缔约国与中国签订的司法协助条约与《纽约公约》产生冲突，应当优先适用单行的双边司法协助条约，除非该司法协助条约中规定以《纽约公约》为准。

[①] 外交部条约数据库：http://treaty.mfa.gov.cn/Treaty/web/list.jsp?nPageIndex_=8&keywords=%E5%8F%B8%E6%B3%95%E5%8D%8F%E5%8A%A9&chnltype_c=2，最后访问日期：2020年12月31日。

（3）国内法相关规定

《民事诉讼法》第283条及第3编"执行程序"、《最高人民法院关于适用〈中华人民共和国民事诉讼法〉的解释》（以下简称《民事诉讼法司法解释》）第545条至第548条及第22章"涉外民事诉讼程序的特别规定"等相关规定载明，外国仲裁裁决（包括临时仲裁）可在中国申请承认和执行，且需遵循中国《民事诉讼法》中有关执行程序的规定。即使非《纽约公约》缔约国且并未与中国签订任何双边民商事司法协助条约、协定，但如与中国建立了互惠关系，也可依据互惠原则向中国法院提起承认和执行外国仲裁裁决的申请。

《最高人民法院关于人民法院处理与涉外仲裁及外国仲裁事项有关问题的通知》规定了特殊的层报制度，即如人民法院认为申请承认和执行的外国仲裁裁决不符合中国参加的国际公约的规定或者不符合互惠原则的，在裁定拒绝承认和执行之前，必须报请本辖区所属高级人民法院进行审查；如果高级人民法院同意拒绝承认和执行，应将其审查意见报最高人民法院，待最高人民法院答复后，方可裁定拒绝承认和执行。

除此之外，最高人民法院还发布了《关于仲裁司法审查案件归口办理有关问题的通知》《关于承认和执行外国仲裁裁决收费及审查期限问题的规定》等，用以规范办理仲裁司法审查案件，提高案件审判质量，统一司法尺度，支持仲裁事业健康发展，助力营造法治化营商环境。针对全面推进仲裁案件归口办理实践，部分地方人民法院也发布了相关规定以指导司法实践。例如，《关于印发〈北京市高级人民法院关于北京市第四中级人民法院案件管辖的规定〉（2018年修订）的通知》规定，由北京四中院集中审理应由本市法院受理的仲裁程序案件、承认与执行申请审查案件、认可与执行申请审查案件。《湖北省高级人民法院关于规范仲裁司法审查支持仲裁事业健康发展的指导意见（试行）》《湖北法院仲裁司法审查案件审理指南（试行）》明确，由全省各中级法院及专门法院审理涉外商事案件的审判庭（合议庭）专门负责办理仲裁司法审查案件；经审查，拟认定仲裁协议无效，撤销或不予执行中国内地仲裁机构仲裁裁决，不予认可和执行港澳台仲裁裁决，不予承认和执行外国仲裁裁决的，向省法院报核。同时，还明晰了司法审查标准，对申请确认仲裁协议效力、申请撤销或不予执行中国内地仲裁机构仲裁裁决等案件，逐一细化明确司法审查的重点及处理原则等。

2. 港澳台仲裁裁决

关于香港特别行政区、澳门特别行政区和中国台湾地区的仲裁裁决在内地/大陆的认可和执行，其并不适用《纽约公约》，而是分别依据最高人民法院发布的专门文件进行处理。香港特别行政区仲裁裁决在内地的认可和执行适用2000年2月1日生效的《最高人民法院关于内地与香港特别行政区相互执行仲裁裁决的安排》（以下简称《内地香港仲裁安排》）以及于2020年11月26日颁布的《最高人民法院关于内地与香港特别行政区相互执行仲裁裁决的补充安排》（以下简称《内地香港仲裁补充安排》）[①]；澳门特别行政区仲裁裁决在内地的认可和执行适用2008年1月1日生效的《最高人民法院关于内地与澳门特别行政区相互认可和执行仲裁裁决的安排》（以下简称《内地澳门仲裁安排》）；台湾地区仲裁裁决在大陆的认可和执行适用2015年7月1日生效的《最高人民法院关于认可和执行台湾地区仲裁裁决的规定》（以下简称《认可和执行台湾仲裁规定》）。

（二）境外判决在中国境内承认/认可和执行的依据

本文所指境外判决包括外国法院判决和港澳台法院判决，类似境外仲裁裁决，二者在中国境内申请承认/认可和执行亦需遵循不同的法律规定。

1. 外国判决

（1）民事和商事双边司法协助条约

如前所述，截至2020年12月31日，中国共与37个国家签订了民事和商事双边司法协助条约且已生效。其中，中国与34个国家约定了相互承认和执行法院判决的内容，但与3个国家（大韩民国、新加坡、泰王国）的条约中仍尚未约定相互承认和执行法院判决的相关内容。

---

① 截至2020年12月31日，《内地香港仲裁补充安排》第2条、第3条尚未生效，待香港特别行政区完成有关程序后，将由最高人民法院公布生效日期。

(2) 国内法相关规定

除民事和商事双边司法协助条约外，依据《民事诉讼法》第281条及第282条以及《民事诉讼法司法解释》第543条、544条之规定，当判决作出国与中国并未缔结或共同参加国际条约时，申请人还可依据互惠原则申请承认和执行外国判决。对于"互惠原则"的认定，各国采用标准并不一致，最常见的标准有：事实互惠、推定互惠和法律互惠。中国过去的司法实践以事实互惠原则为主，但近年来有向推定互惠、扩大互惠认定发展的趋势。

(3) 国际公约

2017年9月12日，中国签署海牙《选择法院协议公约》(Convention on Choice of Court Agreements)。该公约适用于国际案件中当事人就民事或商事事项签订的排他性选择法院协议，在某成员国家（或地区）的被选择法院所作的判决可以根据该公约得到其他成员国家（或地区）的承认与执行。截至2020年12月31日，共有36个成员单位（包括35个国家和欧盟）加入了该公约，但该公约对中国、美国、乌克兰尚未生效①。

2019年7月2日，包括中国在内的数十国代表在海牙国际私法会议第22届外交大会上对《承认与执行外国民商事判决公约（Convention of 2 July 2019 on the Recognition and Enforcement of Foreign Judgments in Civil or Commercial Matters)》（以下简称《执行公约》）的文本进行了确认。《执行公约》的主要体例与《纽约公约》相似，其要求缔约国在除特定明确排除的情形之外，原则上互相承认和执行其他缔约国法院作出的民商事判决，以减少跨境的诉讼成本、提升各缔约国司法体系的便利性。目前，该公约尚未得到包括中国在内的主要国家的签署和批准。

2. 港澳台判决

与港澳台仲裁裁决的认可和执行所遵循的法律依据类似，香港特别行政区、澳门特别行政区以及台湾地区判决在内地/大陆的认可和执行，亦遵循最高人民法院发布的专门文件。目前，香港特别行政区判决在内地的认可和执行

---

① HCCH官网：https://www.hcch.net/en/instruments/conventions/status-table/?cid=98，最后访问日期：2020年12月31日。

适用2008年8月1日生效的《最高人民法院关于内地与香港特别行政区法院相互认可和执行当事人协议管辖的民商事案件判决的安排》（以下简称《内地香港判决安排》）。另需提示，2019年1月18日，最高人民法院和香港特别行政区政府律政司在北京签署《关于内地与香港特别行政区法院相互认可和执行民商事案件判决的安排》（以下简称《2019年内地香港判决安排》），但该安排尚未生效，其生效日期将在最高人民法院发布司法解释和香港特别行政区完成有关程序后由双方公布，届时若《2019年内地香港判决安排》生效，《内地香港判决安排》将同时废止，其将对两地判决的相互认可和执行带来重大调整，进一步扩大判决相互认可和执行的范围。澳门特别行政区判决在内地的认可和执行适用2006年4月1日生效的《最高人民法院关于内地与澳门特别行政区相互认可和执行民商事判决的安排》（以下简称《内地澳门判决安排》）。台湾地区判决在大陆的认可和执行适用2015年7月1日生效的《最高人民法院关于认可和执行台湾地区法院民事判决的规定》（以下简称《认可和执行台湾判决规定》）。

二 2020年度境外仲裁裁决、判决在中国境内获得承认/认可和执行的基本情况

（一）总体情况

通过中国裁判文书网等公开途径检索2020年境外仲裁裁决、判决在中国境内申请承认/认可和执行案件[①]发现，2020年全年共计37起涉及境外仲裁裁决、判决在中国境内申请承认/认可和执行。此37起案件中，5起为外国判决在中国境内申请承认和执行案、14起为港澳台判决在内地/大陆申请认可和执行案、14起外国仲裁裁决在中国境内申请承认和执行案以及4起香港仲裁裁决在内地申请认可和执行案（见表1）[②]。

---

① 不含婚姻家庭类判决的承认/认可和执行、非2020年度承认/认可而进入单独执行程序、撤回承认/认可和执行申请的案件。
② 本文检索以中国裁判文书网为准，辅之以威科先行数据库、无讼案例数据库，截取2020年1月1日至2020年12月31日的公开数据。

境外仲裁裁决、判决在中国境内的承认／认可和执行（2020）

表 1 2020 年境外仲裁裁决、判决在中国境内承认／认可与执行情况一览

类别	所属法域	编号	日期	案号	受理法院	案涉判决／裁决	结果
境外法院判决	韩国	1	2020.04.02	（2019）沪01协外认17号	上海市第一中级人民法院	韩国首尔南部地方法院2011民合6992合同金案判决	承认和执行
	阿联酋	2	2020.07.30	（2020）辽01协外认7号	辽宁省沈阳市中级法院	大韩民国首尔南部地方法院2013年7306号、2013年7313号判决	不予承认和执行（超期申请）
	阿联酋	3	2020.05.08	（2018）川01协外认3号	四川省成都市中级人民法院	阿拉伯联合酋长国迪拜院2016年255号商事判决	驳回申请（未提交身份证明文件及履行公证认证手续）
	缅甸	4	2020.06.02	（2020）湘10协外认1号	湖南省郴州市中级人民法院	缅甸仰邦高级法院（2017）侨司法民终字第003号民事判决书	驳回申请（未提供生效的判决书正本和经证明无误的副本）
	美国	5	2020.11.05	（2017）苏02协外认1号之二	江苏省无锡市中级人民法院	美国加利福尼亚州圣马物奥郡高等法院第502381号民事判决书	驳回申请（案涉判决尚非终局、确定，可执行的判决）
	中国香港	6	2020.07.24	（2020）赣10认港1号	江西省抚州市中级人民法院	香港高等法院原讼法庭高等民事诉讼2016年第2955号民事判决书	认可和执行
		7	待定	待定*	上海金融法院	香港高等法院此前对上海华信国际集团维好协议欧元质的认定判决	认可和执行

343

续表

类别	所属法域	编号	日期	案号	受理法院	案涉判决/裁决	结果
境外法院判决	中国澳门	8	2020.05.07	(2019)辽01认澳1号	辽宁省沈阳市中级人民法院	澳门特别行政区初级法院刑事法庭CR3-18-0183-PCC号判决	认可和执行
		9	2020.08.20	(2019)浙07认澳1号	浙江省金华市中级人民法院	澳门初级法院CV1-16-0113-CEO号执行案卷宗	驳回申请（未证明被申请人经依法传唤并被送达生效证明文件）
		10	2020.08.26	(2020)闽07认澳1号	福建省南平市中级人民法院	澳门特别行政区初级法院CR4-19-0118-PCC号判决中有关民事赔偿的判决	认可和执行
		11	2020.10.13	(2020)吉02认澳1号	吉林省吉林市中级人民法院	澳门初级法院刑事法庭CR3-16-0048-PCC号判决书	认可和执行
		12	2020.10.19	(2020)湘01认澳1号	湖南省长沙市中级人民法院	澳门初级法院刑事法庭CR1-17-0125-PCC号判决书	认可和执行
		13	2020.12.10	(2020)湘10认澳1号	湖南省郴州市中级人民法院	澳门特别行政区初级法院第CR1-19-0079-PCC号刑事案件中有关民事损害赔偿的判决	认可和执行
		14	2020.01.22	(2019)闽07认台1号	福建省南平市中级人民法院	台湾地区台北地方法院2017年度司票字第13957号民事裁定	认可和执行
	中国台湾	15	2020.05.29	(2020)沪02认台1号	上海市第二中级人民法院	台湾地区台北地方法院2017年度诉字第3481号民事判决	认可和执行
			2020.07.09	(2020)沪认复1号	上海市高级人民法院		驳回复议申请
		16	2020.02.07	(2019)沪02认台2号	上海市第二中级人民法院	台湾地区屏东地方法院2002年度促字第3861号支付命令	不予认可和执行（超期申请）

境外仲裁裁决、判决在中国境内的承认/认可和执行（2020）

续表

类别	所属法域	编号	日期	案号	受理法院	案涉判决/裁决	结果
境外法院判决	中国台湾	17	2020.08.03	（2019）浙04认台2号之一	浙江省嘉兴市中级人民法院	台湾屏东地方法院2018年度司票字第199号民事裁定	认可和执行
		18	2020.08.03	（2019）浙04认台3号	浙江省嘉兴市中级人民法院	台湾高雄地方法院2018年度司票字第1677号民事裁定	认可和执行
		19	2020.09.17	（2019）粤认复4号	广东省高级人民法院	台湾地区台北地方法院2014年度重诉字第988号民事判决	驳回复议申请（认可和执行）
境外仲裁裁决	英国	20	2020.02.04	（2019）津72协外认1号之一	天津海事法院	仲裁员David Farrington于2017年10月26日作出的临时仲裁裁决	承认和执行
		21	2020.07.01	（2019）浙04协外认1号	浙江省嘉兴市中级人民法院	伦敦海事仲裁员协会独任仲裁员Clive Aston先生于2018年5月14日作出的"关于2015年6月15日船舶建造合同纠纷（船号为DJHC8008）的仲裁裁决"	承认
		22	2020.07.01	（2019）浙04协外认2号	浙江省嘉兴市中级人民法院	伦敦海事仲裁员协会独任仲裁员Clive Aston先生于2018年5月14日作出的"关于2015年6月15日船舶建造合同纠纷（船号为DJHC8009）的仲裁裁决"	承认
		23	2020.07.20	（2019）苏05协外认2号	江苏省苏州市中级人民法院	国际棉花协会作出的编号为A01/2018/06的仲裁裁决	承认

345

续表

类别	所属法域	编号	日期	案号	受理法院	案涉判决/裁决	结果
境外仲裁裁决	新加坡	24	2020.02.17	(2018)沪01协外认4号	上海市第一中级人民法院	国际商会国际仲裁院于2017年12月19日在新加坡作出的21115CYK/PTA号仲裁裁决	承认
		25	2020.02.18	(2019)闽72民特1042号	厦门海事法院	新加坡国际仲裁中心编号为2019年第023号的部分终局仲裁裁决以及编号为2019年第059号的终局仲裁裁决	承认
		26	2020.04.16	(2019)沪01协外认5号之一	上海市第一中级人民法院	新加坡国际仲裁中心就2018年第6号（参考号：ARB006/18/AYP）仲裁裁决	承认和执行
		27	2020.06.17	(2020)粤72协外认1号	广州海事法院	新加坡海事仲裁院独任仲裁员加雅·普拉喀什（Jaya Prakash）于2018年7月20日就申请人安富尔自由贸易区公司和被申请人广东粤新海洋工程装备股份有限公司船舶建造合同纠纷所作的仲裁裁决	承认和执行
	美国	28	2020.03.16	(2017)鲁06民初382号	山东省烟台市中级人民法院	美国食品工业协会2585号仲裁裁决	驳回申请（未提供证据证明被申请人为合同当事人）
		29	2020.05.18	(2018)津01协外认2号	天津市第一中级人民法院	美国独立电影电视联盟国际仲裁院仲裁庭于2017年4月11日作出的第17-01号裁决。	不予承认和执行【符合《纽约公约》第五条第一款（甲）和（乙）项】
		30	2020.05.18	(2018)津01协外认3号	天津市第一中级人民法院	美国独立电影电视联盟国际仲裁院仲裁庭于2017年4月27日作出的第17-02号裁决	不予承认和执行【符合《纽约公约》第五条第一款（甲）和（乙）项】

境外仲裁裁决、判决在中国境内的承认/认可和执行（2020）

续表

类别	所属法域	编号	日期	案号	受理法院	案涉判决/裁决	结果
境外仲裁裁决	韩国	31	2020.03.02	（2019）浙02协外认4号	浙江省宁波市中级人民法院	大韩商事仲裁院于2018年11月2日作出的编号为18113-0001的仲裁裁决书	承认
	俄罗斯	32	2020.04.30	（2019）粤19协外认1号	广东省东莞市中级人民法院	俄罗斯联邦贸易工业联合会国际商事仲裁法院M-84/2018号仲裁裁决	承认和执行
	加拿大	33	2020.11.24	（2019）浙05协外认1号	浙江省湖州市中级人民法院	加拿大不列颠哥伦比亚省国际商事仲裁中心于2019年4月16日就奥克塔福系统有限公司与华浚塑料建材有限公司间的纠纷作出的仲裁裁决	承认和执行
	中国香港	34	2020.01.06	（2019）川01认港1号	四川省成都市中级人民法院	香港国际仲裁中心HKIAC／PA18043号最终裁决和最终裁决之更正	执行
		35	2020.06.22	（2018）粤03民初2267号	广东省深圳市中级人民法院	香港国际仲裁中心于2014年6月3日颁布的"有关《仲裁条例》（第609章）及有关一宗仲裁事宜——雄丰集团（深圳）有限公司和雄丰集团有限公司债务和金额的临时裁决书"	认可
		36	2020.07.14	（2020）沪72认港1号之一	上海海事法院	香港国际仲裁中心于2019年3月13日作出的"最终仲裁裁决"和2020年3月13日作出的"关于评估费用的第二最终仲裁裁决"	承认和执行
		37	2020.10.28	（2020）闽72认港1号	厦门海事法院	香港国际仲裁中心于2019年7月22日对申请人中远海运特种运输股份有限公司与被申请人恒冠船务有限公司租船合同纠纷仲裁裁决书	认可和执行

＊资料来源：上海市高级人民法院官网，http://www.hshfy.sh.cn/shfy/web/xxnr.jsp?pa=aaWQ9MjAxOTkxODYmeGg9MSZsbWRtPWxtNTE5z&zd=xwzx，最后访问日期：2020年12月31日。

从裁定结果来看，此 37 起案件中，共计 28 起境外仲裁裁决、判决在中国境内获得承认/认可和执行（占 75.68%）。其中，在此 28 起得到承认/认可和执行的境外仲裁裁决及判决中，1 起外国判决在中国境内获得承认和执行、11 起外国仲裁裁决在中国境内获得承认和执行、12 起港澳台判决在内地/大陆获得认可和执行、4 起港澳台仲裁裁决在内地/大陆获得认可和执行；另有 3 起外国仲裁裁决在中国境内未获承认和执行（均为美国仲裁机构作出）、4 起外国判决在中国境内未获承认和执行（分别为韩国、阿拉伯联合酋长国、缅甸、美国法院作出）、2 起港澳台判决在内地/大陆未获认可和执行（分别为澳门特别行政区、中国台湾地区法院作出）（见图 1）。

从案涉判决、裁决所属法域来看，港澳台占据近一半，美国、英国、新加坡、韩国紧随其后（见图 2）。

从审理法院审级来看，除 6 起境外仲裁裁决、判决在中国境内申请承认/认可和执行案系由专属管辖法院（上海金融法院、天津海事法院、厦门海事

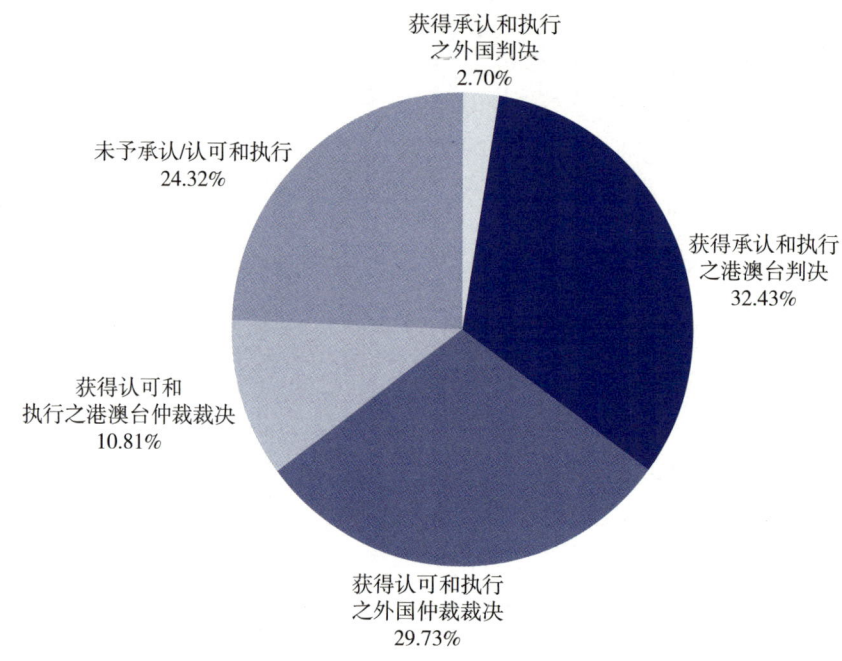

图 1　2020 年境外仲裁裁决、判决在中国境内获得承认/认可和执行情况

境外仲裁裁决、判决在中国境内的承认／认可和执行（2020）

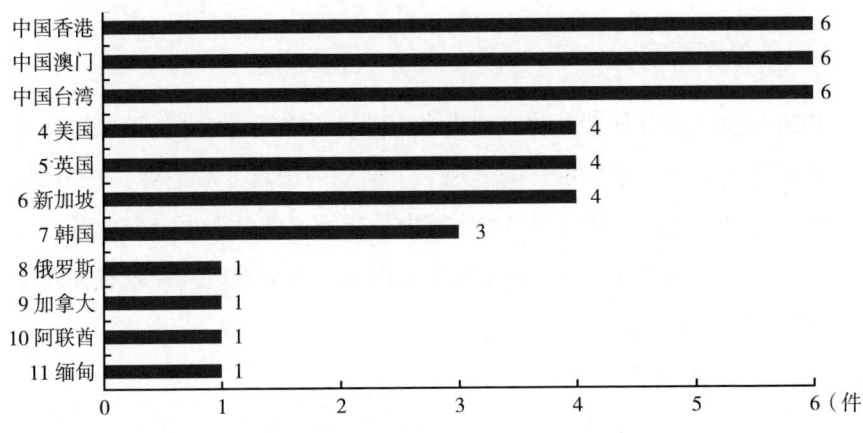

图2　2020年案涉境外仲裁裁决、判决所属法域情况

法院、广州海事法院）及2起涉及认可和执行程序的复议程序系在高级法院审理之外，其余均由中级人民法院审理。从审理法院的地域来看，上海市、浙江省并列榜首，福建省、广东省紧随其后，其余案件主要集中在湖南省、天津市、辽宁省、四川省、江苏省、江西省、吉林省、山东省等（同数值省份排名不分先后，见图3）。

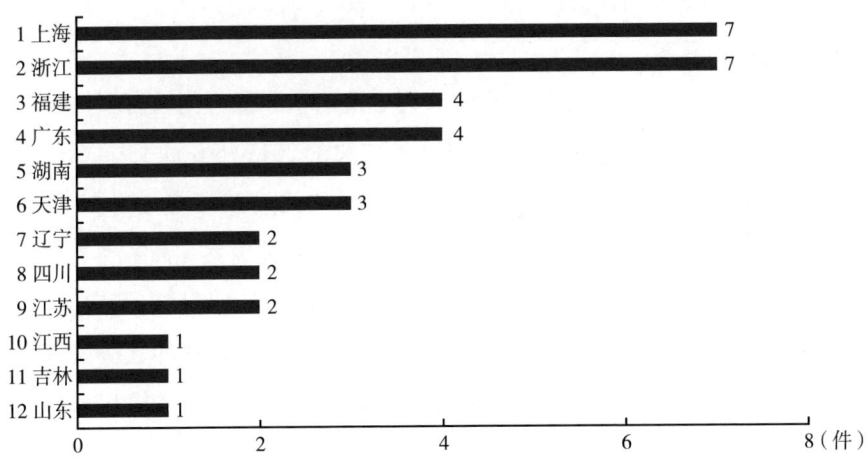

图3　2020年案涉境外仲裁裁决、判决审理法院所属地情况

（二）年度要案

2020年度，境外仲裁裁决、判决在中国境内申请承认/认可和执行过程中，有多起案件曾引起热议，既体现了中国境内法院开放包容、开拓创新、尊重法域差异的司法裁判精神，也为境内外市场主体营造更有安全感、公平透明可预期的营商环境提供了有力的司法保障。本文选取其中较有代表性的两个案例进行简要介绍。

1. 布兰特伍德案

2020年度境外仲裁裁决、判决在中国境内获得承认/认可和执行领域最为轰动的案件当数"布兰特伍德工业有限公司申请承认和执行国际商会国际仲裁院（ICC）于2014年3月17日在中国广州市作出的编号18929/CYK终极裁决案"【（2015）穗中法民四初字第62号民事裁定书】（简称"布兰特伍德案"）。在该案中，广州市中级人民法院确认了"国际商会仲裁委员会根据国际惯例在项目所在地进行仲裁"的仲裁条款有效，并将国际商会仲裁委员会在广州仲裁作出的裁决定性为中国的涉外仲裁裁决，从而认定申请人应当依据《民事诉讼法》第273条的规定直接申请执行，而非按照《纽约公约》申请在中国先予承认而后执行。

2. 上海佳船案

在上海佳船机械设备进出口有限公司申请承认和执行伦敦海事仲裁员协会（LMAA）独任仲裁员Clive Aston作出的"关于2015年6月15日船舶建造合同纠纷（船号为DJHC8008）的仲裁裁决"及"关于2015年6月15日船舶建造合同纠纷（船号为DJHC8009）的仲裁裁决"两关联案（简称"上海佳船案"）【（2019）浙04协外认1号、（2019）浙04协外认2号民事裁定书】中，被申请人曾提及仲裁庭在明知其已向中国境内法院提起确认仲裁协议效力之诉的情况下，仍未中止仲裁程序，该行为损害了中国的司法管辖权，有违中国的公共政策。

对此，嘉兴市中级人民法院认定，无论是在英国法（即该案中双方选定的准据法）还是中国法下，均无"一方于域外提出确认仲裁协议效力之诉，仲裁庭应中止仲裁程序"的规定,且本案双方当事人也无特别约定。因此,仲裁庭继续审理的行为并无不当。双方当事人约定将争议事项交由英国伦敦海事仲裁员协会仲裁是合法有效的,英国仲裁庭对涉案仲裁的管辖并没有损害中国的司法管辖权,其并不违反中国的公共政策。

三 境外仲裁裁决、判决在中国境内承认和执行面临的问题

(一)外国仲裁裁决承认和执行存在的问题

通观2020年度外国仲裁裁决未获中国境内法院承认和执行的几个案例,原因主要集中在不存在有效仲裁协议、当事人未获适当通知、被申请人不适格等方面。

1. 不存在有效仲裁协议

在"IM全球有限责任公司(以下简称IM公司)申请承认和执行美国独立电影电视联盟(Independent Film and Television Alliance,IFTA)国际仲裁院仲裁庭于2017年4月11日作出的第17-01号裁决案"【(2018)津01协外认2号民事裁定书】一案中,因被申请人提及孙某无权代理及代表其与申请人签订协议,天津市第一中级人民法院依据《涉外民事关系法律适用法》审查认定,孙某无权代表或代理被申请人签订涉案仲裁协议,因此申请人与被申请人之间不存在有效的仲裁协议,案涉仲裁裁决符合《纽约公约》第5条第1款(甲)项之情形。最终,天津市第一中级人民法院裁定不予承认和执行涉案仲裁裁决。

2. 当事人未获适当通知

在"IM全球有限责任公司申请承认和执行美国独立电影电视联盟国际仲裁院仲裁庭于2017年4月11日作出的第17-01号裁决案"【(2018)津01协外认2号民事裁定书】一案中,虽然仲裁庭秘书曾通过传真送达仲裁通知和仲裁规则、通过挂号包裹送达仲裁裁决等,但被申请人提供了充分证据证明其未收到仲裁通知和规则,且挂号包裹无法追踪、挂号信纸质版裁决被退还。

因此，本案构成《纽约公约》第5条第1款（乙）项规定的"或因他故，致未能申辩者"。最终，天津市第一中级人民法院裁定不予承认和执行涉案仲裁裁决。

3. 被申请人不适格

在"皇家食品进口公司申请承认和执行美国食品工业协会作出的2585号仲裁裁决案"【（2017）鲁06民初382号民事裁定书】一案中，尽管申请人向山东省烟台市中级人民法院提交了合格的仲裁裁决和含有仲裁条款的合同，但因其未提交充分证据证明被申请人系仲裁裁决及合同的当事人，法院最终驳回了申请人的申请。

（二）外国及港澳台判决承认和执行存在的问题

通观2020年度外国及港澳台判决未获中国境内法院承认/认可和执行的原因，则主要包括以下几个方面：超期申请，未提交身份证明文件及履行公证认证手续，未提供生效的判决书正本或经证明无误的副本，未证明被申请人经依法传唤并被合法送达，案涉判决尚非终局、确定、可执行的判决等。

1. 超期申请

《民事诉讼法司法解释》第547条规定，当事人申请承认和执行外国法院作出的发生法律效力的判决、裁定的期间，适用《民事诉讼法》第239条的规定。而《民事诉讼法》第239条规定，申请执行的期间为二年。申请执行时效的中止、中断，适用法律有关诉讼时效中止、中断的规定，也即申请人需在法律规定的时间内向中国人民法院提出承认/认可和执行的申请。法律不保护"躺在权利上睡觉的人"，如申请人未依据法律规定而超期申请，则需承担由此带来的一切不利后果。

在"金某某申请承认和执行大韩民国首尔南部地方法院2013年7306号、2013年7313号判决案"【（2020）辽01协外认7号民事裁定书】一案中，涉案判决早已于2013年12月14日发生法律效力，但申请人直至2020年4月8日方向辽宁省沈阳市中级人民法院提出申请，且无时效中止、中断的情形。法院最终对该判决不予承认和执行。

无独有偶，在"馨某企管顾问有限公司申请认可和执行台湾地区屏东地方法院2002年度促字第3861号支付命令被不予认可和执行后复议案"【（2020）沪认复1号民事裁定书】一案中，涉案支付令于2002年4月1日即生效且无履行期间，但申请人并未在此后二年内向大陆法院申请认可和执行该涉案支付命令，待2019年6月25日向上海市第二中级人民法院提出申请时，早已超过申请时效。最终上海市第二中级人民法院裁定不予认可和执行涉案支付命令，上海市高级人民法院亦最终驳回申请人的复议申请。本案值得注意的是，申请人并非完全息于行使其权利，2002年4月1日至2019年6月25日，申请人曾多次向台湾地区屏东地方法院申请执行该支付命令，但鉴于其并未在规定期限内向大陆法院提出申请，因此不构成申请时效的中断，也即在其他法域提出的执行申请并不理所当然地构成在中国境内法域的申请时效中断。

当然，超期申请也并不必然导致境外判决的不予承认/认可和执行，依据《民事诉讼法司法解释》第483条①以及《最高人民法院关于审理民事案件适用诉讼时效制度若干问题的规定》第3条②之规定，如当事人未提出诉讼时效抗辩，人民法院不应对诉讼时效问题进行释明及主动适用诉讼时效的规定进行裁判。也即，中国对时效制度采用抗辩权发生主义，是否援引消灭时效应首先取决于被申请人是否以此作为抗辩理由。例如，"唐某某申请认可和执行澳门特别行政区法院刑事判决书中民事损害赔偿案"【（2020）吉02认澳1号民事裁定书】一案中，因被申请人并未对申请时效提出抗辩，即使申请人超期申请，其申请最终仍被认可和执行。

2. 未提交身份证明文件及履行公证认证手续

依法提交身份证明文件、履行公证认证手续，并附确认无误的中文译本，

---

① 《民事诉讼法司法解释》第483条规定：申请执行人超过申请执行时效期间向人民法院申请强制执行的，人民法院应予受理。被执行人对申请执行时效期间提出异议，人民法院经审查异议成立的，裁定不予执行。被执行人履行全部或者部分义务后，又以不知道申请执行时效期间届满为由请求执行回转的，人民法院不予支持。
② 《最高人民法院关于审理民事案件适用诉讼时效制度若干问题的规定》第3条规定：当事人未提出诉讼时效抗辩，人民法院不应对诉讼时效问题进行释明及主动适用诉讼时效的规定进行裁判。

是承认和执行外国法院判决的首要以及重要条件。

在"陈某某（或中东模板脚手架公司）申请承认和执行阿拉伯联合酋长国迪拜法院2016年255号商事判决案"【（2018）川01协外认3号民事裁定书】一案中，申请人既有陈某某，又有中东模板脚手架公司，但其并未依据法律规定提交相应的身份证明文件并履行公证认证手续。最终，四川省成都市中级人民法院裁定驳回申请人的申请。

3. 未提供生效的判决书正本或经证明无误的副本

在"谭某某、刘某某、金某某申请承认和执行缅甸联邦共和国佤邦司法委法院（2017）佤司法民终字第003号民事判决案"【（2020)湘10协外认1号民事裁定书】一案中，因申请人未能提供外国法院作出的发生法律效力的判决书正本或经证明无误的副本，违反《民事诉讼法司法解释》第543条的规定，因此其承认和执行的申请最终被湖南省郴州市中级人民法院驳回。

4. 未证明被申请人经依法传唤并被合法送达

如境外判决、裁定为缺席判决、裁定的，申请人向中国法院申请认可和执行境外判决时，还应同时提交该境外法院已经合法传唤被申请人的证明文件，但判决、裁定已经对此予以明确说明的除外。《内地香港判决安排》第9条第（4）项、《内地澳门判决安排》第11条第（4）项、《认可和执行台湾判决规定》第15条第（1）项亦有类似规定。

在"姚某某申请承认及执行澳门特别行政区初级法院案卷编号为CV1-16-0113-CEO号执行案"【（2019）浙07认澳1号民事裁定书】一案中，因申请人未按规定提交证明澳门特别行政区初级法院已经依法传唤被申请人，且该院作出的批示已送达被申请人并已生效的证明文件，浙江省金华市中级人民法院裁定驳回申请人的申请。

5. 案涉判决尚非终局、确定、可执行的判决

在"某印染有限公司申请承认并执行美国加利福尼亚州圣马物奥郡高等法院第502381号民事判决书案"一案中【（2017)苏02协外认1号之二】，因该案涉美国判决尚在美国加利福尼亚州法院的上诉程序中，江苏省无锡市中级人民法院认为，根据《民事诉讼法》第281条之规定，向法院申请

境外仲裁裁决、判决在中国境内的承认/认可和执行（2020）

承认和执行的外国法院判决须已经发生法律效力，即外国法院判决应当是终局、确定、可执行的判决。据此，如若外国法院判决除依据原审国即判决作出国的法律已经生效并具有可执行性外，还必须具备终局性和确定性；有待上诉或者处于上诉过程中的判决不属于终局、确定的判决。最终，江苏省无锡市中级人民法院裁定驳回该案申请人的申请，并释明如涉案美国法院判决在美国加利福尼亚州法院的上诉程序结束，该外国法院判决具备终局性、确定性的，申请人可再次向有管辖权的法院申请承认和执行。

四 2020年度境外仲裁裁决、判决在中国境内的承认/认可和执行的新发展

境外仲裁裁决、判决在中国境内的承认/认可和执行，需遵循相应的国际公约、双边司法协助条约以及中国国内法的规定。通观2020年，因当事人未获适当通知、超期申请、未提交身份证明文件及履行公证认证手续等诸多事由，境外仲裁裁决、判决遭遇承认和执行中的挑战或最终不被承认/认可和执行。但总体而言，境外仲裁裁决、判决在中国境内的承认/认可和执行情况良好，被承认/认可率达到了75.68%。尤其与中国境内司法实践存在显著差异的仲裁裁决、判决在境内获承认/认可，充分体现了中国司法机关司法公开、求真务实、尊重差异的开放态度。此外，在政策利好以及最新承认和执行案例中确立的司法裁判意见的促进下，境外仲裁机构代表处在中国境内遍地开花，呈现一片欣欣向荣的景象，"鲶鱼效应"之下，也必将推动国内仲裁机构的改革和进步。而在内地和香港相互执行仲裁裁决方面，2020年11月26日颁布的《内地香港仲裁补充安排》也势必进一步便利和扩大仲裁裁决的承认和执行。

1. 求同存异：与中国境内司法实践不同的仲裁裁决、判决获承认/认可

在境外的仲裁制度、规则和实践与国内存在显著差异的情况下，中国法院在审理境外仲裁裁决承认和执行案件中，并未受到中国法律制度和实践的

"既定思维"限制，充分尊重境外仲裁制度、规则和实践的差异，体现了人民法院在审理涉外案件中开放包容、求真务实的审判精神。2020年共有14起外国仲裁裁决在中国境内申请承认和执行、4起香港仲裁裁决在内地申请认可和执行，其中仅3起外国仲裁裁决在中国境内未获承认和执行。

在"安富尔案"【（2020）粤72协外认1号民事裁定书】一案中，被申请人主要辩称：申请人仅提出要求被申请人支付相关视察费用7262美元的仲裁请求，但仲裁庭除裁决被申请人承担该项视察费用外，还裁决被申请人需按照年利率6%支付该费用利息，超出了仲裁请求范围。根据《纽约公约》第5条第1款（丙）项的规定，本案仲裁裁决中超出请求范围的该项视察费用的利息不应获得承认和执行。广州海事法院在审理中最终通过查明新加坡海事仲裁院（SCMA）仲裁规则中确有如下规定："对于裁决的任何金额按其认为公正的利率裁定单利或复利，计息时间截至裁决日或之前①，视仲裁庭认定其公正为准"②。也即，依据该规则，对于仲裁裁决中的利息裁决，仲裁庭享有自由裁量权。进而广州海事法院认定案涉仲裁裁决不属于"仲裁范围以外事项"，进而认定不存在"超裁"情形。

实则，中国国内的仲裁实践系严格依据"不告不理"原则，超出仲裁请求而作出的裁决，将被认定为"超裁"。在（2017）黑01民特81号一案中，法院认为，如若仲裁庭未向仲裁申请人对于利息问题进行释明而直接对未主张利息部分进行裁决，该行为即构成"超裁"，应予以撤销。

在另一案"承认和执行加拿大不列颠哥伦比亚省国际商事仲裁中心于2019年4月16日就某有限公司与华浚塑料建材有限公司间的纠纷作出的仲裁裁决案"中【（2019）浙05协外认1号民事裁定书】，被申请人即提出，因申请人自始至终并未提交明确的仲裁请求，违反双方协议及仲裁规则约定，符合《纽约公约》第5条第1款（丁）项之规定，因此不应予以承认。对此，

---

① 本文采用新加坡海事仲裁院仲裁规则官方中文译本，英译本略不同。
② The Tribunal may award simple or compound interest on any sum awarded at such rate or rates and in respect of such period or periods both before and after the date of the Award as the Tribunal considers just.

湖州市中级人民法院认为，不列颠哥伦比亚省国际商事仲裁中心仲裁规则第17条第3款规定了仲裁申请书应包含的事项，其中第5项英文原文为"the general nature of the claim and an estimate of the value of the dispute, if any"，即按照仲裁请求的一般性质，如果可以明确，则明确估计的争议金额，故仲裁规则本身并未要求申请人起先就提供确切数额的仲裁请求，申请人提交的仲裁请求书及2017年7月5日的索赔声明无明确的数额并无不当。而在中国的仲裁实践中，如中国国际经济贸易仲裁委员会和北京仲裁委员会均要求仲裁申请书中应载明具体的索赔请求及数额。

2. 欣欣向荣：境外仲裁机构代表处在中国境内遍地开花

在政策利好的刺激下，境外仲裁机构正如火如荼地开辟中国市场。2019年8月6日，国务院同意在上海临港地区设立中国（上海）自由贸易试验区新片区，同时发布了备受关注的《中国（上海）自由贸易试验区新片区总体方案》，其中明确了"境外知名仲裁及争议解决机构"经获准将被允许"在新片区内设立业务机构，就国际商事、海事、投资等领域发生的民商事争议开展仲裁业务，依法支持和保障中外当事人在仲裁前和仲裁中的财产保全、证据保全、行为保全等临时措施的申请和执行"。国际商会（ICC）、新加坡国际仲裁中心（SIAC）、香港国际仲裁中心（HKIAC）、韩国商事仲裁院（KCAB）以及世界知识产权组织仲裁与调解中心（WIPO）陆续在上海设立了代表机构。2020年9月7日，国务院批复了关于北京市服务业扩大开放的政策性文件《深化北京市新一轮服务业扩大开放综合试点　建设国家服务业扩大开放综合示范区工作方案》。该工作方案允许境外仲裁机构"在北京特定区域"设立"业务机构"，"就国际商事、投资等领域发生的民商事争议提供仲裁服务"及"……支持和保障……在仲裁前和仲裁中的财产保全、证据保全、行为保全等临时措施的申请和执行"。

在上述政策红利之外，2020年度重磅案件"布兰特伍德案"无疑又为境外仲裁机构在境内开展业务披荆斩棘。该案已明确"外国仲裁机构在中国内地作出的仲裁裁决，可以视为中国涉外仲裁裁决"。也即，被申请人不履行此类仲裁裁决的，申请人不必通过申请承认/认可和执行境外仲裁裁决的方式先申请承认/认可，而可直接按照中国的涉外仲裁裁决的执行程序申请执行。可以预见的是，在未来将有更多的境外机构在国内设立办事处，并在国内进行仲裁，这无疑将大大促进境外仲裁机构在境内的快速发展。"鲶鱼效应"之下，也无疑将催生境内仲裁机构的更多改革和发展。

3. 更迭换代：承认/认可和执行法律法规的进一步完善与落地

前已述及，《内地香港仲裁补充安排》于2020年11月26日颁布生效，系对原《内地香港仲裁安排》的补充安排，该安排有以下显著特点。

第一，明确"认可"程序，统一法律适用。原安排未明确规定"认可"程序，实践中各人民法院对香港仲裁裁决是否须经认可才具有执行力把握不一。《内地香港仲裁补充安排》立足内地与香港分属两个法域的法理基础，同时考虑部分仲裁裁决仅需认可的现实需求，明确规定"认可"程序，统一法律适用标准。

第二，扩大相互认可和执行仲裁裁决的范围，加大司法对仲裁的支持力度。其中，对申请认可和执行的香港仲裁裁决，规定按香港特别行政区仲裁条例作出的仲裁裁决均可向内地人民法院申请认可和执行，既包括香港仲裁机构作出的仲裁裁决，也包括临时仲裁裁决和香港以外仲裁机构作出的仲裁裁决。对申请认可和执行的内地仲裁裁决，删除了"由内地仲裁机构作出"的限制。

第三，规定申请人可同时向内地和香港法院申请执行仲裁裁决。原《内地香港仲裁安排》规定，被申请人的住所地或者财产所在地既在内地又在香港特别行政区的，申请人不得同时向内地和香港法院申请执行。

第四，规定法院在受理认可和执行申请之前或者之后的保全措施。原《内地香港仲裁安排》未对保全措施作出规定。2019年实施的《关于内地与香港特别行政区法院就仲裁程序相互协助保全的安排》仅是针对仲裁裁决作出前的保全协助，未涉及仲裁裁决作出后、法院裁定执行前的保全协助问题。《内地香港仲裁补充安排》增加了关于诉前保全和诉中保全的规定，通过制订完整的预防性救济措施，可有效保障仲裁裁决的顺利执行。

虽然《内地香港仲裁补充安排》第2条、第3条仍有待香港特别行政区完成有关程序后,由最高人民法院公布施行日期,但从 2020 年 11 月 27 日最高人民法院新闻发布会的态度可见,在推动内地与香港特别行政区相互认可与执行仲裁裁决上,内地与香港法律适用将更趋向统一与完善,相互认可与执行的适用范围更广,可申请执行的途径更全面,保全措施的适用范围更完整,更有利于保护内地与香港仲裁裁决的有效执行,未来内地与香港特别行政区相互认可与执行仲裁裁决的道路也将更通畅。

五　展望

随着"一带一路"倡议的实施和推进,"一带一路"建设涉及的跨国商事活动日益频繁,因此而产生的涉外商事争端不可避免,如何妥善化解"一带一路"建设过程中产生的商事争端,平等保护中外当事人的合法权益,便利境外仲裁裁决、境外判决在中国境内的跨境承认/认可和执行,不仅关乎提升中国司法的公信力,更关乎营造稳定、公平、透明、可预期的法治化营商环境,有助于进一步深化改革,推进"一带一路"建设,并为建设开放型世界经济提供更加有力的司法服务和保障。

未来,仍有如下相关立法以及司法实践的突破和完善值得期待:境外(含港澳台)法院和仲裁调解书在境内的承认与执行;涉及澳门以及其他赌博合法化国家的赌博债务的判决、仲裁裁决在中国境内承认和执行的机会与挑战;承认/认可和执行程序中的翻译费、公证认证费可否如同诉讼费,应由被申请人承担;推定互惠原则的落地、积极促成互惠关系,倡导并逐步扩大国际司法协助范围的进一步实践等。

B.18
行政执法监督的余杭实践与探索

中国社会科学院法学研究所法治指数创新工程项目组 *

摘　要： 行政执法是法治政府建设的重要方面，近年来，各地积极探索如何规范行政执法。余杭区在原有众多监督措施基础上，围绕构建全覆盖的整体政府监管体系和全闭环的行政执法体系工作要求，借鉴法治余杭量化考核评估体系的成功经验，探索构建余杭行政执法监督评价体系，破解目前行政执法监督事项相对松散、监督力度不足、监督评价未成系统的问题，以提升行政执法监督效能，促进政府工作法治化水平提升，努力打造余杭法治政府建设的新亮点。余杭的探索是立足于实践中行政执法各项短板而进行的有益探索，也为其他地区的相关实践积累了经验。

关键词： 余杭　行政执法监督　法治政府

余杭，位于杭嘉湖平原南端，西倚天目山，南濒钱塘江，中贯东苕溪和大运河，是杭州通往沪、苏、皖的门户。区域总面积1228平方千米，下辖6个镇、14个街道，实有人口320万。2020年，余杭区地区生产总值突破3051.61亿元、同比增长5.3%，财政总收入和地方财政收入分别达825.9亿元、441.1亿元，分别增长13.7%、12.7%，主要经济指标总量和增速继续位居省

---

* 项目组负责人：田禾，中国社会科学院国家法治指数研究中心主任，法学研究所研究员；吕艳滨，中国社会科学院法学研究所研究员、法治国情调研室主任。项目组成员：王小梅、王祎茗、刘雁鹏、胡昌明、栗燕杰、彭执一（按姓氏笔画排序）。

市前列。经济的高速发展要求政府事前事中事后监管必须到位,确保政府依法全面履行职责,并对执法规范化提出了越来越高的要求。为此,余杭区近年来积极响应国家号召,不断完善行政执法制度,探索创新行政执法监督机制,在基层政府法治建设方面进行了有益探索。

一 精进不休——行政执法监督的时代要求

行政执法关系到政府管理,关系到当事人合法权益。长期以来,行政执法问题一直备受关注,国家一直强调加强对行政执法的监督,以切实推进法治政府建设。党的十五大确立了依法治国、建设社会主义法治国家的基本方略;十六大又明确要求,"加强对执法活动的监督,推进依法行政";十七大提出,"全面落实依法治国基本方略,加快建设社会主义法治国家";十八大报告对全面推进依法治国作了专门论述,明确指出法治是治国理政的基本方式;十九大报告提出,"建设法治政府,推进依法行政,严格规范公正文明执法"。2020年11月,在首次中央全面依法治国工作会议上,习近平总书记强调,法治政府建设是重点任务和主体工程,要率先突破,用法治给行政权力定规矩、划界限,规范行政决策程序,加快转变政府职能;要推进严格规范公正文明执法,提高司法公信力;构建系统完备、科学规范、运行有效的执法体制是行政执法法治化发展的重中之重。

党的十八届四中全会吹响了全面依法治国的新号角,要推动行政执法更加规范,就要积极贯彻中央精神和法律规定不断加强行政执法监督。《中共中央关于全面推进依法治国若干重大问题的决定》和《法治政府建设实施纲要(2015~2020年)》均提出,强化对行政权力的制约和监督,努力形成科学有效的权力运行制约和监督体系,增强监督合力和实效。2019年国务院办公厅印发《关于全面推行行政执法公示制度 执法全过程记录制度 重大执法决定法制审核制度的指导意见》,从执法公示、程序保障以及重大行政执法决定法制审核三方面推动执法规范化建设,要求不断强化执法监督,严格规范公正文明执法,为法治政府建设营造良好环境。

浙江省委省政府印发《关于深化综合行政执法改革的实施意见》，提出基本建立分工合理、职责清晰、协同高效的"综合行政执法＋部门专业执法＋联合执法"执法体系，加快形成权责统一、权威高效的行政执法体制机制，推进数字技术在行政执法领域深度应用，促进行政执法与社会公共信用监管深度融合，推动执法更加严格规范公正文明、执法监管更加有效、社会满意度显著提高。意见还提出，强化执法监督，建立责任追究制度、行政执法重大事项报告制度，探索开展社会满意度评价和第三方评估。浙江省委主要领导也强调，深化综合行政执法改革是法治政府建设的重点，在纵深推进"互联网＋监管"的背景下，深刻影响"放管服"改革、整体政府建设和小康成效，"牵一发而动全身"。要把综合行政执法改革摆在更加突出的位置，聚焦构建"大综合一体化"行政执法体系目标，以"整体智治"理念，强化省市县联动，落实统筹协调和改革保障机制，更大范围统筹跨部门跨领域综合行政执法改革，更大力度推进行政执法标准化规范化数字化，切实提升行政执法效能和群众满意度，努力把综合行政执法改革打造成为法治政府建设的"金名片"。

二 持续发力——余杭原有行政执法监督的举措与问题

（一）余杭传统执法监督现状

加强行政执法监督，是防止和纠正违法或者不当行政执法行为、确保行政权力正当行使、维护行政相对人合法权益的有效途径，也是优化营商环境、深入推进依法行政和加快法治政府建设的有力保障。余杭区充分认清行政执法监督工作面临的新形势和新任务，以及加强行政执法监督工作的必要性、重要性，聚焦"严格规范公正文明执法"，狠抓行政执法主体、执法能力、执法行为和执法监督四个方面的规范化建设，力促全区行政执法水平稳步提升。

1. 聚焦"资格"发力，推动行政执法主体规范化

让合格的机构和人员去执法，是执法规范化的前提。为此，余杭区重视执法主体资格问题，开展了行政执法主体资格确认公告工作。余杭区明确行

政执法主体资格确认工作范围、标准、职责、方式、步骤和要求，规定必须有法律、法规、规章等明确规定或授权、委托，同时结合全区机构改革和行政执法体制改革等工作实际，依法严格审核并向社会公告机构改革后全区行政执法主体名单，切实推进全区行政执法责任制和行政执法公示制度的落实。

余杭区还加强执法人员资格管理，把好行政执法人员准入关，从编办调取全区在编人员实名制名录，对执法人员申领、更换执法证件严格资格审核。每年定期组织行政执法资格考试，按照行政执法证"应领尽领""应考尽考"要求，加大宣传动员，加强考核倒逼，多渠道多举措调动各行政执法机关参加行政执法证考试的积极性。全区行政在编人员平均持证率达到96.9%，远高于省市90%的考核要求。此外，余杭区还开展了全区执法证件清理工作，进一步规范行政执法主体和行政执法证件的管理。结合浙江省一体化监管平台推广应用工作，对系统中实际已不再具有持证资格或不在执法岗位的人员信息予以注销，对系统中现行有效的执法人员信息，做好身份信息和数字签名的采集补录。

不仅要管好编内人员，还要管好编外人员。为此，余杭区开展了行政执法辅助人员的信息录入工作，监督执法机关对行政执法辅助人员实行规范化管理。

2. 聚焦"水准"监督，推动行政执法能力规范化

一是精心打造"法治政府建设推进日"。余杭区将府院联席会议、法治政府建设推进会以及行政机关负责人出庭应诉总结交流会三会合一，分别通报全区法治政府建设工作和"两高一低"整治情况、行政审判以及公益诉讼情况，分析行政执法等方面存在的问题和不足。余杭区还组织开展行政案件庭审观摩，组织区政府班子成员、行政执法单位主要负责人等直接感受案件审理过程，对程序意识、证据规则、出庭应诉要求有了直观的认识，对依法行政的内在要求、从源头规范行政行为有了新的感悟。

二是组织开展"关键少数学习周"活动。余杭区近几年多次组织全区各行政执法部门、乡镇（街道）的法治工作分管领导、法制机构负责人及一线执法骨干力量，前往知名高校参加为期一周的法治政府建设集中培训，提升

参训人员运用法治思维和法治方式推进改革、提升法治政府建设及规范公正文明执法的能力和水平。

三是落实公职律师配备培育。组织各执法机关组织人员参加申请公职律师执业证岗前培训，壮大全区公职律师队伍，发挥公职律师在重大执法决定法制审核等方面的专业优势。

3. 聚焦"过程"监督，推动行政执法行为规范化

余杭区结合《浙江省行政执法监督"正法直度"专项行动方案（2020年）》《"证照分离"改革事项审批监管情况专项监督工作方案》及"执法司法规范化水平提升年"活动，开展行政执法监督"正法直度"专项行动，全面加强和改进行政执法监督工作。

一是开展"证照分离"改革工作专项监督。围绕"放管服"和"证照分离"改革，由区司法局、特邀行政执法监督员及法治监督员组建专项监督小组，通过现场查摆、明察暗访、征求意见、督促整改等方式，深入了解相关事项办理及批后监管情况，推动执法监管责任落实，切实解决涉企审批事项不批不管、只批不管、严批宽管等问题，确保相关事项"放得开""管得好"，助推"证照分离"改革深入推进，进一步打造法治化营商环境。

二是开展"三项制度"落实情况回头看专项行动。对行政执法部门是否在网上公开执法主体、执法人员、执法决定、执法统计年报及双随机抽查情况等信息、执法全过程留痕和可回溯管理落实情况、行政执法装备配备情况、重大行政执法决定法制审核制度制定及人员保障等落实"三项制度"情况进行"回头看"摸排检查，掌握全区"三项制度"落实情况，督促各执法机关增强对"三项制度"重要性的认识，并切实落实到执法过程中。

三是开展电动自行车行政执法专项监督。《浙江省电动自行车管理条例》出台之际，全区电动自行车专项治理行动产生大量行政执法案件，组织开展电动自行车行政执法专项监督，重点对电动自行车专项治理行动的行政执法"三项制度"落实情况、行政执法案卷进行督查。督查结果表明，全区电动自行车专项治理行动中"三项制度"落实到位、执法行为总体质量较高，对存在的问题督促执法机关及时整改，有效促进了电动自行车专项治理行动的行

政执法规范化。

4. 聚焦"落责"发力，推动行政执法监督规范化

一是深入开展行政执法案卷评查。余杭区邀请部门法制机构负责人、特邀行政执法监督员、法治建设监督员等，通过分散事项、随机抽取等方式，对各执法机关的行政执法案件进行集中评查，从主体认定、证据收集、文书制作、法律适用、自由裁量、办理时限、案卷归档等方面对照标准逐项进行评查计分，并将评查意见书面反馈执法机关，进一步提升了全区行政执法案卷的标准化、规范化、精细化水平。

二是开展行政复议纠错（行政败诉）案件专项执法监督。加强与复议机关、法院的联系沟通，全面梳理近年来的复议纠错（行政败诉）案件，分析研究暴露的执法问题，及时反馈给相关单位，要求各单位总结经验，尽可能减少、避免程序瑕疵及实体问题。

三是加大行政执法问题处理力度。对执法案卷评查、复议纠错（行政败诉）案件专项监督、执法个案监督等过程中发现的违法执法或不履行法定职责的情形，通过制发"行政执法监督通知书""行政执法监督决定书""行政执法过错责任追究建议书"等形式予以及时纠正和追责，并强化结果运用，将执法监督检查结果纳入年度法治政府建设工作考核，切实提升行政执法监督权威。

（二）传统行政执法监督模式下行政执法存在的问题

坚持精益求精，余杭区通过"个性—共性"研究，首先梳理了全区的行政执法部署，剖析了余杭区行政执法监督的现状，通过分析现阶段行政执法存在的问题，总结传统行政执法监督过程中需要改进的地方；其次，在与各省市的工作经验交流中不断深挖行政执法监督模式的不足。

通过"对内自省，对外吸收"，余杭区发现了一些传统行政执法监督模式下行政执法存在的共性问题。

1. 法治思维不够深入

有的领导干部对全面建设法治政府和推进依法行政的必要性和紧迫性认

识不足，没有形成法治思维模式，存在"重效率、轻法治"的思想。部分执法人员"重实体、轻程序"，行政执法程序不规范，因程序问题导致复议纠错、行政败诉的案件占比不低。

2. 执法监管不够有力

执法部门之间有些职责和事项需要进一步厘清，个别执法部门内部审批、监管、处罚环节衔接不畅，存在日常监管缺位、以罚代管等问题。

3. 执法行为不够规范

需要进一步规范自由裁量权的行使，"同案不同罚、同事不同办"仍有发生，造成执法不公、执法部门形象受损。"三项制度"落实情况参差不齐，行政决策措施跟踪评估制度设计还较为薄弱，重大行政决策公众参与度有待进一步提高，个别重大行政执法决定法制审核存在把关不严的情况。

4. 执法保障不够到位

一是执法力量不足。目前，执法案件数量大幅增加，执法领域不断拓展，办案难度不断增加，而现有执法人员偏少，人均执法任务较重。二是执法能力不足。执法人员整体素质有待提高，执法人员有法学教育背景或取得法律职业资格比例较低，有些执法人员相关专业知识储备不足，导致在办案过程中调查取证不充分、适用法律不准确、执法文书质量不高。三是装备配备不足。一些镇街、部门缺少必要的执法仪器装备、执法车辆，影响执法取证和执法效率。

三 推陈出新——行政执法监督评价体系助力行政执法规范化

党的十九大浓墨重彩勾勒出全方位推进依法治国的法治蓝图，引领依法治国翻开新的篇章。依法治国的关键在于依法行政，而依法行政的核心与难点在行政执法，因此行政执法工作的开展直接影响着依法行政和法治政府建设。在传统监督模式下，行政执法规范化的难题没有解决，在新的环境条件下，要大胆创新，多方兼顾才能找到新的出路。余杭力求在创新体制方面不断努力,意图打破执法规范化推进中的壁垒。《中共中央关于全面推进依法治国若干重大问题的决定》和《法治政府建设实施纲要(2015~2020年)》先后指出,强化对行政权力的制约和监督,努力形成科学有效的权力运行制约和监督体系,增强监督合力和实效。根据新形势和新任务的要求,行政执法监督应当坚持传统规范措施,在夯实实践的基础上不断推陈出新。

在全面推行行政执法"三项制度"、完善行政执法监督模式和推动严格规范公正文明执法的大背景下,全国各地都在探索解决执法规范化难题。例如,山东省聚焦"三项制度"推进行政执法规范化建设,建立行政执法监督工作体系、创新县乡全覆盖的基层行政执法监督模式、推动行政执法监督信息化建设,从体制上加强行政执法监督。广东省创新行政执法制约监督机制,完善行政执法制度机制、构筑行政执法流程体系、完善行政执法考评纠错机制,加强事前事中事后监督。安徽省安庆市的"五大工程"主要通过"群众公义"和"特邀力量"实现民意对行政执法的监督。此外,各地采取的措施还包括执法主体资格公示制度、提高执法人员素质、规范自由裁量权、创建执法信息和执法监督平台、开展电子监察和案卷评查、完善执法过错追责机制、拓宽和保障救济途径等。

余杭区围绕构建全覆盖的整体政府监管体系和全闭环的行政执法体系的工作要求,借鉴法治余杭量化考核评估体系的成功经验,探索构建余杭行政执法监督评价体系,破解目前行政执法监督事项相对松散、监督力度有待深化、监督评价不成系统的问题,不断提升行政执法监督效能,促进政府工作法治化水平提升,努力打造余杭法治政府建设的新亮点。

该体系的搭建主要依据中共中央、国务院《法治政府建设实施纲要(2015~2020)》《浙江省县级以上人民政府行政执法监督条例》《浙江省行政执法监督实施办法》《杭州市行政执法监督实施办法(试行)》等文件规定,各项具体指标均有对应的法律依据或者省市区考核要求,并在规范化的基础上进行创新,体现了不同的治理思路。

体系框架主要借鉴了法治余杭量化考核评估体系的基本框架结构,分为监督评价目标、监督评价指标、行为测评三个板块,在"加强和完善行政执法监督，规范行政权力行使，防止和纠正违法或者不当的行政执法行为，维护行政相对人合法权益，促进依法行政，加快政府职能转变，优化法治化营商环境，高质量、高效率推进法治政府建设"的总目标下，以监督评价指标为依据，采取多种测评方式，对行政执法进行有效监督并作出量化评价，赋予该体系兼具行为规范和量化评估的功能定位。

指标设计上，监督评价指标作为体系核心内容，是规范行政执法的关键支撑。余杭区在浙江省司法厅、浙江省综合执法办的指导下，全面梳理了行政执法监督覆盖的事项范围，设置共性指标、个性指标两个板块，形成了"（5+1）+32+X"架构。

"5+1"是指6项一级指标。评价体系建立的第一步是对行政执法大类标准性评价指标的设计。"5"是指5项共性一级指标，是对全区各行政执法单位的一般性、普遍性要求，覆盖行政执法体制机制、人员队伍、制度建设、执法成效及物资保障5个共性的监督评价要素。"1"是针对行政执法行为单独设置了1项个性一级指标。行政执法行为是否规范，直接影响到行政相对人的切身利益，直接决定法治政府建设的成效，是行政执法监督的核心和重点。由于各类执法行为对主体、程序、结果等方面的规定大不相同，具体应用较为复杂，且各执法单位的执法事项亦有所区别，有必要将"执法行为"单列为个性指标，根据各类执法行为分类梳理相应的监督评价细则，这样既可以为监督评价机构提供针对性的评价标准，也可以为执法单位和执法人员提供详尽的操作指引，促进执法规范化水平提升。

"32"是指32项二级指标，是对6项一级指标的进一步延伸，包含22项共性二级指标、10项个性二级指标。其中，"体制机制"分为机构设置、组织领导机制等4项共性二级指标；"人员队伍"分为执法人员、执法辅助人员、培训管理3项共性二级指标；"制度建设"分为行政执法公示制度、行政执法全过程记录制度、执法投诉举报回访制度等9项共性二级指标；"物资保障"分为经费、装备、场地3项共性二级指标。"执法成效"分为质量、绩效等3项共性二级指标。关于"执法行为"，按具体执法类型设置行政许可、行政检查、行政处罚等 10 项个性二级指标，形成覆盖"审批—监管—处罚"事前事中事后全流程闭环式管控。针对不同环节进行系统化指标设置，增强了指标的科学性、协调性。

"X"是指数量庞大的三级指标，是二级指标对应的监督评价细则，以现行的法律法规规章及制度规定、考核要求为标准梳理确定，可以根据发展需求及时进行动态更新和调整，体现指标的精准性、灵活性。

实际测评中，则参考法治余杭量化考核评估方式，采用内部评价和外部评价相结合的方式，以监督评价指标采集的数据为基础，通过执法监督机关测评、专家学者评议、社会公众满意度调查等方式，从行政执法人财物等成本投入，行政执法质量和绩效提升，投诉量、满意度、营商环境等社会效益产出等方面，对全区行政执法情况作出量化评价，推动构建主体清晰、过程规范、责任明确、体制完善、协同高效、公正廉洁的行政执法体系，助力法治政府建设再上新的台阶。

下一步，余杭区将分三步落实该体系。第一阶段是制定出台余杭区行政执法监督评价体系。在征求各方面意见建议的基础上，进一步完善体系指标设置，参考法治浙江、法治杭州和各业务条线考核要求，综合考量 6 项一级指标分值占比，合理设置各项指标具体分值和评分标准，进一步明确指标数据的采集来源和采集方式，制定不同测评方式的操作细则，构建能够全面、客观、真实、量化反映余杭区行政执法水平的指标体系。第二阶段是组织开展行政执法监督评价专项行动。以余杭区行政执法监督评价体系为标准，选择行政执法监督的重点领域和重点事项，试点开展行政执法监督评价工作，进一步检验指标体系设置的合理性和可操作性，为后续优化指标体系提供实践经验。同时，及时发现行政执法中存在的问题和薄弱环节，督促执法部门规范执法活动，提高执法质量。第三阶段是加快行政执法监督数字化转型。依托浙江省行政执法监督信息系统、浙江省统一行政处罚办案系统等信息化手段，探索构建行政执法监督数字化分析模型，归集全区执法力量、执法决定、执法纠纷等各类信息，实时掌握全区行政执法情况，开展线上评查、线上督办等数字化监督。

四 满怀憧憬——行政执法监督评价体系展望

法律的生命在于实施，法律的权威也在于实施。党的十九大提出，"建设法治政府，推进依法行政，严格规范公正文明执法"，这是新时代行政执法法治化的总体要求。2021年1月10日，中共中央印发了《法治中国建设规划（2020~2025年）》，部署和规划了法治国家、法治政府、法治社会的总体目标，对行政执法监督工作提出新任务、新挑战和新要求。

加强行政执法监督，是规范化执法的重要组成部分，是推进依法行政、建设法治政府的重要内容，对政府职能依法全面履行、行政制度体系完善、重大行政决策科学民主合法、行政执法严格规范公正文明、行政权力制约监督科学有效、社会矛盾纠纷依法有效化解、政府工作人员法治思维和依法行政能力全面提高、法治政府建设组织领导落实到位等具有重要意义。但目前各地对行政执法的事前事中事后监督各有侧重，缺乏全方位监督和量化举措。

余杭区在吸取各地先进经验和夯实法治余杭量化考核评估体系先行经验的同时，探索推进执法标准化规范化全方位行政执法监督体系。通过量化指标，评估每个环节的执法活动可实现全方位监督；通过体系明确每一个执法环节的标准，以达标与否推动执法，探索从源头治理执法不规范的路径。在传统行政执法监督措施的基础上，通过行政执法监督评价体系查漏补缺，借助执法信息化手段，探索源头治理执法不规范的出路。相信能够在执法规范化中找到新的突破口，继续推进依法行政和法治政府建设。

Abstract

In the year 2020, Xi Jinping thought on the rule of law was established as the fundamental guideline for law-based governance in China. The Civil Code of the People's Republic of China was issued. China made great achievements in government legalization, civil and commercial economic market legalization, the ecological environment legalization, labor and society legalization, judicial reform and the protection of human rights. Besides, China has effectively promoted the epidemic prevention and control and economic and social development on the track of the rule of law. The crime situation continued to improve on an overall stable basis, and the number of criminal cases in the whole year was steadily decreasing. The public health emergency legal system has provided a legal basis for epidemic prevention and control, and many major changes have also taken place in the process of its implementation. In the year 2020, relevant self-discipline and supervision regulations have been launched for online live broadcast marketing. The Chinese response to the challenges of aging has been continued to advance and great progress has been made in the protection of the rights and interests of the elderly. Since the 19th National Congress of the Communist Party of China, a lot of progress has been made in China's natural resources supervision in governance concept, system and mechanism, law enforcement methods, and legalization. The achievements mentioned above in the development of the rule of law in China have provided a strong guarantee for the establishment of a moderately prosperous society in 2020 and the decisive battle against poverty. It will also lay a solid foundation for the rule of law for the full launch of the 14th Five-Year Plan in 2021 and the second centenary goal.

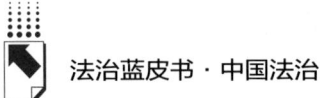法治蓝皮书·中国法治

This year, the Blue Book of Rule of Law continued to launch a series of evaluation reports on the government transparency of 249 governments across the country, the judicial transparency of 218 courts, the transparency of procuratorial affairs of 82 procuratorates, the transparency of police affairs of 73 public security organs, and the transparency of maritime justice of 11 maritime courts. The evaluation results show that the openness of government affairs and judicial affairs in China has developed into a new historical stage. The disclosure work mechanism has become mature, the transparency level has been greatly improved, and information disclosure has become the most dazzling achievement in the construction of the rule of law.

Keywords: Xi Jinping Thought on Rule of Law; Law-Based Governance in China; Rule of Law Index; Protection of Human Rights

Contents

I General Report

B.1 Development of Rule of Law in China in 2020 and the Forecast in 2021
Innovaton Project Team on the Rule of Law Index,
Institute of Law, CASS / 001

1. Establishing of Xi Jinping Thought on the Rule of Law, Coordinating of Party Rules and State Laws to Promote Law-Based Governance in China / 003
2. Entering the Era of Codification, the Socialist System of Laws with Chinese Characteristics is Becoming more Complete / 006
3. Building a Law-Based Government, Improving and Enhancing Law Enforcement Standardization and Government Service Level / 010
4. Optimizing the Business Environment, Improving and Perfecting Property Rights Protection and the Rule of Law in the Market Economy / 016
5. Deepening Political and Legal Reforms and Safeguarding Social Fairness and Justice with Strict and Impartial Justice / 023
6. Improving Emergency Rule of Law, Coordinating and Promoting Epidemic Prevention and Control as Well as Economic and Social Development / 030
7. Strengthening Social Governance, Ensuring People's Livelihood and Building Ecological Civilization have Achieved Remarkable Results / 034

8. Challenges and prospects: starting a new journey of law-based governance in a new era / 041

Abstract: In the year 2020, facing the complicated international and domestic environment, China's rule of law construction was closely linked to the goal and task of building a well-off society in an all-round way. The legal system within the Party was continuously improved and Xi Jinping thought on the rule of law was established as fundamental guideline for law-based governance in China. China has entered the era of codification and the socialist system of laws with Chinese characteristics has become more complete. The law-based government has been built, the law enforcement standardization and government service level have been improved and enhanced. The business environment has been optimized and property rights protection and the rule of law in the market economy have been improved and perfected. The political and legal reform has been deepened to safeguard social fairness and justice with strict and impartial justice. Emergency rule of law has been strengthened, epidemic prevention and control as well as economic and social development have been coordinated and promoted. Social governance has been innovated, with people's livelihood protection and ecological civilization construction being fruitful. The development of the rule of law in China provides a strong legal guarantee for building a well-off society in an all-round way and fighting against poverty in 2020. In 2021, in order to fully embark on a new journey of building a new era of rule of law in China, China should continue to do a good job in the construction of supporting systems for the implementation of the Civil Code, maintain a sustainable and healthy development environment for digital economy, create a fair and just business environment under the rule of law, promote the construction of the supervision system of penalty execution, establish a long-term normal working mechanism for cracking down on gang crime, see Party self-governance exercised fully and with rigor, continue to fight against corruption and get rid of formalism and bureaucracy.

Contents

Keywords: Law-Based Governance in China; Scientific Legislation; Law-Based Administration; Judicial Reform; Business Environment

II Special Reports

B.2 China's Legislation in 2020

Liu Xiaomei / 045

Abstract: In 2020, in the context of COVID-19 epidemic, the NPC and its Standing Committee, the State Council and the local people's congresses with legislative power responded promptly to major public health emergencies, major social concerns and the expectations of the masses for a better life. The legislative work showed the characteristics of fast pace and high quality. During the legislation, they adhered to the problem orientation and make up weaknesses, and coordinated the revision of the epidemic prevention and control legislation; compiled the Civil Code to protect civil rights in an all-round way; promoted the legislation in the field of national security, and established and improved national security laws that are compatible with the national security system of laws; strengthened the legislation for ecological environment protection, basically forming the legal system of ecological environment; further improved the accuracy of the connection between legislation and reform, and ensured that major reforms are based on law; focused on the construction of a law-based country, a law-based government, and a law-based society and focused on legislation in key areas. The principle of putting the people in the first place was adhered to, and the democracy to legislation was developed in depth; the principle of emergency and urgent legislation coming first was insisted on, and the legislative quality and efficiency was significantly improved; problem-oriented principle was adhered to, and the legislation was more targeted; the system thinking was adhered to, and legislation was more systematic; the principle of adaptation to local conditions was adhered to and the

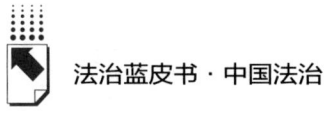

legislative forms were more abundant.

Keywords: China's Legislation; Legislative Overview; Legislative Evaluation and Analysis; Legislative Outlook

B.3 Development of China's Rule of Law in the field of Human Rights in 2020: Legal Protection of Human Rights under Epidemic Situation

Dai Ruijun / 063

Abstract: The epidemic of Covid-19 poses severe challenges to human rights protection in all countries. The Chinese government has taken resolute and decisive anti-epidemic measures, which has to a maximum extent guaranteed people's right to life and right to health. It has coordinated epidemic prevention and control as well as economic and social development as a whole, accordingly the entire population can enjoy social security and obtain employment steadily, the social production and life can be restored in an orderly way. Upholding the concept of scientific and legitimate epidemic prevention, The Chinese government actively reflected and summarized experiences, and timely adjusted some anti-epidemic measures in order to minimize their restriction on people's rights. In the future, China could absorb the good experiences during this epidemic, and improve its legal system for human rights protection in emergency.

Keywords: Right to Life; Right to Health; Covid-19; Public Health Security; Rule of Law in Emergency

B.4 Analysis of Crime Control in 2020 and Prediction of Crime Control in 2021

Gao Changjian / 078

Abstract: The year 2020 is a relatively special year, with COVID-19 outbreak bringing about many impacts on economic and social development. In general, the crime control in 2020 continued to improve on an overall stable basis, and the number of criminal cases in the whole year steadily decreased. Affected by the prevention and control of the epidemic in the first half of 2020, the crime of hindering the prevention and control of COVID-19 has become an important task of crime governance. At the same time, the issue of crime control in other fields has also changed accordingly. The changing trend of different types of crimes is quite different, the incidence of serious violent crimes and homicide cases continued to decline, while the detection rate remains at a fairly high level; the crimes of endangering public security and disrupting economic order were still relatively serious; the crime of network telecom fraud was still increasing, and the governance difficulty was also increased; the number of duty-related crimes transferred for prosecution has maintained a stable trend.

Keywords: Crime; Crack Down on Gang Crime; Crime Rate; Crime of Violence; Duty-Related Crime

B.5　The Report on China's Fair Competition Review System Implementation
　　　　　　　　　　　　　　　　　　　　　　　　　　Huang Jin / 093

Abstract: Fair competition review system is an important part in promoting the optimization of business environment. Starting from the current situation of the implementation of the fair competition review system in China, this report discusses the difficulties in the implementation of fair competition review system, and puts forward some suggestions on improving the fair competition review system in China, including emphasizing the legal basis of local financial support for local registered enterprises, clarifying the legal basis of local government subsidies for local enterprises to bring in talents, strengthening the legal requirement of performing local policies and measures on behalf of local governments and coordinating headquarters' economic

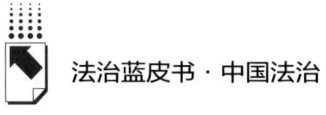

development measures with top-level design .

Keywords: Fair Competition Review System; Optimization of Business Environment; Market Economy

B.6 Implementation and Change of Public Health Emergency Legal System

——*Based on the context of the COVID-19 outbreak*

Meng Tao / 104

Abstract: The outbreak of COVID-19 is the biggest public health emergency in the past hundred years, posing an unprecedented test on the public health emergency legal system. On the one hand, public health emergency legal system has provided a legal basis for the epidemic prevention and control, while on the other hand, many major changes have taken place in its implementation process. Tremendous changes have taken place in the epidemic prevention and control system, forming a new system consisting of advisory and coordinating organs, joint prevention and control mechanism, society-wide prevention and control mechanism, and a professional prevention and control force. The entire country and society have been fully mobilized. There have been two new changes in epidemic prevention practices. One is the prevention on "asymptomatic patients" and the other is large-scale preventive testing. COVID-19 also exposed the shortage of emergency medical supplies and emergency relief. It is a new change in the epidemic notification mechanism that China regularly notifies the World Health Organization and other countries and regions of the epidemic information in a timely and active manner. In the stage of control and emergency response, China first adopts the containment strategy to extinguish the large-scale epidemic, and then adopts suppression strategy to deal with imported and distributed epidemic. The supervision subject, supervision object, supervision content and supervision mode have been significantly expanded, and punishment for dishonesty and administrative penalty has been widely used. With the revision of the Law of the People's Republic of China on Prevention and Treatment of Infectious Diseases, the public health emergency legal system has undergone obvious changes.

Keywords: Rule of Law in Public Health; Emergency; COVID-19 Outbreak

B.7 Non-competition in Emerging Industries and the Development of Labor Law

Yao Jia / 117

Abstract: The system of non-competition in Labor Law is a system created worldwide to balance the relationship between employees and employers and maintain the order of competition. In the era of digital economy, with the rapid development of emerging industries, non-competition disputes are constantly emerging and generating many new problems. While the law should protect the rights of employees, it should also protect the rights of employers in a balanced manner. Employees may get higher pay returns when they choose a new job, so there are more hidden competition behaviors in practice. It has been a key and difficult problem in practice how to judge whether such competition behaviors violate the obligation of non-competition, and how to collect and produce evidence. In individual cases, consideration should be given to disclosure obligation of case facts by workers under the basic principle of "producing evidence by the favored". Only in this way can we better maintain the spirit of contract between employers and employees, and embody substantial justice and procedural justice.

Keywords: Labor Law; Non-competition; Emerging Industries; Digital Economy; Producing Evidence by the Favored

B.8　Logic behind Regulation of Online Live Streaming Marketing

Wu Jun / 127

Abstract: The rise of online live streaming marketing fully illustrates the resilience and vitality of China's Internet economy. In the year 2020, relevant regulations with the approach of self-discipline and regulation have been launched for this kind of marketing, which has its own legal logic. China's Internet content regulation system will definitely have an impact on the regulation of the online live streaming marketing mode. In essence, online live streaming marketing is no different from traditional TV shopping. However, due to the high interactivity of the Internet, a series of issues such as the management of performing artists, advertising spokesperson system, advertising identification standards, the protection of consumers' right to know and choice on their own, personal information protection, etc. are presented one by one in the development of online live marketing. Relevant self-discipline and regulatory norms may not solve these problems overnight though, they will prompt China to continue to promote relevant institutional reforms based on the rule of law in order to inject further vitality into Internet-driven economic development.

Keywords: Online Live Streaming Marketing; Personal Information Protection; Commercial Advertising; Consumers' Right to Know; Consumers' Right to Choice on Their Own

B.9　Report on the Rule of Law Development of the Protection of the Rights and Interests of the Elderly in China in 2020

Wang Haiyang, Lu Xiaoming / 143

Abstract: In the year 2020, significant progress was made in the rule of law for the protection of the rights and interests of the elderly, and the legal and policy system for the protection of the rights and interests of the elderly was further improved. China has continued to promote the construction of elderly care services, standardized the operation of elderly care institutions, established a national response mechanism to protect the rights and interests of the elderly under public health emergencies, continued to promote the improvement of the rights relief system for the elderly, and strengthened the cultivation of service personnel for the elderly. In the practice of rule of law, there are four problems in the protection of the rights and interests of the elderly: the effectiveness of laws and policies is low, laws and policies are difficult to obtain, the coverage of laws and policies is narrow, and the relief system is not perfect. For this reason, in the process of promoting the protection of the rights and interests of the elderly, the following work should be done: strengthen the top-level design, construct a complete system for the protection of the rights and interests of the elderly, establish special protection institutions for the rights and interests of the elderly, establish an intergovernmental coordination mechanism, strengthen the government responsibility, classify and improve the relief channels for the rights and interests of the elderly, and strengthen the publicity and education on the protection of the rights and interests of the elderly.

Keywords: Providing for the Aged; Responding Proactively to Population Aging; Rights and Interests of the Elderly; Responding to Population Aging

B.10 China's Natural Resources Regulatory under the Background of Ecological Civilization

Yue Xiaohua / 155

Abstract: Since the 19th National Congress of the Communist Party of China, China's natural resources supervision and law enforcement has made substantial progress in the governance concept, system mechanism, law enforcement methods and legalization. Efforts have been made to coordinate the governance of landscape,

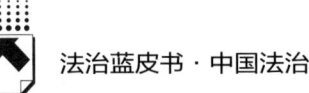

forest, field, lake and grass system, to promote the natural resources supervision with ecological and holistic thinking, to advance the reform of natural resources property rights, clarify the institutions and responsibilities of the owners of natural resources assets owned by the whole people, land space planning and use control, and ecological protection and restoration. Guided by the effect of law enforcement, we have improved the planning and approval mechanism, strengthened the supervision during and after the event, and accelerated the establishment, modification and abolition of relevant legislation. While China's natural resources supervision and law enforcement has achieved the above results, there are still some problems, such as weak social supervision, unbalanced development natural property rights and registration system, and imperfect natural resources supervision and law enforcement procedures and legal responsibility mechanism. In the future, it is necessary to promote enterprises and the public to participate in natural resources supervision and improve natural resources property rights and related registration system, strengthen the construction of supervision and law enforcement procedures, as well as responsibility constraints and guarantee mechanism.

Keywords: Ecological Civilization; Natural Resources Regulation; Land and Space Use Regulation

B.11 A Study on Regional Mechanism of Multilateral Public Products for International Disaster Response

Hao Luyi / 167

Abstract: The international community has failed to reach a universal Convention covering all types of disasters and all major aspects of disaster prevention and relief activities. There is a huge gap between different countries in the decision-making capability and technical means of disaster response. Regional disaster response mechanism has the characteristics of both "hard" norms and "soft" laws. Promoting disaster relief cooperation between countries and external forces, promoting regional disaster reduction strategies and improving regional vulnerability are important agendas of multilateral public products for the international community to deal with disasters. In addition, the sub regional disaster response mechanism plays a complementary role in realizing the diversity and localization of disaster response public products. As a provider of international multilateral public products, it is necessary for China to integrate disaster risk reduction actions into the Belt and Road Initiative and promote the construction of an open, transparent, inclusive and rule-based framework for regional and sub regional cooperation.

Keywords: Disaster Response; Regional Organization; Sub Regional Mechanism; Sustainable Development; Disaster Risk Reduction

III Rule of Law Index

B.12   Report on China's Government Transparency Index (2020)
　　—*From the perspective of information publicity of governments' websites*
　　Innovation Project Team on the Rule of Law Index, Institute of Law, CASS / 189

Abstract: In 2020, the National Rule of Law Index Research Center of the Chinese Academy of Social Sciences (CASS) and the Rule of Law Index Innovation Project Group, Institute of Law, CASS have continued to conduct third-party assessments on 49 departments under State Council, 31 provincial governments, 49 large municipal governments and 120 government departments (city/district) in terms of administrative affairs publicity, including the transparency of decision-making, management services, implementation and results, policy interpretation and response to public concerns, and disclosure upon application. The assessment shows that in 2020, the exploration and promotion of the standardization of government affairs publicity is accelerating, the publicity of decision-making is steadily advancing, and the publicity of government affairs services, administrative law enforcement and management results has made significant progress. However, in the future, further efforts need to be made to enhance the awareness of publicity, identify the public needs, integrate publicity into the whole process of government affairs activities, and improve the information security.

Keywords: Government Affairs Openness; Government Transparency; Law Index; Government Websites

B.13 Report on China's Judicial Transparency Index (2020)
—*From the perspective of information publicity of courts' websites*
Innovation Project Team on the Rule of Law Index, Institute of Law, CASS / 226

Abstract: In 2020, the National Rule of Law Index Research Center of the Chinese Academy of Social Sciences (CASS) and the Rule of Law Index Innovation Project Group, Institute of Law, CASS have continued to carry out judicial transparency index evaluation on 218 courts in China, covering information publicity of judicial affairs, trials, executions, judicial data and judicial reforms. The evaluation shows that judicial transparency has been steadily promoted. However, due to the low standardization of transparency, lack of strict requirements as well as insufficient pressure of transparency assessment and evaluation, there are great divides in the judicial transparency among courts. Some fields and grass-roots courts require greater transparency. It is necessary to rely on informatization to promote standardization, increase the intensity of assessment and accountability, and strengthen the platform construction.

Keywords: Judicial Openness; Judicial Transparency; Judicial Reform; Rule of Law Index

Contents

B.14 Report on Transparency Index of China's Procuratorial Affairs (2020)
  —*from the perspective of information publicity of procuratorates' websites*
  Innovation Project Team on the Rule of Law Index, Institute of Law, CASS / 280

Abstract: Based on the previous annual evaluation, the Rule of Law Index Innovation Project Group, Institute of Law, CASS further adjusted and improved the indicators and weights, and conducted a third-party evaluation on the procuratorial affairs of the Supreme People's Procuratorate, the people's procuratorates of 32 provinces, autonomous regions and municipalities (including the people's procuratorates of Xinjiang Production and Construction Corps) and the people's procuratorates of 49 large cities. The evaluation results show that in 2020, the openness of procuratorial work has been advanced steadily. Under the requirements of the Central Committee and the guidance of the Supreme People's Procuratorate, the disclosure of basic information, procuratorial affairs guidelines, procuratorial legal documents and various reports of the procuratorates has become increasingly normalized, and the exploration of new types of documents, activities and data is under the way. It can be expected that the transparency in procuratorial affairs will usher in a qualitative leap forward, and it will move towards full openness and transparency, institutionalization and standardization in the future.

Keywords: Transparency in Procuratorial Affairs; Portals; New Media; Quantitative Evaluation; Rule of Law Index

B.15 Report on China's Police Transparency Index (2020)
—*From the perspective of information publicity of police websites*
Innovation Project Team on the Rule of Law Index, Institute of Law, CASS / 298

Abstract: In 2020, the Rule of Law Index Innovation Project Group, Institute of Law, CASS has continued to optimize the index system, conduct an assessment on the transparency of police affairs based on the police websites. For the first time, the assessment includes the Ministry of Public Security and 27 provincial (autonomous region) public security departments, and extends the prefecture-level assessment to cover all public security bureaus in special economic zones and open coastal cities. The China Police Transparency Index in 2020 shows that the public, security organs have made significant progress in making basic information public. the construction of new media platforms for public services has been increasingly improved, the forms of information disclosure have been continuously diversified, the release and interpretation of policies have been emphasized, the channels for supervising complaints have been smooth, and the interaction between the police and the public has been diversified. In 2020, there are still a series of problems in the transparency of police affairs. For example, the users experience of websites need to be improved, the information disclosure is arbitrary and the paths are not uniform, the law enforcement disclosure mechanism has some imperfections, the reports on the work of a police are not published normally, and the data openness does not match the current era of big data. In the future, the Ministry of Public Security should give full play to the top-level design, draw on the experience of judicial openness and other industries, formulate the public security industry standard for government affairs openness as soon as possible, and establish and constantly improve the digital-driven police openness mechanism.

Keywords: Transparency in Police Affairs; Police Affairs Openness; Law Enforcement Transparency; Open Data; Rule of Law Index

B.16 Evaluation Report on China's Maritime Judicial Transparency Index (2020)

—*From the perspective of information publicity of maritime courts websites*

Innovation Project Team on the Rule of Law Index, Institute of Law, CASS / 322

Abstract: In 2020, the Rule of Law Index Innovation Project Group, Institute of Law, CASS has conducted the eighth evaluation of judicial transparency of maritime courts in China. The results show that China's maritime judicial transparency has improved slightly in 2020. Specifically, a number of maritime courts have improved their websites (web pages) in both Chinese and English. Nine maritime courts published trial white papers during the evaluation period. The publication of typical cases has been further improved. However, some problems found in previous evaluations still exist, the normalization update mechanism has not been formed, the awareness to actively publicize information needs to be strengthened, and the column setting needs to be optimized.

Keywords: Maritime Courts; Judicial Transparency; Judicial Openness; Rule of Law Index

Ⅳ Survey of National Situation of the Rule of Law

B.17 Acknowledgement/Recognition and Enforcement of Overseas Arbitral Awards and Judgments in China (2020)

Sun Jiajia, Zhang Yundan and Xiao Yutong / 335

Abstract: Based on all publicly available cases of acknowledgement/ recognition and enforcement of overseas arbitral awards and judgments in China in 2020, this paper presents the acknowledgement/recognition and enforcement of overseas arbitral awards and judgments in China in a graphical way. According to statistics, in 2020, the acknowledgement/recognition and enforcement rate of overseas arbitral awards and judgments in China reaches 75.67%, reflecting the support attitude of Chinese courts for international judicial assistance. This paper further analyzes the reasons for the nine cases not acknowledged / recognized and enforced in 2020, and shares the annual great cases and the latest development of judicial practice, with a view to providing reference and guidance for overseas judicial, arbitration institutions and participants in cross-border disputes. With the further practice of advocating and gradually expanding the scope of international judicial assistance and the transformation of the principle of reciprocity, it is believed that there will be new breakthroughs and development in this field in 2021.

Keywords: the Belt and Road Initiative; the New York Convention; Overseas Arbitral Awards; Overseas Judgments; Acknowledgement/Recognition and Enforcement; Bilateral Judicial Assistance

B.18 Practice and Exploration of Administrative Law Enforcement Supervision in Yuhang District

Innovation Project Team on the Rule of Law Index, Institute of Law, CASS / 360

Abstract: Administrative law enforcement is an important part of the construction of a government ruled by law. In recent years, various authorities have actively explored how to standardize administrative law enforcement. On the basis of the original supervision measures, Yuhang District responds to the requirements of building a full- coverage government supervision system and a complete administrative law enforcement system, draws lessons from the successful experience of the legal quantitative evaluation system, explores the construction of administrative law enforcement supervision and evaluation system in Yuhang District. Efforts have been made to solve the current relatively loose administrative law enforcement supervision, weak supervision strength and unsystematic supervision and evaluation mechanism to enhance the effectiveness of administrative law enforcement supervision, promote the level of government work of the rule of law, and strive to make progress in the construction of Yuhang government by law. The exploration in Yuhang District is a beneficial one which based on the shortcomings of administrative law enforcement in practice, and also provides experience for the relevant practice in other regions.

Keywords: Yuhang District; Administrative Law Enforcement; Government by Law

权威报告・一手数据・特色资源

皮书数据库
ANNUAL REPORT(YEARBOOK) DATABASE

分析解读当下中国发展变迁的高端智库平台

所获荣誉

- 2019年，入围国家新闻出版署数字出版精品遴选推荐计划项目
- 2016年，入选"'十三五'国家重点电子出版物出版规划骨干工程"
- 2015年，荣获"搜索中国正能量 点赞2015""创新中国科技创新奖"
- 2013年，荣获"中国出版政府奖・网络出版物奖"提名奖
- 连续多年荣获中国数字出版博览会"数字出版・优秀品牌"奖

成为会员

通过网址www.pishu.com.cn访问皮书数据库网站或下载皮书数据库APP，进行手机号码验证或邮箱验证即可成为皮书数据库会员。

会员福利

- 已注册用户购书后可免费获赠100元皮书数据库充值卡。刮开充值卡涂层获取充值密码，登录并进入"会员中心"—"在线充值"—"充值卡充值"，充值成功即可购买和查看数据库内容。
- 会员福利最终解释权归社会科学文献出版社所有。

卡号：551751163533
密码：

数据库服务热线：400-008-6695
数据库服务QQ：2475522410
数据库服务邮箱：database@ssap.cn
图书销售热线：010-59367070/7028
图书服务QQ：1265056568
图书服务邮箱：duzhe@ssap.cn

S 基本子库
SUB DATABASE

中国社会发展数据库（下设12个子库）

整合国内外中国社会发展研究成果，汇聚独家统计数据、深度分析报告，涉及社会、人口、政治、教育、法律等12个领域，为了解中国社会发展动态、跟踪社会核心热点、分析社会发展趋势提供一站式资源搜索和数据服务。

中国经济发展数据库（下设12个子库）

围绕国内外中国经济发展主题研究报告、学术资讯、基础数据等资料构建，内容涵盖宏观经济、农业经济、工业经济、产业经济等12个重点经济领域，为实时掌控经济运行态势、把握经济发展规律、洞察经济形势、进行经济决策提供参考和依据。

中国行业发展数据库（下设17个子库）

以中国国民经济行业分类为依据，覆盖金融业、旅游、医疗卫生、交通运输、能源矿产等100多个行业，跟踪分析国民经济相关行业市场运行状况和政策导向，汇集行业发展前沿资讯，为投资、从业及各种经济决策提供理论基础和实践指导。

中国区域发展数据库（下设6个子库）

对中国特定区域内的经济、社会、文化等领域现状与发展情况进行深度分析和预测，研究层级至县及县以下行政区，涉及省份、区域经济体、城市、农村等不同维度，为地方经济社会宏观态势研究、发展经验研究、案例分析提供数据服务。

中国文化传媒数据库（下设18个子库）

汇聚文化传媒领域专家观点、热点资讯，梳理国内外中国文化发展相关学术研究成果、一手统计数据，涵盖文化产业、新闻传播、电影娱乐、文学艺术、群众文化等18个重点研究领域。为文化传媒研究提供相关数据、研究报告和综合分析服务。

世界经济与国际关系数据库（下设6个子库）

立足"皮书系列"世界经济、国际关系相关学术资源，整合世界经济、国际政治、世界文化与科技、全球性问题、国际组织与国际法、区域研究6大领域研究成果，为世界经济与国际关系研究提供全方位数据分析，为决策和形势研判提供参考。

法律声明

"皮书系列"(含蓝皮书、绿皮书、黄皮书)之品牌由社会科学文献出版社最早使用并持续至今,现已被中国图书市场所熟知。"皮书系列"的相关商标已在中华人民共和国国家工商行政管理总局商标局注册,如LOGO( )、皮书、Pishu、经济蓝皮书、社会蓝皮书等。"皮书系列"图书的注册商标专用权及封面设计、版式设计的著作权均为社会科学文献出版社所有。未经社会科学文献出版社书面授权许可,任何使用与"皮书系列"图书注册商标、封面设计、版式设计相同或者近似的文字、图形或其组合的行为均系侵权行为。

经作者授权,本书的专有出版权及信息网络传播权等为社会科学文献出版社享有。未经社会科学文献出版社书面授权许可,任何就本书内容的复制、发行或以数字形式进行网络传播的行为均系侵权行为。

社会科学文献出版社将通过法律途径追究上述侵权行为的法律责任,维护自身合法权益。

欢迎社会各界人士对侵犯社会科学文献出版社上述权利的侵权行为进行举报。电话:010-59367121,电子邮箱:fawubu@ssap.cn。

社会科学文献出版社